문명에 반대한다

문명에 반대한다

인간, 생태, 지구를 생각하는 세계 지성 55인의 반성과 통찰

존 저잔 엮음 | 정승현 · 김상우 옮김

WISE BOOK
와이즈북

문명에 반대한다

초판 1쇄 인쇄 2009년 5월 20일
초판 1쇄 발행 2009년 5월 30일

엮은이 존 저잔
옮긴이 정승현 · 김상우

펴낸곳 와이즈북
펴낸이 심순영

등록 2003년 11월 7일 (제313-2003-383호)
주소 121-841 서울시 마포구 서교동 464-4 5층

전화 02) 3143-4834
팩스 02) 3143-4830
이메일 cllio@hanmail.net

ⓒ 와이즈북, 2009
ISBN 978-89-958457-4-5 03330

문명은 내부적으로는 억압, 외부적으로는 정복으로 시작한다.

억압과 정복은 동일한 현상의 두 측면이다.

— 스탠리 다이아몬드

문화적 학살에 맞서 싸우려면 문명 그 자체에 대한 비판이 반드시 필요하다.

— 게리 스나이더

인간과 자연의 공존을 위하여

내가 뉴멕시코 주 치카노Chicano 마을 사람들의 삶에 찬탄을 금치 못하는 것은 트럭과 전화로 상징되는 현대문명 속에 옛 생활방식의 토대가 지금까지 훼손되지 않고 생생하게 남아 있다는 사실이다. 남자는 고라니와 칠면조를 사냥하고, 여자는 주변의 풀과 나무를 잘 알고 있다. 강력한 예언자적 힘을 갖고 있는 쿠란데라curandera 치료사가 그들과 함께 살고 있다. 모든 사람이 진흙집 짓기, 관개수로 파기, 옥수수 재배, 말타기, 달밤에 숲을 통과하는 법 등에 대해 알고 있다. 땅에 터전을 둔 이 공동체는 지금은 너나 할 것 없이 모두 정복되고 식민화되어 완전히 착취당함으로써 기력을 상실한 채 지독한 가난에 시달리고 있지만, 이곳은 지금까지 내가 알던 그 어느 곳보다 행복하다. 그것은 상상 속의 행복이 아니라 존재하는 행복, 바로 지금 현실에서 누리는 만족이다. 주유소에서 나누는 정담, 낚시 가자는 말, 역사의 아이러니를 보여주는 풍자 등 이곳에서는 길거리에서 만나는 사람과 20분이나 한 시간 정도는 대화를 해야 조개무덤이나 상점에 갈 수 있다.

이런 경험을 통해 나는 수많은 사회운동에 참여하고 수십 년간 연구를 하면서 오랫동안 품어왔던 생각을 재확인할 수 있었다. 단순히 현대 산업사회가 아니라 문명 그 자체가 문제라는 것, 우리 인간은 땅, 바다, 별의 피조물로 태어났다는 것, 우리는 동물과 친척이며 식물과는 동료라는 것, 그리고 우리의 행복과 우리가 살고 있는 지구의 행복은 자연이 우리에게 준 위치와 역할을 잘 지키는 데 있다는 것을 말이다.

문명에 대한 문명인의 비판 중 최고의 글들을 담고 있는 이 책에 찬사를 보내는 것은 이런 생각을 하고 있었기 때문이다. 여기서 독자들은 우리가 지금 알고 있는 인류와 자연세계가 미래에도 계속 번영하기 위해 꼭 짚고 넘어가야 할 문제와 앞으로 더욱 발전시켜야 할 통찰력을 발견하게 될 것이다. 이 책의 중요성은 여기에 있다.

뉴멕시코 주 치마요에서
첼리스 글렌다이닝

문명이 진보할수록 인류는 퇴보한다

이 책 초판을 출간한 이후, 제목으로 제시한 반문명에 관한 전반적 시각은 많은 사람들의 각성을 불러일으키기 시작했다. 개인, 사회, 환경 전반에 걸쳐 위기가 급격히 확산되고 있는데, 이는 이 책이 제기한 문명 비판이 불가피하거나 그렇지는 않더라도 최소한 설득력은 있음을 입증하는 것이다.

이 책은 무엇보다도 문명 비판 자체가 절대 새로운 현상이 아니라는 점을 일깨우기 위해 편집되었다. 그리고 책 출간 이후 5년 동안 문명에 대해 회의하고 비판하는 사람들, 문명의 한계를 넘어 사유할 정도로 충분한 비전을 가진 사람들이 늘어남에 따라 이들의 주장을 새로 추가할 필요도 생겼다.

이 책에 추가된 15개의 발췌문은 여성과 토착 원주민의 글이 상대적으로 적다는 초판의 심각한 결점을(물론 초판의 결점은 이것뿐만은 아니다) 보완해준다.

개정판은 이런 측면에서 다소 개선된 것이다.

문명에 대한 불만은 오랫동안 존재해왔지만 최근 이 문제가 마치 새로운 일인 것처럼 새로운 모습과 주장으로 다시 대두되고 있다. 문명 자체를 공격하는 것이 논란이 될 수는 있겠지만 더 많은 사람들이, 문명이 우리에게 당면한 문제의 근원일지도 모른다고 생각하게 되었다.

나는 여기서 지구의 생물권 파괴가 가속화되고 있다는 사실은 다루지도 않을 것이다. 자연과 '인간 본성'의 동반 훼손이라는 사실 역시 자명한 것이, 프로이트는 문명의 완성은 이와 동시에 모든 인간을 노이로제 상태로 만들 것이라고 결론 내린 바 있다. 이 점에서 그는 매우 단호했지만 이후에 펼쳐질 일에 대해서는 너무 관대했다.

신문엔 온갖 악행이 일상사처럼 보도된다. 엄청난 살인사건을 보라. 지난 30년 동안 십대 청소년의 살인이 6백 퍼센트나 증가했다. 현실을 등지고 약물에 탐닉하는 방법은 또 얼마나 많은가? 권태, 우울, 날로 비참해지는 우리의 모습을 거의 무한정 열거할 수 있다.

진보에 대한 생각은 수십 년 동안 비난의 대상이 되어왔지만 환경과 인간의 전반적 위기는 더욱 빠른 속도로 심화되고 있다. 이렇게 피부로 느낄 수 있을 정도로 인간이 곤경에 처해 있는 것을 보면 뭔가 아주 잘못된 것이 분명하다. 이 바이러스는 언제 처음 등장했는가? 우리가 하고 있는 죽음의 행진, 문명 자체가 만들어낸 이 행진에서 벗어나려면 우리는 무엇을 얼마나 바꾸어야 하는가?

여전히 문명을 이상, 즉 아직 실현되지 않은 약속으로 보는 사람들도 있다. 예를 들면 엘리아스Nobert Elias˙는 "문명은 결코 완성되지 않고 항상 위기에 처해 있다"고 선언했다. 하지만 기술적 진보와 대중사회의 전환이 무감각하고 치명적으로 전개되고 있는 오늘의 현실에서는 문명이 저지른 일을 냉철한 시각으로 바라보는 관점이 더 설득력 있다. 루빈슈

타인Richard Rubenstein **은 유대인 학살이 "문명의 진보에 대한 증언"이라고 밝혔으며, 이 소름끼치는 지적을 지그문트 바우만은 자신의 저작 『근대성과 홀로코스트』에서 심도 있게 발전시켰다. 바우만은 지금까지 역사가 저지른 가장 끔찍한 사건은 분업이라는 문명의 내적 논리 때문에 가능했다고 주장했다. 이 분업 혹은 전문화는 수백만 명의 사람들을 효과적이고 기술적으로 망쳐놓는 기술을 발전시킴으로써 도덕적 책임감이란 의식을 없애버리는 역할을 했다는 것이다.

그렇지만 현대사회의 병리 현상과 끔찍한 학살을 문명 탓으로 돌리는 것은 너무 심하지 않은가? 또 다른 측면, 예를 들면 미술, 음악, 문학 등도 역시 문명의 결실 아닌가? 바우만이 지적한 나치의 인종 학살로 되돌아가보자. 독일은 사실 괴테와 베토벤의 땅, 논쟁의 여지는 있지만 가장 문화적이고 철학적인 유럽 국가다. 물론 우리는 문명이 이룩한 아름다운 업적으로부터 문명의 장점을 끌어내려고 하며, 그것은 때로 미학적 발전과 문화 비평의 계기가 되기도 한다. 문명이 주는 이러한 위안과 즐거움 때문에 문명을 피하고 거부하려는 사람들을 비난해도 괜찮을까?

하지만 문명을 아직 실현되지 않은 이상으로 보는 관점 역시 문명이 "결코 완성되지 않고 항상 위기에 처해 있다"고 지적한 점에서는 옳다. 문명은 항상 강요되어 왔으며, 지속적인 정복과 억압을 필요로 하기 때문이다. 다른 누구보다도 마르크스와 프로이트는 인간과 자연의 공존 불가능성, 즉 자연 혹은 노동에 대한 인간 승리의 필연성에 의견을 같이

• 독일 태생의 영국 사회학자(1897~1990). 사회와 문화의 심리적 발전과정이 문명화 과정이라고 보았다. 대표작 『문명화 과정』에서 사회적 행동기준의 오랜 발전과정을 추적했다.
•• 미국의 학자, 유대인 성직자, 저술가(1924~). 나치의 학살이 유대교에 어떠한 충격을 남겼는지를 분석한 저작 『아우슈비츠 이후』로 유명하다.

하였다.

문명은 "인간의 타락, 고통, 불평등, 지배라는 대단히 높은 비용을 지불한 대가로 이루어진 것"이라는 케네스 볼딩Kenneth Boulding*의 판단도 명백히 이런 생각과 관련된다.

문명의 가장 두드러진 특징에 대해서도 의견 일치는 없었다. 루이스 모건Lewis H. Morgan**에게 그것은 문자 기록이었으며, 엥겔스에게는 국가 권력, 차일드에게는 도시의 발생이었다. 렌프류는 문명의 가장 근본적 요소로 인간의 자연으로부터의 분리를 꼽았다. 그런데 이들이 지적한 문명의 여러 특징 뒤에는 길들이기domestication, 즉 동물과 식물뿐 아니라 인간 본능과 자유의 길들이기가 공통적으로 깔려 있다. 곧 다양한 형태의 정복이 문명을 규정하는 특징이자 인간의 성취를 평가하는 척도였다. 사물에 이름을 붙이고, 계산하고, 시간을 재며, 표현하는 것, 즉 상징 문화는 위계질서와 구속을 야기하는 일련의 정복을 의미한다.

문명화는 또한 인간이 본래부터 갖고 있던 완전함과 품위로부터 단절되는 과정이기도 하다. 우리가 '인간성'이라고 부르는 이 불쌍한 것은 우리의 본성이 아니라 병에 걸린 상태다. 갈수록 기계화되고 메말라가는 세상을 아무리 합리화하고 찬양해도 공허함을 메울 수 없다. 막스 힐츠하이머와 다른 학자들이 인류가 가축을 사육하기 시작하면서 소년기로 퇴보했다고 본 것처럼, 문명이 진보함에 따라 우리 인류는 점점 더 의존적이 되면서 유아기로 퇴보하고 있다.

에덴동산, 황금시대, 엘리시움Elysium*** 들판, 카케인Cockaigne****의 땅, 그외 원시 낙원에 대한 신화, 전설, 민속문학이 범세계적 현상이라는 것은 전혀 놀랄 일이 아니다. 소외 없는 원초적 상태에 대한 이런 보편적인 갈망은 '최후의 심판'이라는 묵시론적 믿음과 예언을 그 그림자로 항상 동반하고 있다. 이 둘은 문명이 수반하는 심각한 불행이라는 동전의 양면이다.

희망이 악몽으로 바뀌는 것처럼, 서구의 정치와 문학에서 오래 지속되었던 유토피아 관념은 최근 들어 강력한 반유토피아적 조류로 바뀌고 있다. 이런 변화는 괴테, 헤겔, 키르케고르, 멜빌, 소로, 니체, 플로베르, 도스토예프스키 등이 문화의 미래와 생명력에 대해 회의했던 19세기에 본격적으로 시작되었다. 기술 확산이 범세계적인 현상으로 진행되고 있던 19세기에 사회과학자 뒤르켐과 마사리크는 문명의 진보와 함께 우울증과 자살도 증가한다고 지적했다.

지적으로 문명에 길들여진 오늘날의 풍토에서 포스트모더니즘은 어느정도는 반역의 수사를 표현하기는 하지만 현대의 문명화 과정을 연장하고 있는 가장 최신 논리에 불과하다. 도덕적으로 비겁하기는 해도 현실에 눈곱만큼도 만족하지 않기 때문에 포스트모더니즘은 끔찍한 현실을 너무도 잘 포착하고 있다. 그러는 동안 『포브스』지는 75주년 기념호 커버스토리에서 "물질적으로 그렇게 풍요로우면서도 우리는 왜 그토록 만족하지 못하는가"에 대해 파헤쳤으며, 여기에 실린 "숨을 쉴 수가 없어"라는 간단한 낙서는 우리가 처한 현실을 정확하게 보여주고 있다.

- 영국 태생의 미국 경제학자, 사회철학자(1910~93). 경제 발전과 인간의 생물학적 진화는 긴밀하게 상호작용하며 전개되었다는 문명론적 시각을 펼쳤다.
- •• 미국의 인류학자(1818~81). 아메리카 원주민들의 생활과 종교에 관심을 가져 그들의 친족관계와 생활상을 연구했다. 그의 저작 『원시사회Ancient Society』는 후에 엥겔스의 『가족, 사유재산, 국가의 기원』의 이론적 토대가 되었다.
- ••• 그리스 신화에 나오는 '축복받은 사람들의 낙원'. 호메로스는 이곳이 "세상 끝에 있다"고 했다.
- •••• 중세 유토피아 문학에 등장하는 말. 모든 사람들의 욕망이 충족되는 이상사회.

정파를 막론하고 사람들은 진보의 여정을 되돌릴 수 없으며, 보다 하이테크적인 소비 중심의 황량한 사회로 나아가는 것은 피할 수 없다고 말한다. 하지만 우리가 잃어버렸지만 되찾기를 간절히 바라고 되찾을 수 있는 것에 대해 고찰해본다면 이런 주장이 얼마나 공허한 것인지 알 수 있다.

존 저잔

인간에게 '문명'이란 무엇을 의미하는가?
── 문명과 반문명의 논리

이 책은 인간 문명의 병폐를 가장 신랄하게 논의한 문명비판서이다.
사상가, 철학자, 생태학자, 환경운동가, 무정부주의자, 인류학자, 사회
비평가들이 냉철한 지성으로 인간사회가 만든 문명의 위기를 날카롭게
지적하고 있다. 이들이 펼치는 반문명론은 너무도 적확하여 때로 가슴
이 서늘하기까지 하다. 이 책을 읽고 나면 우리가 이제까지 가졌던 문명
에 대한 시각을 전면적으로 재고하지 않을 수 없게 된다.

문명은 우리에게 너무도 많은 걸 가져다주었다. 물질적 풍요와 민주
주의, 인간 해방, 무한한 지적·기술적 진보 등. 그러나 너무도 많은 걸
잃게 했다. 자연 파괴, 인간성 상실, 물신주의, 전쟁, 홀로코스트, 테러,
억압과 착취, 거짓말, 권력화, 이성의 도구화…… 그 해악을 일일이 열
거하려면 끝이 없을 것이다. 이 책은 이러한 문명에 대한 뼈아픈 성찰이
자 인류 미래에 대한 경고의 메시지이다.

문명에 대한 위기의식은 놀랍게도 꽤 오래전부터 있어왔다. 18세기에
루소는 이미 자연에 반하는 삶은 우리 인간에게 불평등과 예속, 불행을

가져다줄 것이라고 경고했다. 오늘날 세계정세를 둘러보면 루소가 지적한 문제가 지구촌 곳곳에서 지속되고 있음을 아주 쉽게 목격할 수 있다. 앞으로도 인류문명의 문제는 우리의 삶과 지성을 통째로 지배하는 이슈가 될 것으로 보인다.

이 책의 필자들이 궁극적으로 지향하는 목표는 '지구생태와 인간성의 회복'이다. 하여 이 책은 출간되자마자 '녹색 무정부주의' '원시주의의 정수'라는 평가를 받으며 환경을 걱정하는 사람들의 필독서가 되어왔다. 왜 기술적 진보와 발전이 오히려 공동화와 소외만을 초래했는지, 왜 모든 문화와 문명은 잃어버린 황금시대를 동경하게 되는지, 문명은 스스로 자기자신을 구제할 수 있는지, 모든 위선과 핑계를 걷어버리고 지구환경과 인류의 문제를 고민하고 있다. 이 책은 문화적 저항운동에 대한 심오한 역사적, 철학적 통찰력을 제공하면서 인류의 미래를 깊이 있게 모색하고 있다.

이 책은 5부로 구성되어 있다. 1부 '문명 이전의 우리'에서는 문명 이전의 시대, 즉 문명의 영향력으로부터 자유로운 원시적 삶의 완전성에 대한 그리움을 드러내는 글로 시작한다. 로이 워커, 페어차일드, 루소는 원시사회의 순수성을, 헨리 데이비드 소로는 야생의 삶이 주는 즐거움과 건강함을, 아도르노와 윌슨은 문명이 야기한 인간 소외와 사라진 순수성에 대한 그리움을 이야기한다. 프레디 펄먼, 드브리스, 마셜 살린스, 마빈 해리스는 인류학의 성과를 바탕으로 한 원시 삶의 풍요로움과 지배나 강제가 없는 자유롭고 평등한 삶에 대해 역설하고 있다.

2부 '문명의 탄생'은 문명이 초래한 삶과 자연의 변화를 다루고 있다. 19세기 말에 이미 환경문제를 심각하게 고민했던 조지 마시의 글에서 시작하여, 아메리카 식민지 건설에 나선 서구인들이 원주민들의 삶에 매료되어 동화되었던 많은 사례를 제시하는 프레더릭 터너의 글이 이어진다. 제임스 액스텔은 백인의 침입 이후 손상된 아메리카 원주민의 생활을 생생하게 증언하고 있고, 존 저잔은 농경의 도입과 함께 시작된 인간 문명의 자연 파괴를, 폴 셰퍼드는 문명이 필연적으로 인간 소외와 정신병을 초래할 수밖에 없는 이유를 역설하고 있다. 마크 코헨은 문명의 발전과 더불어 인간의 건강은 오히려 쇠퇴했음을, 첼리스 글렌다이닝과 로빈 폭스는 문명의 해독에서 벗어나는 진정한 삶을 논한다.

3부 '문명의 본질'은 문명 그 자체에 인간 파괴와 자연 약탈의 논리가 내재되어 있음을 보여주는 글로 구성되어 있다. 프리드리히 실러, 샤를 푸리에, 프로이트의 고전적 반문명론에서 시작하여 같은 문제의식을 공유한 다양한 글들이 수록되어 있다. 호르크하이머는 문명이 인간 본성을 억압하는 파괴적 충동을 품고 있다는 사실을 지적하고, 지그문트 바우만은 홀로코스트와 문명의 상관관계를 조명한다. 산업문명 그 자체를 파괴하자는 유나보머와 야생의 삶을 찬양하는 타마락 송, 광산 채굴로 철저하게 파괴된 자연을 다룬 바버라 모르, 그리고 여성 억압의 논리 위에 구축된 문명의 본질을 파헤치는 어슐러 르 귄의 글 역시 이러한 문제의식의 연장선상에 있다.

4부 '문명의 병리학'에서는 문명이 야기한 병리 현상을 다루고 있다. 문명의 발전은 오히려 약물과 알코올 중독을 가중시킬 거라는 사실을 일찍부터 지적한 막스 노르다우에서 시작하여, 문명 그 자체를 종말로 몰고 가는 환경파괴의 실상을 폭로하는 하인버그, 윌리엄 코키, 조지프 테인터, 시어도어 로작, 앤드루 슈무클러, 데이비드 왓슨의 글이 실려 있다. 문명과 인간의 허위의식의 관계를 설파한 페터 슬로터다이크와 프레드릭 제임슨, 문명을 벗어난 삶을 야만으로 규정하는 현대인의 오만을 질타하는 존 모호크, 원주민 여성의 고통을 묘사한 크리스토스의 시 또한 문명의 폐해와 해독을 날카로운 지성으로 비판하고 있다.

5부 '반문명 선언'에서는 문명에 맞서 직접 행동에 나설 것을 강조하는 환경운동가와 원시주의자들의 글이 담겨 있다. 문명은 인류를 송두리째 파멸시키고 말 것이라는 루돌프 바로의 글을 시작으로, 문명 이전의 순수한 원시 삶으로 돌아가야 한다는 존 저잔과 피어럴 편의 글이 이어진다. 산업혁명 시대 러다이트 운동에서 영감을 받아 현대문명을 송두리째 부정할 것을 주장하는 커크패트릭 세일, 행동에 나설 것을 촉구하는 데릭 젠슨, 러시아 혁명 당시 철저한 문명 파괴론을 내세운 무정부주의자들 역시 같은 문제의식을 공유하고 있다. 문명 속에서 황폐화되는 인간성을 원주민의 시각으로 폭로한 레임 디어의 글, 자유로운 노동과 평등 자치가 실현되는 미래 사회주의를 그린 윌리엄 모리스의 글도 흥미롭다.

여기에 수록된 글 중 일부는 상당히 낯설고 때로 너무 급진적이어서 받아들이기 어려운 것도 있다. 5부에 소개된 「왜 문명인가?」는 문명인인 우리로서는 이해하기 힘들 만큼 비현실적이고 파격적이다. 3부 유나보머의 글은 그의 테러 행위를 떠올린다면 쉽게 동의하기 힘들다. 5부 '반권위주의자 모임'의 글도 그 주장이 생경하여 이해하는 데 어려움이 따른다. 이런 배경에는 아무래도 우리에게 문명 '비판'을 넘어 문명을 '거부'하는 주장들이 우리와 너무 먼 이야기이거나 비현실적으로 들리기 때문일 수 있다. 혹은 우리의 문명사에 대한 지적 기반이 약하기 때문일 수도 있다. 하여 여기서 반문명론의 흐름과 주요 내용을 정리하는 작업이 필요할 것 같다.

사실 대부분의 역자들은 본래의 텍스트에 쓸데없이 내용을 덧붙이기 싫어한다. 하고 싶은 말은 저자가 하는 것이고, 역자는 독자들에게 그 내용을 알기 쉽게, 그리고 원뜻에 가장 가깝게 충실히 전달하는 역할만 하면 되는 것이기 때문이다. 사실 이것만도 힘든 일이다. 하지만 이 책은 독자의 이해를 돕기 위해 책의 내용과 일관성을 갖는 해제를 덧붙이는 일이 필요할 것 같아 반문명론의 역사를 소개하기로 한다. 우선 문명과 문화의 개념 구분*에서 시작하자.

문명과 문화 : 개념의 차이

넓은 의미에서 문명이란 "한 사회의 물질적이고 정신적인 삶의 방식" 혹은 "인류가 이룩한 물질적, 사회적 발전"으로 정의할 수 있다. 여기에는 상대적으로 복잡한 농업, 교환체계, 일정한 신분 질서를 바탕으로 한 계층화와 정치체계가 전제되어 있으며 복잡한 사회구조, 상당히 높은 기술 수준과 행정체계, 고도의 지적 성취로 규정되는 단계 및 과정이란 의미가 포함되어 있다. 문명이라는 영어단어 'civilization'의 어원은 '시민'을 뜻하는 라틴어 '키비스civis', '도시'를 뜻하는 '키비타스civitas'에서 유래했듯이 '도시의 법으로 다스려지는 삶'을 의미한다. 더불어 도시 '밖'의 야만에 대한 도시 '안' 문명이라는 자기 우월감을 드러내는 말이기도 하다. '문명'이라는 단어 안에는 단순히 한 사회의 발전 단계를 규정하는 것 외에, 야만 혹은 미개로 규정되는 문명 이전의 단계에 대한

---

* 이 글은 다음 문헌에서 크게 도움을 받았다. 박지향, 『제국주의: 신화와 현실』(서울대학교 출판부, 2000), 박지향, 『일그러진 근대』(푸른역사, 2003), 최민자, 『생태정치학: 근대의 초극을 위한 생태정치학적 대응』(모시는 사람들, 2007), 나인호, "문명과 문화 개념으로 본 유럽인의 자기의식, 1750-1918/9", 『역사문제연구』 10호(2003. 6.), pp.11~43. 테렌스 볼, 리처드 대거, 『현대 정치사상의 파노라마』, 정승현 외 옮김(아카넷, 2004).

우월감이 은연중에 내포되어 있는 것이다.

　문화는 문명과 대치되는 개념으로 파악하는 입장과 문명의 특수한 형태로 보는 입장으로 나뉜다. 전자는 독일 낭만주의에서 유래했는데, 인류의 정신적이고 가치적 산물을 문화로 보는 반면, 물질적이고 기술적인 산물을 문명이라고 보았다. 우리에게 익숙한 관념은 "문명=물질적 측면=서구"라는 등식과 "문화=정신적 측면=동양"이라는 등식인데, 이런 구분 역시 전자의 사고방식과 같다. 또한 문화를 '보편적 관념의 계발 및 함양' 혹은 '인간의 높은 예술적, 지적 업적'이라는 의미로 어떤 보편적 기준을 강조하거나 세련되고 고상한 정신활동의 산물로 파악하면서 여기에 이르지 못한 타 문화를 저급하고 비문화적이라고 간주하는 서구적 관점도 있다. 예를 들면 서구를 '문명'의 땅으로 보는 반면 비서구를 '야만'의 땅으로 보는 시각, 유럽의 '기독교 문화'에 대한 '이교도 문화', 귀족적인 세련된 문화에 대한 천박한 대중문화, 라는 이분법적 시각이 그것이다.

　하지만 현대의 문화인류학이나 사회학에서는 문화를 "집단 구성원에 의해 공유되는 지식 관념이나 행위의 총체" "소속 집단으로부터 유전된 것이 아니라 학습에 의해 습득되고 전달받은 것 전체를 포괄하는 총칭" "인간이 자신의 삶에서 가치와 의미를 발견하고 그것을 인식하는 방식"으로 규정한다. 이런 관점에서 보면 문화에는 우열의 등급은 있을 수 없고, 단지 인간이 처한 환경과 생활방식에 따라 각기 다르게 표현되는, 저마다 고유한 가치를 갖는 실체로 규명된다. 인류학이나 사회학에서는 문명과 문화를 대립 개념으로 파악하지 않는다. 문명이 주로 특정 사회의 발전 단계 혹은 이런 과정의 외형적이고 물질적 측면을 강조하는 반면, 문화는 지적이고 정신적인 측면을 더 강조할 뿐이다. 이 책의 필자들 역시 이렇게 사용하고 있다.

문명의 개념 변화

앞서 지적했듯 문명은 도시의 삶, 질서, 세련됨, 법률체계 등의 의미와 결부되어 있다. 6세기에 편찬된 유스티니아누스 1세의 『로마법 대전』은 이러한 자부심의 결정체였다. 이후 문명이란 개념은 16, 17세기를 거치는 동안 라틴어에서 각 국어로 번역되며 의미 변화를 겪는다. 이상적인 '정치공동체' '시민의 공동체 생활'이라는 전통적 의미보다 점차 '예절 바름' '질서 있고 교육받은' 등 사회구성원의 도덕적 덕목을 일컫는 의미로 변화했다. 영어에서도 오랫동안 '문명'은 이런 의미로 사용되었다.

18세기 들어 계몽주의자들은 문명이라는 개념에 진보, 발전, 이성, 역사의 과정이라는 의미를 덧붙인다. 몽테스키외 등의 계몽주의자들은 문명을 야만과 구별되는 봉건제, 군주제의 의미로 등치시켜 문명이라는 말 속에 봉건사회에서 시민사회로의 이행, 인류의 계몽이라는 의미를 포함시켰다. 이들이 보기에 인류는 봉건제의 암흑에서 벗어나 진보와 발전을 향해 나아가고 있으며, 그중에서도 가장 앞선 프랑스와 영국은 "계몽되고 자유로우며 편견에서 해방된" 문명의 상태에 들어섰다. 계몽주의자들은 그 누구도 거역할 수 없는 역사 발전의 이 필연적 경로가 모든 지역으로 퍼져나가 전 세계가 진보와 발전을 전제로 하나의 보편적 문명에 도달할 거라고 굳게 믿었다.

18세기 이후 문명 개념은 근대적인 정치, 경제체제, 사람의 매너 및 행동방식의 세련됨, 사회적 질서, 과학과 동일시된다. 이후 18세기 후반 스코틀랜드의 법률가 제임스 보스웰James Boswell은 '문명'을 '미개 barbarity'의 반대 개념으로 설정하는데, 여기서 문명과 야만의 이분법적 구분이 성립되었다. 또한 문명 개념에 민족주의, 인종주의, 제국주의가 덧칠해지면서 또다시 의미 전환을 겪게 된다.

19세기 초에 오면 문명 개념에는 시민적 자질을 갖춘 개인들의 존재, 진보, 발전 등의 의미가 추가된다. 존 스튜어트 밀은 1834년 「문명: 시대의 신호Civilization: Signs of the Times」라는 글에서, 문명은 근대 유럽에 존재하지만 특히 영국에서 더 뚜렷하고 급속한 진보의 상태로 존재한다고 말했다. 그에게 문명은 일차적으로 야만적 삶과 대비되는, 산업활동이 풍부한 도시생활을 의미하지만, 무엇보다 협동, 법에 의한 통치, 타인으로부터 개인과 재산을 보호하는 장치 등을 의미했다. 영국은 이러한 장치들이 마련되어 있었다. 개인과 개인의 평화, 법과 시민 질서가 지배하는 헌정체제, 상업과 경제의 발달, 기독교의 정립, 교육체계, 기술 발달로 규정되는 영국적 삶의 모든 제도와 방식이 문명의 기준으로 제시된 것이다.

자신의 국가를 문명의 모범으로 제시하는 일에 프랑스도 뒤지지 않았다. 밀보다 앞서 프랑수아 기조François Guizot는 1828년 소르본느 대학의 '유럽 문명사' 강의에서 영국은 사회 발전이 개인의 발전보다 앞섰고, 독일은 그 반대인 반면, 프랑스는 사회와 개인의 발전이 동시에 이루어졌기 때문에 유럽 문명사의 중심에 놓아야 한다고 주장했다.

반면 독일에서는 보편성을 역설하는 주변국의 문명 개념에 도전하여 자기만의 '문화Kultur' 개념을 개발하여 개별성을 강조하였다. 그 선구자에 해당하는 헤르더J. G. Herder는 역사 발전의 보편성을 주장한 계몽주의에 맞서 역사의 개체성, 인간사회와 가치의 다양성을 주장했다. 어떤 문화도 고유의 독자적 가치를 갖고 있으며 모든 집단은 살아 있는 문화 공동체로서 그들의 선조로부터 물려받은 독특한 문화를 발전시킨다고 보고, 각 문화는 자신만의 의미와 가치체계를 갖기 때문에 보편적 척도로 잴 수 없다고 맞섰다.

영국과 프랑스에 비해 정치경제적으로 뒤졌던 독일은 그들만의 문명·문화 개념을 민족국가 형성의 토대로 활용하고 자신만의 우월성을 입증하기 위한 수단으로 사용했다. (영국과 프랑스의) 문명은 인간생활의 피상적이고 기술적이며 물질적 측면을, (독일의) 문화는 인간 존재의 내적이고 창조적이며 숭고한 영역을 의미했다. 영국과 프랑스의 문명 개념 속에 민족적 자부심이 담겨 있다면, 독일인의 문화 개념에도 역시 민족의식과 자부심이 담겨 있었다. 이렇게 존 스튜어트 밀, 기조, 헤르더의 주장 속에는 자신의 문명을 세계의 표준으로 제시하려는 영국과 프랑스의 패권주의 담론, 그리고 이에 맞서는 독일 민족주의의 저항이 복잡하게 얽혀 있다. 유럽 내부에서 문명 담론은 민족주의 및 제국주의적 야망과 긴밀하게 연결되어 있었다. 이것이 비유럽 사회로 확산되어 제국주의 논리로 퍼져나가는 것은 시간문제였다.

19세기 말이 되자 사회진화론과 인종주의가 가세하며 당시 전통적으로 문명화되었다고 분류된 민족들, 즉 중국, 아랍인들조차 조롱의 대상이 되었다. 유럽은 자유, 진보, 문명, 역동성을, 비유럽은 예속, 정체, 야만, 무기력을 의미했다. 여기에는 인종주의와 성차별도 함께 들어 있었다. 서양은 강건한 남성이었고, 동양은 여성이나 어린아이였다. 이성과 문명은 전적으로 백인, 그중에서도 서유럽인과 동의어였으며, 제국주의는 세계의 야만 지역에 문명화라는 성스러운 임무를 전파하는 인류의 사명으로 미화되었다. 한편 '비문명적' 민족, '야만' 민족이 구별되었으며, '야만인' 외에 '역사 없는 민족' 혹은 '반半문화 민족' 등과 같은 개념이 만들어졌다. 또한 야만-미개-문명의 다단계 분류도 생겨났다.

이러한 비문명, 혹은 야만적인 비유럽 지역을 문명화시켜야 한다는 생각은 정파를 초월하여 당시 유럽인들 사이에 널리 퍼져 있던 보편적 관념이었다. 문명은 유럽이 도달한 물질적, 지적 발전 수준과 동의어로, 또는 전 세계를 분류하는 등급화의 개념으로, 제국주의와 남성 우월주의를 정당화하는 논리로, 유럽과 비유럽을 구분하는 차별과 배제의 개념으로 변화하였다. 아시아에서는 일본이 이 논리를 받아들여 문명화라는 이름으로 제국주의 정책에 나선다.

이러한 오만과 대립은 대가를 치르는 법. 문명의 이름으로 전개된 제국주의 지배 논리는 전 세계를 비극으로 몰아넣었다. 유럽 내부에서는 아일랜드에 대한 영국의 차별과 수탈, 서유럽의 동유럽 분할, 신흥 강대국 독일과 패권국 영국의 갈등으로 나타났으며, 결국 두 차례의 전쟁으로 이어졌다.

반문명의 논리 : 1단계

문명사회에 속한 인간의 타락은 아주 먼 과거에도 비판적으로 제기되었다. 로마시대의 시인 오비디우스는 『변신』에서 황금시대로부터 멀어져 가는 인간들이 벌이는 잔혹한 전쟁과 탐욕을 그려냈다. 중세시대에는 문명이 발달함에 따라 심화되는 착취와 지배에서 벗어난, 자연과 함께 하는 안락한 삶에 대한 열망이 아르카디아Arcadia, 카케인 등 이상향에 대한 그리움으로 표현되었다. 또한 근세 초기 토머스 모어의 『유토피아』, 토마소 캄파넬라Tommaso Campanella의 『태양의 도시』는 문명이 빚어낸 예속, 압제, 지배로부터 벗어난 이상사회를 그리고 있다.

문명사회의 물질적 탐욕과 인간 죄악, 그리고 도덕성 상실을 비판하는 목소리는 루소에 와서 신랄하게 제기된다. 루소는 『학문예술론』『인간 불평등 기원』『사회계약론』에서 문명은 인간을 타락시키고 억압하는 과정이며, 문명화된 인간은 그렇지 못한 인간 혹은 야만인보다 더 열등한 존재라는 주장을 펼쳤다. 그는 문명이 인간에게 예절, 형식적인 몸가짐, 유행 등 틀에 박힌 패턴을 부과하고, 본래부터 갖고 있던 자연적 능력을 박탈함으로써 인간의 신체 능력을 저하시킨다고 비판하며 그 모든 것들이 인간 본성과 어긋나는 것이라고 보았다. 또한 문명은 사유재산과 인간 불평등을 확대시켰으며, 정치질서는 인간 억압으로 귀결되고 말았다는 반문명 논리를 폈다.

그러나 중세의 이상향 문학이나 루소의 문명 비판이 문명 자체를 본질적으로 부정한 것은 아니었다. 좋은 자연환경 속에서 풍요로운 생활을 누리거나(아르카디아, 카케인), 잘 조직된 공동체 생활, 공산주의적 분배와 생산체제를 기본으로 하는 사회체제(『유토피아』『태양의 도시』)는 그 안에 종교, 예의, 도덕, 도구, 규범, 법, 의식주 등 문명 요소를 그대로 포함하고 있다. 문명의 긍정적 측면은 보존하고 다만 이로 인한 폐해를 개량하자는 생각이 들어 있다. 루소 역시 문명의 가치를 의심하지는 않았다. 다만 문명은 시민적 도덕, 의무, 덕성의 함양으로 보완되어야만 인류 발전에 유익하며, 앞으로 진정한 사회계약을 통해 인간은 평등하고 자유로운 존재가 될 수 있다고 보았다.

18세기 계몽주의 시대부터 20세기 초에 이르기까지 유럽은 문명 예찬론이 지배했다. 문화 개념을 통해 영국이나 프랑스를 비판했던 독일의 경우도 다르지 않았다. 독일은 민족국가를 형성하고 유럽의 강대국으로 등장하면서 비유럽인을 유럽의 문화로 동화시키는 주도자가 되어야 한다는 '문화제국주의'로 방향을 틀었다. 영국과 프랑스에 의해 거듭 진화된 문명은 인간성과 인류 역사에 커다란 위협으로 작용하고 있지만, 독일 민족에 의해 체화된 '문화'는 인류 미래를 위해 진정한 가치가 있다는 논리였다.

독일이 보기에 자본주의와 과학기술, 대도시, 소비문화, 대중민주주의 같은 19세기 유럽의 성과는 '문명'의 열등성을 보여주는 지표였을 뿐이다. 급기야 베르너 좀바르트Werner Sombart는 기술, 상업, 소비주의로 대표되는 '서구 문명'의 세계관적 토대를 상업주의 혹은 상인정신으로 묘사하면서, 그것을 '영국 정신의 분출'이며 '프랑스 정신의 고유한 형태'라고 규정했다. 이에 맞서 제1차 세계대전 직전 일부 프랑스 극우파는 프랑스 문명을 '우월한 문명'으로, 독일 문화를 '야만의 형식'으로 규정했다.

우리는 여기서 문명과 문화의 구분이 실상은 동일한 문명론적 패러다임 내에서 자기 우월성을 주장하는 담론의 한 계기임을 확인할 수 있다. 그것은 동양의 '정신문화'로 서구 '기술문명'의 폐해를 바로잡을 수 있다는 생각 또한 대단히 위험한 발상이라는 논리의 근거가 되기도 한다. '정신문화'란 그것을 담고 있는 '문명'의 또 다른 표현이기 때문이다.

반문명의 논리 : 2단계

두 차례의 세계대전은 문명 회의론을 불러일으켰다. 서구의 자부심이었던 문명 그 자체에 인간을 파멸로 몰아가는 불길하고 위험한 독이 내포되어 있다는 성찰이 일어나기 시작한 것이다. 제1차 세계대전을 겪은 후 오슈발트 슈펭글러는 "문명이란 한 문화의 불가피한 종결이며 운명"이라며, 당시 서구가 문화 발전의 최종 단계 즉 '문명'의 양상을 극명하게 드러내면서 소멸을 향해 치닫고 있다고 진단하였다. 문화는 발생, 성장, 노쇠, 사멸의 과정을 밟는 유기체와 같아서 이미 고도성장을 이룩한 서구문화는 필연적으로 사멸, 몰락에 이르게 된다는 비관적 예언이었다. 이러한 주장은 서구 문명의 몰락을 말하고는 있지만 결국 새로운 문명의 탄생을 이야기한다는 점에서 철저한 반문명론이라고 보기는 어렵다.

문명 자체의 회의와 불길한 묵시론적 메시지는 프로이트가 던졌다. 그는 『문명의 불안』에서 과학기술이 인간의 복지와 해방을 가져올 것이라는 희망은 실현될 수 없으며, 문명은 곧 인간 본능의 억압이며 자기해체이자 파괴의 충동이라고 설파했다. 프로이트가 보기에 인류 문명은 죽음을 향해 걸어가고 있는 인간이 죽음의 본능을 거역해 만들어낸 에로스의 산물이며, 그것이 크고 높을수록 그 내부에 잠재된 자기파괴력도 커진다. 문명의 발전은 부자유와 속박, 인간의 자기파괴와 공격성을 수반할 수밖에 없고, 결국 최후의 한 사람이 남을 때까지 서로 절멸시키는 시대, 즉 과학기술의 진보가 인간을 초월한 시대인 현대에 이르게 된 것이라고 진술했다.

프로이트의 불길한 예언은 제2차 세계대전이라는 또 다른 비극으로 그 형체를 드러냈다. 더욱 충격적인 것은 베토벤, 괴테, 칸트를 배출한 '문화 민족' 독일이 자행한 홀로코스트였다. 이러한 현실을 목격한 호르크하이머와 아도르노는 인간 해방과 근대 문명의 진보를 가져온 계몽의 기획 그 자체에 광기와 살육의 씨앗이 내포되어 있음을 포착했다. 그리고 계몽의 중심 개념인 이성이 인간과 자연을 지배하는 도구적 이성으로 변질됨으로써 주어진 목적을 이루기 위해 가장 능률적인 수단을 선택하는 계산적 합리성이 된다는 사실에 주목했다. 도구적 이성이 지배하는 세계에서 이성은 현실의 지배원칙을 비판할 힘을 상실하고 오히려 현실 긍정의 이데올로기로 전환된다. 그 이성은 지배집단이 명령한 목표를 가장 잘 실현할 수 있는 효과적인 방법을 찾아내지만, 과연 그 목표가 정당한 것인지는 묻지 않는다.

호르크하이머와 아도르노의 분석에 따르면 문명 그 자체가 파국의 씨앗을 담고 있으며 세계를 이성에 따라 '합리적'으로 설계하려는 계몽의 기획이 그 문제의 근원이다. 그렇다면 문명은 앞으로 더욱 이러한 광기를 드러내고 마침내는 인류의 종말로 치닫는다는 결론을 얻을 수 있겠지만 당시의 일반적인 기류는 그렇지 않았다. 나치의 학살은 서구문명 그 자체의 문제라기보다 독일 문화의 독특한 특질, 예를 들면 낭만주의, 비합리주의, 시민사회의 미발달, 민주주의의 부재 같은 특성 탓으로 평가되었다. 이런 경향은 당시 동서 냉전 상황에서 스탈린의 공포정치를 비판하는 데도 유용했다. 민주주의, 인권, 개인의 자유 등 문명의 '진정한' 특성을 공유한 서유럽과 미국이 인류문명의 보편적 횃불로 떠올랐다. 프랑크푸르트학파의 비판이론은 자본주의가 빚어낸 인간 소외, 환경 파괴, 획일성, 관료제 등을 비판했지만 문명 그 자체를 문제 삼지는 않았다.

아울러 식민지에서 해방된 제3세계 신생 독립국에게는 '근대화 이론'이라는 경전이 제시되었다. 근대화론은 서구가 걸어왔던 길을 따르면 발전 대열에 참여할 수 있다고 주장하는 서구의 도그마였다. 문명과 야만 대신 전통과 근대의 이분법을 집어넣은 근대화론은 정치, 경제, 사회, 문화 등 모든 측면에서 서구문명을 모범답안으로 제시하는 또 하나의 계몽주의 기획이었으며 문명 예찬론이었다. 그러나 근대화론의 처방에 따라 자신의 나라를 발전시키려 했던 제3세계는 서구문명과 토착문화 간의 갈등이 가중되는 심각한 상황에 직면한다. 새로이 문명에 편입된 '미개' 부족은 자아 상실과 정체성의 혼란, 서구의 규범과 토착문화 간의 충돌, 사회경제적 불평등, 삶의 규범과 가치의 대혼란을 겪는다.

예로 북아메리카의 원주민 이뉴잇은 석유 개발로 전통적인 생활방식을 벗어난 문명화된 삶을 누리게 되었지만 집단 우울증과 심각한 알코올 중독에 빠져들었다. 거칠고 척박하지만 자연세계와 균형을 이루고 살던 이들에게 문명은 당뇨, 고혈압, 동맥경화, 비만이라는 문명의 선물을 가져다주었다. 이런 사례는 아메리카 원주민 부족들에게서 수없이 찾아볼 수 있다.

문명의 이면에는 돌이킬 수 없는 자연 파괴와 인간의 황폐화가 수반되었다. 과학기술의 눈부신 발전과 물질적 풍요에도 불구하고 자살과 불안은 증가하고 인간 본성이 왜곡되는 현상은 살육, 착취, 억압의 형태로 지구촌 곳곳에서 드러나고 있다. 인권과 자유의 이념에 충실해 보이는 '문명국' 영국과 프랑스가 알제리, 인도, 베트남에서 저질렀던 학살은 이를 분명하게 보여준다. 미국은 국내에서는 흑인과 원주민을 비롯한 소수인종에게 폭력과 차별을 가하고, 대외적으로는 베트남 전쟁을 도발함으로써 이러한 문명 전쟁에 동참했다. 현대에 들어와 인간과 자연을 지배하는 문명 질서는 이제 엄청난 환경 재앙을 야기하고 있다. 대기 및 수질 오염, 열대우림의 파괴, 산성비, 오존층 파괴, 동식물 종의 급속한 절멸은 전 지구적으로 확산되어 생태계와 인간 삶은 점차 황폐해지고 있다.

반문명의 논리 : 3단계

문명 그 자체가 인간성과 자연 파괴를 수반한다는 생각을 널리 확산시킨 직접적인 계기는 환경문제였다. 문명 발전과 함께 가속화되는 환경 파괴는 이미 오래전부터 많은 이들에게 지적되었지만, 현대 산업문명은 그 파괴의 심도와 규모에서 유례를 찾아보기 힘들 정도로 거대하고 심각하다. 현대문명을 그대로 두었다가는 결국 인간마저도 위태롭게 된다는 생각은 1962년 레이첼 카슨Rachel Carson의 저서 『침묵의 봄Silent Spring』에서 처음 제기되었다. 이로써 이 책은 생태주의 환경운동의 기점이 된다.

1970년대 이후의 환경운동은 자연에 대한 인간의 정복 혹은 지배를 찬양하는 서구의 세계관 자체에 근본적인 문제점이 있다는 인식에서 출발했다. 사실 이러한 반자연적 세계관은 자유주의와 사회주의 모두에 공통적으로 깔려 있다. 마르크스는 『공산당 선언』에서 부르주아가 이루어낸 생산력의 비약적 발전을 찬양했으며, 생산력의 효율적 사용과 발전을 보장하는 체제로서 제시된 모델이 바로 사회주의였다. 이에 따라 생태주의자들은 자연환경에 무관심한 자본주의와 사회주의 이데올로기를 넘어서는 새로운 녹색 윤리가 필요하다고 역설하며 문명 그 자체를 의문시하기 시작했다. 이러한 성찰은 생태주의를 등장케 했다.

생태주의는 크게 '표층생태학shallow ecology'과 '심층생태학deep ecology'으로 나뉜다. 듀보스René Dubos와 베리Wendell Berry로 대표되는 표층생태학은 인간은 자연의 일부이지만 의식주를 해결하기 위해서는 불가피하게 자연을 가꾸고 관리해야 한다고 본다. 다만 조심스럽게 자연에 대한 손상을 최소화하며 개발하도록 규제하는 법률과 공공정책이 필요하다는 입장이다.

반면 심층생태주의는 이러한 표층생태학의 관점이 자연을 인간의 목적에 봉사하는 도구로 전락시키는 '인간 중심적' 사고라고 비판하면서, 자연의 모든 피조물은 고유하고 본질적인 가치를 지닌다는 '생명 중심적biocentric' 입장을 견지한다. 곧 지구상의 모든 존재는 근본적으로 서로 긴밀하게 연결되어 의존하고 있으며, 일체의 생명은 상호의존적 협력체계에 기초한 생태공동체의 구성원으로서 내재적 가치를 지닌다는 것이다.

심층생태학은 문명 자체를 반성하며, 자연 파괴를 초래한 근본 원인이 서구적 세계관이라고 본다. 즉 자연과 인간을 분리시키고 인간을 모든 창조물 위에 군림시키며, 자연을 인간의 의도에 따라 이용하는 대상으로 전락시킨 서구적 가치를 문제 삼았다. 서구가 만들어낸 문명, 특히 근대 문명에서 인간은 과학기술의 사용 주체가 아니라 오히려 부품으로 전락하였고, 비판적 이성은 주어진 목적에 봉사하는 도구적 이성으로 변질되었다. 따라서 도구적 이성에 기초한 세계관을 '생태적 자아'에 입각한 새로운 세계관으로 전환시켜야 하며, 인간의 의식 개조를 통해 정치, 경제, 사회, 과학 전반의 패러다임을 생태 패러다임으로 변화시켜야 한다고 주장한다.

이러한 생각을 정식화한 사람은 알도 레오폴드Aldo Leopold였다. 그는 "한 사물은 생명공동체의 건전성과 안정성 및 아름다움을 보존할 때 올바르다"는 '대지의 윤리'를 선언했다. 린 화이트Lynn White 역시 생명의 영적 자율성과 평등에 기초한 생태적 자연관을 주창했다. 이들은 거대한 현대 산업사회가 소규모의 분권화된 체제로 바뀌어야 한다고 보며, 인구의 실질적 감소와, 법과 정책의 변화, 그리고 풀뿌리 민주주의를 강조한다. 하지만 전반적으로 인간의 의식 개조, 자연에 대한 숭배와 경외 같은 덕목을 강조하면서 종교적, 영적, 관념적이라는 한계를 보여주고 있다.

심층생태학은 문명에 내재된 인간 중심적 세계관, 이로 인한 자연 파괴의 본질적 성향을 비판하고는 있지만 문명에 대한 근본적 회의론은 아니다. 양적 성장보다 환경과의 조화를 바탕으로 지속가능한 발전을 도모하자는 이들의 생각은 기본적으로 문명의 파괴적 충동을 억제하면 문명과 자연의 조화로운 공존이 가능하다는 입장이다.

현실적으로 현대문명을 근원적으로 부정하지 않고 생태계 위기에 대한 개량적인 해결책을 얻고자 한다면 '소비를 최소화' 하거나 환경 부담을 줄이는 '환경친화적 소비'를 하는 방법이 제시될 수 있다. 그러나 소비를 줄이는 일 자체도 단순히 개인 차원의 문제가 아니라 한 사회의 시스템 전반을 변화시켜야 하는 일이다. 여기에는 당연히 생산과 소비의 체계, 지배구조, 정치와 사회질서, 개인의 의식 문제가 개입된다. 환경운동은 정치, 윤리, 경제, 사회의 모든 측면과 연결되어 있기 때문이다. 사회생태론자들은 바로 이런 측면을 제기하며 심층생태주의자들을 비판하고 나선다.

머레이 북친Murray Bookchin으로 대표되는 사회생태론social ecology은 무정부주의와 생태주의를 결합하여 생태 위기의 근원을 사회구조의 위계질서에서 찾고 있다. 북친과 킹Ynestra King은 지구를 여신 가이아Gaia에 비유하며 숭배하는 심층생태주의자들의 접근법을 신비주의적 주문呪文이라고 비판한다. 인간에 의한 자연 지배는 인간에 의한 인간 지배에서 비롯되는 것이므로 인간사회에 존재하는 모든 형태의 지배관계를 깨뜨려야 한다고 주장한다. 따라서 개인의 자율성에 바탕을 둔 지역자치주의, 그리고 철저히 민주적이고 위계질서를 배제하는 구조를 통해 인간사회의 지배구조를 청산하고, 동시에 자연과 함께하는 생태주의를 실천함으로써 새로운 문명사회를 만들어가야 한다고 역설한다. 또한 지구 생태계의 체계적, 지속적인 파괴에 가장 큰 책임을 져야 할 주체들은 소수의 인간, 특히 부유한 기업가와 다국적 기업이지 인류 전체가 아니라고 본다.

사회생태론은 지배와 복종의 체계가 없는 새로운 공동체를 창조하려

한다는 점에서 생태-무정부주의eco-anarchism라고도 부른다. 이들은 거대 사회와 대규모 산업문명을 버리고 소규모의 생태 마을eco village을 구상하여 생태공동체가 확산될 수 있도록 정치체계를 재편해야 한다고 본다. 사회생태론을 대표하는 북친과 앨런 카터Alan Carter는 문명 자체를 거부하지는 않는다. 과학기술을 이용한 자유롭고 평등한 소규모 공동체를 만들어 인간이 생태계의 한 구성원으로서 조화롭게 살 수 있는 진정한 문명을 만들자는 것이다.

이보다 더 철저한 반문명론을 제기하는 입장이 에코-페미니즘과 생태-원시주의이다. 에코-페미니즘eco-feminism은 생태계 전반의 문제를 여성 억압 기제와 동일한 맥락으로 본다. 기본적으로 에코-페미니즘은, 남성에 의한 여성 억압과 자연 억압이 만연한 가부장제 지배구조에서 전개되는 생태운동이나 비폭력 운동은 공허할 수밖에 없다고 보고, 여성해방운동과 환경운동의 접합을 시도한다.

사실 베이컨Francis Bacon 이래 서구문명에서 자연은 항상 '그녀(she)'로 표현되며 남성에게 굴복, 정복되어야 하는 오만하고 거만한 대상으로 취급되었다. 자연은 남성에게 '자신의 비밀을 털어놓도록' 강요당해야 하며, 남성은 기술을 통해 여성을 정복하고 굴복시킬 수 있는 힘을 가지고 있다는 식의 인식이 지배적이었다. 바로 이러한 여성 억압이 서구문명의 근본 틀을 형성해왔으며 여성 지배와 자연 지배는 긴밀한 연관을 갖고 지속되어 왔다는 것이다. 곧 지구의 생명 유지 체제를 위협하는 최종 근원은, 남성 중심적 사회 및 경제체제에 입각한 서구문명의 여성, 자연, 제3세계의 식민화에서 비롯되며, 이 토대 위에서 자본주의적 가부장제 문명이 작동해왔는데도, 심층생태학은 이보다는 남성의 입장에서 환경문제를 접근하는 오류를 범했다고 비판한다.

프랑스의 급진적 페미니스트인 프랑수아즈 도본느Françoise d'Eaubonne에서 시작된 이 운동은 매리 델리Mary Daly, 수잔 그리핀Susan Griffin, 캐럴린 머천트Carolyn Merchant 등으로 계승되었고 최근에는 인도 출신의 반다나 시바Vandana Shiva에 의해 한층 발전된 형태로 전개되고 있다. 이들은 가부장적인 자본주의 세계의 정치경제 구조가 남성 중심적 개발 위주 경제정책으로 여성과 자연을 무차별적으로 착취했다고 보며, 개발 대신 인간과 자연의 재생 능력과 다양성 및 생존 기반 보존에 입각한 생존 모델로 바꿀 것을 주장한다.

에코-페미니즘이 주장하는 생존 모델은 지역경제체제, 참여적 풀뿌리 민주주의, 정신·물질, 자연·문명, 생산·생존이라는 이원론의 극복이다. 이들은 남성 중심, 경제 성장과 개발의 논리, 가부장적 지배구조를 벗어난 새로운 문명 원리를 내세우지만 문명 그 자체를 거부하지 않는다는 점에서는 사회생태론과 같다.

반면 이 책의 필자인 존 저잔과 데릭 젠슨, 프레디 펄먼 등은 문명 그 자체를 거부하고 야생의 삶으로 돌아가야 한다는 무정부-원시주의anarchro-primitivism를 표방하고 있다. 무정부주의 저널 『녹색 무정부주의자Green Anarchist』『피프스 이스테이트Fifth Estate』를 중심으로 주장을 펼치는 이들은 루소와 무정부주의의 문명 비판, 산업혁명 시대의 러다이트 운동, 프랑크푸르트학파의 비판이론에 많은 영향을 받았지만 직접적으로는 인류학자 마셜 살린스, 리처드 리, 그리고 루이스 멈퍼드, 게리 스나이더, 자신의 자연적 습성과 행동에서 단절된 생물 종은 병들게 된다고 주장하는 폴 셰퍼드에게서 영향을 받았다.

무정부-원시주의는 현재의 억압적인 산업자본주의 세계를 위계질서가 사라진 탈중심적-민주적 공동체로 바꾸어야 한다는 주장에선 생태-

무정부주의와 의견을 같이한다. 하지만 과학기술이 인간과 자연의 착취를 목적으로 하기 때문에 기술을 잘 이용하면 인간과 자연의 보호에 유용한 도구가 된다는 생각은 철저히 거부한다. 이들에게 문명은 그 자체가 길들이기, 통제와 억압, 지배와 강제의 논리, 모든 억압의 근원이다. 문명이 시작하기 전 인간은 소규모의 무리를 이루고 수렵채취 생활을 하며 사회정치적, 경제적으로 평등한 삶을 누렸다. 여가시간은 풍부했고 야생의 음식은 충분한 영양을 공급해주었다. 조직화된 폭력도 없었고, 자연을 수탈하거나 훼손하지도 않았으며, 법이나 제도 없이도 조화로운 삶을 영위했다. 그런데 문명은 여성 억압, 자연 수탈, 전쟁, 인구 성장, 사유재산, 질병의 확산을 가져왔고, 인위적인 농경과 가축 사육을 통한 동식물 파괴, 사회적 계층화, 강제, 억압, 소외, 지배구조를 야기시켰다는 것이다.

이들이 보기에 문명이 자연과 인간을 지배하는 원리는 '길들이기'다. 그것은 엄격하게 규제된 방식에 따라 삶을 유도하고 통제하는 원리이다. 우주의 모든 것을 문명에 동화시키고 전체 세계를 하나의 거대한 질서체계로 구축하며 예측 가능한 세계로 확립하려는 획일적인 경향이다. 이러한 길들이기는 토지, 동식물, 그리고 마침내 인간을 길들이는 전체주의적 태도와 전략을 필요로 한다. 야생의 들판이 경작지로, 야생의 동식물이 곡식과 가축으로 길들여짐으로써 과거 누구에게나 개방되었던 모든 것은 소유권이라는 이름으로 변질되었으며, 이에 따라 권력과 사회적 위계질서, 가부장제, 분업과 전문화 체계가 성립되었고, 인간에 의한 인간의 지배, 환경 파괴가 수반되었다는 것이다.

무정부–원시주의자들에게 현대 자본주의 구조의 핵심인 산업주의는 권력의 집중, 인간과 자연의 착취 위에 형성된 생산체계를 의미한다. 산업주의는 인종과 환경의 학살, 식민주의 없이는 존재할 수 없다. 산업주의를 유지하기 위해서는 환경 파괴, 문화 파괴, 강요된 노동, 원주민의 정복과 식민화가 필요하기 때문이다. 이 식민주의는 인종주의, 성 차별, 문화적 쇼비니즘으로 합리화된다. 따라서 문명의 폐해를 교정하거나 개혁하는 방식으로는 문제를 해결할 수 없다고 본다. 문명은 본능적인 자유의 억압 위에 확립된 것이기 때문에 인간이 생태계 파괴, 여성 억압, 착취와 지배의 구조를 깨뜨리려면 문명 자체를 파괴하고 과거 원시인의 삶으로 돌아가야 한다고 주장하는 것이다. 심지어 우리가 문화라고 부르는 인간의 지적 활동이나 상징체계 역시, 인간과 자연의 직접적 상호작용을 단절시키고 강요된 틀 속에 속박한다며 거부한다. 문화 역시 문명의 한 요소라는 생각이다.

심층생태학, 생태-무정부주의, 에코-페미니즘을 결합하여 과감한 주장을 내세우는 무정부-원시주의는 내부에서도 많은 비판을 받는다. 문명과 농업은 필연적으로 위계질서와 소외를 불러일으키며 거대 산업사회는 자유로울 수가 없다고 하는데, 그렇다면 대안이 있는가? 무엇을 어떻게 해야 자유롭고 평등한 공동체가 건설될 수 있을 것인가? 식량을 스스로 재배하고 수렵채취의 삶을 영위해야 한다는 주장도 무책임하게 들린다. 만일 그렇게 된다면 지구에는 현재 인구의 100분의 1 정도가 살아남을 수 있을 것인데, 나머지 사람들은 어떻게 할 것인가? 무정부-원시주의는 이런 의문에 대해 분명한 해답을 주지 못하고 있다. 특히 같은 무정부주의 입장에 서 있는 노엄 촘스키에게도 실현 불가능하고 무책임한 주장이라는 비판을 듣기도 한다.

이에 대해 무정부-원시주의자들은 이런 비판을 인정하면서도 자신들의 주장을 하나의 거대한 도전, 기획, 청사진으로서 계속 진전시켜 나가야 한다고 설파한다. 이런 근본적인 착상이 아니라면 인간과 자연의 파괴를 되돌릴 방법이 없다는 것이다. 그리고 이런 대담한 생각까지도 모두 포괄하고 있는 것이 이 책이다. 이들의 주장에는 공감하기 어려운 부분도 많지만, 인식의 근본적 전환을 요구하면서 신선한 자극을 던져주고 있다.

 이 책은 초판본(1999년)에 15개의 글을 추가한 2005년 개정 증보판을 대본으로 사용하였다. 이 책에는 실로 다양한 필자들의 글이 수록되어 있다. 가능하면 모든 필자의 인물 정보를 소개하고자 했으나 아무리 애써도 찾을 수 없거나 너무 빈약한 정보인 경우에는 어쩔 수 없었다. 어렵게 필자의 연락처를 알아내어 이메일로 요청했는데도 답신을 받지 못하기도 했다. 독자 여러분의 양해를 구한다.
 이 책은 문명 그 자체에 심각한 취약성이 있으며, 우리가 자연과 인간 파괴, 궁극적으로 문명 스스로 초래하고 있는 자기붕괴를 막으려면 근본적으로 새로운 시각이 필요하다는 사실을 깨닫게 하는 주장들이 들어 있다. 이 책을 읽고 나면 문명에 맞서 제 정신을 갖고 살아간다는 일이 얼마나 힘든 일인지 느끼게 될 것이다. 아울러 우리에게는 한반도 대운하 같은 발상이 단순히 이명박 정부의 문제가 아니라 개발과 성장 중심의 정책을 당연시하는 우리의 근대화 문명의 논리에 있다는 사실도 깨닫게 해준다. 이 책은 이러한 다양한 문제의식을 일깨우고, 문명의 해악에서 벗어나려면 우리가 지금까지 살아왔던 문명의 논리를 근본적으로 반성하고 새로운 삶의 원리가 뒤따라야 함을 웅변적으로 보여주고 있다. 지구생태계 파괴와 인간성 상실이 가속화되고 있는 지금, 문명의 허구성을 성찰하는 계기가 되었으면 하는 바람이다.

정승현

차 례

1부 문명 이전의 우리 인류 최초의 풍요사회를 찾아서

2부 문명의 탄생 인간의 승리와 자연의 위기

3부 문명의 본질 자연지배에서 인간지배로

4부 문명의 병리학 지배, 거짓말, 파괴, 질병의 도미노

5부 반문명 선언 인간과 지구생태의 공존을 위하여

우리는 플라스틱을 사기 위해 지구를 버렸다

케빈 터커

미국의 반문명 저널 『스피시즈 트레이터*Species Traitor*』 편집장

수백만 년 동안 인간은 무정부주의자처럼 살아왔다. 강압적인 권력, 노동, 제도 없이 자율적인 개인으로 살아왔다. 따라서 '자연상태'라 하면 국가가 없는 상태라고 부르는 편이 적합할는지도 모른다. 그 상태는 결코 낙원(담으로 둘러싼 정원)도, 유토피아(상상에서 비롯된 최고의 장소)도 아니었다. 그렇다고 해서 자연상태가 단순한 역사적 사실도 아니지만 모세, 애덤 스미스, 마르크스 등 생산력 발전에 대한 예언자들이 설파했던 인간 이성의 단선적 발전이라는 생각이 우리를 그렇게 믿도록 만들었는지도 모른다. 우리의 뼛속에는 무정부적 기질이 스며 있다. 그것이 우리의 행동 방식이며, 수백만 년의 진화를 거친 끝에 인간은 바로 그런 존재로 만들어졌다. 폴 셰퍼드가 지적했듯 우리는 구석기 시대의 존재, 즉 수렵채집인, 원시인, 이 지상의 존재다.

그런데 무슨 일인가가 일어났다. 이것은 대단히 신비스러운 일도 아니

며, 우리가 진보와 생산력의 신을 떠받들건 말건 우리 모두는 이것이 무슨 거창한 일도 아니라는 사실을 알고 있다. 그후 우리는 길을 잃었다. 이 말이 무슨 뜻인지 이해하고 맞서려면 먼저 우리 자신이 어떤 존재인지 이해해야 한다. 떠돌아다니는 수렵채집인의 삶은 정신적으로 죽은 근대성의 세계, 즉 현대의 글로벌 기술문명과는 본질적으로 다르다. 그렇지만 수렵채집인이라고 해서 우리와 전혀 다를 바 없다. 타고난 야만인도, 타고난 문명인도 없으며, 서로 다른 시간과 장소에서 태어난 인간들, 그리고 불행하게도 문명이라는 범주 속에 태어난 우리가 있을 뿐이다.

유랑하는 수렵채집인의 사회는 평등주의의 전형적인 모습이다. 그 사회는 융통성이 있고 유기적인데, 그 사회의 본질상 그렇게 되어야 한다. 떠돌아다닌다는 것은 적응력이 있다는 것을 의미하며, 지배와 복종의 권력관계가 없다는 것이 핵심이다. 가뭄이 들면 사회는 보다 환경이 좋은 지역으로 이동할 수 있다. 경계는―그런 것이 있기나 했을지도 의문이지만―멋대로 그어놓은 선이나 표식이 아니라 그 사회의 중심부에서 떨어진 정도에 따라 설정된다. 어떤 시점에서 어떤 장소에 존재하고 있는 사람은 또 다른 이동을 준비하는 유동적인 존재이고, 이 사회에 이방인은 없다. 자아ego는 다분히 의도적으로 움츠러들어 있기 때문에 타인이 그 어떤 기술보다 가치 있는 존재가 된다. 이동사회라는 성격 때문에 인구는 균형을 유지했는데, 인류학자 리처드 리Richard B. Lee＊는 이를 "엉덩이에 붙이는 피임약"이라고 불렀다.

그러나 무엇보다 중요한 것은 모든 사람이 스스로 먹고살 수 있는 능력을 갖고 있었다는 것이다. 이들은 스스로 세운 자신만의 조건에 맞춰 집단을 이루며 생활했다. 만약 사람들이 누구에게 화가 나거나 실망하면 그를 따돌릴 수 있었고, 따돌림을 당한다는 것은 매우 가혹한 것이었다. 특별한 전문가도 없었으며, 재산이라고 해봤자 쉽게 모으고 바꿀 수 있는 것뿐이었다. '삶과 생활수단은 분리되지 않고 결합되어 있어 그 둘을 매개하는 것은 존재하지 않았다.'

유랑하는 수렵채집인들은 완전히 신성한 세계에 산다. 이들의 신성한 품성은 그들과 관계된 모든 사물에 미친다. 자신의 삶에 직접적으로 중요한 의미를 가진 동식물뿐만 아니라 자기 주위의 여타 동식물에 대해서도 다 알고 있다. 그들은 우리가 '무생물체'로 칭하는 것과도 대화를 나누는데, 이 무생물과도 같은 언어로 말할 수 있다. 그들은 인간이라는 좁은 한계를 넘어 세계를 보는 방법을 알고 있으며, 우리가 그토록 집착하는 인간의 언어에 제한되지 않는다. 그들의 존재는 땅에 근거를 두고 자유롭게 떠돌아다니지만, 그들 스스로가 항상 고향이고 어딜 가도 환영받으며 두려움을 모른다.

'원죄'나 어떤 특정한 사건 때문에 인류가 문명화 과정에 들어서게 되었다고 보는 이론들이 있는데, 이런 이론들을 비판하기란 그리 어렵지 않다. 많은 점에서 이러한 이론에 동조하지만, 나는 실제 현실은 훨씬 더 복잡하다고 생각한다. 사람들이 앞으로 문명화되자고 의식적으로 결정한 시점이나 더 이상 땅의 소리를 듣지 않기로 결정한 순간은 없었다. 대신 어떤 일들이 우연히 일어났으며, 이렇게 일어난 일들은 그후 우리가 타인과 자연을 대하는 방식에 커다란 영향을 미치게 되었다.

동식물을 사육하고 재배하기 시작한 최초의 인간들은 그로 인해 자신이 사랑했던 세상을 결국에는 두려움의 대상으로 바꾸게 될지도 모른다

● 캐나다의 인류학자(1937~). 아프리카 원주민 !쿵 부족에 관한 연구로 인류학계에서 높이 평가받았다.

는 사실을 알지 못했을 것이다. 야생에 대한 공포가 커져 정원 밖에 있는 모든 것을 파괴하고, 이로 인해 결국 다시는 야생으로 돌아가지 못하게 되리라는 사실을 알지는 못했을 것이다. 한 지역에 최초로 정착한 사람들이 정착으로 인해 전쟁의 일상日常을 향해 나아가고 있다는 생각을 했을 리도 만무하다. 혹은 보다 많은 아이를 갖는 것이 지속적인 생산 증가를 의미한다는 사실을 알았다고 보기도 어렵다. 최초로 저장식품에 의존하게 된 사람들이 이로 인해 강제적인 권력이 형성되고, 자율적인 인간집단이 누려온 평등주의가 깨질 것이란 사실을 인식했다고 보기도 어렵다.

물론 우리 중 그 누구도 그당시 사람들이 무슨 생각을 했고, 왜 이런 일들이 벌어지게 되었는지 알지 못할 것이다. 동식물의 사육과 재배, 정착생활 혹은 잉여생산물의 기원에 관한 이론은 매우 다양하고 각자 나름대로 유용하지만, 우리가 처한 이 시점에서 볼 때 사실상 전혀 무의미하다. 각 사건의 기원을 아무리 잘 밝혔다고 해도 각각의 사건이 여러 함축적인 결과를 가져왔다는 사실은 바꾸지 못한다. 각 사건들이 하나하나 실현되었을 때 무언가 중요한 일이 발생했고, 이로 인해 의도치 않은 결과들이 연쇄적으로 나타났으며 현재 우리의 모습이 형성되었다.

하지만 내가 정부 혹은 권력이 그저 자비롭다는 암시를 주고 있는 것은 아니다. 정치가나 부당이득 취득자들은 자신들이 지구를 파괴하고 모든 생명을 독살하고 있다는 사실을 알고 있다. 돈을 더 중요하게 여길 뿐이다. 아무 생각 없이 전기코드에 플러그를 꽂거나 자동차에 기름을 넣는 사람과 비교할 때, 그들의 선택은 다분히 의도적인 행위다. 이들 권력가들은 자신의 이익에 따라 행동할 것이다. 그러나 우리가 그들이 설정한 조건에 순응하는 한, 그들의 권력은 끄떡없이 유지된다.

그렇다고 이와 관련된 모든 사람이 이에 대한 의식이 있어야 한다거나, 권력자들이 모두 비난받아야 한다는 것은 아니다. 그런다고 별로 좋아질 것도 없다. 그러나 우리의 상황이 점점 더 악화되고 있는 것만큼은 분명하다. 화석연료에 대한 의존도가 심화됨에 따라 우리는 과거에는 몰랐던 방식으로 미래를 훔치고 있다. 우리 시대에 존재하는 붕괴의 징후를 보지 못하고 있다는 점에서 우리는 앞서 존재했던 카호키아Cahokia*, 차콘Chacoan**, 마야, 아스텍, 메소포타미아, 로마 문명과 비슷하다. 우리는 당장 이곳에서 우리에게 좋은 것 말고는 생각하지 않고 있다. 현재의 틀을 벗어나 생각하지 않는다. "문명을 벗어나서는 도무지 생각을 못 한다."

우리는 그렇다는 사실조차 알지 못한다. 우리는 시대를 읽는 능력을 부여받지 못했는데, 그것은 우리 앞에 펼쳐진 합리적 이성의 길에 반하는 것이기 때문이다.

그러나 상황은 변해왔고 지금도 바뀌는 중이다. 우리가 인식하든 못하든 간에 "무슨 일인가가 벌어질 것이다". 우리는 과거를 되돌아볼 수 있으며, 문명화 과정에 길들여져 매장되었던 우리 자신의 한 부분을 다시 일깨울 수 있다. 과거에 아주 성공적이었던 떠돌이 수렵채집인의 존재에는 뭔가 특별한 것이 있었다는 것을 알 수 있다. 우리는 이것이 정착 생활, 잉여생산, 가축사육으로 인해 붕괴되었고, 이런 붕괴는 원예, 국가의 형성, 농업과 더불어 공고화되었으며 산업주의와 기술적 근대성으로 인해 한층 더 고착되었음을 알 수 있다.

이런 단계를 거치면서 우리는 자율성을 잃고 의존적인 존재가 되었다. 자기결정이라는 야만의 시대에서 해방되어 새로운 노동의 자유와 풍요

• 12~18세기 미국 미시시피 강 주변에서 번성했던 인디언 문화.

•• 9세기 중반에서 13세기 중반까지 현 미국의 유타, 애리조나, 뉴멕시코, 콜로라도 등지에 걸쳐 번성했던 인디언 문명.

의 세계로 나아갔다. 말하자면 플라스틱을 사기 위해 평등주의를 팔아 치운 것이다.

  우리의 현재 상황은 우울하지만 그리 절망적이지만은 않다. 우리를 평등주의에서 전체주의로 천천히 몰아넣었던 의도치 않은 결과들이 초래한 유산을 우리는 물려받았다. 여기서 우리가 해야 할 질문은 도대체 우리가 무엇을 잃어버렸냐는 것이다. 우리 존재의 어떤 부분이 문명화 과정에서 없어졌는가? 이성, 신, 단선적 시간 개념, 진보의 신화를 뛰어넘어 세계를 보아야 문명화 과정에서 우리 존재의 어떤 부분이 사라졌는지 깨달을 수 있다.

  문명은 거대한 표적이다. 문명에 길들여진 상황을 극복하는 것은 매우 힘든 일이지만 우리의 영혼과 삶이 걸린 일이기도 하다. 그러나 미래와 과거는 우리 생각보다 더 긴밀하게 연결되어 있다. 아나키의 피와 정신이 우리 핏속에 흐르고 있다. 우리가 '문명 이전의 시대'를 볼 필요는 없다. 그저 우리 자신과 우리 주위의 세계에서 나오는 소리에 귀를 기울이기만 하면 된다. 그러면 우리는 무엇이 우리를 잘못된 길로 들어서게 했는지 알 수 있고, 그런 인식을 통해 아나키를 향한 여정을 시작할 수 있다.

  이 과정에서 즉 '인간이 되는' 과정에서 인간의 운명과 세계의 운명 사이에 놓인 장벽은 사라질 것이다. 지금 실재하는 문명의 표상들에 대해 언제 어디서 반격을 가할 것인지는 문제가 되지 않을 것이다.

  우리 자신을 야성과 혼돈에 맡기는 법을 알게 될 때 우리의 유기적인 아나키적 본성이 흘러나올 것이다. 문명을 공격하는 일이 절대 쉬운 향연은 아니지만, 우리가 처한 반자연상태에 관심을 갖고 그것을 깨달을 때 우리는 무엇을 해야 할지 정확히 알게 될 것이다.

광대한 숲은 인간의 노고가 가해져야 할 넓은 들판으로 변했으며,

머지않아 그 들판에서는 곡식과 더불어 예속과 불행이 싹트고 자랐다.

이러한 거대한 변화를 낳은 것은 야금술과 농업이라는 두 가지 기술이었다.

인류를 문명화시키고 타락시킨 것이 시인에게는 금과 은이지만

철학자에게 철과 밀이다.

— 장 자크 루소

문명 이전의 우리

인류 최초의 풍요사회를 찾아서

네안데르탈인은 동굴에 동물그림을 그리지 않았다. 자신의 감각으로 이미 생명의 본질을 알고 있었기 때문에 구태여 그것을 표현할 필요가 없었을 것이다. 달리는 짐승 떼를 보기만 해도 그들의 미적 감각은 충분히 고양되었다. 그들에게는 북이나 뼈로 만든 피리는 결코 없었지만 서로의 심장, 바람, 땅의 울림을 듣고 교감을 나눌 수 있었다.

—— **제임스 슈리브**[*]

1부는 문명 발생 이전, 인류의 모습을 묘사한 몇 편의 글로 시작한다.
  문학의 경우, 로이 워커의 고전적인 시 모음 『황금빛 축제』를 제일 먼저 수록했다. 이 책은 로마 시인 오비디우스에서부터 미국의 「큰 바위 사탕 산」의 민속신화에 이르기까지 문명에 의해 타락하지 않은 원초적 완전성에 대한 기억이나 상상력이 오래 지속되고 있음을 일깨워준다. 사실 반문명 사회에 대한 유토피아적 갈망은 가장 초기의 그리스 문헌으로까지 거슬러 올라간다. 기원전 7세기 초 헤시오도스는 『노동과 나날들』에서 제우스의 아버지 크로노스가 다스리던 시대에 인간은 "마치 신처럼 살았으며, 그들 마음에는 슬픔이 깃들 여지가 없었고, 힘든 노동

[*] James Shreeve. 과학 저술가이자 신문 칼럼니스트. 인류학과 환경문제를 주로 다루며, 저서 『네안데르탈인의 수수께끼: 현대 인간의 기원에 관한 신비를 풀다』로 유명하다.

이나 고통도 없었으며…… 비옥한 땅은 사람들을 위해 저절로 풍요로운 곡식과 열매를 맺었고, 여러 좋은 물건을 갖고서 사람들은 땅 위에서 안락하고 평화롭게 살았다"고 묘사하면서 그 시대가 사라진 것을 통렬하게 애도했는데, 크로노스 시대에 대한 이런 서술은 그후 황금시대의 전형적인 묘사가 되었다.

크로노스 시대와 같은 황금시대는 분명 종species으로서 우리 인간이 존재했던 시기의 99퍼센트 이상에 해당하는 저 광대한 구석기 시대를 말하는 것이다. 최근 인류학자들은 농업이 시작되기 전 식량을 찾아 돌아다니던 사회에는 조직화된 폭력, 성적 억압, 성가시고 단절된 활동으로서의 노동, 사유재산, 혹은 상징문화가 없었다고 한다. 헤시오도스의 황금시대는 로마의 베르길리우스와 오비디우스에 오면 주피터의 아버지 사투르누스가 지배하던 시대로 재가공되고, 중세에는 아르카디아 로 나타난다. 이런 목가적인 전원생활에 대한 그리움은 모든 지역 문명에서 지속적으로 나타나고 있다. 리처드 하인버그의 『낙원의 기억과 비전』은 이 주제를 가장 뛰어나게 탐구한 최근 저작이다.

페어차일드의 탁월한 연구 「고귀한 야만인」은 초기 정복자들이 상륙한 이후 질병과 전쟁으로 곧 사라지고만 신대륙 토착 원주민의 순수함을 알려준다. 이어지는 글에서 루소는 인간이 한때 누렸던 자유와 행복을 묘사하는데, 페어차일드의 책 제목은 본래 여기서 따온 것이다.

소로의 글은 간결하지만 생생하다. "가장 살아 있는 것은 가장 야성적인 것이다." 이것이 진심에서 우러난 그의 결론이다. 펄먼의 뛰어난 저작 『남성 중심의 역사에 맞서, 국가에 맞서』는 문명에 예속되지 않은 사람들의 자연에 기반한 진실성—이는 놀이와 자율성에 대한 그들의 의식에서 잘 드러난다—을 전폭적으로 신뢰하고 있다.

아널드 드브리스는 문명사회에서 인간이 겪고 있는 건강의 쇠퇴를 원시시대와 날카롭게 대비하여 길들여지지 않은 강인함과 생명력을 야생의 특징으로 함축했다. 마셜 살린스는 인위적으로 만들어진, 또는 충족시킬 수 없는 욕구란 것이 없었던 구석기시대의 사람들이야말로 진정 풍요로웠다고 말하고 있는데, 이는 후일 그의 저작 『석기시대의 경제학』(1972)의 주요 논점이 된다.

린 클라이브는 고층건물과 제트 비행기에 희생되는 새에 관해, 존 란다우는 우리가 잃어버린 모든 것에 대해 개인적인 감상을 기록했다. 아도르노는 어린이들의 놀이에서 나타나는 유토피아적 요소를 묘사한다. 그는 생산성을 사회적 가치로 인정하지 않고 교환을 무시하는 것과 같은 비실용주의적인 행동이 "올바른 삶을 사는 표상"이었기 때문에 사람들이 그렇게 세상을 살던 시대, 요컨대 인간성이 길들여지지 않았던 시대를 회상하고 있다.

레이먼드 윌슨의 감동적인 시와 인간의 위계질서에 의문을 제기하는 마빈 해리스의 글도 만날 수 있다.

---

* 중세 유토피아 문학에 등장하는 용어. 자연환경과 인간의 절제된 욕망이 서로 조화와 균형을 이루는 이상사회를 말한다.

✗ 황금빛 축제

로이 워커 Roy Walker

로이 워커는 영국의 연극 제작자였다. 이 글은 1952년 시집 『황금빛 축제*The Golden Feast*』에 실렸다.

황금시대라는 주제를 로마식으로 가장 완전하게 표현한 사람은 아테네에서 교육받은 시인 오비디우스이다. 자신의 최후이자 가장 뛰어난 저작 『변신Metamorphoses』은 제목에 잘 드러나 있듯 피타고라스학파의 철학에 충실하다. 드라이든의 번역본으로 나온 이 책은 18세기 내내 황금시대를 추억하던 전통을 더듬어보려는 우리의 노력의 출발점이 되는데, 로마시대의 작품이지만 경의를 표하면서 살펴볼 만하다. 오비디우스는 책의 첫 부분에서 모든 변화 중 가장 거대한 변신, 즉 자연이 탄생하기 전 카오스 상태에서부터 카이사르 시대의 계급적 위계질서로 변화하는 과정을 다루고 있다. 이 거대한 변화 속에서 카이사르 제국보다 더 위대한 제국이 생겼다 사라졌고, 평화와 풍요의 황금시대 역시 사라졌다. 이렇게 사라진 황금시대는 암흑을 뚫고 그 시대를 볼 줄 아는 안목을 가진 사람들, 모든 생명체에 평화를 주고 해를 끼치지 말라는 교훈을 따르는

56 — 문명에 반대한다

사람들이 다시 찾아낼 것이다. 이것이 기질, 습성, 문화적 환경의 차이를 막론하고 유럽 선각자들의 상상 속에 맴돌았던 황금신화다. 본질적으로 이는 천지창조의 이야기이며, 그 역사는 성경의 창세기와 필연적으로 연결되어 있다.

첫 번째 시대는 황금시대였다.
이 시대에는 벌주는 자도 법도 없었다.
강제되지도 강요받지도 않았지만
모두들 스스로 신의를 지키고 서로에게 정의를 지켰다.
처벌을 두려워할 일도 없었고,
동판에 새겨 사람들을 윽박지르는 위협적인 법도 없었으며,
탄원하려고 재판관 앞에서 벌벌 기며 자비를 비는 사람도 없었다.
벌주는 사람이 없어도 사람들은 어디서나 안전하게 살았다.
산에서 커다란 소나무를 베어 배를 만들고
본 적도 들은 적도 없는 낯선 땅을 헤매게 하는 일은 없었다.
사람들은 자기가 살고 있는 곳 외에는 어떤 다른 곳도 알지 못했다.
사방에 담을 두르고 해자를 깊이 판 도시도 없었다.
기다란 청동나팔도, 구불구불한 나팔도, 투구와 칼도 필요 없었다.
이렇게 평화로운 세상이라 군인도 필요하지 않았다.
아직 어느 누구의 소유도 아니었던 땅은
괭이로 파고 보습으로 갈지 않아도
인간이 필요한 온갖 것을 저절로 대주었다.

힘든 노동 없이 자연의 산물로 땅에서 결실을 맺은

검소하고 단순한 음식에 사람들은 만족했다.

들장미 나무와 산수유 열매, 산딸기, 자두, 체리, 나무딸기,

견과류, 사과, 배, 들판에 서 있는 아름드리 떡갈나무에서 떨어진 도토리로

사람들은 살았다.

일 년 내내 봄이었고 저절로 자라난 모든 것들을

산들바람이 부드럽고 편안하게 어루만져 주었다.

땅을 갈지 않아도 모든 과일이 풍요롭게 열렸다.

메마르고 척박한 땅에 비료를 주지 않아도

묵직한 이삭들이 줄을 지어 물결을 이루었다.

이쪽 강에는 우유가, 저쪽 강에는 포도주가 흘렀으며

타오르는 태양빛을 받은 초록색 나무들에서는 누런 꿀이 흘러내렸다.

그러나 사투르누스가 지옥으로 쫓겨나고

온 세상의 지배권이 주피터의 부정한 손으로 넘어와

은의 시대가 왔다.

황금시대만은 못했지만 그 뒤에 올 퍼렇게 녹슨 청동시대보다는 나았다.

주피터는 곧바로 봄을 줄여 사계절을 만들었다.

봄, 여름, 가을, 겨울, 그리고 수확이 열릴 때와 열리지 않는 계절로

그제야 대기가 메말라 불볕더위가 처음 시작됐고

고드름이 얼자 추위를 느끼기 시작했다.

그제야 사람들은 집 안으로 들어가기 시작했는데

집이라고 해야 동굴이나 밀집 덤불, 나무껍질로 엮은 나뭇가지가 고작이었다.

고랑을 파고 땅에 씨앗을 뿌리며

소가 무거운 멍에로 묶여 한숨을 쉬게 된 것도 이때 와서였다.

그 다음으로 세 번째 청동시대가 왔다.

사람들은 본성이 거칠어지고 약탈이나 잔인한 전쟁을 일으키기는 했으나

아직은 과거의 품위를 완전히 벗어버리지는 않았다.

마지막은 철의 시대였다.

앞선 시대의 착하고 유순한 모습은 하나도 남아 있지 않게 되었다.

이 사악한 시대가 오자 피의 강물도 함께 열렸다.

악행이 꼬리를 물고 자행되었으며 진실과 성실은 찾을 길이 없어지고

사람들이 그토록 굳세게 지키던 정의는 부끄러워 그 얼굴을 감추며

기만, 계략, 폭력, 질투, 교만, 사악함이 세상을 지배하였다.

뱃사공은 여태까지 이름도 모르던 바람에 돛을 맡겼고

예전에는 언덕과 산꼭대기에서 자라고 있던 나무들을 잘라 만든 배는

낯선 파도 위에 껑충 뛰어오르거나 춤을 추었다.

전에는 공기나 태양빛처럼 모두의 공유물이었으며

누구의 차지도 아니었던 비옥한 땅 위에

사람들은 길게 도랑을 파고 경계선을 그렸다.

식량을 얻거나 저장하기 위해

곡식과 여러 과일을 땅에서 쥐어짜낼 뿐 아니라

대지를 파 내려가 지옥 가까운 곳에 깊이 숨어 있던

보물을 탐욕스럽게 찾아내어 독차지하니,

보화가 악행을 부추기고 적들이 사방에 들끓었다.

사람을 해치는 쇠가 땅에서 나오고

쇠보다도 더 사람을 해치는 누런 황금이 나타나자

이 두 가지를 차지하려는 치열한 전쟁이 벌어져

피투성이 손으로 칼을 휘두른다.

사람이 약탈과 도둑질을 생업으로 삼으니

방랑객 손님은 그 집 주인의 생명을 위협하고

집 주인은 손님의 목숨을 노린다.

장인은 사위 앞에서 안전하지 못했고

한 아버지에서 태어난 형제들 사이에

마땅히 있어야 할 우애는 찾아보기도 어려워졌다.

남자는 아내가 죽기를, 아내는 남편이 죽기를 손꼽아 기다렸다.

계모는 남편의 아이들을 쓰러뜨릴 지독한 독약을 품고 있으며,

자식은 아버지의 생명이 언제 다할지 미리 알아보았다.

모든 정직과 경건함은 발밑에 깔렸다.

그리고 마지막까지 남아 있던 처녀 신 아스트라이아도

마침내 살육의 피로 물든 이 땅을 떠났다.

　오비디우스의 시는 7백여 년 전 헤시오도스가 『노동과 나날들Works and Days』에서 말한 황금시대, 은의 시대, 청동시대, 철의 시대의 모습을 재창조하고 있다. 로마의 시인 호라티우스가 솔직히 말했듯이 로마는 그리스를 정복했지만, 그리스는 거친 정복자를 사로잡았다.

　헤시오도스의 황금시대에서 최고의 아름다움은 높은 수준의 물질적 생활이 아니라 고요한 마음이며 이것은 최고의 선이기도 하다. 그 다음으로 높이 찬양되는 것이 힘든 노역에서 자유롭다는 것이다. 이것은 토지, 동물, 나무를 상대로 전쟁을 펼치는 우리 문명과는 대조적으로 자연질서 속에 조화를 이루고 사는 인간의 모습을 나타내는 것이다. 인간이

영양을 섭취하는 과일이 풍요로웠듯 황금시대에는 폭력과 질병이 없는 오랜 수명이 당연한 일이다. 사람은 모든 것을 공유했고, 모든 사람이 자유로웠다.

황금시대의 이런 모든 특징들은 현대의 논리 속에도 남아 있다. 즉 평화주의, 채식주의, 공동체주의, 무정부주의, 토양보존, 유기농법, 땅을 파지 않는 조경, 식수, 자연치유, 분권화된 촌락 경제 등이 그것이다. 헤시오도스나 오비디우스의 시에 사용된 적이 있지만 지금 우리에게는 어색하고 복잡한 표현과 단어들, 그 표현과 단어들이 생기 있고 아름다운 색조로 황금시대의 비전을 표현하는 꽃처럼 다시 피어난 것이다. 그들 시에 나타난 생각 중 많은 부분이 현대에 와서 보다 약화된 표현으로 계속 사용되고 있다는 사실은 우연이 아니다.

마지막으로 우리는 미국판 '카케인'인 「큰 바위 사탕 산The Big Rock Candy Mountain」을 주목할 수 있다.

태양이 지고 숲의 불이 타오르던 어느 저녁
발자국을 따라 걷던 떠돌이가 이렇게 말했다.
얘들아 나는 돌아가지 않아.
나는 수정분수 근처의
저 멀리 있는 땅으로 갈 거야.
나와 같이 가면
우리 모두 큰 바위 사탕 산을 보게 될 거야.

큰 바위 사탕 산에는
예쁘고 반짝이는 땅이 있어

음식은 작은 나무 위에서 자라고

사람들은 매일 밤 푹 자고 지내지.

철도 화차는 모두 텅 비어 있고,

새와 벌에게

담배 나무에게

레모네이드 샘에

태양이 매일 비치며

파랑새가 노래하는

큰 바위 사탕 산.

큰 바위 사탕 산에는

모든 경찰이 나무로 된 다리를 달고

사나운 불독은 모두 고무 이빨을 하고

암탉은 부드럽게 삶은 달걀을 낳는다네.

농부의 나무에는 과일이 주렁주렁 열리고

광에는 건초더미가 꽉 차 있지.

아! 나는 갈 거야.

눈도 전혀 내리지 않고

노동을 발명해낸 터키 말馬을

사람들이 목매달아 죽인

큰 바위 사탕 산으로

큰 바위 사탕 산에서는

양말을 갈아 신을 일이 전혀 없다네.

알코올의 작은 시냇물이

바위를 따라 졸졸 흘러내리지.

기차 기관사 조수는 인사를 해야 하고

기차에 실려 온 황소는 더 이상 갈 곳이 없는 곳.

스튜stew의 호수가 있고

위스키의 호수도 있는 곳.

사람들은 큰 카누를 타고

그곳을 노 저어 돌아다닐 수 있다네

큰 바위 사탕 산에는.

✗ 고귀한 야만인: 낭만적 자연주의 연구

H. N. 페어차일드 Hoxie Neale Fairchild

미국의 작가, 영문학자. 이 글의 출전은 『고귀한 야만인*The Noble Savage*』이다.

'고귀한 야만인'[*] 이라는 생각을 하게 된 첫 번째 계기는 콜럼버스가 전해준 이야기 때문이었다. 콜럼버스의 이야기에 의하면, 카리브 제도는 재산을 공동으로 나눠 갖고 벌거벗은 채 순수하게 함께 살아가는 착하고 온화한 사람들, 아름다우면서도 자연 그대로의 어떤 꾸밈없는 지성을 갖춘 사람들이 사는 곳이다. 콜럼버스는 인디언에게 무척 열정적이었지만, 이들을 유럽 사람들과 비교하지는 않았다. 만일 비교하게 되면 스페인이 저지른 잔인무도한 일에 금방 흥분되기 때문이었다. 라스 카사스Bartolomé de Las Casas[**] 주교가 쓴 『인디언 파괴에 관한 간결한 보고』의 밑바탕에는 인본주의가 깔려 있었다.

라스 카사스의 책이 출간된 1539년까지 황금에 눈먼 스페인은 콜럼버스가 자유롭고 우호적인 사람이라고 묘사했던 원주민들을 노예로 만들어 혹사시켰다. 주교는 이렇게 절규한다. "신은 이 많은 사람들을 매우 솔직하며, 속임수나 증오심이 없는 인간으로, 그들이 섬기는 우두머리와 스페인 사람들에게 가장 충직하고 순종하는 인간으로 만들었다. 이들은 말다툼이나 불화, 매정함, 혹은 증오심도 없고, 복수를 원하지도 않는, 매우 겸손하고 참을성이 많으며, 아주 평화롭고 유순한 사람들이다. 이들은 또 매우 섬세하고 연약한 종족이라 체격이 빈약하고 고된 일을 견디지 못하며, 무슨 병이라도 걸리면 죽기 일쑤다. 그렇지만 세상의 온갖 안락함, 사치, 기쁨을 누리는 우리의 왕과 영주들조차 가진 것 없고 세속의 재화를 바라지도 않는 이들보다 결코 우아하지 못하다. 그들은 교만하지도, 야심을 갖지도, 탐욕스럽지도 않다.…… 이들은 명석하고 생생한 이해력을 갖고 있으면서도 순종적이어서 모든 좋은 교리를 받아들일 수 있으며, 우리들의 신성한 가톨릭 신앙을 이해하기에 아주 적합한 자질을 갖고 있다. 이들은 착하고 고결한 습관을 배울 수 있으며, 그 과정에 방해가 되는 것은 세상 그 어느 사람들보다 적게 갖고 있다.…… 이들이 신을 알기만 한다면 세상에서 가장 행복한 사람이 될 것이다."

그러나 스페인 사람들은 이 불쌍한 영혼들을 가장 극악무도하게 다스렸다. "그들의 신과 창조주로부터 풍부한 자질과 품성을 부여받은 이 순한 양들에게 스페인 사람들은 마치 오랫동안 굶주려 잔인해진 늑대, 사자, 호랑이처럼 나타나서 지난 40년 동안 아무것도 해준 것 없이 전에

• 영국 시인 존 드라이든이 희곡 「그라나다의 정복Conquest of Granada」에서 최초로 사용한 용어. 문명에 의해 타락하거나 훼손되지 않은 존재, 문명의 훈육을 받은 유럽인들보다 더 고귀한 존재로서 신대륙 어딘가에 살고 있다고 생각했다.

•• 스페인 성직자(1484~1566). 인디언 노예제의 철폐를 주장한 최초의 유럽인. 아메리카 신대륙에서 자행된 스페인의 만행을 기록하는 등 식민주의의 경제적, 정치적, 문화적 부당성을 폭로했다.

들거나 보거나 읽은 적도 없는 유례없는 잔인함으로 이들을 조각조각 잘라내어 살육하고, 고문하고, 괴롭히고, 고통을 주며 멸종시켜 버렸다.…… 히스파니올라 섬에는 3백만 명 이상의 원주민이 살고 있었는데 지금은 2백 명 남짓만 남아 있을 뿐이다." 콜럼버스의 온화함에 원주민들이 받았던 유쾌한 인상은 완전히 사라졌다. "인디언들은 스페인 사람들이 천국에서 온 사람들이 아니라고 생각하기 시작했다."

인디언을 찾아온 라스 카사스 주교는 매우 진지했다. 그는 인디언들을 이해하고 마치 아버지처럼 그들을 사랑했다. 그들이 완벽하지는 않았지만 완벽해질 수 있다고 보았다. 인디언이 스페인 사람보다 우월하다고 단언하지는 않았지만, 모국 스페인 사람들에 대한 그의 비난에는 그런 주장의 씨가 담겨 있었다.

야만인의 삶을 묘사한 영국인들의 기록은 스페인이나 프랑스보다 열정적이거나 화려하지는 않다. '고귀한 야만인'이라는 생각이 주로 라틴계 국가에서 나왔다는 말이 설득력 있어 보이기는 하지만, 치나드 교수는 영국인 탐험가들이 인디언 찬양에 많은 기여를 했다는 사실을 다소 과소평가하고 있다.

예로 『새로운 스페인에서 캘리포니아 북서부까지 프랜시스 드레이크 경의 항해』를 보면, 인디언에 대해 매우 우호적인 구절들이 있다. 이 기념비적 항해는 1577년에 시작되었다. 이 책의 화자는 야만인, 즉 브라질 원주민이 완전 나체로 다닌다고 보고하고 있는데, 자신의 관찰에 어떤 철학적 의미를 부여하지 않고 있는 그대로 묘사하고 있다. "자연인들은" 공손하고 온화한 종족으로 보였다. "우리의 장군이 예배를 드릴 때 원주민들은 이 예배에 관심을 가졌고 상당히 감동받은 듯했다." 실제로 야만인들은 백인을 신으로 섬겼으며, 처음에는 자신의 살을 잘라 백인들에게 제물로 바쳤다. 이에 백인들이 언짢아하자 과일을 갖다 바쳤다. 야만인 왕과 그 주민들은 "한마음으로 커다란 경의를 표하고 즐겁게 노래를 부르며" 드레이크에게 꽃으로 만든 왕관을 씌워주었다. "그들의 기쁨이 슬픔으로 변한 것을 보니 우리가 떠나는 것이 대단히 슬픈 일이었나 보다." 이런 식의 이야기는 원주민과의 접촉을 다룬 책에서 흔히 볼 수 있었다.

당시는 버지니아를 식민지로 만들려는 끈질긴 노력이 '붐'을 이루고 있었다. 『버지니아 해안으로의 첫 항해』라는 기록을 남긴 필립 아마다스와 아서 발로*의 열의도 부분적으로는 아마 이런 이유였을 것이다. 이 신사들은 원주민들이 겁 없고 믿을 만한 사람이란 사실을 발견했다. 그들은 "잘생기고 수려했으며, 행동은 그 어느 유럽인 못지않게 공손하고 예의 바르다". 또 "우리는 이 사람들이 교활하거나 배신하는 일이 결코 없으며, 매우 온화하고 점잖으며 신의가 굳다는 사실을 알게 되었다. 이들은 마치 황금시대의 생활방식으로 사는 듯했다". 황금시대와 비교하는 이 부분이 특히 흥미롭다. 유럽인들이 아메리카 원주민을 유럽 전통문학의 틀에 넣어 생각하기 시작했을 때 '고귀한 야만인'이라는 관념이 형성되고 있었던 것이다.

이런 관념을 형성하는 데 상당한 영향을 미쳤던 책은 단연코 『기아나의 방대하고 부유하고 아름다운 제국에 관해』를 들 수 있다. 16~17세기

---

* 아마다스와 발로는 월터 롤리의 아메리카 식민지 건설계획에 따라 파견된 정착민 선발대였다. 그들은 지금의 로어노크 섬에 도착하여 뛰어난 풍광을 보곤 그곳을 지상 낙원이라 칭했다. 그들이 이 지역을 극찬한 보고서를 롤리에게 전달함으로써 아메리카 식민지 정착계획은 적극 추진된다. 이 지역은 결혼하지 않은 '처녀 왕' 엘리자베스 1세를 기념한다는 뜻에서 '버지니아'라고 불리기 시작했다.

엘리자베스 1세 시대의 시인이자 탐험가였던 월터 롤리Walter Raleigh* 가 쓴 이 책에서 우리의 흥미를 끄는 부분은 오리노코 강을 따라 살고 있던 여러 부족들을 묘사한 대목이다. 롤리가 보기에 이곳은 고귀한 야만인이 가장 고귀하면서도 가장 야만적으로 살고 있는 지역이었다.

원주민에 대한 롤리의 견해는 일관되게 우호적이다. 한 부족에 대해서 그는 다음과 같이 묘사했다. 오리노코 강 입구에서 북쪽 지류에 걸쳐 살고 있는 "티비티바스Tivitivas 부족은 아주 잘생기고 용기 있으며, 내가 들어본 중에 그 어느 나라 사람보다 가장 남자답고 신중하게 말한다". 이 부족은 생계수단을 자연의 선물에만 의존한다. "그들은 재배하거나 씨앗을 뿌려 거둔 것은 일체 먹지 않는다. 집에서는 절대 식물을 기르거나 거름을 사용하지도 않는다. 밖에서 돌아오면 노동을 하지 않고 자연이 준 것 외에는 먹지 않는다."

원주민이 육체적으로 아주 아름답다고 본 점에서 롤리 역시 다른 많은 항해자들과 의견을 같이한다. 그는 한 추장의 아내에 대해 이렇게 적고 있다. "내 평생 이렇게 호감 가는 여인을 본 적이 없다. 그녀는 키가 크고 검은 눈에 몸이 풍만하며 아주 잘생겼는데, 머리카락은 거의 키만큼이나 길고 예쁜 매듭으로 한 번 더 동여맸다.…… 나는 영국에서 그녀와 비슷한 여인을 본 적이 있는데, 피부색만 아니면 두 여인이 같은 사람이라고 주장했을 것이다." 남자로서 최고의 찬사가 아닐 수 없다!

다음 구절은 존경할 만한 추장과의 인터뷰를 설명하는 부분이다. "나는 추장에게 저기 보이는 산너머 멀리 어떤 부족 사람들이 살고 있는지 물어보았다.…… 그는 큰 한숨을 내쉬면서(자기 땅과 자유를 잃어버린 데 대해, 특히 가장 사랑했던 큰아들이 그 산 한 귀퉁이에서 벌어진 전투에서 전사했다는 사실로 인해 깊은 상실감을 갖고 있는 한 인간으로서) 그가 기억하는 자기 부친의 생전 일들을 이것저것 알려주었다. 그렇게 이야기를 마친 후, 그는 이제 멀리 떠나야 한다고, 자신은 늙고 약하며 매일 죽음이 자기를 부른다고 말하면서 떠나고 싶어 했다.…… 토피아와리Topiawari라는 이름의 늙은 추장은 오레노퀘포니Orenoqueponi[**] 부족 중 가장 용맹하고 자부심이 강한 사람인데, 내 질문에 답하면서도 그렇게 행동했다. 교육이나 학습을 전혀 받지 않았으면서도 그토록 진지하고 현명하며 언변이 좋은 사람을 찾아내다니 놀라운 일이다."

늙은 추장을 묘사한 이 스케치는 중요한 의미를 담고 있다. 가장 확실하게는 야만인이 문학적 소재가 되었다는 것이다. 그의 모습이 고귀한 야만인으로 정형화되어 갔으며, 그가 이미 고귀한 야만인의 전통이 되기 시작했다. 존재하는 그 모습만으로도 토피아와리는 이국적인 이야기가 된다. 그는 전설 속의 용맹하고 고귀한 아메리카 인디언 착타스Chactas와 칭가치국Chingachgook의 원형이다. 황금시대와 고귀한 야만인에 대해 우리가 살펴본 내용들이 영국 작가들에게 미친 영향은 마이클 드레이턴의 시 「버지니아로 가는 항해To the Virginian Voyage」에 나타나 있다.

바다에서 유쾌하게,

성공은 여전히 당신을

---

[*] 롤리(1552(?)~1618)는 잘생긴 얼굴과 다재다능함으로 엘리자베스 1세의 신임을 얻어 식민지 건설 특허권을 따낸 후 아메리카 정착사업을 추진한다. 하지만 노스캐롤라이나, 체서피크 등지에서의 건설사업은 계속 실패한다. 이 책 2부 프레더릭 터너의 글에 나오는 '사라진 식민지'는 이 과정에서 생긴 사건이다. 그는 금광을 찾아 기아나로 원정을 떠나지만 끝내 실패하고 사형당한다.

[**] 남미 기아나에서 발원하여 콜롬비아, 베네수엘라로 흐르는 오리노코 강 유역에 살았던 원주민들을 통틀어 서구인들이 부르던 이름.

진주와 황금으로 유혹하지만,

우리는 버지니아,

지상의 유일한 낙원에

닿기를 바랄 뿐.

꿩고기, 사슴고기, 물고기를

자연이 마련해두는 곳,

아무런 일을 하지 않으면서도

열매가 주렁주렁 열리는 땅,

당신이 바라는 것보다 더 많이

일 년에 세 번 이상 추수하는 곳.

사람들에게는

자연이 황금시대의 법칙을 주는 곳,

겨울의 분노로부터

몸을 보호하기만 하면 되는 곳,

그나마 별로 길지도 않은 겨울이지만.

시인들은 버지니아에서 지상낙원과 황금시대를 연상했다. 이 시의 둘째 연은 14세기 초중반 아일랜드에서 편찬된 시 「카케인의 땅Land of Cockayne」을 무의식적으로 비꼰 흔적이 있다. 여기서 우리는 오랜 전통과 각 시대의 생각이 결합되어 '고귀한 야만인'이라는 관념이 형성되었음을 알 수 있다.

인간 불평등 기원론 ⚔

장 자크 **루소** Jean-Jacques Rousseau

이 글의 출전은 프랑스 디종Dijon 과학 아카데미 현상공모에 제출한 『인간들 사이의 불평등의 기원과 근거에 관한 논문』(1754)이다. 루소는 이 논문에서 문명 이전 시대에 인간은 평등과 자유를 누렸으나 야금술과 농업이 도입되면서 사유재산이 발생하였고, 이를 보호하기 위한 법과 국가가 등장하면서 인간은 권력의 속박에 시달리게 되었다는 급진적인 주장을 제기하여 이후 서구사회의 법과 사상체계에 지대한 영향을 끼쳤다.

당신이 어느 나라에서 왔건, 당신 의견이 무엇이건, 내 말을 잘 들어 보라. 거짓말쟁이인 그대의 동료 인간들이 쓴 책 속에서가 아니라, 절대로 거짓말을 하지 않는 자연 속에서 내가 읽었다고 믿는 그대로의 역사가 여기에 있다. 자연에서 비롯된 것은 모두 진실하다. 본의 아니게 내 생각을 거기에 섞은 부분만 제외한다면, 거짓은 전혀 없다. 내가 이제부터 말하려는 시대는 아득히 먼 옛날이다. 그대의 모습은 그때에 비하여 얼마나 많이 변했는가! 나는 앞으로, 그대가 자연에게서 받은 그 자질, 교육과 습관이 타락시킬 수는 있었지만 파괴할 수는 없었던 바로 그 자질에 기초하여 그대들 종species의 삶을 묘사하고자 한다. 내 느낌으로는 사람들이 인생을 살다보면 저마다 거기서 멈추었으면 하는 시기가 있다. 그대 역시 그대의 종이 거기서 더 나가지 않고 멈추었으면 좋았을 시대를 찾고자 할 것이다. 그대의 불행한 후손들에게 더 큰 불만을 가져다줄 것이라는 이유들 때문에 현재 상태에 불만을 품고 있는 그대는, 아마 다시 한 번 옛날로 돌아갈 수 있기를 바랄 것이다. 그리고 이러한 감정은 틀림없이 그대의 최초의 조상들을 찬양하게 하고 동시대인들을 비판하게 하며, 불행히도 그대 뒤에 태어나는 사람들에게는 공포를 불러일으킬 것이다.……

이와 같이 구성된 인간 존재에게서 그가 종교나 교육 등 자연 밖에서 받았을지 모르는 자질과, 오랜 세월에 걸친 진보를 통해서야 비로소 얻을 수 있었던 모든 인위적인 능력을 제거해버린다면, 즉 인간을 자연의 손에서 나온 그대로의 상태에서 생각해보면, 나는 거기서 그 어떤 동물보다도 약하고 민첩하지 못하지만 모든 조건을 고려해볼 때, 결국 그 어떤 동물보다 유리하게 구성된 한 동물을 보게 된다. 나는 거기서, 떡갈나무 아래 배불리 먹고 제일 가까운 시냇물에 목을 축이며, 자기에게 먹을거리를 제공해준 바로 그 나무 발치에서 잠잘 곳을 찾고, 이렇게 함으로써 자기 욕구를 충족시키던 존재를 본다.

기름진 땅이 그대로 남아 있고 도끼에 잘려본 적이 없는 엄청난 숲으로 뒤덮여 있는 자연은 모든 종류의 동물에게 먹이 창고와 은신처를 제공한다. 인간은 이런 동물 사이에 흩어져 살면서, 그들이 살아가는 방법을 관찰하고 모방함으로써 동물의 본능을 발전시킨다. 모든 동물은 자신만의 고유한 본능을 갖고 있지만, 인간은 자기만의 어떤 특유한 본능도 갖고 있지 않아, 동물의 모든 본능을 자기 것으로 만들고, 다른 동물들이 서로 나누어 갖는 온갖 먹이 대부분을 똑같이 먹으며, 그 결과 어느 동물보다 쉽게 자기 생활에 필요한 자원을 찾아낸다는 이점을 갖고 있다.……

미개인이 알고 있던 유일한 도구는 자신의 몸이기 때문에, 오늘날 우리 신체로는 사용 부족으로 할 수 없는 여러 용도에 자기 몸을 사용한다. 미개인이 필요에 의해 얻지 않을 수 없었던 이런 힘과 민첩성을 우리로부터 앗아간 것은 바로 우리의 생활 기술이다. 미개인이 만일 도끼를 갖고 있었다면 그렇게 튼튼한 가지를 손목으로 꺾었을까? 투석기를 갖고 있었다면 손으로 그처럼 힘차게 돌을 던질 수 있었을까? 사다리를 갖고 있었다면 그렇게 잽싸게 나무에 오를 수 있었을까? 말이 있었다면 그처럼 빠르게 달릴 수 있었을까? 이런 문명의 도구를 준비할 시간을 문명인에게 준다면, 그는 분명 쉽사리 미개인을 제압할 것이다. 그러나 이보다 훨씬 더 불평등한 싸움을 보고 싶다면, 양쪽을 발가벗겨 맨손으로 맞서게 해보라. 그러면 당신은 자기의 모든 힘을 늘 자유롭게 사용할 수 있어 언제 어떤 일에도 대비할 수 있는 것, 말하자면 자기 신체를 항상 완전하게 유지한다는 것이 얼마나 유리한지 금방 알 수 있을 것이다.

홉스는 인간은 천부적으로 대담해서 싸우고 공격하기만 한다고 주장한다. 이와 반대로, 한 유명한 철학자는 자연상태의 인간만큼이나 겁이 많은 종도 없어서, 언제나 벌벌 떨면서 작은 소리가 나거나 무엇이 조금만 움직여도 곧 도망치려 한다고 생각한다. 컴벌랜드Richard Cumberland와 푸펜도르프Samuel Freihett von Pufendorf도 이에 동의한다. 자기가 알지 못하는 대상에 대해서는 그럴 수도 있다. 자기 몸에 좋고 나쁜지 구별할 수 없을 때나, 자기 힘으로 위험을 극복할 수 있을지 가늠할 수 없는 경우에는, 언제나 눈앞에 나타나는 모든 새로운 광경에 두려움을 느끼는 것은 너무나 당연한 일이다. 다만 자연상태에서는 모든 일이 단조롭고, 대지도 그곳에 모여 무리를 이루고 사는 사람들의 열망이나 변덕에 의해 급작스럽게 모습이 바뀌는 일이 전혀 없으므로 위와 같은 상황은 거의 발생하지 않는다고 할 수 있다. 그러나 미개인은 동물과 어울려 살면서 일찍부터 동물들과 힘을 겨루는 처지에 있었으므로 곧 자기를 동물과 비교하게 된다. 그리고 동물이 힘은 뛰어나지만 자신은 동물보다 훨씬 재주가 뛰어나다는 것을 깨닫고서 더 이상 동물을 두려워하지 않는다. 건장하고 날렵하며 용감한 미개인—이것이 그들의 본래 모습이지만—한 사람을 돌과 적당한 몽둥이로 무장시켜 곰이나 늑대와 싸우게 해보라. 그렇게 하면 위험하기는 곰이나 미개인이나 마찬가지일 것이다. 원래 서로 공격하기를 좋아하지 않는 야수들은 이런 일을 몇 번 겪고 난 후에는 인간도 자기들처럼 사납다는 것을 깨닫고 거리낌 없이 인간을 공격하는 일을 그만두게 될 것이다. 실제로 인간이 가진 재주보다 더 많은 힘을 가진 동물을 생각해보자. 인간은 그런 동물과 비교하면 다른 종처럼 약한 위치에 있지만, 그래도 그럭저럭 생존한다. 다만 인간의 경우에는 그런 동물 못지않게 발이 빠르고 나무 위를 거의 안전한 피난처로 삼을 수 있으므로, 언제 만나도 도망치거나 싸우거나 마음대로 할 수 있다는 이점이 있다. 뿐만 아니라 어떤 동물도 자기를 지켜야 하거나 몹시 굶주려 있을 때가 아니면 본래 인간에게 싸움을 걸지 않는 듯하다. 또한 동물이 자연의 섭리상 인간이 자신의 먹이라는 것을 선언하듯 인간을 잡아먹기 위해 맹렬히 공격한다는 증거도 없다.

분명 바로 이런 이유에서 아프리카 흑인과 미개인은 숲에서 마주칠지도 모르는 맹수에 대해 별로 신경 쓰지 않는다. 이런 측면에서 특히 베네수엘라의 카리브족은 전혀 불편을 느끼지 않고 매우 안전하게 살고 있다. 프랑수아 코레알은 이들이 거의 벌거벗고 활과 화살로만 무장한 채 숲을 대담하게 돌아다녀도 그들 중 누구도 맹수에게 잡아먹혔다는 이야기는 들어본 적이 없었다고 말한다.

동물보다 더 무서운 적, 인간이 적절한 방어수단을 갖추지 못하는 더 무서운 적은 인간의 타고난 연약함인 유년기와 노화, 그리고 온갖 종류의 질병이다. 유년기와 노화는 모든 동물에 공통된 것이지만 질병은 주로 사회생활을 하는 인간 고유의 것으로, 이 모든 것은 인간의 나약함을 보여주는 슬픈 징후들이다. 유년기에 대해서는 이렇게 지적할 수 있다. 인간의 어머니는 아이를 어디에나 데리고 다닐 수 있으므로 몇몇 동물의 암컷보다 아이를 먹여 키우기에 훨씬 수월하다. 동물의 암컷들은 자기 먹이를 찾는 한편 새끼들도 젖을 먹여 길러야 하므로 뼈 빠지게 쉴새 없이 돌아다녀야 한다. 인간의 어머니가 목숨을 잃으면 아이도 함께 생명의 위험에 처하는 게 사실이다. 그러나 이런 위험은 새끼들이 스스로 먹이를 찾을 수 있게 되기까지 많은 시간이 걸리는 다른 동물들도 마찬가지이다. 그리고 인간의 유년기가 동물보다 길다 해도 수명 역시 그만큼 길기 때문에 그 점에서는 모든 것이 거의 평등하다. 물론 젖을 먹여 키우는 기간이나 태어나는 새끼의 수에 있어서는 저마다 다른 법칙이 있지만, 이는 내가 다루고자 하는 주제가 아니다. 몸을 움직이거나 땀 흘리는 일이 적은 노인들의 경우, 음식을 마련할 수 있는 능력이 줄어들면서 음식에 대한 욕구도 같이 줄어든다. 그들은 미개한 생활 덕분에 통풍성 관절염이나 류머티즘에 걸리지 않지만, 다른 모든 질병과 달리 노환은 인간 힘으로 어쩔 도리가 없으므로, 노인들은 마침내 자신이 소멸한다는 사실을 남들이, 아니 자기 자신도 거의 느끼지 못하는 사이에 사라져간다.

질병에 대해 말하자면, 나는 대부분의 건강한 사람들이 의술에 대해 떠벌리는 공허하고 잘못된 외침을 되풀이하지는 않겠다. 다만 나는 이러한 의술을 정성 들여 연마하고 있는 곳보다 이를 전혀 거들떠보지 않는 곳에서의 인간수명이 짧다는 결론을 내릴 수 있을 정도로 확실한 연구결과가 있는지 묻고 싶다. 그리고 의술로 병을 고칠 수 있는 것보다 더 많은 병을 스스로 만든다면, 도대체 무슨 까닭에서 그런지 묻고 싶다. 우리의 생활에는 극심한 불평등이 존재한다. 어떤 이는 할 일이 없어 지나치게 빈둥거리고 어떤 이는 노동에 시달린다. 우리의 식욕과 관능적 쾌락을 자극하고 만족시키기란 어렵지 않다. 부자들에게 변비증을 공급하고 소화불량에 시달리게 만드는 그들만의 지나치게 화려한 음식, 그리고 늘 음식이 부족해 기회만 되면 아무 음식이라도 게걸스럽게 배를 채우려는 가난한 자들의 형편없는 음식. 밤샘, 온갖 폭식, 과도한 열정, 힘든 노동과 정신적 피로. 어디서나 존재하며 끊임없이 영혼을 괴롭히는 수많은 슬픔과 비애. 이런 것들은 우리가 우리의 질병 대부분을 스스로 초래했다는 증거들이거나, 자연이 우리에게 일러준 단순하고 일관되며 고독한 생활방식을 유지했더라면 이런 고통 대부분을 피할 수 있었을 거라는 결정적인 증거들이다. 만일 자연이 우리가 건강하도록 운명 지었다면 나는 감히, 사색은 자연에 위배되는 상태이고 명상하는 인간은 타락한 동물이라고 주저 없이 말하겠다. 미개인, 혹은 적어도 독한 술로 몸을 망치지 않은 사람들의 훌륭한 체력을 생각해보면, 그리고 그들이 부상당하거나 노쇠해지는 것 말고 거의 병을 모르고 산다는 사실을 보면, 인간 질병의 역사는 문명사회와 더불어 진행되었음을 쉽게 알 수 있을 것이다. 사실 이것은 플라톤의 견해다. 그는 트로이의 포위전 당시 포달레이리오스와 마카온이 처방하거나 인정한 몇 가지 치료법 때문에 오히려 여러 질병이 발생했다는 사실을 당시 사람들이 전혀 모르고 있었다고 판단했다. 파라셀루스는 오늘날 절실히 요구되는 식이요법은 사실 히포크라테스가 창안했음을 알려주고 있다.

　이와 같이 병의 원인이 거의 없었으므로 자연상태의 인간에게 약은 별 필요가 없었고 의사는 더더욱 필요 없었다. 이 점에서도 인류가 다른 어떤 동물들보다 더 조건이 나쁘다고 할 수 없다. 그리고 사냥꾼들이 사냥을 할 때 허약한 동물들을 많이 보게 되는지, 아니면 강한 동물을 많이 보게 되는지, 그들의 이야기를 들어보면 쉽게 알 수 있다. 심한 상처를 입거나 뼈와 다리마저 부러졌을 경우에도, 시간 말고는 이렇다 할 의사도 없고 일상생활 외에는 아무런 치료법이 없으면서도 깨끗하게 치유된 동물들을 사냥꾼들은 자주 목격할 수 있었다고 한다. 이런 동물들은 절개수술로 고통받거나 약물에 중독되거나 단식으로 기진맥진하는 일 없이도 완전히 치유되었다. 요컨대 적절한 처방의학이 우리에게 아무리 유용하다 해도, 기댈 데라곤 자연치유밖에 없이 홀로 남겨진 미개인이 사실은 자기 몸의 병 말고는 별로 두려워할 것이 없다고 한다면, 미개인의 처지는 분명 우리보다 나은 것이다.

그러므로 우리가 눈으로 보고 있는 요즘 사람들과 지금 말하는 미개인을 혼동하지 않도록 조심해야 한다. 자연은 마치 자신이 동물을 돌볼 권리를 아주 소중히 여기고 있는 것처럼 자기가 돌보아야 할 모든 동물을 특별히 보살피고 있다. 말이나 고양이, 황소, 심지어 당나귀조차 집에 있을 때보다 숲속에 있을 때 대체로 더 신장이 크고 체격이 좋고 기운차며 힘도 세고 용맹스럽다. 그러나 가축이 되면서 이런 장점의 절반을 잃어버리고 만다. 동물들을 소중히 돌보고 키우려는 우리의 모든 노력은 오히려 그들을 퇴화시키는 결과를 초래한다고 해도 과언이 아니다. 인간의 경우도 마찬가지다. 사회화되면서 노예가 된 인간은 연약하고 겁이 많아지며 비굴해진다. 게다가 나약하고 여성화된 생활양식은 인간의 힘과 용기를 철저히 빼앗아버린다. 야생상태와 길들여진 상태를 비교해보면, 인간들 간의 차이가 동물들 간의 차이보다 확실히 크다는 말도 덧붙일 수 있다. 자연은 인간과 동물을 똑같이 대하기 때문에, 인간이 자신이 기르는 동물보다 자신에게 더 많이 제공하는 생활용품들은 인간을 더욱 확실히 타락시키는 특별한 원인으로 작용한다.……

지금까지 거의 대부분 확인된 미개인들의 사례는, 인류란 항상 그곳, 즉 자연상태에 머물러 있도록 만들어진 존재이며, 자연상태는 세상의 진정한 청춘기이며, 그후의 모든 진보는 외견상 개인의 완성을 향한 것으로 보이지만 실상은 종의 쇠퇴를 향한 여정이었음을 확인해주는 듯하다.

사람들이 투박한 오두막에 만족하는 한, 짐승 가죽으로 된 옷을 동물의 뼈나 가시로 꿰매고, 깃털과 조개껍질로 몸을 장식하며, 갖가지 색깔로 몸을 칠하고, 활과 화살을 개량하거나 치장하고, 날카로운 돌을 가지고 조그만 고깃배나 조잡한 악기를 다듬는 데 만족하는 한, 곧 그들이 혼자 할 수 있는 작업과 다른 사람의 도움이 필요 없는 기술에 전념하는 한, 인간은 스스로의 본성에 따라 가장 자유롭고 건전하며 선량하고 행복하게 살았고, 서로 독립적인 상태에서 즐겁게 교류했다. 그러나 인간이 타인의 도움을 필요로 한 순간부터, 그리고 혼자서 두 사람 몫의 양식을 차지하는 것이 유리하다는 것을 알아차리자마자, 평등은 사라지고 소유가 도입되었으며 노동이 필요하게 되었다. 광대한 숲은 인간의 노고가 가해져야 할 넓은 들판으로 변했으며, 머지않아 그 들판에서는 곡식과 더불어 예속과 불행이 싹트고 자라게 되었다.

이러한 거대한 변화를 낳은 것은 야금술과 농업이라는 두 가지 기술이었다. 인류를 문명화시키고 타락시킨 것이 시인에게는 금과 은이지만, 철학자에게는 철과 밀이다.

산책 🪶

헨리 데이비드 소로 Henry David Thoreau

미국의 수필가이자 사상가. 호숫가 오두막집에서의 생활을 담은 책 『월든』에서 물질문명을 벗어난 자연적 삶의 깊은 사색을 표현하여 현대인들에게 참된 삶의 정수를 보여주었다. 또한 인두세 납부를 거부하여 쓴 『시민 불복종』은 국가의 강요를 시민이 거부할 수 있다는 주장을 담아 간디, 마틴 루서 킹 등 인권운동가들에게 크게 영향을 끼쳤다.

나는 옥수수가 자라는 숲, 목초지, 그리고 어둠을 믿는다. 우리는 솔송나무나 지빵나무를 달여 그 즙을 차에 타 마실 필요가 있다. 힘을 얻으려고 먹고 마시는 일과 단지 식탐 때문에 먹고 마시는 일에는 차이가 있다. 호텐토트족은 얼룩영양이나 뿔 달린 영양의 골수를 아무 거리낌 없이 날것으로 먹는다. 북미 인디언들 중에는 북극 순록의 골수를 날로 먹는 부족도 있는데, 이들은 사슴뿔의 맨 윗부분까지 연하기만 하다면 어느 부위도 가리지 않고 날로 먹는다. 이런 점에서 그들은 파리의 요리사보다 한술 더 뜬다. 그들은 보통 우리가 불쏘시개로 버리는 것도 먹는다. 그래도 이것은 인간이 잡아먹기 위해 외양간에서 키운 소나 도살장의 돼지고기보다 더 좋은 것이다. 어떤 문명도 고개를 숙이고야 말 야생성을 나에게 달라. 얼룩영양의 골수를 날로 먹고 사는 그런 삶을 말이다.

티티새의 모양이 달라지는 접경지대들이 있다. 아직 어떤 개척자도 들어가본 적이 없지만, 나한테는 이미 익숙한 그 광야로 나는 가리라.

아프리카의 사냥꾼 커밍은, 죽은 직후의 아프리카산 영양의 가죽에선 대부분의 다른 영양들처럼 매우 향기로운 나무나 풀 냄새가 난다고 말한다. 나는 모든 사람이 야생 영양처럼 자유롭게 뛰노는 존재, 대자연의 한 조각, 한 부분이었으면 좋겠다. 그래서 그의 존재 자체가 인간의 존재의미를 널리 알리는 한편, 그가 늘 찾는 대자연의 일부라는 사실을 우리에게 상기시켜 주었으면 좋겠다. 모피를 얻으려고 덫을 놓는 사냥꾼의 코트에서 사향 냄새가 난다 해도 나는 전혀 야유하고 싶지 않다. 내게는 그것이 상인이나 학자의 옷에서 풍기는 냄새보다 향기롭다. 상인이나 학자의 옷장에 들어가 그들의 옷을 만질 때 내게는 그들이 자주 찾는 초원이나 꽃으로 뒤덮인 목초지가 떠오르지 않는다. 다만 먼지 낀 상인의 가게와 서재가 연상될 뿐이다.

숲과 한가족인 인간에게 햇볕에 그을린 피부는 탄성을 자아낼 정도로 멋진 것이며, 올리브색이 흰색보다 더 잘 어울리는 빛깔이다. "창백한 백인이여!" 아프리카 사람들이 백인을 동정했다는 사실이 전혀 이상하지 않다. 박물학자 다윈은 이렇게 말했다. "타이티 섬 사람 곁에서 목욕을 하고 있는 백인은 탁 트인 벌판에서 싱싱하게 자란 근사한 암녹색 식물과는 대조적으로 흡사 정원사의 솜씨로 하얗게 표백된 식물과도 같았다."

벤 존슨은 이렇게 외쳤다.
"공정한 것은 참으로 선한 것이다!"
나는 이렇게 말하고 싶다.
"야성적인 것이야말로 참으로 선한 것이다!"

생명은 야성과 더불어 있다. 가장 생기발랄한 것이야말로 가장 야성적인 것이다. 야성은 아직 인간에게 정복당하지 않았기 때문에 인간의 정신을 회복시킨다. 쉬지 않고 계속 일만 하던 사람, 방탕하게 자라나 삶에 끝없는 욕망을 가졌던 사람이 야생에 나가면 새로운 전원이나 황야에서 말 그대로 삶 자체를 발견하게 될 것이다. 거기서 원시림의 나뭇가지를 기어오르고 있을지도 모를 일이다.

✹ 남성 중심의 역사에 맞서

프레디 펄먼 Fredy Perlman

체코 태생의 저술가, 잡지 편집인(1934~85). 유대인 부모와 함께 나치를 피해 미국으로 이주해 정착했다. 이 글의 출전인 『남성 중심의 역사에 맞서, 국가에 맞서!Against His-story, Against Leviathan』(1983)는 무정부주의 시각으로 반문명에 대한 가장 중요한 통찰을 제공하는 저작이다. 펄먼은 사회운동, 인종문제, 민족주의, 혁명 등에 관한 광범위한 저술을 남겼다.

강제수용소Gulag* 관리인들은 물고기, 파충류, 포유류, 조류는 먹고살기 위해 일하는 것으로 일생을 소비한다고 말한다.

이 관리인들은 이들 동물들에 관한 소식을 아주 빠르게 전해주고 있다. 여러 종자가 아직 완전히 멸종된 것은 아니었다. 그러나 먹고살려고 평생 일한다는 이 동물들의 삶이 사실은 춤, 놀이, 축제로 가득 차 있다는 사실은 그들과 어울리거나 멀리서 지켜만 봐도 쉽게 알 수 있는 일이다. 몰래 접근해 먹이를 덮치는 사냥조차 이들에겐 일이 아니라 놀이다. 그 수용소에서 일을 하는 유일한 종자는 수용소에 거주하는 죄수들뿐이다.

수용소에 갇힌 죄수들의 조상은 현재의 기업주보다 더 적게 일했다. 그들은 일이 대체 뭔지도 몰랐다. 그들은 루소가 '자연상태'라고 부르는 조건 속에서 살았다. 자연상태라는 루소의 용어를 일상생활에서 다시 사용해야 한다. 자연상태라는 말은 라울 바네겜Raoul Vaneigem의 표현을 빌리면 '입으로 시체를 물고 다니는 사람들'[**]의 신경을 긁어놓는다. 이 말은 우리가 어떤 무기를 가져야 하는지 알게 해준다. 요컨대 '자연상태'라고 말하면, 시체가 '무슨 일이 일어났나?' 하면서 밖을 둘러볼 것이다.

'자유'와 '자연상태'가 같은 말이라고 주장하면, 시체가 당신을 깨물려고 덤벼들 것이다. 순하게 길들여진 인간들이 자유라는 말을 독점하려고 한다. 그들은 자유라는 말을 자신들의 상황에 적용하려고 한다. 그들은 자유로운 자들을 '야성적'이라고 부른다. 그러나 유순하게 길들여진 존재도 때때로 야성적이 되기는 하지만, 울타리에 머물러 있는 한 절대로 자유롭지 않다는 사실도 잘 알려진 비밀이다.

일반 사전조차 이 비밀을 절반밖에 감추고 있지 못하다. 사전은 '자유인'이 '시민'을 뜻한다고 말한다! 그러면서도 자유에 대해 이렇게 적고 있다. "자유롭다: a) 자신의 고유한 본질 혹은 존재 이외의 그 어느 것에 의해서도 규정되지 않는 것. b) 행위자의 선택이나 소망으로 결정하는 것."

비밀은 사라졌다. 새는 사람들이 새장에 가두기 전까지 자유롭다. 우리의 어머니 지구는 스스로 몸을 적실 때와 태양의 둘레를 공전하고 온갖 동물들을 품고 있을 때에야 자유롭다. 같은 크기의 또 다른 별이 그

- 솔제니친의 소설 『수용소 군도』에 등장하는 정치범 수용소. 여기서는 러시아의 솔로베츠키 섬에 있는 수용소를 일컫는다.
- 벨기에 좌파운동가 바네겜의 『일상생활의 혁명』에 나오는 구절 "일상생활을 명시적으로 거론하지 않으면서, 사랑 안에는 체제 전복적인 것이 있고 구속의 거부 안에는 긍정적인 것이 있다는 사실을 이해하지 못하면서, 혁명과 계급투쟁을 말하는 사람들은 입으로 시체를 물고 매달고 다니는 사람"에서 따온 말이다. 입으로 시체를 물고 다니는 사람은 '입에서 악취가 나는 사람' '말로만 혁명하는 사람'이라는 뜻이며 '시체'는 자본주의와 그 속에 사는 사람들을 뜻한다.

녀와 충돌하거나, 시체와 같은 야수가 그녀의 피부를 갈라 창자를 갈기 갈기 찢기 전까지, 그녀는 자신의 본성과 존재 말고는 그 어느 것에 의해서도 규정되지 않는다.

씨와 알에서 나와 각자 자신의 고유한 잠재성을 실현하면서 성장해가는 나무, 물고기, 벌레들은 자유롭다. 벌레들은 새의 자유 때문에 자신의 자유가 줄어들 때까지는 자유롭다. 먹이가 된 벌레는 자신의 자유를 새의 자유에 선물로 주면서 살아왔다. 그 보답으로 새는 벌레가 좋아하는 식물의 씨앗을 떨어뜨리고 거름을 주어 벌레의 후손들이 누리는 자유를 고양시켜 준다.

자연상태는 여러 종들이 누리는 자유의 공동체다.

그것이 최초의 인간공동체 환경이었으며, 그렇게 수천 세대 동안 존재했다.

머릿속에 강제수용소라는 관념을 갖고 다니는 현대 인류학자들은 자유로웠던 최초의 인간공동체를 노동의 형태에 따라 패턴화하고 축소시켜, 음식을 줍고 때로 좋아하는 음식을 저장하는 사람들에게 채집인이라는 이름을 붙인다. 은행 직원이라면 이런 공동체를 저축은행이라고 불렀으리라!

이런 식으로 보면, 과테말라 커피 농장에서 일하는 죄수들은 채집인이고, 인류학자는 일종의 저축은행인 셈이다. 그러나 이들의 자유로운 조상들은 더 중요한 일이 있었다.

남아프리카 칼라하리 사막의 !쿵!Kung 부족은 자기파괴적인 이 시대까지도 기적적으로 살아남은 자유로운 인간공동체이다. 리처드 리키 Richard E. Leakey* 는 무성한 숲으로 뒤덮인 아프리카 터전에서 살고 있는 이 부족을 관찰했다. 그들은 자신 말고는 아무것도 가꾸지 않고 자신이 원하는 대로 세상을 살아간다. 자신의 고유한 본성 말고는 그 어느 것도 자신의 행동을 규제하지 못한다. 알람시계, 빚, 상관의 지시 따위는 알지도 못한다. 잠잘 때만 제외하곤 온종일 잔치를 벌이고 축하하며 논다. 그들은 음식, 경험, 경륜, 노래 등 모든 것을 공동체와 공유한다. 개인적인 만족, 내면의 깊은 환희는 서로 나누는 데서 생긴다.

(오늘날까지 늑대는 무리들끼리 서로 나누는 즐거움을 누리고 있다. 그래서 아마 여러 나라의 정부가 늑대 사냥꾼에게 현상금을 주는지도 모른다.)

다이아몬드Stanley Diamond** 역시 우리 시대에까지 살아남은 또 다른 자유인들을 아프리카에서 발견하고 이들을 관찰했다. 그는 이 부족이 전혀 일을 하지 않는다는 것을 발견했는데, 이 사실을 영어로 표현할 수가 없었다. 그래서 그는 그들이 일과 놀이를 전혀 구분하지 않는다고 말했다. 다이아몬드의 말은 자유인의 활동을 인류학자의 느낌에 따라 어떤 때는 일로, 어떤 때는 놀이로 볼 수 있다는 뜻인가? 아니면, 자유인들은 자신의 활동이 일인지 놀이인지 모르고 있다는 말인가? 그것도 아니면, 우리, 여러분, 나를 비롯한 현대인들이 놀이와 일을 구분하지 못한다는 뜻인가?

만일 !쿵 부족이 우리 사무실이나 공장을 방문한다면 우리가 놀고 있다고 생각할지도 모르겠다. 그렇지 않으면 얘들이 왜 여기에 있겠어?

내 생각으로 다이아몬드는 뭔가 보다 깊은 뜻을 전해주고 있다. 딸기

• 케냐 태생의 백인 고생물학자(1944~). 인류의 아프리카 기원설을 확립한 고생물학자 루이스 리키의 아들이다. 리처드 리키는 160만 년 전에 활동한 호모에렉투스의 어린 유골을 발굴해 인류 진화사를 새롭게 썼다. 저서로는 『제6의 멸종』 『오리진』 등.

•• 미국의 인류학자(1922~91). 논쟁을 불러일으킨 저작 『야만을 찾아서In Search of Primitive』에서 현대문명은 원시사회의 무수한 장점들을 상실했으며, 인간의 능력은 산업 자본주의 등장 이후 지속적으로 쇠퇴하고 있다고 보았다.

밭 근처에 있는 곰을 관찰하는 작업능률측정time-and-motion 엔지니어는 어느 순간을 곰의 작업 시작 시간으로 기록해야 할지 도통 모를 수도 있다. 딸기밭으로 걸어갔을 때, 딸기를 땄을 때, 입을 벌렸을 때, 이중 곰이 일을 시작한 때는 언제인가? 엔지니어가 평범한 지능을 갖고 있다면 곰은 놀이와 일을 전혀 구분하지 않는다고 말할지도 모른다. 만일 상상력이 풍부한 엔지니어라면 딸기가 빨갛게 익는 순간부터 곰은 환희를 느끼며, 곰의 동작 중 일과 관련된 동작은 전혀 없다고 말할 수도 있을 것이다.

리키를 비롯한 인류학자들은 인류의 공통 조상, 곧 우리의 시조 할머니들은 !쿵 부족의 고향 근처 아프리카 초원에서 나왔다고 주장하고 있다. 이 조상들 중 보수적인 다수는 아낌없이 베푸는 자연의 관대함에 매우 만족했고 평화로운 자신과 세상, 그리고 자신의 성취에 행복을 느꼈기 때문에 고향을 떠날 이유가 전혀 없었고 그래서 그곳에 계속 머물렀다.

가만있지 못하는 소수는 길을 떠났다. 아마도 자신의 꿈을 좇아갔는지도 모르고, 소중히 여기던 샘물이 말라버렸기 때문인지도 모르며, 좋아하던 동물들이 사라져버렸기 때문일 수도 있다. 이들은 동물들을 아주 좋아했는데, 동물을 사촌지간쯤으로 여기고 있었다.

이리하여 방랑자들은 유라시아 삼림지대, 초원, 호숫가로 행군을 시작했다고 한다. 그들은 (아직 육지였을 때는) 걸어서 또는 표류해서 지구상의 거의 모든 섬으로 흘러 들어갔다. 그들은 얼음으로 뒤덮인 유라시아 북단의 땅을 건너, 후에 아메리카라고 불리게 될 대륙의 최남단까지 내려갔다.

방랑자들은 더운 곳이건 추운 곳이건, 비가 많은 곳이건 적은 곳이건 가리지 않고 갔다. 이들 중 일부는 떠나온 따뜻한 고향땅을 그리워했는지도 모른다. 그랬다면 그들은 좋아하는 동물, 자신의 사촌을 보면서 향수를 달랬을 것이다. 우리는 그들 중 일부가 이 동물들에게 경의를 표한 흔적을 알타미라 동굴벽화, 아마존 계곡의 아브리고 델 솔 바위 암각화에서 볼 수 있다.

여자들 중 몇몇은 새와 바람에게서 씨 뿌리는 법을 배웠고, 남자들 중 일부는 늑대와 독수리에게서 사냥하는 법을 배웠다.

그러나 그들 중 누구도 일을 한 사람은 없다. 이 사실을 모두가 알고 있었다. 무장한 기독교인들이 찾아와 이들 공동체를 '발견'한 것은 한참 뒤의 일이었다. 기독교인들은 이들이 전혀 일을 하지 않는다는 사실을 발견했는데, 이것이 신경에 거슬리고 짜증나서 원주민을 학살하게 된 원인이 되었다. 기독교인들은 원주민 여성들이 집에 틀어박혀 있지 않고 들판에 나와 '선정적인 춤'을 추었고, 원주민 사냥꾼들은 활시위를 당기기 전 무수한 악마의 '주문'을 외웠다고 전했다.

초기 작업능률측정 엔지니어라 할 수 있는 기독교인들은 원주민들이 언제 놀이를 끝내고 일이 시작되는지 알 재간이 없었다. 오랫동안 고된 노동에 익숙해 있던 기독교인들은 노동의 저주를 전혀 받지 않은 듯 생활하는 선정적이고 악마적인 이교도들에게 불쾌감을 느꼈다. 기독교인들은 곧 '주문'과 춤을 없애고 모든 원주민이 일과 놀이를 확실히 구분하도록 만들었다.

우리 조상들에게는—나는 프레더릭 터너의 용어를 빌려 그들을 '가진 사람'이라 부르겠다—살아남기 위한 생존투쟁보다 더 중요한 일들이 많았다. 그들은 자연을 사랑했고 자연은 그들의 사랑에 보답했다. 마셜 살린스의 저서 『석기시대의 경제학』에 묘사된 것처럼, 그들은 어디에 있더라도 풍요롭게 지냈다. 『국가에 대항하는 사회』에서 피에르 클라스트르는 가진 사람들은 생계를 위한 투쟁을 하지 않고, 진보적 산업화의 함정에서 헤어나지 못하고 있는 우리 같은 못 가진 사람들만이 그런 투쟁을 한다고 주장한다. 세계 각지와 과거의 기록들을 철저하게 검토한 후 레슬리 화이트Leslie A. White*는 "전체적으로 원시사회는 풍요로운 삶을 누리기에 충분할 정도로 먹을거리가 많았다. '문명화'된 우리에게는 가당치도 않은 일이다"라고 결론 내렸다. 나는 풍요로운 삶을 누리는 사람들에게 원시라는 말을 사용하지 않겠다. 삶이 더욱 곤궁해지는 나와 현대인들에게 원시라는 말을 사용하겠다.

---

* 미국의 인류학자(1900~75). 문화적 발전은 기술적 발전에 의해 촉발된다는 문화 진화 이론을 폈다. 문화 현상을 생물학적, 심리학적, 사회학적으로 바라보는 인간 중심적 해석을 단호히 거부하고, 문화 발전은 유기체 외적인 문화적 전통과 자극에 의해 결정된다고 보았다. 이런 요지를 담은 책이 그의 『문화과학』이다.

원시인의 식생활 ✕

아널드 드브리스 Arnold DeVries

한때 버스기사였던 아마추어 연구가(1921~96). 이 글의 출전은 『원시인과 음식Primitive Man and His Food』(1952)이다. '왜 어떤 지역의 사람들은 건강한데 현대 미국인들을 그렇지 않은가'의 의문을 갖고 원시부족의 식생활과 현대인이 먹는 음식물의 위험성을 연구했다.

불완전한 현대인의 상태는 의학과 질병 연구에 영향을 미치고 있다. 하버드 대학의 저명한 자연인류학자 어니스트 후턴E. A. Hooton 박사는 의학이란 "인간의 건강을 앞서 견인하는 것이 아니라 죽음의 뒤를 좇는 매우 근시안적인 학문"이라고 지적했다. 사실 지금까지 의학이 통상 그 래 왔다. 질병이 발생해야만 연구할 수 있었기 때문에 이는 다소 불가피 했다. 우리는 문명 속에서 문명화된 사람들을 연구한다. 문명세계의 의 학은 여러 건강 악화 현상이 얼마나 많이 발견되느냐에 따라 정상과 비 정상을 구분한다. 그 결과 야생동물에게서는 찾아볼 수 없는 상태를 인 간에게는 정상적인 상태로 규정한다. 의학이 질병만을 다뤄왔기 때문에 의사들은 건강이 대체 무엇인지에 대해서는 거의 개념이 없었다. 우리 는 질병, 신체장애, 사실상 신체적 기형의 시대에 살고 있으며, 이런 것 들이 우리 생각에 강한 영향을 미친 결과, 막상 건강의 본질과 건강 유지에 정말 필요한 조건이 무엇인지는 떠올리지 못한다.

그렇다면 논리적으로 다음과 같은 질문이 가능하다. 요컨대, 왜 우리는 문명을 벗어나 원시인의 신체 조건을 연구하지 않는가? 원시인에 대한 연구를 통해 완벽한 신체적 표본을 발견한다면 우리는 우수한 신체를 만들거나 유지하는 데 필요한 조건을 밝혀낼 수 있을 것이다. 우리는 원시인의 신체에 대한 연구를 통해 생물학적으로 과연 인간이 어떻게 생긴 존재이며 의사가 필요 없는 때는 언제인지 알아낼 수 있을 것이고, 이런 발견을 통해 의사를 부르지 않으려면 인간이 어떤 신체 조건을 가져야 하는지 알게 될 것이다.

다행히 이런 생각이 전적으로 무시되지는 않았다. 초기의 항해가와 탐험가들은 가장 단순하고 자연스러운 상태에서 살고 있는 원시부족을 발견하고 주의 깊게 관찰했다. 또한 이들은 원시부족의 사회, 도덕 혹은 종교적 상태를 이해하기 위해 오랫동안 원시부족의 삶을 면밀히 연구했는데, 그 과정에서 원시부족의 신체 조건과 그것에 영향을 미쳤을 생활습관에 관한 관찰 결과도 덤으로 많이 얻었다. 현대에 와서는 원시부족의 신체적 건강 및 그와 관련된 생활방식을 알아낼 목적으로 원시부족을 연구해왔다.

이러한 연구결과들은 매우 중요한 의미를 담고 있었지만 의학과 영양학은 그 결과들을 전적으로 무시했다. 원시적 인간은 위생시설과 현대적인 치료법, 수술이나 약품 같은 것이 없었기 때문에 높은 수준의 육체적 건강을 유지할 수 없었고, 수명은 짧았으며, 여러 질병에 잘 걸렸다는 것이 의사나 일반인이 갖고 있는 공통된 생각이다. 대부분의 영양학자들이 현대의 농업과 수송시설이 제공하는 매우 다양한 음식을 접하지 못하는 종족은 누구라도 제대로 건강을 유지할 수 없다고 느끼는 것은 너무 당연하다. 이런 생각이 현대의학의 형성에 많은 영향을 끼쳤음은 물론이고, 실제 자료조차 진지하게 검토하지 못하게 만든 편견으로 작용했다.

그러나 관련 사실들이 알려지기 시작했으며, 여기서 매우 흥미롭고 중요한 이야기가 나온다. 이 자료들은 문명사회로부터 멀리 떨어져 문명의 음식에 접근하지 못하고 거의 고립된 채 살아가는 원시인이 일반 문명인보다 우수한 신체를 갖고 생활하고 있음을 보여준다. 인간은 적절한 영향을 섭취하면 충치가 없는데, 원시인들이 대개 그랬다. 이를 닦는데 아무런 약품을 쓰지 않아도 그들의 이는 하얗고 빛이 났으며 가지런했다.

얼굴과 신체 발달도 좋다. 얼굴은 보기 좋았는데, 틀이 잘 잡혔고 넓다. 몸은 기형이 없고 아름다우며 균형이 잘 잡혀 있었다. 인류는 세대가 가도 동질성을 유지하기 때문에 인류학적 원형에서 거의 벗어나지 않는다. 외관상 신체 크기에 차이가 있지만, 얼굴은 서로 닮아 형제자매처럼 보인다.

출산에도 어려움이 없고 고통을 거의 또는 전혀 느끼지 않아 번식의 효율성이 높다. 태아 기형도 전혀 없다. 전염성 질병에 대한 저항력도 높아 아픈 사람이 거의 없으며, 병에 걸려도 빨리 회복된다. 나이가 들어도 퇴행성 질환이 매우 드물어 원시부족 사람 중 일부는 그런 병을 알지도 못한다. 문명인은 행복과 만족을 거의 모르고 지내는 반면, 원시부족민에게서는 정신적 불만을 찾기가 어렵다. 수명도 길어, 원시부족민은 나이 70세를 넘어서도 여전히 튼튼하고 활기차며, 많은 경우 100세 이상까지도 산다.

이것이 바로 가장 이상적인 기후와 영양 조건에서 살아가는 매우 건강하고 훌륭한 원시종족의 특징이다. 생활환경이 나쁜 원시종족이 허약함과 질병을 극복하는 데 불리하긴 하지만, 이들 중 가장 시원치 않은 사람조차 문명인보다 훌륭한 치아와 골격을 갖고 있으며 다른 신체적 장점도 많다.

원시인의 경험은 매우 중요한 경험 중 하나이다. 지금까지 석기시대의 문화와 환경 속에 살아왔던 이들은 힘, 신체 발달, 면역력에서 문명인과 대등할 뿐 아니라 오히려 훨씬 우수하다. 이런 사실이 존재한다는 것은 그 자체로 현대의학에 많은 의문을 제기하며 진지한 사고와 고찰을 하게 만든다.

이에 못지않게 중요한 사실은 상대적 고립이라는 조건 아래에서만 원시종족이 훌륭한 건강을 유지할 수 있었다는 것이다. 이들은 문명과 접촉하여 식생활을 바꾸자마자 질병에 걸리고 과거의 굉장한 면역력을 모두 상실한다. 이빨은 썩고, 얼굴 모양은 균형을 잃고, 기형이 흔해지고, 생식능력은 저하되고, 정신질환이 나타나며, 평균수명도 크게 떨어진다.

결국 원시인의 건강을 유지해준 것은 이들의 영양 섭취 습관이었던 것이다. 토속음식만 먹는다면 특별한 신체적 변화도 없을 것이다. 위생시설이 전혀 없으므로 질병을 일으키는 박테리아는 있겠지만 재앙을 가져오진 않는다. 토속음식을 버리고 문명의 장사치가 들여온 음식을 먹는 순간 상황은 완전히 바뀐다. 백인이 제공할 수 있는 최상의 위생, 최고의 의료 서비스도 많은 사람의 목숨을 앗아가는 전염병을 막지는 못했다. 여러 원시종족의 신체 조건과 음식 간의 관계를 직접 연구한 학자들은 이 둘 사이에 밀접한 관계가 있음을 분명히 확인할 수 있었다.

인류 최초의 풍요사회 🎋

마셜 살린스 Marshall Sahlins

시카고 대학교 인류학 석좌교수. 사람들의 인식과 행동에 미치는 문화의 영향력을 입증하는 연구에 주력해왔다. 베트남 반전운동에도 참여한 바 있다. 이 글의 출전은 『사냥꾼 인류Man the Hunter』(1968). 살린스는 서구 경제학의 일반적 관념인 '경제적으로 합리적인 인간'이라는 개념을 통렬히 비판하고, 다양한 사회의 각 경제체계는 각기 고유한 문화적 방식에 따라 특수한 환경에 맞추어 적응된다는 견해를 펼쳤다. 이런 주장을 담은 책이 『석기시대의 경제학Stone Age Economics』(1972)이다.

경제학이 우울한 학문이라면 그중에서도 구석기시대 수렵채집 경제에 대한 연구는 제일 울적한 분야임에 틀림없다. 구석기시대에는 삶을 영위하는 것 자체가 어려웠다는 주장을 그대로 수용하고 있는 우리의 교과서들은 그 시대에 인간 생명은 파멸에 직면했었다는 식의 내용을 전함으로써, 학생들은 구석기시대의 사냥꾼들이 어떻게 목숨을 부지했는지, 그것을 과연 삶이라고 할 수는 있는지, 의문을 갖게 되었다. 이런 책에는 구절마다 기아의 유령이 꼬리를 물고 배회하고 있다. 기술이 형편없는 사냥꾼은 살아남기 위해 끊임없이 일을 해야 했으며, 음식을 구하느라 잠시도 쉴 틈이 없어 '문화를 건설할' 시간이 전혀 없었다는 것이다. 그렇게 노력을 해도 그 어느 생산양식보다 연평균 일인당 에너지 이용률이 낮았다는 점에서 구석기시대 경제는 열역학의 최하 수준에 있었다고도 주장한다. 경제발전에 관한 문헌들에서 구석기시대는 소위 '생존경제'subsistence economy'라는 악역을 맡게 되었다.

평범한 방식으로는 이런 통념을 바꿀 수 없기 때문에 가장 충격적인 주장을 함으로써 기존 통념을 수정하는 것이 좋겠다. 구석기시대는 인류 최초의 풍요사회였다고 말이다. 일반적으로 풍요사회는 모든 사람의 욕구가 쉽게 충족되는 사회를 말한다. 이렇게 행복한 상황을 우리는 산업문명이 창조한 결과라고 즐겨 생각하지만, 수렵채집 사회와 민속학에서 주로 다루고 있는 한계사회marginal society, 구성원들이 힘들게 생명을 유지해나가는 사회가 오히려 풍요사회에 더 가깝다. 욕구는 생산을 늘려도 충족되지만, 원하는 것이 적을 때도 충족된다. 풍요에 이르는 길은 이렇듯 두 가지가 있는 것이다. 갤브레이스John K. Galbraith*의 논리는 시장경제에만 적용되는 가정, 즉 인간의 욕구가 무한하진 않지만 매우 크며, 욕구 충족 수단은 미래에 개선될 수는 있어도 현 시점에서는 제한되어 있다는 가정에서 출발한다. 따라서 시장경제에서는 산업 생산성이란 수단으로 '긴급한' 재화를 풍부하게 공급해야만 욕구 충족이란 목적에 가까이 갈 수 있다. 그런데 희소성과 풍요의 문제에 관한 해결책으로 이런 논리와는 정반대의 논리, 즉 인간의 물질적 욕구는 크지 않고 유한하며 인간의 욕구를 충족시키기 위한 기술수단은 변하지 않지만 전체적으로 적절하다는 가정에서 출발하는 선불교식 해결 방식이 있다. 선불교식 전략에 따르면, 낮은 생활수준에서만 가능하겠지만 인간은 물질적 풍요를 누릴 수 있다. 나는 이것이 수렵인 사회의 모습이라고 생각한다.

사냥꾼의 삶이 고달프다는 생각은 인류학이 생기기 전부터 존재했다.

---

*캐나다 태생의 미국 경제학자(1908~2006). 『풍요로운 사회 Affluent Society』에서 그는 자본주의의 과잉 생산체제가 사회악을 부추긴다고 비판했다. 이 글의 '풍요사회'라는 용어는 갤브레이스에게서 따온 것이다.

이런 생각은 애덤 스미스 시절로 거슬러 올라가는데, 어쩌면 선사시대까지 소급될 수도 있겠다. 인류학, 특히 진화인류학도 같은 생각을 공유했는데, 이론적으로 그럴 필요가 있었다. 고고학자와 민속학자들은 신석기시대에 인류가 혁명적 진보를 이루어냈다고 주장했는데, 이 신석기혁명을 열렬히 지지하면서 구석기시대는 전체적으로 심각한 결함이 있던 시대로 취급되었다. 학자들이 신석기시대의 대약진에 환호했던 것이다. 일부 학자는 인간의 노동에서 가축으로 주 에너지 자원이 변했다고 주장했다. 사실 가축으로부터 에너지를 추출했다는 에너지 추출 기술에서만 발전이 있었을 뿐, 식물과 동물이 기본적인 에너지원으로 사용되고 있었다는 점에서는 변화가 없다(게다가 고고학 연구는 노동 생산성 향상보다 안정된 정착생활과 총 생산물의 종류와 양에서 획기적인 발전이 있었다고 주장하기 시작했다).

그렇지만 인류의 진화와 발전을 다룬 이론들만 욕할 것은 못 된다. 이 이론들은 '보이지 않는 손에 의해 이루어지는' 자본주의의 기본적인 경제논리를 배경으로 깔고 있는데, 바로 이 때문에 수렵생활에 대해 어두운 결론을 내리고 있다. 시장경제가 유별나게 집착하는 희소성이란 개념은 경제에 참여하는 모든 행위자가 합리적으로 계산할 수 있다고 가정한다. '좋은 물건들'을 진열해놓은 시장의 존재로 인해 사람들은 수많은 제품에 쉽게 접근할 수 있다. 그러나 모든 제품을 살 정도로 많은 돈을 가진 사람은 없기 때문에 전부 손에 넣지는 못한다. 시장경제 속에서 생활한다는 것은 부족함에서 시작하여 상실로 끝나는 이중의 비극을 살아가는 것이다. 모든 경제활동은 부족한 상태에서 시작된다. 생산자건 소비자건 노동자건 간에, 혼자서는 유용하고 만족스러운 경제활동을 할 수 없다. 그래서 우리는 '돈을 내고 원하는 것을 가져야 한다'는 결론에 도달한다. 그런데 어떤 것을 산다는 것은 그 돈으로 살 수 있는 다른 것은 사지 못한다는 것을 의미하기 때문에 모든 획득은 상실을 동반한다 (예컨대, 유선형의 플리머스 승용차를 사면 포드 머스탱은 가질 수 없다. TV 선전을 보면, 이때의 상실감은 단순히 물질적인 것 이상이다). 부족한 상태라고 하는 것은 우리의 경제 개념에 따른 자의적인 판단이다. 우리 경제학의 대전제는 '원하는 것을 모두 얻기엔 수단이 부족하다' 는 것이다. 그래서 우리는 평생 힘들게 일하면서 살도록 되어 있다. 그리고 항상 뭔가를 갈망하는 우리는 바로 그런 입장에서 구석기시대의 사냥꾼을 판단한다. 엄청난 기술적 진보를 이룬 현대인도 필요한 재화를 제대로 갖지 못하는데, 보잘것없는 활과 화살뿐인 이 벌거벗은 야만인이 도대체 무슨 기회를 가질 수 있단 말인가? 구석기시대의 도구만 가진 사냥꾼에게 부르주아적인 경제적 욕구를 부여하고는 구석기인이 처한 상황이 절망적이라고 예단하는 것이다.

부족함은 목적을 달성하는 수단에 문제가 있어서 발생하는 결과가 아니라, 수단과 목적 사이의 상대적 관계다. 우리는 사냥꾼이 건강이라는 한정된 목표만 추구하며, 활과 화살은 그 목표를 달성하는 데 적절한 수단이라는 것을 경험적 사실로 충분히 확인할 수 있다. 또 사냥꾼은 통상 우리보다 매우 적게 일하고, 아주 드물게만 공들인 음식을 원하며, 여가 시간이 풍부하고, 그 어떤 사회보다 낮잠 시간이 많다는 점도 확인할 수 있다(우리가 알고 있는 기존의 공식을 바꿔야 한다. 요컨대, 문화 발전과 함께 일인당 노동량은 많아지고 여가시간은 줄어든다). 더구나 사냥꾼은 근심걱정에 시달리지도 않는다. 적어도 내가 보기에 그들의 경제적 태도에는 일정한 자신감이 있다. 예컨대, 그들은 사냥해 얻은 음식을 마치 자신이 직접 만든 음식인 양 다룬다.

현재까지 남아 있는 소수의 원주민 사냥꾼도 구석기시대 사냥꾼과 비슷한 모습이다. 이들의 사례로 구석기 경제를 제대로 확인할 수는 없지만, 그 자체로 훌륭한 사례가 된다. 현대의 여러 이론들이 사냥꾼과 채집자들의 삶을 빈곤한 것으로 묘사하고 있다는 사실을 고려하면, 칼라하리 사막의 부시맨이 '일종의 물질적 풍요'를 누린다는 마셜의 연구는 충격적이다. 마셜은 여기서 비-생존-생산non-substance production 즉, 생존 이외의 다른 목적을 위한 생산에 대해 말하고 있는데, 이런 의미에서 그녀의 설명은 부시맨에만 국한되지 않는다. 그녀는 비-생존-생산의 기술적 단순성, 즉 단순하고 어디서나 쉽게 얻을 수 있는 천연자원, 기술, 도구에 주목한다. 그러나 가장 중요한 것은 욕구가 제한되어 있다는 것이다. 많은 사람들이 아주 적은 물건을 큰 재산으로 여기며 행복해한다. 제한적 욕구는 유목생활에서 기인한 것이다. 가진 게 많으면 사냥꾼에게는 짐이 된다(적어도 그의 아내에게는 그렇다). 재화와 이동은 곧 모순관계에 접어든다. 순수한 유목민은 자유롭게 움직이기 위해 가난한 유목민이 된다. 사냥꾼들 사이에 필요가 제한되고 탐욕이 금지된다는 것은 그들의 이동성과 떼려야 뗄 수 없는 관계. W. 로이드 워너가 오스트레일리아의 무른긴Murngin 부족에 관한 연구에서 지적했듯, 이들은 '휴대성'을 사물의 제일가는 경제적 가치로 평가한다.

물질적으로 풍부하지 않아도 풍요를 누리는 예는 생존의 영역에서도 찾아볼 수 있다. 오스트레일리아의 아른헴랜드에서 행한 매카시와 맥아더의 '시간-동작 연구time-motion study'에 따르면, 원주민이 음식물을 찾는 일은 지속적인 행동이 아니라 일시적인 행동이며, 이들이 음식물 찾는 데 전념하는 시간은 일인당 하루 평균 네 시간 이하이다. 낮잠과 휴식 시간은 터무니없을 정도로 많다. 분명 이곳 원주민들은 시간이 없기 때문이 아니라 게을러서 '문화를 건설'하지 못한다는 것이다. 또한 매카시와 맥아더는 사람들이 더 많은 음식을 쉽게 구할 수도 있으며, 생산능력이 없는 사람을 도울 수도 있고, 일종의 공예작업도 할 수 있으며, 음식을 구하는 일이 그리 고되거나 힘들지 않다는 사실도 알려준다. 물론 인위적 조건에서 아주 단기간의 관찰에 근거한 아른헴랜드 연구결과를 바탕으로 어떤 결론을 내리기에는 부족하다. 그렇지만 오스트레일리아 여러 원주민과 사냥꾼들에 대한 보고서에도 아른헴랜드와 유사한 결과들이 나타난다. 19세기 초, 두 명의 유명한 탐험가 에어와 그레이는 오스트레일리아 원주민들이 생존을 위해 활동하는 시간이 거의 비슷하다고 추산했다. 즉 하루 두 시간에서 네 시간 정도라는 것이다. 덧붙여 말하면, 화전농업조차 수렵채집보다 더 노동집약적이다. 예를 들면 콘클린은 (농사를 짓는) 하누누 부족의 경우 성인 남자가 농사짓는 데만 일인당 연평균 1,200시간을 사용한다고 계산했다(이 계산에는 음식과 관련된 다른 활동은 제외되어 있다. 반면, 오스트레일리아의 수렵채집 원주민에 관한 자료에는 음식물을 얻고 요리하는 시간이 포함되어 있다).

일상적인 노동을 쉬고 계속 게으름을 피우는 아른헴랜드 원주민의 모습은 오스트레일리아와 다른 지역에서도 광범위하게 나타난다. 리처드 리의 보고서에 따르면, 생산활동 능력이 있는 !쿵 부시맨은 생존활동에 주당 두 시간 내지 세 시간만 소비한다. 여러 학술회의에서 발표된 다른 글도 이와 비슷한 보고를 하고 있다. 하드자 부족 여인네들은 하루 평균 두 시간 정도만 식량을 찾는 일에 나서고, 제임스 우드번James Woodburn의 뛰어난 다큐멘터리를 본 어떤 사람은 하드자 부족 남자들은 생존게임에 뛰어들기보다는 운에 맡기고 세상을 살아간다고 결론지었다.

수렵채집인의 경제적 태도와 결정에 관한 다른 자료들도 찾아내어 되살려야 한다. 이런 자료들에선 태연히 거주지를 옮겨 다니는 이들에게 짜증내거나 게으르다고 비난하는 우리의 흔한 모습은 찾아볼 수 없다. 반면, 내일을 위해 식량을 아끼거나 저장하지 않고, 있는 대로 먹어치우는 이들의 무절제함, 그리고 손안에 들어온 음식으로 잔치를 벌이는 관습에 대해 화를 내며 기록하는 자료들은 현대문명의 관점에서 과거를 평가하는 치명적인 문제가 있다. 캐나다 동북쪽 라브라도 지방에 프랑스인들이 '몽타네Montagnais, 산악족'라고 불렀던 토착 인디언 부족이 있다. 1634년 예수회 선교사 르 쥔느Paul Le Jeune*는 내일을 생각지 않고 손안에 들어온 음식을 즐겁게 먹는 이 부족을 보고 "자신들이 사냥해야 할 사냥감을 이미 외양간에 잡아놓은 듯이 여기는 것 같다"고 기록했다. 1899년 스펜서와 길렌은 이들이 "내일 무슨 일이 생길지에 대해서는 손톱만큼도 걱정하지 않는다"고 했다.

앞날을 생각하지 않는 그들의 태도에 대해 두 가지 해석이 가능하다. 그들이 바보거나 걱정이 없다는 것, 즉 그들의 입장에서 보자면 내일 역시 오늘과 비슷하게 뭔가가 생길 거라고 생각하는 것이다. 사냥꾼들은 근심하기보다 자신들이 풍요 속에서, 즉 모든 사람의 필요(그들이 바라는 그런 필요)가 골고루 쉽게 충족되는 그런 조건 속에 태어났다고 확신하는 듯하다. 아무리 어려운 상황에 처해도 이들은 이런 확신을 버리지 않는다. 이런 확신 때문에 그토록 고생하면서도 내내 웃음을 잃지 않고 예수회 선교사의 영혼에까지 감흥을 주며 선교사가 병이 나지 않을까 걱

---

* 프랑스령 캐나다에 파송되었던 프랑스 선교사(1591~1644). 몽타네 부족과 함께한 생활을 기록으로 남겼는데, 이는 당시 원주민들의 언어와 풍습을 파악할 수 있는 귀중한 사료로 평가된다. 백인의 우월성을 신봉했지만 원주민의 언어와 관습을 존중했으며, 원주민과 아프리카 출신 노예의 교육 및 처우 개선에 힘썼다.

정해주기도 한다.

"나는 몽타네 부족이 역경과 노동과 고통 속에서도 항상 즐거워하는 모습을 지켜보았다.…… 그들과 함께하면 나 자신도 심한 고생을 해야 했다. 그러나 그들은 내게 이렇게 말했다. '때로 음식이 없어 이틀이나 사흘쯤 굶어야 할 거야. 고난과 어려움을 이기도록 용기를 갖고 자네 영혼을 강하게 하게나. 슬퍼하지 말게. 그렇지 않으면 아프게 될 거야. 우리가 먹을 것이 별로 없으면서도 항상 웃음을 잃지 않는 모습을 보게나.'"

이 부족의 어떤 사람은 르 죈느에게 이렇게 말하기도 했다. "낙담하지 말고 용기를 가져. 눈이 내리면 먹을 수 있게 될 거야." 이 말은 "만일 오늘 먹을 것이 없다면 내일은 생길 거야'라는 보르네오 페낭 지방의 철학과도 비슷하다. 로드니 니덤Rodney Needham에 따르면 이런 생각은 "자신들을 먹여 살리는 환경의 능력, 주어진 환경에서 생활을 일궈내는 자신의 능력에 대한 자신감"을 보여준다.

새떼와 문명의 전투 🪶

린 클라이브 Lynn Clive

이 글의 출전은 『피프스 이스테이트*Fifth Estate*』(1985, 여름호).

인간은 맨몸으로는 날 수 없는 존재이며, 새들은 이 사실을 우리에게 계속 일깨워주려고 한다. 사람과, 사람이 만들어낸 비행기가 하늘을 뒤덮음에 따라 비행기와 비행기의 충돌도 늘어났지만, 새와 비행기의 충돌 역시 급격히 늘어났다. 접근 경고도 하지 않으면서 슬그머니 새들에게 다가오는 매끈하고 조용한 엔진을 현대기술이 계속 만들어냈기 때문이다. 말할 필요도 없이 새가 비행기와의 치명적 충돌을 피하려면 새 스스로 자신의 비행 방식을 바꿔야 한다.

미시간 주 공항 관제사에게 갈매기는 특히 골칫거리다. 오대호를 따라 형성되어 있는 먹이 터가 계속 오염되면서 갈매기는 내륙으로 흘러 들어왔다. 벌레와 메뚜기가 널려 있는 축축한 활주로는 갈매기에겐 더없이 완벽한 새로운 먹이 터가 되었다. 트래버스 시의 체리 캐피털 공항은 한 번에 150마리 정도의 대규모 갈매기 떼가 몰려온다고 자주 보고해야 했다.

비행물체와 새의 충돌은 1년에 대략 1,200건 정도 발생하는데, 이로 인해 2천만에서 3천만 달러의 손해가 발생한다. 물론 이런 충돌은 새에게 치명적이지만, 인간에게 치명적인 많은 비행기 사고의 원인이 바로 새이기도 한다. 1960년 보스턴 근처에서는 프로펠러 비행기가 여러 마리의 찌르레기 새를 프로펠러로 빨아들여 동력을 상실하고 추락하는 바람에 62명이 사망했다.

새는 지금 미 공군에게 전면전을 선포한 듯하다. 1983년 미 공군은 2,300건의 새 충돌을 보고했는데, 그중 3백 건은 건당 1천 달러 이상의 손실을 가져왔다. 1985년 여름 영국에서는 12파운드 무게의 거위가 미 공군 소속 F-111 전폭기 제트엔진 앞부분의 보호커버 안으로 으깨져 들어가 조종사가 낙하산 탈출을 해야 했다. 3,090만 달러짜리 비행기는 지금 북해 바닥에서 푹 쉬고 있다.

그러면 문명인은 이런 상황과 어떤 전투를 벌이고 있는가? 트래버스 시의 경우, 공항 직원들이 공항 주위를 뛰어다니며 엽총으로 폭음탄을 쏘면서 갈매기를 쫓아낸다. 상처 입은 갈매기의 울음소리가 녹음된 테이프를 스피커로 방송하는가 하면, 갈매기를 속일 수 있을까 해서 지금은 매의 그림자까지 날려 보내는 방법을 계획하고 있다. 어떤 사람은 4파운드짜리 죽은 닭을 시속 5백 마일 이상의 속도로 비행기 유리창에 발사하여 새가 충돌했을 때 그 강도를 테스트하는 이른바 '닭 대포chicken gun' 혹은 '닭 발사기rooster booster'를 발명했다.

새와의 충돌로 인해 F-111 전폭기 세 대를 잃은 미 공군은 1975년 BASHBird Air Strike Hazard Team, 새와 비행기의 충돌위험 조사팀를 조직했다. 공군 생물학자로 구성된 이 팀은 새가 말썽을 일으키는 지역 위주로 전 세계 미군

기지를 순회하며 (닭 발사기와 같은) 혁신적 아이디어를 찾아 이 문제에 대처하려고 한다.

현대 산업-기술 문명은 자연질서의 파괴에 기초해 계속 진행되고 있다. 현대문명은 야생의 하늘과 서식지를 오염시켰고 하늘로부터 새를 쫓아내고 있으며, 디트로이트 르네상스센터처럼 거울 같은 표면을 가진 건물을 건축함으로써 새들을 혼란에 빠뜨려 충돌하게 만든다.

우리의 건축물이 더 높아지고 우리가 더 높이 날아오를수록, 요컨대 새를 죽음으로 몰아가는 발명품으로 하늘을 뒤덮을수록, 땅 위에 발을 딛고 있던 우리의 본래 위치는 이제 과거의 일로 사라지고 만다. 우리는 미래를 근시안적으로 보고 있을 뿐이다. 쌍안경으로 보는 한 마리 새의 아름다움에 경탄을 금치 못하면서도 바로 그 새를 살해하는 인간의 인공 구조물, 즉 새로 건설된 초고층 건물이나 초음속 비행기에도 찬탄을 보낸다. 똑같은 눈으로 말이다.

누군가 BASH 팀에게 새와 비행기의 충돌을 막을 최선의 방법은 앞으로 일체 비행하지 않는 것이라고 제안한다면, 그들은 당신이 미쳤거나 '새 대가리'라고 생각할 것이다. 그런데, 새 대가리에 뭐 잘못된 거라도 있어? 우리의 사촌 격인 새가 우리에게 보낸 메시지를 받아들인다면, 그런 생각도 그리 나쁘진 않을 것이다.

🦋 야생화, 가설의 꽃다발

존 란다우 John Landau

미국의 음악평론가, 예술비평가.

내가 바라는 것은 경험의 심오함으로 복귀하는 것이다. 나는 아무리 하찮은 세속적인 일상 행동이라 하더라도, 그 모든 것을 매우 심오하게 느끼는 사회를 원한다. 나는 우리가 어떤 매개체 없이 삶의 경험이 갖는 심오함을 직접 느낄 수 있기를 바란다. 경이로운 상태에 빠지는 것이다. 그런 경이로운 상태에 빠지면 말이 필요 없어진다. 이런 경험을 '신' 혹은 다른 이름으로 불러도 개의치 않는다. 내가 아는 것이라곤 그것이 가장 즐거운 상태라는 것이다. 나무를 끌어안고, 아름다운 일몰을 보며 뛰어오르고, 멋진 언덕을 오르고, 우리 주위에 있는 모든 것에 경외감을 느끼는 것이다. 나는 쾌락주의자이며 이런 즐거움을 누릴 것이다. 신앙인도 무신론자도 내가 누리는 기쁨을 가두지는 못할 것이다!

원시인들은 삶의 모든 심오함을 한몸으로 느꼈으며, 그것에 자기 삶의 중심을 두었다. 종교는 인간의 이 원초적이고 진정한 경험을 타락한 유물로 보고 사회적 통제와 도덕을 동원해 삶의 심오한 경험을 옥죄려 한다. 원시인들은 삶의 심오함에서 벗어나는 일은 무엇이든 최대한 피하려 했다. 무엇이든 간에 집착하면 선善으로부터 벗어나기 때문이다.

우리는 왜 세상에 있는가? '심오한 경험'을 하기 위해서이다.

따라서 우리의 과제는 그런 심오함이 일상생활에 '내재'되도록 삶(사회, 경제)을 재정비하는 일이다. 우리가 말하는 정신적 숭고함이란 일상생활에서 심오함을 분리해 그것을 추상적이고 단절적이며 상징적인 영역으로 가져간 것이다. 이런 상징적인 영역이 세상 곳곳에 존재하는 일상생활을 대신하게 되었다. 우리가 항상 경외감을 경험할 수 있는 것은 아니지만, 우리의 일상생활 구조가 그런 경험을 하기 어렵게 조직되어 있기 때문에 그런 경험을 못한다는 것은 단순한 심리적 문제가 아니라 사회-현실적 문제다. 그러나 역사상 존재했던 다른 여러 사회들은 삶에서 진정 가치 있는 것을 찾고자 노력했으며, 그런 후에야 비로소 그런 가치에 기초해 일상생활을 구축하고자 했다.

우리는 드넓은 경이로움과 외경의 바다에 조그마한 계산과 의무의 섬을 만들어야 한다. 심오하며 실제 구현된 전체 속에서 홀로 있기를 하나의 긍정적인 경험으로 삼아야 한다.

서구의 정신은 물질영역과 정신영역을 확고히 분리했는데, 이는 아마도 무절제한 유물론이 문명을 지배했기 때문일 것이다. 과거에 사람들은 세상의 심오함을 경험했다. 영적 용어로 표현하자면 세상에는 영성靈性이 깃들어 있었다. 서구의 정신은 세상과 생명이라는 실체로부터 영성을 떼어내어 실체가 없는 영성에 생명을 부여하고 세상을 메마르게 죽여놓았다. 상징적 제스처가 아니라 우리가 겪어왔던 소외를 존재 차원에서 바로잡음으로써 (원래는 하나였던 세상과 영성의) 인위적인 분리를

'거부' 해야 한다. 이것이 우리의 '과제' 다.

지난 수백만 년 동안 인간은 이른바 '필요' 라는 것을 충족시키기 위해 다양한 전략을 개발해왔다. 인간은 끊임없이 다양한 생존전략을 고안해 냈는데, 우리의 과제는 이 전략들을 검토하고 일상생활의 심오함을 가장 잘 경험할 수 있게 해주는 전략을 선택하는 것이다.……

우리가 말하는 심오한 삶이란 단순히 존재한다는 사실만으로 타인에게 기쁨을 주는 삶, 서로 사랑을 나누는 것이 생활방식으로 자리 잡은 삶, 일상생활 차제가 본질적 의미를 갖는 삶이다. 우리가 이런 삶을 추구하는 것은 이런 삶이 어떤 상징체계와 결부되어 있기 때문이 아니라 우리를 '카이로스kairos', 즉 삶의 경외, 심오함을 경험하도록 해주기 때문이다.

이런 삶을 회복하려면 우리는 여기에 맞는 정신적, 사회적 '토대' 를 발전시켜야 한다. 곧 삶의 심오함이 가치로 인정되고 휴식과 명상이 일상적인 삶의 한 부분으로 존재하는 일련의 이해체계, 화폐나 예절의 교환보다 심오한 경험의 공유가 더 중요하다는 생각에 기초한 사회적 실재를 발전시켜야 한다.

우리의 일은 원시인을 '발명' 하는 것이다! 이 일은 상상력을 동원해야만 가능하다. 원시인에 대해 거의 아는 바 없다는 것이 이런 운동을 '반대' 하는 근거가 될 수 없다. 그런 삶을 살고, 그런 존재가 되기 위해, 믿을 수 없을 정도로 멋진 신화를 '창조' 하기 위해서는 이 원시인들을 마음속에 그려야 한다!

침묵은 그 시대의 위대한 미래였다. 사람들은 세상을 향해 몸짓으로 의사를 표현했고, 매일 경외감을 느꼈다. 사람들은 야외에서 살았기 때문에 훨씬 더 많은 산소를 마셨다. 그들은 사람을 편안하게 해주고 기분을 고조시키며 미각과 후각을 증진시키는 산소목욕탕에서 아예 살았던 것이다. 야외에서 캠핑을 해본 적이 있는 사람은 누구나 이 기분을 안다.

주변환경과 인간 사이의 상호작용도 매우 활기차게 진행되었다. 모든 부문에서 환경과 인간의 접촉이 계속 일어나고 있었다. 이 광대함 속에서 우리의 언어, 우리의 '합리성', 우리의 기술적 실용성은 너무 편협하고 보잘것없어 보인다. 이들은 원시인이라기보다 광대함을 즐기고 보존하는 데 관심을 갖고 있던 사람들이었다. 이것은 이상주의가 아니다. 자연 속에서 우리가 겪었던 경험은 야외생활이 얼마나 멋진 것인지 입증해준다.

두세 시간 동안 다른 사람과 함께 야간 하이킹 같은 경험을 열심히 한 다음, 몸짓만으로 의사소통하되 그외에는 완전한 침묵 속에서 서로의 움직임, 냄새, 마음을 느끼면서 정처 없이 헤매어보라. 그러면 함께한 그 모든 경험이 얼마나 풍요로운지 맛볼 수 있다. 우리는 편협하게 전문지식에만 집착함으로써 이런 풍요로움을 잃어버렸다. 선禪 수행자가 평생을 걸쳐 찾는 것을 우리 조상들은 태어날 때부터 갖고 있었다. 물론 그들은 물레방아를 만들 줄도, 전기를 이용할 줄도 몰랐지만 그런 것은 원하지도 않았다. 더 훌륭한 다른 일을 해야 했던 것이다! 그들은 물레방아 만드는 일 등을 적어도 잠재적으로는 알고 있었지만, 삶 속에서는 하찮은 일로 보았다고 할 수 있다.……

침묵 속에서는 모든 쓸데없는 잡담, 모든 걱정, 모든 기념물들이 사라진다. 그 자체로 존재하고 있는데, 그 안에 또 무슨 자신의 흔적을 남길 필요가 있겠는가? 예술이나 문화사적으로 무슨 불멸의 이름을 남길 필요가 있는가? 사라짐이란 기록을 지우는 것, 발자국을 없애는 것, 자취를 남기지 않는 것, 역사가 없다는 것이다. 사람은 이미 사라지고 있는 중이다. 우리에게 필요한 일은 흔적을 지우고, 기록을 멈추고, 녹음기를 꺼버리고 그냥 사라지는 것이다. 그러면 된다. 사라지면 되는 것이다. 지금 그렇게 하라. 당신 앞에 있는 잔디가 과거에도 있었고 앞으로도 존재할 모든 것이다. 잔디는 기억도 없고 미래도 없다. 그저 침묵만 있을 뿐이다.

우리가 이 풍요로운 유산을 인식하게 될 때, 존재의 심연에 도달할 때, 우리와 유사한 인간들이 이런 존재방식으로 2백만 년 이상을 살았다는 것을 깨달을 때, 우리는 경외감을 갖게 된다. 그럴 때, 역사라는 연못 위의 찌꺼기, 역사의 응고된 우유, 전문지식에 대한 집착은 걷히고 순수한 존재만이 우리에게 남게 될 것이다.

한줌의 도덕: 상처받은 삶에서 나온 성찰 🗡

테오도르 아도르노 Theodor Adorno

이 글의 출전은 *Minima Moralia: Reflections from Damaged Life*(1947). 유대인 신분의 아도르노가 망명을 체험한 후 쓴 에세이 모음집으로 일정한 형식에 얽매이지 않는 자유로운 글쓰기의 대표 사례로 꼽힌다. 그는 프랑크푸르트학파의 일원으로 현대 자본주의 사회의 이데올로기를 깊이 탐구하여 물화된 의식을 극복하고 인간적인 삶을 회복하는 문제를 고민했다. 막스 호르크하이머와 함께 쓴 대표 저작 『계몽의 변증법』에서 그는 나치즘으로 타락의 극치를 보여준 서구문명은 이미 원시시대부터 타락의 씨앗을 잉태해왔다는 역사 철학적 성찰을 담았다.

장난감 가게. 헤벨*은 자신의 일기 첫 장에 '어른이 되었을 때 삶의 마술'이 사라지는 것은 무엇 때문인가, 라는 의외의 질문을 던지고 있다. 그것은 반짝이는 색깔의 일그러진 꼭두각시 인형이 태엽을 감아줘야 움직인다는 것을 알게 되고, 그래서 매혹적일 정도로 다양한 삶을 가진 것으로 여겨졌던 그 인형이 그저 그런 나무뭉치로 보였기 때문이다. 노래하며 줄을 타는 곡예사, 피리 부는 악사, 물동이를 지고 가는 소녀, 마차를 모는 마부. 이들을 바라보는 아이는 이들이 자신의 일을 즐거워서 한다고 생각한다. 아이는 이 사람들 역시 먹고 마시고 잠자며, 다시 일어나야 한다는 것은 상상도 못 한다. 그러나 아이와 달리 우리는 무엇이 문제인지 알고 있다. 문제는, 말하자면 이들이 그런 일을 하는 것은 즐

* Friedrich Hebbel, 독일의 극작가(1813~63).

거워서가 아니라 돈을 벌어 먹고살기 위해서라는 것이다. 돈을 번다는 것은 이런 모든 일을 단순한 수단으로 간주하는 것이며, 이 모든 활동을 돈과 교환할 수 있는 추상적 노동시간으로 치부해버린다. 사물의 고유한 특질은 더 이상 본질이 되지 못하고, 사물의 가치에 부수적으로 딸려나오는 겉모습에 불과하게 된다. 자본주의의 '등가교환' 개념이 모든 지각知覺을 마비시킨다. 자기결정의 빛이라 할 수 있는 '일의 즐거움'을 더 이상 누리지 못하면서 모든 것은 광채를 잃는다. 우리의 감각기관은 대상을 고립된 상태로 파악하지 않고, 색깔과 소리와 움직임이 그 자체로 존재하는지, 아니면 다른 이유로 존재하는지 파악한다. 거짓 다양성에 지치고 본질은 여전히 그곳에 존재한다는 거짓된 주장에 실망한 감각기관들은 모두 생기를 잃는다. 그러는 동안 감각기관들은 자신의 전유 appropriation 목적에 순응하며 바로 그 목적에 봉사하기 위해 자신이 존재하는 것이라고 여기게 된다. 그동안 받아들였던 세계에 환멸을 느끼는 것은 그 세계가 객관적으로 '상품 세계'라는 것을 깨달은 감각기관의 반발 때문이다. '전유'에서 벗어나면 사물은 그 즉시 다채롭고 유용해진다. 보편적 강압 속에서 다채로움과 유용성은 양립할 수 없다.

그러나 아이들은 헤벨의 생각처럼 '매혹적인 다양성'의 환상에 사로잡혀 있지만은 않다. 아이들은 자연발생적인 지각을 통해 사물의 사용가치와 교환가치 사이의 모순을 여전히 인식하고 있으며—체념한 어른들은 이제 더 이상 그런 모순에 관심을 갖지 않는다—그러한 모순에서 벗어나려 한다. 놀이가 그들의 방어무기다. 순수한 아이들은 '사용가치'가 교환가치로 되는 '등가교환의 이상한 특성'을 느낀다.

별 목적 없는 활동을 하면서 아이는 은근슬쩍 교환가치에 대항하여 사용가치 편에 선다. 자신이 갖고 노는 물건에서 교환가치라는 유용성을 배제해버림으로써, 아이는 그 물건에서 인간과 사물을 함께 왜곡시키는 교환관계가 아니라 인간에게 도움이 되는 것을 끌어내려 한다. 작은 장난감 트럭들은 어떤 목적지가 있는 것도 아니고, 그 트럭 위의 자그마한 통은 비어 있다. 그러나 이것들은 자신의 운명을 타락시키는 추상적인 교환가치화 과정에 들어가거나 거기에 참여하지 않고, 자신의 고유 목적인 사용가치의 운명에 충실한다. 흩어져 있지만 교환의 함정에 빠지지 않은 이 장난감 트럭들은 자신에 대한 사회적 낙인을 사회가 결국 제거해줄 것인지, 그리고 인간과 사물 간의 필연적인 상호과정, 즉 실천이 실용성만 따지는 것을 멈추게 될 것인지를 지켜본다. 놀이의 비현실성은 현실이 아직 현실적이지 않음을 알려준다. 어린이들은 무의식적으로 올바른 삶을 연습하고 있는 것이다. 아이들과 동물들의 관계는 유토피아가 동물 속에 숨어 있다는 사실에 근거해 이루어진다(마르크스조차 동물이 생산한 잉여가치를 인정하지 않으려 했다). 동물들은 인간이 인식할 수 있는 그 어떤 목적도 없는 존재지만, 마치 스스로를 '표현'하기 위해서이기라도 한 양, 전혀 바꿀(교환할) 수 없는 자신만의 고유한 이름을 갖고 있다. 이 때문에 아이들은 동물을 좋아하며 동물을 바라보는 아이들의 시선은 행복에 차 있다. '나는 코뿔소다'라는 말은 코뿔소의 이미지를 형상화하는 것이다. 동화와 오페레타는 그런 이미지를 알고 있으며, 우리가 오리온이라고 부르는 별이 진짜 오리온인지 어떻게 아느냐는 여인의 우스꽝스러운 질문은 별이 되어 하늘로 올라간다.

✗ 작은 인간

마빈 해리스 Marvin Harris

이 글의 출전은 『작은 인간: 우리는 누구이며, 어디에서 와서 어디로 가는가*Our Kind: Who Are We, Where We Came From, Where We Are Going*』(1989). 미국의 인류학자(1927~2001)로서 문화유물론이라 불리는 자신만의 독특한 이론적 접근법을 전개하였다. 사회체제를 생산력으로 설명하는 마르크스의 관점과 인구요인의 영향력을 탐구한 맬더스의 이론을 결합하여 각 사회의 문화현상은 경제적, 물질적인 동기, 즉 생존 조건에 의해 결정된다는 통찰을 보여주었다.

지배자와 피지배자 없이도 인간은 존재할 수 있는가? 정치학 창시자들은 그럴 수 없다고 생각했다. 토머스 홉스는 "오직 죽음에 이르러서야 멈추는 영속적이고 지칠 줄 모르는 권력욕, 이것이 인류의 일반적 성향이다"라고 단언했다. 이렇듯 인간 본성에 내재하는 권력욕 때문에 국가탄생 이전(또는 국가가 없어진 이후)의 상태는 "만인의, 만인에 대한 투쟁 상태" 요컨대 "고독하고, 궁핍하며, 추하고, 야만적이며, 단명에 그치고 마는" 상태였다고 홉스는 생각했다.

홉스가 옳았는가? 사람들에게는 억누를 수 없는 권력욕이 있어 강력한 지배자가 없으면 불가피하게 만인의, 만인에 대한 투쟁으로 이어지는가? 그는 파벌 짓기 좋아하는 영국민들 사이에서 법과 질서를 유지하기 위해서는 전능한 리바이어던Leviathan 왕과 통일된 종교가 필요하다고 생각했다. 그러나 현재까지 남아 있는 부락이나 촌락사회의 사례를 보고 판단컨대, 선사시대 사람들은 전능한 리바이어던 왕이나 무서운 신은 말할 것도 없고 탁월한 추장 없이도 아주 잘 살았다.

　민주적인 현대국가에서는 세습적인 리바이어던이 필요 없다. 그러나 엄청나게 복잡한 형벌체계에 기초한 부와 권력의 불평등 없이 살아가는 법을 익히지는 못했다. 하지만 인류 탄생 이후 3만 년 동안 왕, 여왕, 수상, 경찰, 보안관, 사령관, 장군, 각료, 주지사, 시장, 지방검사, 법원서기, 순찰차, 죄수 호송차, 감옥, 고해신부 없이도 인류는 삶을 영위해왔다. 이런 것 없이 우리 조상들은 어떻게 집 밖으로 나설 수 있었을까?

　작은 인구집단 사례로 이 질문에 대해 어느 정도 답변할 수 있다. 부락당 50명 또는 150명 정도의 인구밖에 없는 상황에서는 마을사람들끼리 서로 잘 알고 지냈다. 그래서 상호 호혜적인 교환을 통해 사람들이 결속될 수 있었다. 사람들은 줄 때는 보답을 기대할 수 있었고, 받을 때는 보답해야 한다고 생각했다. 동물사냥, 식물채집, 원시농업의 성공에는 우연적인 요소가 크게 작용하기 때문에, 어느 날 운 좋게 큰 수확을 올린 사람은 다음날 이웃에게 나누어줄 필요가 있었다. 그러니까 어쩔 수 없이 운이 나쁜 날에 대비하는 가장 현명한 방법은 평소에 미리 후하게 베푸는 것이었다. 인류학자 리처드 굴드의 표현대로 "위험이 클수록 나눔도 커진" 것이다. 요컨대 호혜성은 소규모 사회의 은행인 셈이다.

　호혜적 교환에서 사람들은 얼마나 많이, 정확히 얼마만큼, 또는 언제 돌려받을지 명시하지 않는다. 그렇게 하면 거래의 질을 더럽혀 단순한 물물교환이나 물건을 사고파는 일과 다름없어지기 때문이다. 다른 형태의 거래, 예컨대 자본주의적 거래가 지배적인 사회에서도 호혜와 거래의 차이는 여전히 존재한다. 비공식적이고 비계산적이며 인정이 넘치는 가까운 친척이나 친구 관계에서는 호혜적인 교환이 이루어진다. 십대 청소년들은 돈을 지불하지 않고 집에서 식사할 수 있고 아버지 승용차를 빌려 탈 수 있다. 아내는 식비를 남편에게 청구하지 않고, 친구들끼리는 생일이나 성탄절에 선물까지 주고받는다. 그러나 사의謝意를 기대하면서 후의를 베풀면 이런 교환의 대부분은 그 순수함을 잃는다. 일상생활에서 진정한 호혜가 이루어지는 사회는 후의를 당연한 것으로 여겨 사의를 표하지 않는 것이 에티켓이다. 인류학자 로버트 덴탄은 말레이시아 중부지역의 세마이Semai족을 연구하면서 사냥꾼들이 다른 사냥꾼에게서 고기를 거저 받아도 "고마워"라는 말을 전혀 하지 않는다는 사실을 발견했다. 뜨거운 사막을 뚫고 하루 종일 돼지 한 마리를 끌고 집에 온 사냥꾼은 그 고기를 똑같은 크기로 잘라 집단 구성원 전체에 골고루 나누어준다. 만일 거기서 누군가 고맙다는 말을 하면, 이는 그가 얼마만큼 주고받는지 꼼꼼히 계산하는 몰인정한 사람임을 드러내는 것이라고 덴탄은 말한다. "이 상황에서 고맙다는 말은 매우 무례한 짓이다. 첫째, 자기가 받은 양을 계산했다는 뜻이고 둘째, 자기는 그 사냥꾼이 그토록 인정 많은 줄 미처 몰랐다는 뜻이기 때문이다." 사람들이 누군가의 인정에 고마워해야 한다는 것은 사람들이 그에게 빚졌으며 그가 보답을 기대하고 있다는 것을 의미하는 것이다. 그런데 평등주의적인 사람들은 자신이 관대하게 대접받았다고 느끼게 하는 것조차 불쾌해한다.

리처드 리는 한 가지 의미심장한 사건을 통해 호혜성의 이런 측면을 설명하고 있다. 그는 !쿵족을 기쁘게 하기 위해 큰 소를 사서 도살해 선물로 나누어주기로 했다. 며칠 동안 반투Bantu 농촌을 돌아다니며 가장 크고 살찐 암소 한 마리를 구해 !쿵족에게 갖다 주었다. 그러나 그의 !쿵족 친구들은 시큰둥한 반응이었다. 바보같이 속아서 완전히 엉터리 소를 샀다고 비웃었다. 그들은 "물론 우리는 먹기는 먹을 거야. 하지만 배

부르지는 않을 것 같아. 그걸 먹고 집에 가서 자면 뱃속이 울렁거릴 것 같거든"라고 말했다. 그러나 리가 가져간 암소를 도살해보니 고기에 맛 있는 지방질이 가득했다. 그후 !쿵족 친구들은 암소고기 상태에 대해 리 보다 더 잘 알고 있었으면서도 왜 그 선물에 시큰둥해했는지 설명해주 었다.

그래. 한 청년이 고기를 많이 잡아오면 그는 자기가 추장처럼 대단하고 다 른 사람은 자기보다 못하다고 생각해. 우리는 잘난 체하는 놈은 정말 못 봐줘. 그 오만이 언젠가 다른 사람을 죽일 것이기 때문이지. 그래서 우리는 항상 그 가 잡아온 고기를 무시해. 이런 식으로 우리는 그를 조신하고 예의 바르게 만 들어.

리처드 리는 남녀로 이루어진 작은 집단이 매일 저녁 사냥하고 수집한 동물과 열매를 갖고 집으로 돌아오는 것을 보았다. 그들은 그것을 똑같 이 분배했는데, 심지어 마을에 남아 잠만 잤거나 그들의 도구나 무기를 지켰던 사람들에게도 나누어주었다.

가족들끼리만 그날 얻은 음식을 나누는 것이 아니라, 부족 전체가—부족민 이든 손님이든 간에—전체 음식을 똑같이 나눈다. 부족의 어느 가족이든 저 녁식사는 다른 가족 식구들이 전달한 음식들로 차려진다. 음식은 날것으로 분 배되기도 하고 요리해 분배되기도 한다. 각종 열매와 뿌리들은 가족에서 가족 으로 계속 흘러 다닌다. 그리고 마침내 모든 부족민은 같은 양의 음식을 갖게 된다. 다음날 아침, 사냥꾼들은 새롭게 조를 짜서 부족 캠프를 떠나고, 밤늦게 돌아와 음식을 나누는 일은 계속된다.

홉스는 국가 탄생 이전의 소규모 사회에서 사냥터와 숲에 자유롭게 드나들 수 있는 것이 모든 구성원에게 최고의 이익이 된다는 사실을 몰랐다. 홉스적 권력욕으로 가득 찬 !쿵족 사람 하나가 부족민들에게 다음과 같이 말했다고 가정해보자. "지금부터 이 땅과 여기에 있는 것은 전부 내 것이야. 그러니 반드시 내 허락을 받아야 거기에 들어갈 수 있어. 그리고 또 한 가지 조건이 있는데, 자네들이 그 땅에서 사냥하고 채집하고 기른 것은 우선 모두 내 차지야." 이 말을 들은 동료들은 그가 갑자기 미쳤다고 생각하고 얼마 되지 않는 짐을 꾸려 20~30마일을 걸어 나가 새 캠프를 만들 것이다. 그리고 다시 그곳에서 평등한 호혜관계를 생활화하고 살아갈 것이다. 왕이 되려 했던 사람은 부질없는 권력만 갖고 홀로 남겨지게 될 것이다.

단순한 부락이나 촌락사회에 정치적 리더십이란 것이 있다고 한다면, 그것은 자신의 명령을 부족민에게 강제할 권한이 없는 추장 개인이 행사하는 것이다. 그런데 리더란 사람이 권한도 없으면서 어떻게 집단을 이끌 수 있을까?

스포케인 박물관 🍂

라모나 윌슨 Ramona Wilson

미국의 인디언 출신 시인. 이 글의 출전은 *Dancing on the Rim of the World: An Anthology of Contemporary Northwest Native American Writing*(1952) 중 'Spokane Museum' 이다.

여기에 있는 것들은

사라진 땅, 사라진 사람들이 남긴

유물이 아니다.

나는 이 모든 것들이 지금도 어디에 있는지 알고 있다.

땅 파는 도구를 내게 줘.

봄철에 우리가 어디서 뿌리를 캐는지

네게 보여주마.

늘 그랬듯 바람이 불겠지.

문명의 탄생

인간의 승리와 자연의 위기

야만인의 삶은 참 단순한데, 우리 사회는 지독히도 복잡한 기계와 같다! 타히티 사람들은 세상의 원초적 상태에 아주 가까운데, 유럽 사람들은 세상의 노년에 가깝다. 갓 태어난 아기와 비틀거리는 노인의 차이보다 그들과 우리의 차이가 훨씬 크다. 그들은 우리의 예절이나 법률에 대해 전혀 아는 바 없지만 그 안에서는 수많은 방법으로 위장된 족쇄만을 발견하게 될 것이다. 그러한 족쇄들은 가장 깊이 자유를 사랑하는 사람들의 분노와 경멸만을 불러일으킬 뿐이다.

— **디드로**(1774)

폴 시몬스Paul Z. Simons는 동식물의 사육과 재배가 마치 시공간을 초월하는 일종의 양자역학적 도약 속에서 이루어진 것처럼 보면서 문명은 그 출발부터 사실상 달성되었다는 주장을 폈다. 이런 도발적 가설 때문에 종으로서의 인간 역사상 가장 중요한 전기인 문명이 시작된 순간에 대해 연구하지 않을 수 없다.

문명 탄생 이전의 삶을 거의 소멸시킨 방식, 즉 삶을 통제하고 이용하는 여러 방식과 문명 탄생 이전의 삶의 방식이 충돌하면서, 우리가 잃어버린 것은 무엇인가? 셰익스피어의 「뜻대로 하세요」에서 추방당한 공작이 아덴Arden 숲의 초원을, 숲의 '혀와 같은 나무'를, 그리고 '돌이 말하는 교훈과 숲의 모든 것이 지닌 선善'을 옹호하던 구절에서 우리가 무엇을 잃어버렸는지 알 수 있다. 250년 후 콜롬비아 고원의 부족 원로 스모할라는 현실 속에서 이와 비슷한 탄식을 했다.

"나보고 땅을 개간하라고요! 나보고 어떻게 칼을 빼 어머니의 가슴을 찢으란 말입니까? 그렇게 하면 내가 죽어도 어머니는 나를 데려가 가슴속에 품고 고이 재우지 않을 것입니다."

"돌을 파내라고요? 어머니의 피부를 찢고 뼈를 빼내라는 말입니까? 그렇게 하면 내가 죽어도 다시 어머니의 품으로 들어가 환생할 수 없게 됩니다. 풀을 베서 팔고 백인들처럼 부자가 되라고 하셨나요? 내가 감히 어떻게 어머니의 머리카락을 자를 수 있겠습니까?"

2부에서는 문명 이전의 삶과 문명 간의 광범위한 투쟁의 의미, 투쟁의 여러 측면과 성격 그리고 그 결과에 관한 글들을 수록했다. 문명의 승리는 감정과 문화를 비롯한 모든 측면에서 자연세계와 인류 모두에게 가장 깊은 영향을 끼쳤다.

18세기 디드로에서부터 19세기 말 조지 마시를 거쳐 현재에 이르기까지 문명 비판자들은 풍부한 사례를 들면서 문명이 초래한 위기가 더욱 심화되고 있음을 강조하고 있다. 우리는 이런 글들을 통해 문명의 승리가 인류 역사상 정녕 얼마나 획기적이고 충격적인 전환점이었는가를 보다 분명히 알 수 있을 것이다. 여기 실린 몇 편의 글은 그렇게 거대한 지각변동의 범위와 심도가 과연 어느 정도였는지 시사해주는 수준에 불과하다.

인간이 바꾸어놓은 지구 🪓

조지 마시 George P. Marsh

미국의 외교관이자 언어학자(1801~82). 심림 파괴로 야기되는 환경 악화를 경고하여 미국 최초의 환경론자라 불리기도 한다. 이 글의 출전은 *The Earth as Modified by Human Action*(1907). 숲의 황폐화가 사막화로 이어질 수 있다는 당시로선 대단히 선구적인 주장을 제기했다. 그의 저작 『인간과 자연*Man and Nature*』에도 이 글이 실려 있다.

인간의 파괴성

인간은 자신들에게 주어진 것이 지구를 이용할 권한뿐임을, 지구를 소비하거나 무분별하게 낭비할 권한은 더더욱 주어지지 않았음을 너무 오랫동안 잊고 지냈다. 자연은 자신의 기본 질료와 자신이 만들어낸 모든 것, 그 어느 것도 완전히 파괴되지 않도록 대비해오고 있었다. 천둥번개와 토네이도, 지각을 뒤흔드는 화산과 지진의 고통스러운 신음소리는 자연의 기본 질료가 해체, 조합되면서 균형을 찾는 현상일 뿐이다. 영겁의 세월을 거치며 자연은 무기물과 유기적 생명을 조화시켰고, 마침내 때가 되어 인간이 머무를 만한 장소가 마련되자 창조주는 인간을 불러내어 세상을 소유하도록 했다. 그러나 자연은 무기물과 유기적 삶의 균형을 돌이킬 수 없을 정도로 망쳐놓을 수 있는 힘도 인간에게 부여했다.

앞서 지적했듯, 인간의 파괴적인 영향을 받지 않는다면, 유기적 세계와 무기적 세계는 서로 안정적으로 적응하고 관계하면서 결합된다. 이 둘이 절대적 균형을 이루거나 그 관계가 영원히 지속되지는 않지만, 오랫동안 안정적이며, 변화가 있더라도 매우 느리고 점진적으로 진행된다. 그런데 인간은 모든 곳에서 훼방꾼 역할을 한다. 인간의 발이 닿는 곳마다 자연의 조화는 불협화음을 일으킨다. 지금까지 자연의 안정성을 유지시켰던 균형과 조화가 깨지고 만다. 토착 동식물은 멸종하고 외래 동식물이 그 자리를 차지한다. 자연적인 생산은 금지되거나 제한되고, 대지의 표면은 벌거벗겨지거나 억지로 기르는 새로운 식물과 외래 동물로 뒤덮인다. 동식물을 포함한 환경을 의도적으로 변화시키는 것은 참으로 엄청난 혁명이라고 해야 할 것이다. 그러나 언뜻 보기에 이런 현상이 규모도 방대하고 매우 중요한 것 같지만, 이로 인해 발생한 의도하지도, 바라지도 않았던 결과에 비하면 하찮은 것에 지나지 않는다.

모든 유기생명체 가운데 본질적으로 인간만이 자연을 파괴할 수 있는 힘을 갖고 있다. 모든 생명체와 무기물이 순응하는 자연조차 힘을 잃고 저항할 수 없을 만큼 강력한 힘을 인간이 행사한다는 사실은 곧, 자연 속에 살면서도 자연에 속하지 않는 인간의 모습, 자연에서 탄생해 자연에 절대 복종하며 살아가는 모든 존재들 위에 군림하면서 의기양양하게 부모 행세를 하는 인간의 모습, 존재 서열의 최정상에 있는 인간의 모습에서 확인된다.

자연에는 잔인한 파괴자, 맹수, 맹금이 존재하며, 다른 모든 동물들 역시 또 다른 생명을 파괴하고 먹이로 삼는다. 그러나 이 파괴에는 보상이 따르며 전체의 균형이 유지된다. 어느 한 식물이나 동물의 종이 유독 번성해서 다른 종의 생존을 위협하는 사태를 막는 수단이 바로 이것이다. 또한 다른 종의 먹잇감이 되는 종의 재생산 능력은 먹이로 사라지는 개체 수와 항상 균형을 이루어 전체적으로 일정한 숫자를 유지한다. 그런데 인간은 앞뒤를 전혀 가리지 않고 희생자들을 없앤다. 먹이사슬의 위에 있는 동물들은 배가 부르면 하위 동물들을 더 이상 사냥하지 않음으로써 희생자의 수를 제한하지만, 인간은 자신이 소비하지도 못하는 수많은 유기적 생명체들을 마구 죽이고 심지어 멸종시키기도 한다.

지구는 본래 인간의 소비가 아니라 야생 동식물의 생명 유지에만 맞도록 만들어져 있다. 다른 종의 지나친 증식 때문에 한 종이 멸종될 수 있는 상황을 예방하기 위해 상호 과도한 번식을 억제하는 경우를 제외하면, 이 생명체들은 대지의 자연질서 혹은 다른 종의 자연적 성향을 심각하게 변화시키지 않으면서도 개체 수에서 서로 균형을 이루며 자기 종을 번식하고 각자 완벽한 힘과 아름다움을 갖춘다. 요컨대, 인간이 없다면 다른 동물과 자생식물은 유형, 분포, 비율에서 실질적으로 일정한 비율을 유지했을 것이며, 지구의 물리적 지리환경은 아무리 시간이 흘러도 교란되지 않고 지속되었을 것이고, 누적된 작은 변화나 알 수 없는 우주적 원인 또는 지질학적 현상에 의해서만 격변을 겪었을 것이다.

그러나 인간, 인간에게 길들여진 가축, 인간에게 식량과 의복을 제공하는 야생 및 재배식물들은, 인간이 잔인하고 냉혹한 자연을 상대로 효과적으로 싸움으로써 상당 부분 정복하지 않으면 살아남기도 어렵고 더 높은 수준으로 자신을 실현시킬 수도 없다. 따라서 어느 정도 대지 표면을 변화시키고 동식물의 자연적 속성도 억제하여 인위적으로 변형시킴으로써 생산성을 높이는 노력이 필요하다. 그런데 불행히도 인간은 도가 지나쳤다. 인간은 대지의 뿌리이며 대지의 골격을 튼튼하게 유지해주는 숲을 베어냈다. 그러면서도 여기저기 삼림 벨트를 남겨놓아 숲이 자연적으로 증식하고 재생될 수 있도록 했다면, 토양의 자연적 보호자 역할을 했던 숲을 무분별하게 파괴함으로써 초래된 부작용의 대부분은 피할 수 있었을 것이다. 인간은 결국 숲이 갖고 있던 저수지 기능을 파괴했는데, 숲의 땅 밑으로 스며든 물은 지하수로를 통해 초원과 들로 흘러가 가축의 목을 적시고 밭을 기름지게 했던 것이다. 인간은 오랜 세월에 걸쳐 자연적으로 형성된 수로와 저수지를 보존하는 일을 지금껏 무시해왔다. 그렇지 않았더라면 인간의 부주의한 행동이 초래한 나쁜 결과가 완화될 수 있었을 것이다. 어렵게 광활한 평원을 이루고 있던 얇은 대지를 찢어발겼고, 해변을 에워싼 채 바다 모래를 막아주던 반수생半水生 식물의 서식처를 파괴했다. 인간이 재배한 식물을 그 자리에 심었지만 모래언덕의 확산을 막지는 못했다. 인간은 생명력이 있는 자연의 모든 종에 대해 무자비한 전쟁을 벌여 전리품을 획득하고, 그것을 자신이 원하는 방식으로 바꿔 사용할 수 있었다. 하지만 추수할 곡식에 가장 많은 해를 끼치는 곤충의 천적인 새들은 보호하지 않았다.

문명을 모르는 인류는 자연질서에 별로 개입하지 않았다. 이는 틀림없는 사실이다. 그러나 문명 속으로 빠져들수록 인간의 파괴적 역할은 더욱 적극적이고 무분별하게 발산되었고, 결국 지구가 갖고 있던 비옥한 천연자원을 고갈시켜 버렸다. 땅이 완전히 척박해지자 그제야 인간은 지금껏 부주의하게 낭비했던 것을 원상회복시키지는 못하더라도 그나마 남아 있는 것을 보존해야 할 필요성을 깨닫게 되었다. 이동생활을 하는 야만인은 야채를 재배하지도, 숲을 베어내지도 않았으며 유용한 식물은 말할 것도 없고 해로운 잡초조차 없애지 않았다. 뛰어난 사냥 기술 덕분에 많은 동물을 덫으로 잡아 식량으로 먹었지만 동시에 사자, 호랑이, 수달, 물개, 독수리도 없앴다. 이로써 맹수와 맹금의 먹잇감인 약한 포유류, 물고기, 조류가 간접적으로 보호되어 인간이 잡아먹은 동물이 벌충되는 것이다. 그러나 정착생활과 함께, 아니면 적어도 농경생활이 시작되면서 인간은 곧장 자기 주위에 존재하는 모든 동식물과 거의 무차별적인 전쟁을 벌이기 시작했다. 문명 속으로 진입함에 따라 인간은 점차 자신이 차지한 땅에 존재하고 있던 모든 자생산물을 변형시키거나 뿌리째 없애버리기 시작한 것이다.

인간의 행위와 동물의 행위

현대과학의 최고 권위자들은 자연에 가한 인간과 야생동물의 행위를 비교하면, 인간의 행위가 그 '정도'에서는 규모가 크기는 하지만 '성격'에서는 다를 바 없다고 주장한다. 성격의 측면에서 보자면, 두 행위가 만들어낸 결과는 근본적으로 구분할 수 없을지도 모른다. 그러나 문명화된 인간의 정력적인 행위 동기와 동물의 삶을 지배하는 단순한 식욕 사이에는 근본적인 차이가 있다. 인간의 행위는 예견되지도, 바라지도 않던 결과를 초래하는 경우가 꽤 있지만, 일차적인 목표뿐 아니라 이차적이며 장기적인 목표를 염두에 두고도 이루어진다. 반면 야생동물은 본능적으로 행위하며 우리가 알고 있는 한, 항상 하나의 직접적인 목표만 겨냥한다. 삼림지대 개척민들과 동물 비버는 모두 나무를 베어낸다. 인간은 숲을 개간해 다음 세대가 되어야 비로소 열매를 맺는 올리브 숲으로 바꾸려는 것이지만, 비버는 자기 서식지를 짓거나 나무껍질을 먹으려는 일일 뿐이다. 야생동물의 행위가 자연에 미치는 영향은 미미하고 점진적이며, 어떤 경우에도 좁은 자기 영역에 한정된다. 따라서 자연은 회복 능력을 발휘하기에 충분한 시간과 기회를 가지며, 자신을 파괴했던 동물이 현장에서 사라지면 스스로 상처를 치유한다. 사실 자연이 스스로를 복구하려는 바로 그 노력 때문에 자연 파괴적이었던 동물이 사라지는 것이다. 반면 인간의 행위는 광대한 공간에서 진행되며 자연을 근본적으로 바꿀 정도로 즉각적인 혁명적 효과를 끼치기 때문에, 인간의 파괴 행위가 멈추고 까마득한 시간이 흘러도 파괴된 자연환경은 회복되지 못한다.

한 지역의 지리학적 모습은 아마 기후까지 포함해서, 그곳에서 서식하는 식물의 특성에 따라 크게 달라진다. 인간은 인위적으로 식물을 재배하면서 그 특성과 습관을 상당히 바꾸어놓았다. 또한 인간에게 유용한 동식물의 형태와 특질을 의도적으로 선택해 크게 변형시켰다. 더욱이 식물에게는 그러지 않았지만 많은 종류의 동물을 멸종시켰다. 인간이 가한 이런 충격에 비견할 만한 것이 야생동물의 삶에 있는가? 인간이 거주하지 않았거나 완전한 야만족들만 드문드문 존재했던 아메리카 대륙에선 많은 포유류와 조류가 살았건만 (신대륙 발견과 식민화가 시작되기 전) 그 2천 년 동안 눈에 띄는 그 어떤 지리학적 변동도 없었다고 할 수 있다. 그러나 그 2천 년 동안 인간은 구대륙의 아주 아름답고 비옥한 땅 수만 평방마일을 불모의 황무지로 바꿔놓았다.

인간의 파괴 행위는 자연이 확립한 유기체와 무기물 간의 관계를 뒤엎고 균형을 파괴한다. 그러면 자연은 본래 인간 최고의 반려자 역할을 하도록 되어 있던 유기체가 억누르고 있었던 파괴적 에너지를 흉하게 망가진 지역에 발산함으로써 침입자 인간에게 복수한다. 인간은 바보처럼 동식물의 생명활동과 무기물이 빚어낸 유기적 상호작용을 자신의 영역에서 내몰았다. 숲이 사라지면 식물 속에 저장되어 있던 거대한 저수지가 사라지며, 여기서 공급되던 수분을 제공받지 못하게 된 땅은 곧 바싹 말라, 큰 비가 내리면 쓸려 내려간다. 나무가 많아 습기를 보존하던 언덕은 메마른 바위능선으로 바뀌고, 여기서 흘러내린 암석 조각이 저지대를 막고 물의 흐름을 차단한다. 일 년 내내 고른 강우량을 보이고 지표면 경사도 완만하고 규칙적인 천혜의 지역을 제외하면, 인간이 기술을 동원해 자연환경의 물리적 훼손을 차단하지 못하는 한, 대지 전체는 민둥산, 풀이 없는 메마른 언덕, 질퍽질퍽하고 말라리아가 창궐하는 평원으로 바뀐다. 소아시아, 북아프리카, 그리스, 알프스 산맥 일대의 일부 유럽 지역을 보자. 인간의 행위 속에 도사리고 있던 파괴적 힘이 분출되면서 본래 비옥하던 이곳의 대지는 달 표면처럼 거의 완전히 황폐화되었다. 우리는 이곳이 '역사시대'라고 부르는 짧은 기간 동안에도 울창한 삼림, 초록빛 초원, 비옥한 평원으로 뒤덮여 있었다는 것을 알고 있다. 그러나 이제는 너무나 황폐해져 지리적 격변, 요컨대 현재로서는 알 수도 통제할 수도 없는 어떤 신비한 힘이나 충격이 작용하지 않고서는 인간의 힘으로 다시 회복시킬 수 없고 유용한 땅으로도 바꿀 수 없는 지역이 되었다. 지구는 너무나 신속하게 지구의 가장 고귀한 거주자인 인간이 살 수 없는 집이 되어가고 있다. 앞을 내다보지 못하는 인간의 근시안적 행동과 환경에 가하는 범죄가 한 시대 더 이어진다면, 그러한 행위가 초래하는 온갖 부작용이 부단히 지속되면서 대지 표면은 산산이 부서질 것이다. 거친 기후가 지구를 덮치고 생물의 번식 능력을 감소시켜 결국은 빈곤과 미개 상태로 추락할 것이고, 심지어 인류 멸망이 초래될 수도 있다.

경계를 넘어: 야생에 저항하는 서구인의 정신

프레더릭 터너 Frederick Turner

미국의 작가. 이 글의 출전은 *Beyond Geography* 중에서 'Beyond Geography: The Western Spirit Against the Wilderness' (1980)이다.

북아메리카 사람들은 영국인 존 롤프와 인디언 추장 딸 포카혼타스의 결혼이라는 멋진 이야기를, 애정을 갖되 그 의미를 되새겨볼 것을 권고받는다. 북아메리카인들에게 이들의 결합은 신대륙의 희망찬 새 출발을 상징하는 듯하다. 그러나 실제 이 사건에 대한 기록은 전혀 다르다. 이 둘이 결합한 공식적인 이유는 남녀 간의 순수한 사랑이 아니었다. 오히려 그 어떤 결혼으로도 극복할 수 없는 두려움과 정치적인 고려가 있었다. 페리 밀러Perry Miller˙의 말대로 존 롤프는 포카혼타스에게서 자신을 사로잡는 순수한 애정을 발견하고 감동했을 수도 있다. 하지만 신은 이스라엘 사람들에게 종족의 유대와 종교적 순수성을 지키기 위해 다른 부족과의 결혼을 금지했다는 것을 롤프는 알고 있었다. 결국 그는 이 결혼을 정당화하는 수단을 찾아내야 했다. 그렇게 하지 않으면 유혹에 빠져 저지른 불장난 정도로 비칠 수 있었다. 그래서 그는 "이 식민지의 선善

을 위해, 우리 조국의 영광을 위해, 신의 영광을 위해, 내 자신의 구원을 위해, 신을 믿지 않는 이 피조물을 신과 예수의 진리로 개종시키기 위해" 이 결혼을 한다고 선언했다. 나중에는 본인 자신도 그렇게 믿었을지 모른다. 다른 이유를 아무리 대봤자 '인간의 파멸을 찾고 즐기는 사람이 꾸며낸' 가엾은 선동이 되고 말았을 테니 말이다.

하지만 야성에 매혹당하는 사람을 말리기란 매우 어려웠다. 유럽의 여러 나라는 백인 여성들을 배에 가득 실어 보내 백인 남성이 원주민들과 섞이지 않고 개척지 안에 머물러 있도록 노력했지만, 기록을 보면 이런 목적을 전혀 달성하지 못했다. 존 롤프 같은 경우가 다시 발생하지 않도록 가장 노력했던 나라는 영국이었지만 프랑스나 스페인이 따를 만한 모범적 성과는 거두지 못했다.

뉴잉글랜드 지역 정착 초기부터, 영국은 공식적으로 식민지 정착민이 토착 원주민과 함께 살지 못하도록 엄격한 정책을 폈다. 그래서 영국은 매사추세츠 웨사거세트Wessagusset의 한 분리 식민지, 즉 영국의 방침을 어기고 인디언 여자들과 결혼하며 살았지만 식민지를 잘못 운영해 아사지경에 이르고 마침내는 생계를 위해 인디언에게 의존하지 않으면 안될 정도로 '비참해진' 이 분리 식민지의 운명을 거 보란 듯이 기록했다. 이 식민지 정착민 중 한 사람은 거의 아사지경에 이르러 최후로 조개를 찾아 헤매던 갯벌에서 죽은 채 발견되기도 했다.

버지니아, 매사추세츠, 코네티컷에서는 정착지의 경계를 넘어간 사람

• 17세기 뉴잉글랜드 지방의 청교도에 관한 광범위한 저술을 남긴 미국의 지성사 연구가 (1905~63). 그는 금욕주의적인 청교도는 성적 억압, 알코올 금지, 위선의 유산을 남겼다는 기존의 견해에 맞서 보다 폭넓은 시각으로 청교도에 대한 균형적인 해석을 제시했다. 신의 이상을 실현하려 했지만 결국 물질적 사회를 세우는 데 성공한 청교도의 교리와 현실과의 갈등, 시대의 변화를 추적한 일련의 저작들을 남겼다.

들을 가혹하게 처벌했으며, 정착민들은 숲, 동물, 인디언들로만 둘러싸인 그곳에서 살아야 했다. 정착지의 경계를 넘어가는 사람은 아무도 돌보지 않는 올리브 나무처럼 곧 야인이 될 것으로 생각했다. 코튼 마더 Cotton Mather 가 끝까지 한탄했던 일 중 하나는 백인들의 '인디언화'였다. 정착민들이 숲으로 뿔뿔이 흩어져 야만인의 집과 같은 작은 전초기지를 세우고 서서히 토착민의 생활방식에 익숙해지는 모습을 보면서 그는 이들에게 옛날처럼 신의 보복이 닥칠 것이라고 예언했다.

이러한 모든 기록을 살펴보면, 초기 이주민들이 무심코 신대륙에 매료되었다는 것을 알 수 있다. 그중 일부는 기독교 역사의 지배로 오랫동안 억눌려 있던 먼 옛날의 삶을 꿈꾸면서 야생으로 사라져버렸다. 오지 여행자 조지프 콘래드 Joseph Conrad 나 칼 융 Carl Jung 이 잘 알고 있었던 것처럼 야생에 동화된다는 것은 그 자체로는 별 의미가 없다. 두려움과 욕망은 동전의 양면이라는 것을 이해할 때 야생 속으로 사라진 사람들의 실체를 이해할 수 있다. 유럽의 아프리카 침략을 목격하면서 콘래드는 야생의 유혹에 매혹되어 영원히 사라진 유럽 사람들에 관한 글을 남겼다. 『제도의 추방자 An Outcast of Islands』에 나오는 빌렘스나 『어둠의 심연 The Heart of Darkness』의 주인공 커츠는 바로 이런 사람들을 묘사한 것이다. 커츠는 문명사회로 복귀할 것이냐고 묻는 유럽인에게 "공포! 공포!"라고 말하면서 두려움을 털어놓는다.

유럽의 신대륙 개척 관련 문헌에는, 경외감을 자아내며 눈앞에 장대하게 펼쳐진 풍광이 가진 매력, 정신 육체적으로 야생에 매료되고 싶어 하는 인간의 욕구를 공개적으로 기술한 부분은 거의 없다. 이런 내용은 아주 부정적으로만 언급되어 있는데, 이는 독자들이 야생의 유혹에 굴복한 사람들을 경멸하게 만들려는 강박관념 탓이었다. 이렇게 이해해야 야생의 포로가 된 사람들이 수세기 동안 보여준 이상한 고집을 제대로 설명할 수 있다. 자립적으로 야생으로 간 사람들은 다시 백인에게 잡혀도 문명사회로 돌아가지 않겠다고 하거나, 문명으로 돌아간 후에도 다시 도망쳐 원주민 부족과 야생으로 돌아갔다. 이들에게는 배신자, 백인 인디언, 인디언 기둥서방, 혹은 그저 변절자라는 등의 여러 이름이 붙었다. 이 사람들에 관한 뒷이야기가 워낙 희미한 탓에 우리는 그들에 대한 비난 말고는 그들의 행적이 전혀 전해지지 않은 것은 아닌가 하고 추측할 수 있다. 그러나 전혀 그렇지 않다. 비록 희생양으로 비난받고 있기는 하지만 그들에 관한 사실적 이야기는 충분히 전해졌다. 그들은 계속 그곳 야생에서 생존했다. 바로 이 사실이 중요하다. 도망자였던 이들의 이야기는 평범한 포로들 이야기만큼이나—앞으로 조심하라는 교훈 차원에서조차—유용하지 않기 때문에 인기도 없었다. 그러나 그런 사람들이 지속적으로 출현했다는 사실은 신대륙 정복의 승리 한가운데에서도 백인들을 사로잡았던 신대륙의 또 다른 모습을 알려주는 것이다.

- 미국의 청교도 성직자(1663~1728). 청교도 2, 3세대들에게 초기 청교도들의 도덕적, 종교적 심성으로 돌아갈 것을 주창하였다. 당시 미국의 생활, 도덕, 문화를 파악할 수 있는 중요한 많은 저작과 글을 남겼다.
- ● 폴란드 태생의 영국 작가(1857~1924). 영화 〈지옥의 묵시록〉의 원작으로 유명한 『어둠의 심연』의 작가. 얼마간의 선장생활로 식민지 현실의 처참함을 목격하고 서구문명에 대해 비관적 인식을 갖게 되었다. 그는 소설에서 백인 침략자들에게 무력한 원주민들과 달리, 밀림은 위대하고 정복할 수 없는 존재로 묘사하고, 커츠가 극단적 파멸을 걷는 것도 밀림의 보복 탓임을 상징화하고 있다.
- ● ● 분석심리학을 개척한 정신의학자(1875~1961). '콤플렉스'라는 용어의 창안자. 그는 인간 정신을 서로 상호작용하는 의식과 무의식으로 구분하고, 무의식을 다시 개인 무의식과 집단 무의식으로 나누었으며, 후자를 원시적 이미지라고 부르는 잠재적 이미지의 저장소라고 보았다. 우리가 뱀이나 어둠을 두려워하는 것은 유전적으로 이어받은 소질 때문이며, 이것이 우리의 지혜의 원천이라고 보았다. 이 글에서는 오지를 탐험한 콘래드, 인간 무의식을 탐구한 융을, 비록 탐구 대상은 다르지만 같은 위치에 두고 있다.

이들의 이야기는 아메리카 대륙의 출발을 알린 콜럼버스와 함께 시작한다. 콜럼버스의 두 번째 항해에서 미구엘 디아즈라는 사람이 말다툼 끝에 동료에게 상처를 입히고 처벌을 피해 숲으로 달아나 그곳에서 여추장의 남편이 되었다. 이런 종류의 이야기들이 다 그렇듯 역사적 기록은 여기서 끊겨 있는데, 그 시대에는 이 사람의 탈출이 정복사업 중에 발생한 특이사항 정도로만 기록 가치가 있는 사례로 생각되었다.

그후 유럽의 정복사업이 계속되면서 코르테스Hernán Cortéz*, 나르바에스Pánfilo de Narvaéz**, 소토Hernando de Soto****의 원정대에서도 유령 뒤를 따르듯 배신자들이 나타났다. 앞에서 보았듯이, 미지의 제국을 찾으러 쿠바를 떠났을 때 곤잘로 게레로는 코르테스와 함께 있지 않았지만, 코르테스가 그를 찾으려고 쏟아 부은 노력으로 미루어볼 때 그가 원정사업의 성공에 필수적인 인물이었다고 유추해볼 수 있다. 어떤 면에서 그는 원정대에 없어서는 안 될 인물이었을 것이다.

나르바에스 원정대의 경우, 기독교 땅으로 다시 돌아오리라는 희망 하나만으로 버티면서 미지의 위험 속을 헤매기보다는 인디언들과 함께 살기로 택한 사람이 적어도 두 명 있었다. 도로테오 테오도로와 로페 데 오비에도가 그들이다. 그리스인이었던 테오도로는 인디언들과 함께 내륙으로 들어가 다시는 나오지 않았다. 몇 년 후 소토의 부하들은 그때까지도 테오도로가 자신을 받아준 인디언들과 함께 살고 있다는 소식을 들을 수 있었다. 또 '우리 중 가장 강한 남자'라는 뜻의 이름인 로페 데 오비에도는 상관이었던 바카Cabeza de Vaca****의 간청을 외면하고 원주민과 남았다. 바카와 다른 일행은 밤에 북쪽으로 몰래 빠져나갔다.

전인미답의 황야를 헤매며 원정에 실패한 소토 원정대에서는 여러 명의 탈영병이 나왔는데, 특히 (백인의 관점에서) 유명한 인물은 세르비아하급 귀족의 사생아 프란체스코 데 구즈만, 그리고 만카노라는 이름의 하급 귀족, 레반트 지방 출신의 페르야다 등이다. 또 원정대에서 기록을 담당했던 포르투갈 출신의 한 기사가 남긴 글에 무명의 기독교인에 관한 이야기가 나온다.

인디언들은 우리에게 평화롭게 다가와 자기들과 함께 사는 기독교인은 오지 않을 것이라고 전했다. 총독은 그에게 편지를 썼고 남길 말이 있으면 적어달라고 잉크와 종이를 보냈다. 편지에는 총독이 플로리다를 떠날 결심을 했다는 사실, 그리고 그가 기독교인임을 상기시키는 내용이 들어 있었다. 또 그를 이교도 사이에 남겨놓은 채 떠나고 싶지 않다는 것, 돌아온다면 인디언에게 가버렸던 실수는 용서하겠으며, 만일 인디언들이 못 가게 막는다면 편지로 총독에게 그 사실을 알려달라는 내용도 있었다. 인디언은 편지를 갖고 돌아왔는데 답장은 없었다. 단지 편지 뒷장에 이름과 가톨릭 예배규칙을 적어 자신이 살아 있음을 알려주고 있었다.

* 영리했지만 오만했던 스페인 정복자(1485~1547). 1519년 멕시코의 유카탄 반도에 상륙하여 내분 중인 아스텍 제국을 멸망시키고 스페인 식민지를 건설한다. 복잡한 정치적 음모에 끼어들며 부침을 거듭하다가 멕시코 총독에 임명되기도 했다.

** 스페인 정복자(1470~1528). 1526년 플로리다 총독으로 임명된 후 식민지 개척을 위해 플로리다 해안 일대를 탐사하다가 기상이변과 굶주림 등으로 대원 6백여 명을 잃고 자신도 죽는다. 이 원정에서 단 네 명만이 살아남았는데 그중 한 명이 '바카' 이다.

*** 북아메리카 전체를 스페인의 식민지로 삼으려 했던 교묘하고 잔혹한 정복자(1496/97~1542). 쿠바 총독으로 임명된 후 북아메리카의 황금을 찾아 730여 명의 대규모 원정대를 이끌고 남부를 탐험하지만 지금의 루이지애나에서 열병에 걸려 사망한다.

**** 나르바에스 원정대에 참여한 회계원(1490/1507~1557/59). 원정에서 조난당한 후 원주민의 도움으로 목숨을 건진다. 이후 걸어서 멕시코로 가던 중 원주민들과 3년 이상 생활하기도 하는데, 자신의 아메리카 모험담을 조난일기에 남겼다.

우리는 또 여러 명의 도망 간 흑인노예에 관한 기록도 찾을 수 있는데, 특히 카를로스와 고메즈라는 두 흑인노예는 인디언들과 오랫동안 살았다고 전해진다. 추측건대 이들은 별로 문명화되지 않았기 때문에 스페인 주인들이 그들의 탈출을 쉽게 무시할 수 있었을 것이다.

그러나 로어노크에 남았다가 그후 모두 사라진 월터 롤리의 '사라진 식민지Lost Colony'**의 경우에는 전혀 달랐다. 로어노크 정착민들이 만테오**의 동료 원주민들에게 동화되어 내륙으로 이주했다는 사실은 쉽게 취급할 문제가 아니었을뿐더러 재미로 볼 사례는 더더욱 아니었다. 이 식민지 정착민들을 구하려고, 그러나 너무나 뒤늦은 구조작업에 나섰던 2차 원정대장 존 화이트와 그 일행은 해변가 숲을 헐떡이며 걷다가 'CROA' 라는 메시지가 새겨진 나무를 발견했을 뿐이다. 거의 2백 년 후에도 그 나무는 여전히 살아남아 호기심 많은 사람들에게 그 비극을 증거하는 파수꾼 역할을 하고 있다. 사라진 식민지 정착민이 남긴 흔적을 찾고자 영국은 위험을 무릅쓰고 억지로 1602년, 1608년, 1610년에도 원정대를 보냈지만 전혀 단서를 찾지 못했다. 이 지역에 거주하는 우호적인 인디언들이 1645년 또 다른 원정대에게 사라진 식민지 정착민 중 일부가 과거 정착지 요새를 다시 방문했다는 증거를 제시했다. 그러나 사라진 정착민들이 인디언과의 동화를 통해 생존했으리라고는 도저히 생각할 수 없었던 영국은 야생으로 돌아간 백인이 있다는 이 증거 역시 조사하지 않았다.

그전에도 그후에도, 같은 이유로 야생에서 살고 있는 백인에 관한 이야기가 또 존재한다. 존 스미스는 체서피크 만의 내륙 깊은 곳에 백인들이 살고 있다고 전했고, 독일 여행가 존 레더레드는 노스캐롤라이나에 있을 때 그가 있던 곳에서 남서쪽으로 몇 마일 떨어진 곳에 수염을 기른 부족이 살고 있다는 얘기를 들었다고 전했다. 야생에 백인 생존자들이 있다는 이런 이야기가 꾸준히 전해져 내려왔고, 18세기에 오면 훨씬 많아졌기 때문에 노스캐롤라이나의 개척자이자 박물학자이며 역사가인 존 로슨은 야생으로 돌아간 백인이 있다는 사실을 인정할 수밖에 없었다. 그는 이 지역 인디언들의 경우 "그들 조상 중 여럿은 백인이었고 우리처럼 책을 읽을 수 있었다. 이 사실은 유독 이 인디언들에게서만 회색 눈을 가진 사람이 자주 보인다는 것으로도 확인된다"고 지적했다. 그러나 로슨은 백인과 인디언의 결합을 비난했다. 인종 간의 결합이 있었다는 증거를 보고 그는 이렇게 말했다.

식민지는 부족한 생필품을 영국에서 제대로 공급받지 못했거나 원주민의 기만 때문에 실패했다. 영국인들은 안전과 보호가 필요해 원주민과 함께 살아야만 했고 그 과정에서 인디언들의 생활방식을 받아들였을 것이다. 우리는 여기에서 인간 본성이 얼마나 타락하기 쉬운 것인지 알게 되었다.

---

* 1586년 월터 롤리는 로어노크에 영국인 정착민을 보낸다. 하지만 인디언과의 충돌, 굶주림 등 문제가 생기자 15명의 군인만 남겨두고 영국으로 돌아간다. 1587년에 다시 110명의 영국인 정착민이 로어노크에 상륙했는데 앞서 남겨둔 15명은 하나도 없었고 한 명의 시체만 발견되었다. 식량난이 심해지자 원정대장 화이트는 보급품 수급을 위해 영국으로 돌아간다. 1590년 로어노크에 다시 온 화이트는 110명 중 한 명의 영국인 정착민도 찾을 수 없었고 'CROA'라고 새겨진 나무 등걸만 발견했다. 영국인들이 인디언들과의 충돌로 모두 사망했을 거라고 추측했으나, 그후의 연구는 이들이 내륙으로 이동했고 인디언들과 함께 살았음을 밝혀낸다.

** '크로아톤'이라는 인디언 부족의 추장 아들로 영국으로 건너가 영어를 배우고 식민주의자들의 통역 겸 길잡이 역할을 했다. 월터 롤리는 그를 로어노크 섬을 다스리는 영주로 임명함으로써 영국 정부가 관직을 부여한 최초의 아메리카 원주민으로 기록되었다. 크로아톤은 지금 로어노크 섬의 중심지역 이름이기도 하다.

백인이 야생에 동화될 위협이 사라진 19세기의 마지막 10년 무렵 백인 역사학자 스테판 윅스는 사라진 식민지에 관한 모든 정보를 모아 개연성 있는 추론을 할 수 있었다. 1587년 식민지 정착민들은 복수심에 불타는 내륙 원주민들에 의해 조금씩 죽어갔으며, 결국 가지고 갈 수 있는 물건을 모두 챙겨 크로아톤에 있는 만테오의 부족에게 갔다. 크로아톤은 본래 원주민들의 여름 거주지로 겨울을 날 만한 장소가 아니었다. 이 식민지 정착민들과 만테오의 부족, 두 집단은 아우터 뱅크 해변 지역의 거친 환경을 피해 점차 서서히 내륙으로 들어갔다. 그후 18세기 중엽, 이들은 럼버(혹은 럼비) 강에서 우연히 목격되었는데, 이 지역까지 들어온 스코틀랜드 사람들과 위그노파 정착민들의 눈에 띈 것이다. 그리고 그들의 후손은 지금까지 로브슨 카운티에서 살고 있다. 우리는 이곳에서 아우터 뱅크 지역에서 있었던 인종 결합에 뿌리를 둔, 그리고 '사라진 식민지 정착민들' 의 이름을 갖고 있는 놀라운 혼혈인들을 만날 수 있다.

　사라진 식민지에 대한 수색작업이 성과 없이 계속되는 동안에도, 일단의 또 다른 영국인들이 식민지 당국이 뻔히 보고 있는데도 야생으로 '사라졌다'. 그중에서도 매사추세츠의 토머스 모턴은 가장 심한 욕설과 지속적인 저주를 받았다. 매사추세츠 초기 시절을 자세히 기록한 브래드퍼드 주지사의 연대기에는 수간獸姦 혐의로 재판받고 처형된 토머스 그랭어라는 사람에 관한 장문의 기록이 있다. 야생의 유혹에 넘어간 또 하나의 불쾌한 사례였던 그랭어의 경우를 제외하면, 연대기에는 모턴에 관한 내용이 가장 생생하게 기록되어 있다. 자신들을 둘러싼 외부의 야생과 뒤섞이지 않도록 영국인을 가로막고 있던 엄격한 터부를 대담하게 농락한 사람은 모턴이 유일했기 때문이다.

　모턴은 1622년 영국에서 왔다. 1626년 여름까지 그는 지금의 퀸시 근처 정착지 건설사업에서 동업자의 이권을 빼앗고, 계약노예와 토착 인디언들로 구성된 여러 집단에게는 상전 노릇을 했다. 그가 고초를 겪은 것은 인디언과 거래하면서 총, 화약, 독한 술을 제공했기 때문만은 아니었다. 브래드퍼드의 승인도 있었지만, 그 시대의 다른 기록을 보면 모턴만이 이런 거래를 한 것은 아니었다. 그때는 인디언이 기껏해야 사냥용으로만 총을 사용했기 때문에, 그들에게 총을 판다고 해서 두려워할 이유도 없었다. 정말 곤란했던 일은 모턴이 백인과 인디언의 결합을 적극적으로 장려한 것인데, 그것은 바로 영국이 그토록 두려워했던 '영국인의 미국인화'를 추진하는 것이었다.

1627년 봄, 모턴은 '메어-몬트Mare-Mont'* 혹은 '마-레-마운트Ma-re-Mount'라고 그가 의미심장하고 외설스럽게 이름 붙인 곳에서 개최되는 5월 축제 조직위원장을 맡았다. 그런데 너무 심한 일이 벌어졌다. 용맹무쌍한 마일스 스탠디시가 지휘하는 부대가 이 잡다한 무리로 구성된 집단에 들이닥쳐 모턴을 체포하고 추방해버렸다. 그것으로 문제가 종식되기를 바랐다. 그러나 이 남자는 다시 돌아와 여전히 금기를 어기고 신이 나서 돌아다녔다. 그럴 때마다 식민당국은 그를 박해하고 처벌했다. 1644~45년 겨울에 당국은 특별한 죄목도 없이 이 노인에게 족쇄를 채워 바람이 숭숭 들어오는 감옥에 집어넣었다가 완전히 기력이 쇠잔해진 후에야 풀어주었다. 그가 '늙고 미쳐서' 죽자 식민당국은 위협이 완전히 사라졌다고 보고 흡족해했다.

하지만 이런 위험한 사례들이 계속해서 더 많이 발생했기 때문에 당국

---

*mare는 '암말', mont는 불어의 'montaigne(산)'에서 따온 말이다. '암말의 산'이라는 다분히 외설적인 의미를 담고 있다.

은 두발을 쭉 뻗고 잘 수가 없었다. 모턴은 그런 여러 사례 중 한 예에 불과했다. 이런 걱정을 하게 만드는 야생의 환경은 시간이 가면서 점점 줄어들고, 더불어 인디언도 점차 사라져 가긴 했다. 그러나 원주민과의 접촉이 계속 이루어지는 변경에서는 백인의 '인디언화' 라는 아주 골치 아프고 걱정스러운 현상이 나타날 수밖에 없었다. 반면, 자기 발로 백인을 찾아와 백인과 함께 살겠다는 인디언은 극소수에 불과했다. 그리고 인디언을 붙잡는 평신도는 말할 것도 없고 선교사들조차 개종한 인디언의 형편없는 모습을 수치스러워하는 듯했다.

1699년 뉴욕 북부에서 이로쿼이 동맹Iroquois Confederacy*과 프랑스 사이의 포로 교환이 있었다. 이 교환을 지켜본 캐드월러더 콜든**이 퉁명스럽게 말하길 "이 포로들은 이로쿼이족에 잡혀 있다 풀려나 이제 완전한 자유를 누리고 있었다. 하지만 프랑스 식민장관이 이들을 아무리 본국으로 돌려보내려 해도 돌아가려는 사람이 거의 없었다". 콜든은 영국 식민지의 생활이 프랑스보다 훨씬 좋다고 주장했지만, 자유의 몸이 되어 집으로 돌아가라고 설득해도 "영국인들 역시 돌아가지 않겠다고 하는 것을 보면" 프랑스 식민지의 생활이 나빠서 벌어진 일만은 아니었음을 인정할 수밖에 없었다.

논쟁하고, 애원하고, 친구와 친척이 눈물로 설득해도 그들 중 많은 사람은 새로 사귄 인디언 친구들을 떠나지 않겠다고 했다. 몇몇은 친척의 설득에 집으로 돌아가겠다고 했지만, 문명의 생활방식에 금방 싫증을 느끼고 다시 인디언에게로 도망가 죽을 때까지 거기서 살았다. 한편 영국인들한테서 교육받고 옷도 제대로 입을 줄 아는 인디언 아이들의 경우, 성장하여 그들 부족으로 돌아갈 자유를 얻은 후에도 영국인과 머무를 사람은 단 한 명도 없을 것이다. 그들은 결국 자기 부족에게로 돌아가 본래부터 문명에 대해 전혀 모르는 부족민과 마찬가지로 인디언 생활방식을 즐기게 될 것이라는 생각이 든다.

그리고 그는 포로 교환에서 일어났던 일은 "다른 경우에도 많이 발생하는 현상"이라고 결론지었다.

벤저민 프랭클린은 한층 더 신랄했다. 인디언 어린이를 백인 문명 속에서 길러 교화시켜도 붙잡아두지 못할뿐더러, 기회만 생기면 인디언에게 돌아갈 것이고, 그렇게 되면 그를 문명으로 되돌릴 방법은 전혀 없다는 것이다. 반면,

어릴 때 인디언에게 포로로 잡혀 그들과 함께 생활했던 백인 아이는, 남녀를 불문하고 나중에 몸값을 지불하고 찾아와 영국인과 함께 살도록 온 정성을 다해 배려해도 우리의 생활방식, 그리고 그 생활을 유지하기 위해 필요한 관심과 노고에 금방 염증을 느낀다. 그리고 기회만 생기면 도망쳐 다시 숲으로 돌아가는데, 숲에서 그들을 되찾아올 방도는 전혀 없다.

콜든의 뉴욕 친구인 크레브쾨르Jean de Crévecoeur^{•••}는 인디언 부족에 있다가 다시 문명세계로 돌아온 사람을 새 사람이라고 항상 찬미했지만

• 미국 북동부와 캐나다 동부에 걸쳐 사는 인디언 여섯 부족의 연합체. 유럽인들이 수달을 비롯한 값비싼 가죽을 찾아 이들의 거주지에 침입하자 충돌이 생겼고, 프랑스와는 여러 차례 무력 충돌을 빚었다.

•• 아일랜드 태생의 미국 의사, 과학자, 식민지 행정관(1688~1776). 영국에서 물리학, 화학 등을 공부했으나 1710년 미국으로 이주하여 의학을 배운다. 이후 뉴욕 식민지의 총독대리가 되어 이로쿼이 동맹과 협상한다. 이 경험을 후일 『다섯 인디언 부족의 역사』라는 책에 남긴다.

『한 미국 농부의 편지Letters from an American Farmer』의 뒷부분에서 부지불식간에 '진짜' 새 사람은 백인 문명을 버리고 인디언 부족으로 돌아간 사람들뿐이라고 실토하고 말았다. 그는 이 편지에서 "밭가는 일에만 열중하면 우리가 야성적으로 될 염려는 없다"고 썼다. 그렇지만 당시 식민 정착지 상황은 그리 단순하지 않았다. 사람이 어떻게 하루 종일 고개를 숙이고 번뜩이는 쟁기 날이 갈아 엎는 흙만 쳐다볼 수 있겠는가? 주변에는 항상 울창한 숲이 있었다. 그리고 그 숲속에서 영위되는 삶은 "묘하게 매력적"이었고 이주 유럽인이 자랑하는 문명 속의 삶보다 훨씬 우월했다고 크레브쾨르는 인정했다. 왜냐하면 많은 사람들이 의아하게 여기며 알고 있는 것처럼 "수천 명의 유럽인이 인디언이 되었지만 자발적으로 유럽인이 된 원주민은 단 한 사람도 없었기 때문이다".

●●● 크레브쾨르는 프랑스 태생의 작가이자 박물학자(1735~1813)였다. 미국에 주둔한 프랑스 민병대에서 측량사로 일하다가 미국에 귀화해 대규모 농장을 운영하며 지냈다. 그후 1782년 영국에 가서 『한 미국 농부의 편지』를 출간했는데, 그 즉시 유명인사로 떠올랐다. 이 책에서 그는 미국을 다양한 종교와 인종이 어우러진 기회와 풍요, 자유의 땅으로 묘사했는데, 오늘날 미국이 내세우는 이미지는 그가 만든 것이다.

내부로부터의 침입: ☡
식민지 북아메리카에서의 문화 충돌

제임스 액스텔 James Axtell

미국의 역사학자(1941~). 윌리엄 앤 메리 대학 교수 역임. 아메리카 인디언의 역사와 미국의 고등교육 역사에 흥미를 갖고 많은 저작을 남겼다. 그는 예일대와 하버드대에서의 학생 경험을 기초로 대학에서 미국 고등교육의 역사에 대해 강의했다. 예일대에서 그는 놀라운 학부 성적을 기록했다고 한다. 이 글의 출전은 *The Invasion Within: The Contest of Cultures in Colonial North America*(1985).

식민지 이주자들은 인디언들의 농업에 간섭하진 않았지만, 영국식 농업 이데올로기는 인디언의 전통적인 관행, 믿음과 충돌을 일으켰다. 영국인의 눈으로 보자면, 농장이란 소유권을 표시하기 위해 그 경계에 담장과 울타리를 친 농부의 사유재산이었다. 그곳의 생산물은 오직 그의 노동의 결실이며 그가 원하는 대로 처분할 수 있었다. 그가 농장에 대한 권리를 행사할 수 없는 유일한 경우는 민법상 타인의 권리를 침해하여 보상해야 할 때이다. 반면 아메리카 북동부 인디언들은 토지를 공유 개념으로 보았다. 여성이 가장인 각 가족은 가족정원 정도는 '소유'할 수 있었지만 옥수수, 콩, 스쿼시 밭은 부락의 공동 소유로 전 부락민이 공동 경작하고 수확물도 평등하게 나누어 가졌다. 옥수수를 빼먹는 짐승이 없었기 때문에 원주민들은 농토에 울타리를 칠 필요도 느끼지 못했고, 설사 울타리를 쳐도 새로운 터전을 찾아 주기적으로 이동하는 그들에게는 헛수고에 지나지 않았다. 남부 인디언들은 자기 경작지에 울타리를 두르는 일은 '곡식이 저 스스로를 먹어치울까봐' 걱정하는 것만큼이나 '유치한' 일이라고 생각했다. 유럽 출신의 정착민들과 가축들이 인디언 땅으로 밀려들어 계속 위협을 가했던 북부의 경우, 어쩔 수 없이 울타리가 필요한 때가 종종 생겼다. 하지만 그런 경우조차 '자신의 땅에 울타리를 두를 마음'이 없었던 인디언들은 울타리를 '끔찍한 것'이라고 부르곤 했다.

   인디언들이 자기 땅에서 수확하는 곡식으로 자기 식구만 먹고살려면 먼저, 나누고 베푸는 그들의 전통적인 공동체 윤리를 버려야 했다. 공동체 구성원 모두가 사적 소유의 개념으로 '동시에' 입장을 바꾸지 않는 한, 공동 농경을 고수하는 구성원들은 새로운 '문명화된 방식'으로 경작한 곡식을 계속 공동으로 소비할 것이기 때문에 새로운 방식을 도입할 이유가 전혀 없었다. 게다가 선교사들 스스로도 천박한 자본주의 정신을 부정하는 듯한 자선에 관한 성경 메시지를 설교하고 있었기 때문에 개인 소유의 농업으로 전환하는 것은 더욱더 어려웠다. 이로쿼이 부족 동맹의 오나이더족에게 농경생활을 권장했던 새뮤얼 커클런드Samuel Kirkland의 노력은 거의 성공을 거두지 못했으며, 궁핍해진 주민들이 식량을 애원하는 지경에 이르렀고, 커클런드는 양심상 그 요청을 외면할 수 없었다. 원주민들은 커클런드에게 "당신은 우리의 이웃과 부족 밖의 형제들을 환대하고 자선을 베풀라고 설교했습니다. 그들 역시 그렇게 행동할 때 말입니다. 그리고 주말이 오면 그 사람들을 초대해서 안식일에 같이 머물며 신의 복음, '좋은 소식'을 들으라고 하시지 않으셨나요?"라며 자선을 요청했던 것이다. 영국인의 눈으로 보자면, 자기가 갖고 있는 것을 필요한 사람과 나누는 인디언들은 땅에서 거둔 부를 '미래는 전혀 돌보지 않고' 게으르고 칠칠치 못하게 낭비하고 있었다. 그러나 또 다른 사람의 눈에는 '내일을 전혀 생각지 않는 그들의 행위 속에서 기독교인들이 보여주지 못하는 성경의 가르침이 실행되고 있었다'. 원주민의 뿌리 깊은 공동체주의와 그것을 고려하지 못한 선교사들의 생각, 그 두 가지 문제 때문에 결국 농업은 식민지시대 인디언에게 경제적 구원이 되지 못했다.

1789년 코네티컷 주 의회에 제출된 모히건족의 청원서에는 영국 식민 당국이 원주민들을 농업화시키지 못한 결과 빚어진 참상이 가장 웅변적으로 나타나 있다. 잃어버린 아름다운 과거를 그리워하며 서술된 이 청원서는 거의 250여 년 동안 강제적인 문화 동화, 정치적 지배, 종교적 배타성을 겪으면서도 유지해왔지만 이제는 더 이상 그럴 수 없게 된 공동체의 강한 결속력을 증언해주고 있다. 그들은 "시대가 몹시도 변했습니다"라고 하면서 이렇게 간청했다.

시대가 변해 모든 것이 뒤죽박죽되었습니다. 아니면 우리가 주로 백인들의 도움을 받아 좋은 시대를 바꿔놓았는지도 모릅니다. 먼 옛날 우리 조상들은 평화, 사랑, 위대한 조화 속에서 살았고 모든 것이 풍부했습니다. 조상들은 고기가 필요하면 무기를 들고 잠깐 숲으로 나가 사슴, 너구리, 곰, 꿩을 잡아 집으로 돌아왔습니다. 물고기를 잡고 싶으면 강이나 해변으로 나가 여러 물고기나 갑각류를 카누에 가득 싣고 돌아왔습니다. 땅에는 호도, 야생과일, 땅콩, 콩이 넘쳐났으며, 옥수수와 콩만 조금 재배했습니다. 소나 말도 기르지 않았

• 장로교 선교사(1741~1808). 원주민 부족과 생활하면서 그들의 언어를 배우고 기독교를 전파하는 데 힘썼다. 미국 독립전쟁 중에는 이로쿼이 동맹을 설득하여 미국을 지지하는 쪽에 서도록 했다. 백인과의 조약이나 평화협상에서 원주민의 편에 서서 많은 도움을 주려 했다.

는데, 아무런 필요도 없었기 때문입니다. 땅을 놓고 다투는 일도 없었습니다. 땅은 모두의 공동 소유였고, 커다란 접시 하나를 가운데 두고 둘러앉아 평화와 사랑 속에서 식사를 했습니다. 그러나 이제는 더 이상 그렇지 않습니다. 우리는 더 이상 짐승 사냥, 물고기 낚기, 들새 사냥을 하지 않습니다. 우리는 땅을 가꾸고 말, 돼지, 소를 키우기 시작했습니다. 자기 땅에 집을 짓고 울타리를 두릅니다. 공동으로 사용하는 접시와 보금자리도 사라져버릴 것이란 사실을 우리는 알고 있습니다. 몇몇 힘센 사람이 나타나서 가난한 사람, 약한 사람, 다리를 저는 사람, 앞을 못 보는 사람을 멀리 내쫓고 자기들끼리만 접시를 차지하겠지요. 그런 사람들은 약한 이들에게 접시를 빼앗은 다음, 같이 먹자고 백인이나 몰라토족을 부를 것입니다. 그렇게 되면 불쌍한 과부나 고아들은 구석으로 밀려나 거기서 울며 굶주리다가 죽겠지요.

그래서 이들은 "슬픔과 비탄으로 가득 찬 마음으로…… 우리들이 옛날부터 갖고 있던 접시가 우리들 사이에 공평하게 분배될 수 있도록, 모든 사람이 자기 몫의 작은 접시를 가질 수 있도록, 자기가 바라는 대로 조용히 자기 몫을 먹을 수 있도록, 모든 사람이 자기 보금자리를 가질 수 있도록 해주시기를" 요청했다. 다른 부족 역시 결국에는 외부에서 들어온 경제와 낯선 작업 윤리에 굴복하고 말았다. 그렇지만 미국이 영국으로부터 독립하기 전에는 원주민에게 남아 있던 '게으름'과 의타심의 흔적을 선교사들이 비난하는 일은 거의 없었다. 그러나 출퇴근 기록시계와 월급수표조차도 사회적 관용과 개인적 자유를 소중히 여기는 인디언의 전통적 가치를 완전히 질식시킬 수는 없었다.

농업의 도입 🌿

존 저잔 John Zerzan

미국의 무정부주의자, 원시주의 철학자, 작가. 이 글의 출전은 『문명에의 거부*Elements of Refusal*』
(1988)이다. 그는 농경 문명을 본질적으로 압제적이라고 보고, 원시 인류의 생활양식을 자유사회가 지
향해야 할 이상적인 삶으로 제시했다. 길들이기, 언어, 수학이나 예술 같은 상징적 사유, 시간 개념을
거부했다. 주요 저작으로는 『미래의 원시인*Future Primitive and Other Essays*』 『기계의 쇠락*Twilight of the
Machines*』 등이 있다.

식량 생산은 그 본질상 정치적 지배로 쉽게 이어질 가능성을 내포하고
있다. 문명이 인간을 교화했다는 주장은 처음부터 문명의 선전장치에
불과했다. 그리고 수렵채집에서 농경생활로의 전환에는 엄청난 투쟁이
수반되었다. 프레디 펄먼의 저서 『남성 중심의 역사에 맞서, 국가에 맞
서』는 이런 사실을 아주 생생하게 보여주었다. 그는 쇠퇴기 문명의 내외
부에서 나타나는 불만 세력을 의미하는 '내부 프롤레타리아'와 '외부 프
롤레타리아'에 주목한 토인비의 이론에 기초해 그 이론을 보다 풍부하
게 하면서, 문명 전환기에 어떤 일들이 발생하는지 보여주었다. 그렇지
만 나무 막대기로 땅을 파던 단계에서 쟁기로 밭을 가는 농업을 거쳐 완
전히 전문화된 관개 시스템을 갖춘 농업으로 전환되는 과정에서 거의
인종 학살 수준에 이르는 사냥꾼과 채집자들의 희생이 있었다.

잉여생산과 저장은 자연을 길들여 통제하고 정착시키려는 의지의 한

2부 • 문명의 탄생 —147

부분이고, 상징화 경향의 한 측면이다. 자연의 흐름에 맞서 자신을 지키려는 요새로서의 잉여는 가축 떼나 곡물의 형태를 취한다. 저장된 곡물은 최초의 교환수단이었으며 가장 오래된 형태의 자본이기도 했다. 저장 가능한 곡식이란 형태가 생기고 부가 등장하고 나서야 노동과 사회 계급의 계층화도 진행된다. 농경생활 이전에도 야생 곡물이 있었지만 (그런데 야생 밀의 단백질은 24퍼센트인데 비해 경작 밀은 12퍼센트이다) 일단 농경문화로 접어들자 곡물 경작이 보편적인 일이 되어버렸다. 상징화만큼이나 곡물 창고도 문명과 도시의 존재 기반이었다.

　최근 농경생활 이전 시대에 인간은 아무런 여가생활도 하지 못하고 자연에 맞서 싸워야 했다는 오래된 관념이 뒤집어지는 상황에서 농업의 기원에 관한 신비는 더욱더 미궁에 빠져들고 있는 듯하다. 암Arme은 "먼 옛날 인간이 고된 노역과 기아에서 벗어나기 위해 동식물을 사육하고 재배했다는 주장은 더 이상 유지될 수 없다"고 반박한다. 만일 농업으로 인해 무슨 일이 벌어졌다면, 오히려 그 반대 현상이 벌어진 듯 보인다. 농업이 도입되면서 인간의 순수성은 막을 내린다. 오랫동안 사람들은 "왜 농업은 인간의 진화 단계에서 좀더 일찍 도입되지 못했는가?"라는 질문을 던졌다. 하지만 보다 최근에 와서 우리는 코헨Cohen이 지적한 대로 농업은 "사냥이나 채집보다 쉽지 않을뿐더러 영양가 높고 입맛에 맞는 식량을 제공하지도 않으며, 안정된 식량기지 역할도 하지 못한다"는 사실을 알고 있다. 그래서 최근에 일치된 의문은 '농업이 도대체 왜 도입되었는가?' 하는 것이다.

　많은 이론들이 제시되었지만 그 어느 것도 설득력이 없다. 차일드Childe를 비롯한 몇몇은 인구 증가로 인해 인간사회는 다른 동식물이 더욱 많이 필요하게 되었으며, 늘어난 인구를 먹여 살리기 위해 동식물을 사육하고 재배하는 농업을 시작하게 되었다고 주장한다. 그러나 여러 연구를 통해 인구 증가가 농업보다 먼저 일어난 현상이 아니라, 농업으로 인해 인구가 증가했다는 사실이 밝혀졌다. "나는 세계 어디에서도 인구 증가가 농업의 원인이라는 증거를 찾지 못했다"고 플래너리Flannery는 결론 내렸다. 또 다른 이론은 약 11,000년 전 홍적세 말기의 기후 변화가 농업의 직접적 원인이라고 주장한다. 즉 기후 변화로 많은 동식물이 멸종되면서 수렵채집 생활은 막을 내렸으며, 인간은 살아남은 주요 작물을 경작해 생존할 수밖에 없었다는 것이다. 그러나 최근의 연대측정법으로 이런 이론이 틀렸다는 사실이 증명되었다. 새로운 생존 양식의 등장을 강요할 정도의 기후 변화는 없었다는 것이다. 더구나 기후 형태가 저마다 다른 온갖 지역에서 농업이 도입―혹은 거부―된 사례는 많다. 또 다른 중요한 가설은, 예를 들어 씨앗이 싹터 식량이 된다는 사실을 그 이전에는 아무도 몰랐는데, 어느 시점에서 이런 사실을 우연히 발견하거나 발명함으로써 농업이 도입되었다는 주장이다. 하지만 식물 재배가 시작되기 전 수만 년 동안에도 구석기시대인은 동식물의 분포에 대해 엄청난 지식을 갖고 있었다는 사실로 비추어볼 때 이런 이론은 근거가 취약하다.

"식량이 만성적으로 부족하거나 갈수록 부족해져 농업이 시작된 것은 아니었다"는 칼 자우어Carl Sauer의 최종 결론은 지금까지 제시된 농업의 기원에 관한 모든 이론을 부정하기에 충분하다. 근본적으로 식량 생산은 종교활동으로 시작되었다는 한Hahn과 아이삭Issac 등의 이론이 있는데, 이 가설이 가장 설득력 있다.

최초로 사육된 양과 염소는 종교의식에 널리 사용된 동물이었고, 이

동물들을 제물로 쓰기 위해 울타리를 두른 목장에서 사육했다는 것은 잘 알려진 사실이다. 더구나 사육되기 전의 야생 양은 직물을 짜는 데 필요한 털도 없었다. 다비Darby의 연구에 따르면 인류사 최초의 문명 중심지에 해당하는 동남아시아와 지중해 동부의 경우, 닭은 주로 "영양 섭취가 아니라 제사나 종교의식에 사용되었던 것으로 보인다". 자우어는 종교의식용 가금이 "알을 낳고 고기를 제공하는 특성도 있다는 것은 사육한 후에 알게 된 결과"라고 덧붙였다. 야생동물은 사납고 위험했다. 소가 유순해진다거나, 가축을 거세하면 육질이 좋아진다는 사실은 원래 예견할 수 없었던 것이다. 인간은 야생동물을 잡아 길들인 지 수세기가 지나서야 젖을 짰고, 여러 그림을 보면 종교 행진의 수레를 끌기 위해 동물에게 마구馬具를 처음 채웠음을 알 수 있다.

그 다음으로 인간의 통제 대상이 된 식물 역시 비슷한 과정을 겪었다. 신대륙의 경우, 스쿼시와 호박은 본래 종교의식의 음향도구로 사용되었다는 사실을 생각해보라. 요한센Johannessen은 멕시코의 가장 중요한 곡식이며 신석기시대 토착 종교의식의 중심에 있던 옥수수의 재배 동기를 종교적, 신비적 이유에서 찾았다. 앤더슨Anderson 역시 여러 식물들이 독특한 방식으로 선택, 발전된 이유를 식물의 주술적 의미와 연결해 연구했다. 앞서 간략하게 언급했지만, 주술사들은 의식儀式과 종교에 필요한 동식물의 사육과 재배를 통해 농업을 도입할 수 있는 권력자였다는 점도 덧붙이고 싶다.

그간 다소 간과되어 왔지만, 농업의 기원에 대한 종교적 해석은 생산의 기원을 실질적으로 설명할 수 있는 단초를 제공해줄 것이다. 곧 시간, 언어, 숫자, 예술의 형태로 전개되고 궁극적으로는 농업에 물질적이고 심리적인 삶을 이식시킨 인간소외의 비합리적이고 문화적인 힘을 파

악할 수 있게 될 것이다. 물론 '종교'만으로 인간소외 문화의 확산과 성
장을 설명할 수는 없다. 또 지배가 종교라는 병리 현상에 의해서만 초래
된 결과라고 하기에는 너무 무겁고 포괄적이다.

그러나 종교가 갖고 있는 통제와 동질성이라는 문화적 가치는 처음부
터 농업의 한 부분이기도 했다. 앤더슨은 아쌈 지역 나가족의 원시 농업
기술에 관한 연구에서, 옥수수는 쉽게 이화수분異花受粉됨에도 불구하고
나가족의 옥수수 품종은 초본草本마다 아무런 차이도 없다고 지적했다.
옥수수 생산은 처음부터 자기 문화에 맞는 균일 품종으로 완성되어 있
었으며, 나가족은 자기 문화와 일치하는 '순수 옥수수'에 대한 광신적인
집착', 오직 그것 때문에 옥수수 품종을 그렇게 순수하게 유지했다는 것
이다. 이 사례는 동식물의 사육과 재배에는 문화와 생산이 결합되어 있
다는 것, 그로부터 동식물의 번식, 억압, 노동이 발생할 수밖에 없었다
는 것을 보여주고 있다.

적자생존과 진화에 역행하며 식물 품종의 원형을 세심하게 보존하는
이런 행태는 동물사육에서도 나타난다. 동물사육 역시 적자생존을 무시
하고 유기적 세계를 더 열악하게 하여 인위적으로 통제 가능하도록 바
꾸려는 인간의 한 노력이다. 식물과 마찬가지로 동물 역시 조작되어야
할 물건에 불과한 것이다. 예를 들어 젖소는 풀을 우유로 바꾸는 일종의
기계로 취급된다. 자연에서 자유를 누리다가 혼자 힘으로는 아무것도
못하는 기생충 같은 존재로 변질된 이 동물들은 전적으로 사람에 의존
해 생존한다. 활동에는 보다 적은 에너지만 쓰고 발육이 잘되는 품종이
생산됨에 따라 가축의 뇌 크기는 상대적으로 줄어든다. 가장 잘 길들여
진 동물은 온순하고 어린아이 같은 동물로 간주되는 양일 것이다. 그러
나 가축화되면서 야생 상태의 양이 갖고 있던 놀라운 지능은 완전히 사

라지고 말았다. 동물이 가축으로 길들여지면 본래 야생에서 갖고 있던 사회관계는 가장 조잡한 몇 개의 기본 특성만 남고 없어진다. 가축의 삶에서 비생산적 부분은 최소화되고, 이성에 대한 구애는 사라지며, 자기 종을 인식하는 능력 자체가 손상된다.

농경 역시 급속한 환경파괴의 잠재성을 드러냈다. 인간이 자연을 지배하면서 초록색 숲은 메마른 불모의 황무지로 변했다. 제우너Zeuner는 "신석기시대에 들어선 이후 광활한 지역이 그전보다 더 건조한 지역으로 변했다"고 추정했다. 한때 고도의 문명이 번성했던 대부분 지역이 지금은 사막으로 변했는데, 이 초기 문명들이 환경을 파괴하고 말았다는 역사적 증거는 무수히 많다.

농업으로 인해 지중해 분지와 인접한 근동 및 아시아 지역 곳곳에 수목이 우거져 푸르고 살기 좋던 곳이 바위투성이의 건조한 땅으로 변했다. 플라톤은 『크리티아스Critias』에서 무분별한 산림 벌채로 황폐해진 그리스의 모습을 풍요로웠던 과거의 모습과 대조하면서, 아티카Attica는 "병을 앓고 뼈만 남은 해골"이라고 묘사했다. 인간이 길들인 최초의 가축인 양과 염소는 광대한 지역의 풀을 남김없이 뜯어먹음으로써 그리스, 레바논, 북아프리카의 초원을 헐벗게 하고 로마와 메소포타미아 제국을 사막화한 주요 원인이었다.

농업의 보다 직접적인 부작용으로 최근 조명되기 시작한 것은 인간의 육체적 건강이다. 리Lee와 드보어DeVore의 연구는 "채집 경제인의 영양 상태가 농민보다 훨씬 좋았으며, 굶어 죽는 일도 아주 드물었다. 일반적으로 그들의 건강 상태는 매우 우수했으며, 만성 질병도 아주 적었다"는 사실을 보여준다. 반면 "농업 생산으로 인해 인간이 먹을 수 있는 식량의 종류가 줄어들면서 영양 상태는 더 나빠지고, 변덕스러운 날씨 때문에 식량 공급원으로서의 농업의 신뢰성도 떨어지며, 투입된 인간의 노동 측면에서도 훨씬 많은 비용이 들었다"고 파브Farb는 결론 내렸다.

새로운 학문인 고대 병리학은 엔젤Angel이 강조하듯, 식량 채집에서 식량 생산으로 바뀜에 따라 인간의 "성장과 영양은 급격히 악화"됐다는 한층 더 놀라운 결과를 내놓았다. 인간 수명에 관한 과거의 연구도 수정되었다. 16세기 플로리다 지역 인디언들은 일생 동안 다섯 세대나 되는 후손의 출생을 보았다는 스페인의 보고가 있기는 했지만, 미개인은 삼십대나 사십대까지밖에 살지 못했다는 오랜 믿음이 있었다. 롭슨Robson과 보이든Boyden을 비롯한 몇몇 학자들은 문명인의 평균수명이 더 길다는 통념을 일소하고 과거의 수렵채집인들도 부상이나 심각한 감염이 없을 경우 문명인보다 장수하는 경우가 자주 있었다는 사실을 밝혀냈다. 인간의 평균수명이 늘어난 것은 산업시대에 들어선 아주 최근의 일이며, 구석기시대의 인간은 일정한 위험만 벗어나면 장수하는 동물에 속했다는 사실이 지금 널리 인정되고 있다. 문명의 접촉과 더불어 수명도 급격히 떨어졌다는 드브리스의 판단은 옳다.

재레드 다이아몬드Jared Diamond*는 "농경이 시작된 후에야 결핵과 설사병이 출현했으며, 대도시가 세워지고 난 후에야 홍역과 페스트가 생겼다"고 지적했다. 아마도 단일 질병으로 인간을 가장 많이 죽음으로 몰고 간 말라리아를 비롯한 그밖의 거의 모든 질병은 농업의 유산이다. 일반적으로 영양 질환과 퇴행성 질환 역시 동식물의 사육과 경작 그리고 문명과 더불어 나타난다. 암, 관상동맥 혈전증, 빈혈, 충치, 정신병은 농

---

* UCLA 교수(1937~). 문명의 생성, 발전, 소멸에 관해 연구한 진화생물학자. 1998년 『총, 균, 쇠』로 퓰리처상을 받았다. 인간 문명의 존재와 형태, 문명 발전의 동인, 문명의 붕괴 원인 등을 탁월한 시각으로 해석해냈다.

경생활로 생긴 몇몇 질병 중 일부에 불과하다. 농경생활 이전의 여성들은 별 고통 없이 어렵지 않게 아이를 출산했다.

감각도 수렵채집인이 훨씬 뛰어났다. 포스트R. H. Post의 보고에 의하면, 칼라하리 사막의 수렵채집인 !쿵산!Kung San족은 1백 킬로미터 밖을 날고 있는 단발 엔진 비행기 소리를 들을 수 있고, 그중 많은 사람들은 맨눈으로 목성의 위성 네 개를 볼 수도 있다. 이런 사실로 비추어볼 때 "과거의 수렵채집인과 비교하면 농민들의 삶의 질—수명도 그렇겠지만—은 전반적으로 하락했다"는 해리스와 로스Ross의 결론은 설득력이 있다.

역사가 시작되기 전 황금시대가 있었다는 생각은 인류사를 통해 꾸준히 지속된 보편적인 관념 중 하나이다. 예를 들면 헤시오도스는 "힘들여 갈지 않아도 풍부한 과일이 열리는, 생명의 기운을 북돋우는 땅"을 노래했다. 에덴동산은 수렵채집인의 고향이다. 에덴동산이라는 낙원의 역사적 이미지 속에 표현된 황금시대를 그리워하는 목소리는 자유롭고 상대적으로 편했던 삶을 잃어버렸다는 것을 깨달은 농민들의 목소리임에 틀림없을 것이다.

문명의 역사는 자연과 인간이 계속 분리되어 왔다는 사실을 보여주는데, 이것은 식량자원에 대한 인간의 선택 폭이 좁아졌다는 사실에서 부분적으로 잘 드러난다. 루니Rooney의 연구에 따르면, 선사시대 사람들은 1,500종 이상의 야생식물을 식량으로 이용했다. 반면 "모든 문명은 밀, 보리, 쌀, 옥수수, 감자, 기장이라는 단 여섯 가지 식물 중에서 한두 식물만을 경작하는 농업에 기반을 두고 있었다"고 웽키Wenke는 설명한다.

파이크Pyke의 지적대로 지난 수세기 동안 "식용 가능한 음식 중 인간이 실제로 먹는 음식 수는 지속적으로 줄었다". 지금 세계 인구 대부분은 20

속^屬 정도의 식물만을 식량으로 먹고 있는데, 이 식물들의 자연품종은 인위적 잡종으로 교체되고 그 유전적 다양성 역시 날이 갈수록 축소되고 있다. 오늘날은 똑같은 음식재료가 전 세계적으로 유통되는 판국이라 조금 지나면 이뉴잇 에스키모와 아프리카 토착부족 모두 위스콘신에서 생산된 가공분유, 혹은 스웨덴 공장에서 만든 냉동생선을 튀겨 먹고 있을지도 모른다. 세계 최대의 식품회사 유니레버 같은 몇 개의 거대 다국적 기업은 고도로 통합된 서비스 시스템을 장악하고 있다. 이 시스템의 목표는 영양과 식량의 공급이 아니라 가공된 식품의 소비를 전 세계에 걸쳐 지속적으로 확대시키는 것이다.

용도를 '불문'하고 물질을 철저히 이용하는 것이 인간의 온전한 의무라는 원칙을 데카르트가 선언했을 때, 실질적으로 인간과 자연의 분열이 완성되었으며 산업혁명의 토대가 마련된 셈이다. 이 정신은 350년 후 프랑스 자연사박물관 큐레이터 장 보르스트^{Jean Vorst}에게 다시 출현했다. 그는, 우리 인간은 "지성 때문에" 문명의 시원으로 돌아가 자연의 일부가 될 수 없다고 선언한다. 더 나아가 그는 "원초적 상태의 지구는 인간의 확산에 적합하지 않기 때문에 우리는 인간에게 주어진 운명을 완수하도록 자연을 통제해야 한다"고 천명한다. 이것은 문명의 승리를 자랑하는 농업제국주의의 생각을 완벽하게 표현한 것이다.

초기의 공장은 글자 그대로 농업을 흉내 냈는데, 이것은 모든 대량생산의 근본이 농업임을 다시 보여주는 사례다. 자연세계는 노동을 위해 붕괴되고 내몰려야 했다. 누구도 갈지 않았던 땅을 처음 경작하려는 정착민들이 여섯 마리의 황소를 쟁기에 묶었던 미국 중부의 평원이 떠오른다. 사람들이 175개의 밭이랑을 한 번에 갈기 위해 여러 개의 날을 묶은 쟁기로 '대규모 야전포대'처럼 산호아퀸 계곡을 누볐던 1870년대 광경을 묘사한, 프랭크 노리스Frank Norris의 소설『문어Octopus』의 한 장면도 생각난다.

오늘날 자연에 남아 있는 유기물마저도 일부 석유화학기업의 지배 아래 완전히 기계화되었다. 그들이 생산한 화학비료, 살충제, 제초제, 그리고 거의 독점적으로 장악한 세계의 종자 자원은 경작에서 소비에 이르기까지 식량생산 과정 전체를 통합하고 있다.

자연과 정신병 ⚔

폴 셰퍼드 Paul Shephard

미국의 작가이자 환경보호론자(1921~96). 이 글의 출전은 *Nature and Madness*(1982). 발달심리
학에 관한 연구결과를 바탕으로 문명화된 인간이 겪는 심리적 지체 현상을 다룬 저작이다. 그는 모든
생물은 본질적으로 인간과 동등한 생명의 존엄성을 갖는다는 심층생태주의 입장을 견지하며 자연과의
지속적 교섭이 사라진 인간은 완전히 성숙되지 못한 채 유아기나 사춘기에 머물게 되었다는 견해를
폈다.

음식 걱정과 이로 인한 심리적 무력 속에 거의 1만 년 이상 살아온 문
명인들이, 수렵채집인들은 그런 걱정을 하지 않았다는 사실을 이해하기
란 당연히 쉽지 않을 것이다. 문명인이 보는 수렵채집인은 미래를 대비
하지 않는 분별력 없는 사람들이다. 모성과 자연을 불신하는 문명인들
은 이 유쾌한 야만인들이 가족의 안전 따위는 전혀 배려하지 않고 짐승
처럼 생활한 탓에 굶주림 등 문명인이 상상할 수 있는 온갖 고난에 익숙
한 존재라고 보는 경향이 있다. 야생에 대한 문명인들의 이러한 경멸적
판타지는 다른 야생동물들에게도 쉽게 적용되어 모든 동물은 당연히 비
정하다고 믿는다.

관념상의 어머니 대지와 모든 야생 동식물이 이런 왜곡된 심리의 희생
자이다. 농부와 도시인은 야생동물에 대해 연구하거나 관심을 갖지 않
을 뿐만 아니라, 그들이 신비롭다거나 복잡한 행위를 하는 존재라고 '생

각 지도 않는다. 문명의 도래와 함께 한 마을에서 20여 종 미만의 동식물만이 경작, 보존, 시비施肥, 재배, 사육, 추수, 치료, 저장, 분배되었고, 이에 따라 제물 봉양과 여타 의식儀式 활동은 축소되었다. 점점 더 많은 종류의 동식물을 농업으로 끌어들이긴 했지만, 사냥꾼의 풍부한 세계에 비하면 턱없이 부족하다. 문명은 어머니와 자식 사이를 떼어놓듯 개인과 자연을 점점 더 분리시켰고, 인간의 공격성을 더 증폭시켰다.

농부와 그 마을 사람들은 식량의 생산, 저장, 분배 업무를 담당했는데, 이런 일들은 올해는 아니더라도 그후 언젠가 한번은 반드시 실패할 일이기 때문에(흉년이 들 수도 있는 것이다), 실패에 대한 책임으로 인해 매우 부담되는 일이었다. 자신이 통제할 수 없는 일에 책임을 져야 한다는 것은 어린이에게 특히 매우 큰 영향을 미친다. 이 경우 어린이에게 세계는 절망적이고 혼란스러운 것이 될 수도 있다. 염소 돌보기 같은 자질구레한 일을 담당하는 어린이들 역시 농업공동체를 운영하는 어른과 마찬가지로 날씨, 도적, 해충, 땅과 하늘의 악령에 취약했다. 농작물이 말라 죽고 병에 걸리는 것은 피할 수 없었으며, 이는 단순한 식량 부족 문제에 그치는 것이 아니라 감정적인 충격도 야기했다. 흉년과 같은 실패가 발생할 경우, 사람들은 죄를 졌다고 느꼈고 식량 부족을 벌로 받았다.

언제라도 실패할 수 있는 세계에서는 배가 아무리 불러도 결코 만족스럽지 않다. 봄날 버몬트의 청명하고 푸른 하늘을 바라보면서 "이런 망할, 폭풍 전의 맑은 날씨구먼" 하고 내뱉는 뚱한 양키 농부와도 같다. 풍년이란 식량 부족을 비교 평가하는 기준일 뿐이기에 별로 반가운 일도 아니다.

그러나 문제는 양量만이 아니다. 야생 양식이 점점 줄어들고, 식량을 구하는 장소도 마을에서 더욱 멀어졌으며, 음식의 다양성은 줄었고, 영양실조의 위험은 커졌다. 재배한 채소와 과일은 야생 채소나 과일보다 탄수화물, 단백질, 지방뿐 아니라 비타민과 미네랄 함량도 떨어진다는 점은 널리 알려져 있다. 모양, 크기, 저장 가능성, 맛을 기준으로 선택할 경우 음식이 갖고 있는 다른 중요한 가치들이 상실될 수도 있다. 양식을 저장하고 보존하는 모든 과정은 사실상 질의 저하를 수반했다. 여기서 핵심은 식량 부족이 영양에 대한 일종의 강박관념을 불러일으켰을 뿐 아니라, 잘 먹고 잘 지내는 것처럼 보이는 문명인들이 항상 먹을 것을 찾는 모습은 만성적으로 음식에 집착하는 문명인의 일반적 행태를 보여주는 것이다.

음식에 집착하는 문명인의 행태는 개체 형성의 퇴행성과 연결될 수 있다. 아기는 당장 먹고 싶은 것을 참지 못해 보채고, 구강항문기의 유아는 주변의 음식에 호기심을 갖고 민감한 반응을 보인다. 그런데 어린이와 청소년은 낯선 음식에 조심스러운 반응을 보인다. 처음에는 강하거나 신기한 새로운 맛에 예민하게 반응해 아무것이나 먹으려 하지만, 그보다 나이를 먹으면 자기 집단의 정체성 코드를 인식하면서 새로운 자아를 모색하려는 심리상태를 갖게 된다. 나는 바로 이러한 변화를 말하는 것이다. 십대 청소년은 집단과는 다른 개인적 취향을 개발할 정도로 충분히 확고한 정체성을 갖고 있지 않기 때문에 새로운 음식에 쉽게 손대지 못한다. 젊은이들은 집단에의 적응, 그리고 음식이 갖고 있는 문화적 의미 때문에 자신이 먹는 음식에 조심스럽다.

수렵사회의 청소년들 역시 음식에 조심스러웠을 것이고, 수렵사회 역시 고도로 발달한 금기 음식의 관념이 있었을 것이다. 그렇지만 음식물을 찾아다니는 이 소규모 무리는 (무척추 동물을 포함하여) 열두 가지 종류의 고기를 먹었고 뿌리, 견과류, 야채, 잎사귀 등은 스무 가지 종류 정도를 먹었다. 이렇게 광범위한 음식을 섭취한 것이 절박한 식량난 때문이었다고 주장하는 것엔 별 증거가 없다. 물론 계절에 따라 먹거리가 달라 그렇기도 했을 것이다. 그러나 분명한 것은, 인간은 잡식성이며 훈련된 미각과 넓은 선택의 폭을 갖고 있어 음식에 대해 개방적이고 실험적인 태도를 보이는 족속이라는 것이다. 다 그렇듯 이들 수렵채집인에게도 먹어도 되는 것과 안 되는 것의 문화적 한계가 있었지만, 무리 중 누군가가 주변에 널려 있는 모든 먹거리를 조금씩 맛보는 것까지는 막지 못했다.

수렵채집 시대를 계승한 식량 생산 사회에서는 음식 선택의 폭이 크게 줄었기 때문에 음식에 대한 금기를 강화함으로써 부족을 미덕으로 삼으려 했다. 일종의 상황 타개책인 셈이다. 배가 고파 허리띠를 졸라매면서도 먹어서는 안 될 음식에 대한 터부는 늘어났다. 어린이와 청소년의 의식에 음식에 대한 금기를 심어놓음으로써 이런 일이 벌어지게 되었다. 음식에 대한 금기는 어린이의 보다 일반적인 자기 발전을 제어하는 장치의 하나로 굳어지게 되었던 것이다. 이것은 수렵생활에서 농업생활로 바뀌고, 동물을 보는 관점도 토테미즘에서 일종의 위계질서 관념으로 바뀜에 따라 필연적으로 발생한 현상일 수 있다. 자아 정체성을 표현하는 은유의 대상으로 야생동물이 이용되는 일은 사라졌고, 집단의 동화와 통합을 상징하는 매개물로 동물을 활용하는 일 역시 줄어들었다. 자아 정체성이 성장하기 위해서는 자기 내부에 있는 야성적이고 통제할 수 없는 것에 익숙해지는 것이 필요하다. 어린이들은 대개 무서운 느낌과 생각을 외부의 특정 대상과 동일시하는데, 그런 대상의 한계를 인식하게 되면 어린이들은 스스로 공포를 통제하려고 한다. 그런데 야생이 축소되면서 이런 감정을 투사할 대상이 줄었고 그것을 대체할 새로운 대상도 부족해, 어린이의 감정 대처 능력이 떨어졌고 그 결과 더욱 의존적이 되었다. 자아 발전이 훼손된 것이다.

수렵채집에서 농경생활로 이행할 때 나타나는 가장 극적인 변화는 아마도 '재산'의 숫자와 종류의 변화라고 할 수 있다. 가축을 길들여 농경에 이용하지 않았던 선사시대 사람들에게 재산이라고 할 만한 것은 몇 개 없었고 양도 적었다. 그들이 갖고 있던 물건은 개인적인 것과 공동의 것으로 분류된다. 공동의 것으로는 종교의식에 사용되는 물건과 공동 사냥으로 잡은 동물 등이 있는데, 개인은 이에 대한 의무와 혜택을 함께 나눈다. 그렇지만 그 물건이 없어서 자신이 가난하다고 느끼거나, 축적하는 물건은 존재하지 않았다. 이들이 재산의 증여를 경계하고 축적하지 않은 것을 유목생활로만 설명할 수는 없다. 욕망은 분명 존재했기 때문이다. 그렇다고 물질적 부족을 이유로 드는 유물론적 설명도 타당하지 않다. 논점을 회피하고 있기 때문이다.

이들이 재산 소유를 원하지 않은 것은 삶의 한 심리적 차원으로 보는 쪽이 맞을 것이다. '소유'라는 말은 어디에 소속된다는 것, 따라서 전체의 한 부분이 된다는 것을 의미하는 흥미로운 말이다. 그 전체가 '나'라고 하면, 대부분 인간이 만든 물건을 획득하는 것은 어떤 식으로든 나의 정체성에 기여할 수 있다. 사람들이 정착생활을 하게 되고 주변의 것 대부분이 인간이 만들어낸 것이 될 때, 잃어버린 과거의 그 무엇을 보상하는 방식으로써 말이다. 만약 그 물건이 충분하지 않으면, 더 강한 진통제를 찾듯 우리는 더 많은 것을 원한다. 요컨대 문명세계는 자아의 개념을 바꿔 재산을 자아 고양 수단으로 만들었다.

적어도 자신이 자아를 통제하는 한, 자아는 어느 정도 나 자신에 의해 만들어진다. 반면 야생 환경은 대부분 주어진 것이다. 수렵채집인의 경우, 자신이 만들지 않은 이런 야생세계 속에서의 '나'는 가장 통찰력 있고 강력한 삶의 구현체이다. 이런 문화 속에서 성숙한 인간은 그런 끔찍한 현실을 외면하지 않고 현실을 직시하고 현실과 관계한다. 이들의 공식 문화는 야생의 자연을 포함한 타자와의 협상과 계약을 발전시켜 형성된다. 자연과 분리되어 있어도 혼돈은 전혀 없다. 자연과 막연한 일체감을 갖는 대신 자연과 관계를 형성하고 그 관계를 내재화하면서 평생 살아갈 뿐이다. 그 관계의 형태와 조건이 나의 정체성, 나의 배경 혹은 나의 게슈탈트gestalt를 보조하는 부분이 된다. 이와 같이 타자를 내 안으로 걸러 들이는 것이 인간의 자기개발 과정이며, 인간의 생명주기는 그 과정의 진행 단계와 일치한다.

이제 야생의 타자가 대부분 사라져버린 세계에서의 자아 형성 과정을 보자. 이 세계에서 음식, 도구, 동물, 건축물 등 전체적인 주변 환경은 인간이 만든 것이다. 나에게조차 이런 것은 주어진 것이라기보다 만들어진 것이고 내가 결정한 자아를 이루는 부분이 된다. 나의 유아기 때 에고ego는 내 자아를 이루는 이 물건들을 소비하는 가운데 빛난다. 다리, 팔, 손 등의 신체가 내게 속하듯 눈에 보이는 모든 것 역시 내 소유다. 건물, 거리, 잘 경작된 밭은 모두 나의 자발적인 신경 시스템, 즉 문명 속에서 길들여지고 통제된 자아와 연관된다.

농업 이데올로기에서 야생은 사육과 재배의 적이다. 야생이라는 타자는 내가 그 안에 존재하는 맥락이 아니라 '나'의 영역의 적으로 간주된다. 무의식의 영역인 충동, 공포, 꿈은 더 이상 야생의 것으로 간주되지 않는다. 무의식은 더 깊어지고 야생과 단절된다. 수렵채집인의 토테미즘적 삶 속에 존재했던 자연과 문화의 은유적 호혜관계는 사라지고, 대신 교환과 정치적 복종으로 새롭게 규정된 자아가 부분적으로 그 자리를 차지한다. 그러나 이 새로운 체계는 배제에 기초한다. 통합된 우주 속에서 우호적이건 위험하건 간에 모두 포용했던 인간과 자연의 상호보완적 실체가 이제는 적대적이고 파편화된 관계가 되었다. 오지 농업사회에서 대지를 숭상하고 어머니로 상징화된 대지의 신화를 통해 이런 단절을 복구하려는 경향이 있지만, 그곳에서조차 자연과 함께 호흡하는 자아 정체성 형성이 이루어지지 않고 있다.

레비스트로스는 자연환경에 따라 문화 형성의 패러다임이 달라지는 토템 문화와, 인간이 만든 물건의 유형에 따라 인간관계의 형태가 달라지는 계급 또는 농업문화 간의 인식 방식상의 차이를 정리했지만, 그 두 문화가 심리적 발전에 미치는 영향에 대해서는 아주 조심스럽게 언급을 회피했다. 그러나 에릭슨Erick Erickson의 인간성장 8단계론에 따르면, 신경근육 시스템의 체화, 육체의 단련, 재능의 출현, 도구에 대한 인식 등이 소년기 후반과 청년기 초반에 이루어지는 일임에 분명하다. 농경에서는 토지 자체가 도구이고, 생산수단이며, 일의 목적과 수단일 뿐만 아니라 자아를 규정하는 재산이 된다.

농경이 자급 차원을 넘어 지배적인 단일문화가 되면서, 토지를 직접 경작하지는 않지만 각자 전문적인 역할을 하는 사람들이 마을에 등장한다. 심리적, 사회적으로 그들의 역할은 전체로서의 사회에 재통합된다. 대장장이, 옹기장이, 서기, 성직자가 새로운 사회의 구성인자가 된다. 이들에게 이런 현실은 옹기장이와 옹기의 관계와 아주 비슷하다. 요컨대 다음과 같이 말이다.

(1) 옹기장이의 의식적 정체성 속에서 야생세계의 의미는 축소되며, 따라서 그 세계는 (자신의 어떤 부분과 함께) 혼돈으로 인식될 수도 있다.
(2) 옹기장이 자신은 그가 만든 옹기처럼 '만들어진' 정적인 존재고, 사

회와 세계도 당연히 그렇다. (3) 자신 안에 있지 않은 것들이 핵심 역할을 한다. (4) 옹기장이 고유의 자아는 의지나 창조성이 발휘되어야 궁극적으로 발전한다. (5) 노동, 즉 한번에 긴 시간이 소요되는 일상적이고 반복적인 행위가 자기 존재의 중심이 된다. (6) 타인과의 관계는 소유물의 교환을 통해 이루어지며, 소유물의 축적이 그의 개인적 성취의 척도가 된다. (7) 자연세계는 일차적으로, 신이 그랬던 것처럼 인간이 만들거나 형태를 부여해야 할 재료다.

위의 특징들은 장인artisan 세계의 일부분에 불과하다. 이 세계와 토템 문화에는 차이가 있다. 인간이 야생을 '무질서'—이 말이 『로제의 유의어 사전Roget's Thesaurus』에 야생의 첫 번째 동의어로 수록됨—란 개념으로 보기까지는 농경사회로 이행한 후에도 여러 세기가 걸렸다. 최초의 농경사회에서 인간관계는 아직 원시의 틀을 유지한 채 동식물의 사육과 재배에 따른 약간의 심리적 변화만 있었을 것이다. 여러 부족이 군장사회chiefdom로 통합되고 개인이 군인으로 징집되거나 노예화되거나 혹은 자신의 노동을 상품화하기—이런 사건들은 새로운 의식의 원인일 수도, 또 결과였을 수도 있다—전까지, 개인은 자신을 소유물로 보거나 타인에 의해 소유된 존재로 인식하지 않았을 것이다. 최초로 야생 밀을 수확한 사람들이 다음 해에 파종하려고 곡식의 일부를 남겨둔 것은 그로부터 몇 세대가 지난 미래의 일이었다. 그러나 우리는 이 시대의 사람들이 자연을 유기체가 아니라 생산물로, 인격이 아니라 사물로, 존재 그 자체가 아니라 소유의 대상으로 서서히 보기 시작했다는 것을 알 수 있다.

이런 태도는 살아 있는 것과 죽은 것을 잘 구분하지 못하는 초기 유아기의 심리 상태와 비슷하다. 제대로 양육되지 못한 유아는 갓난아기 때와 젖 먹던 시절의 고난이 회복될 수 없을 정도로 깊이 각인되어 성인이 되어서도 완전한 인간관계를 형성하지 못할 수 있다. 그러나 이는 극단적인 사례다. 초창기 농부들은 자연을 살아 있는 존재로 묘사하려 했고, 처음에는 만들어진 물건에서도 생명을 느끼기까지 했다. 그러나 그런 물건들이 상품이 되고 이에 따라 유아기도 재형성됨으로써, 우주는 점점 더 모호해졌다. 인간적인 것의 사물화와 사물의 토테미즘적 인식 사이의 이런 갈등을 해결하려는 노력이 문명의 종교적, 문화적 활동의 주요 목표였다.

동물 '사육'은 동물을 경제적 이익의 관점에서 인식하도록 했지만, 그것만이 전부는 아니었다. 동물이 갖고 있는 경제적 의미를 넘어 새롭게 인식하는 데도 영향을 끼쳤다. 수만 년 동안 인간은 중요한 지적 활동의 하나로 동물을 면밀히 관찰했다. 가축 사육으로 인해 인간과 동물의 관계에 중대한 변화가 일어났음에도 불구하고, 이 활동은 중단되지 않았다. 그러나 메시지는 변했다. 번식 프로그램과 포획으로 인해 동물 자체가 변했다는 사실이 널리 알려졌다. 동물들은 더 뚱뚱해졌고 생김새도 둥글둥글하게 변하면서, 더 온순해지고 더 복종적이 되었다. 옛날에 비해 이동거리도 짧아졌고, 복잡한 행동(예컨대 구애활동 같은)은 단순화되었으며, 서로 소통하는(예컨대 모방행위 같은) 신호도 비슷해지거나 일반화되었고, 고생도 줄었으며, 특정 환경과 음식의 필요성도 줄어 생존 환경이 단순화되었다. 이 모든 변화는 동물이 마치 아기 같은 존재가 되었음을 의미한다. 새로운 메시지라 함은, 하나의 감정적 호소, 요컨대 정복감을 표현한 것이며, 동물의 삶을 상대적으로 단순화한 것이다. 은유의 대상이던 야생동물은 직접적인 표본과 환유적인 하등 존재로 변했다. 이제 동물은 신체적으로 기형이고 많은 한계가 있으며, 아무 생각 없이 장난치며 놀라고, 둔하며, 무리를 따라 움직이고, 인간이 필요하면 새끼를 낳는, 새롭고 보다 조악한 수준의 자연을 표현하는 존재가 되었다.

동물이 사육되면서 나타난 이런 모습들은 인간관계에서도 노예, 섹스 파트너, 동료, 가족, 관리인 등의 모습으로 나타났다. 이로써 어린아이가 개와 소를 구분하지 못하는 것만큼이나 인간이 의식하지 못한 가운데 서로 다른 종으로 존재했던 인간과 동물의 구분이 무너졌다. 문명화된 사회의 관습인 애완동물 사육은 놀이와 동물과의 교제로 포장됐지만 사실은 인간의 심리적 필요에 맞춰 은밀히 그리고 무의식적으로 동물을 이용하는 것에 다름 아니다. 동물을 더 극단적으로 왜곡되게 남용하는 행태는 대중 앞에서 동물을 가학적으로 학살하는 것인데, 그중 투우가 가장 대표적인 사례다.

문명 이전, 동물은 각자 개별 종족에 속하며 어떤 메시지를 전달하는 존재, 신성한 영역에서 준 고기 선물로 생각되었다. 농경시대의 촌락에서 동물은 소유물이 되었지만, 과거의 화신인 동물은 인간에게 여전히 매혹적인 존재였다.

사육이라는 좁은 문을 통해 골라내어 변형시킨 소규모의 동물만이 인간에게 가치 있는 동물이 되었다. 타자의 눈을 통한 자아발견이라는 고대인의 의식과, 우주의 동질성 측면에서 세상에 존재하는 다른 대상과 조우해야 하는 인간의 필요성, 이 두 가지 목적에 봉사하는 것이 동물들이 억지로 떠맡은 역할이었다. 잠재적이고 무한한 가능성을 갖고 태어난 아이의 분별력과 재능을 키우기 위해, 우리가 보여주는 것이라곤 거대한 뚱보, 타락한 열광자, 비대한 일꾼들뿐이다. 이런 모습을 심리적으로 자아의 일부분으로 수용함으로써 아이들은 엉뚱한 자기 개발 과정을 걷게 되고, 결국 "더 이상 갈 길이 없음"이란 팻말이 붙은 막다른 골목에 들어서 오도 가도 못하고 만다.

문명의 진보와 건강 🔥

마크 코헨 Mark Nathan Cohen

미국의 인류학자, 뉴욕주립대 인류학 교수. 이 글의 출전은 *Health and the Rise of Civilization*(1989). 코헨은 인류의 진화와 인구학사, 문화발전, 생물학, 의학 및 법인류학 등을 연구했다. 『인구조절의 생물사회학적 메커니즘*Biosocial Mechanisms of Population Regulation*』 등 인구성장과 평균수명의 관련을 추적한 다수의 저작을 썼다.

문명의 진보라는 낭만적 이미지로 덧칠한 역사가 아니라 인간이 걸어왔던 실제 역사기록으로 볼 때, 선사시대 인류 중 고고학적으로 우리가 확인할 수 있는 가장 최초의 사람들은 놀랄 정도로 잘 살았다는 것을 확인할 수 있다. 우리는 보통 문명으로 인해 인간 삶이 향상되었다고 믿고 싶어 하지만, 사실 인류 역사 대부분의 기간 동안 그렇지 못했다. 기술과 조직이 발전했다고 하지만, 인구 증가로 늘어난 수요를 완전히 상쇄하지는 못했다. 문명화된 생활방식의 형태와 관련 활동이 너무 많다 보니 문명화의 혜택만큼이나 문명화에 따른 비용도 발생했다.

보다 문명화된 정치조직의 출현으로 인간사회의 폭력이나 예기치 않은 정신적 외상의 발생 비율이 현저히 줄었다는 증거는 고고학이나 민속학 어디에도 없다. 오히려 고고학이나 역사기록은 정반대의 증거를 보여주고 있다.

우리 시대까지 존속했던 수렵 부족에 관한 민속학 보고서와 고고학 기록을 보면, 인간의 영양 섭취는 양적으로나 질적으로 꾸준히 저하되는 경향이 있다. 수렵채집자들은 말랐고 때로 굶주리기도 하지만, 많은 제3세계 국가의 국민 평균보다 훨씬 우수하고, 현대의 가난한 사람들보다 전반적으로 높은 수준의 칼로리를 섭취했다. 가장 빈곤한 수렵채집 부족도 현재의 도시 빈민층보다 칼로리 섭취 면에서 우수했다. 선사시대의 수렵채집자들은 보다 풍요로운 환경을 누렸음은 물론, 그 이후에 나타난 (원시사회와 문명사회의) 인구보다 영양 상태가 더 좋았던 것으로 보인다. 큰 사냥감들이 풍부했던 선사시대 초기에 살았던, 해부학적으로 현생 인류에 속하는 사람들의 유골을 살펴보면, 그들이 대개 상대적으로 덩치가 컸으며 질적으로도 영양실조의 흔적이 비교적 적었음을 알 수 있다. 선사시대 이후 인간의 키와 덩치의 양상이 규칙적이진 않았지만, 19세기 혹은 20세기 전까지 세계 대부분 지역에선 성장하기보다 작아지는 경우가 더 많았다.

말랐을 때조차도 수렵채집인의 식생활은 비교적 균형이 잘 잡혀 있었던 것으로 보인다. 현재 남아 있는 수렵채집인에 관한 민속학 보고서를 보면, 이들의 단백질 섭취는 대개 매우 높아서 현대 부유층의 단백질 섭취 수준과 비슷하며 실제로 세계 평균보다 높다. 이들 수렵채집인에게 단백질 부족 현상은 거의 나타나지 않는다. 비타민과 미네랄 결핍 또한 드문데, 제3세계 인구의 결핍율과 비교하면 낮은 편에 속한다. 고고학적 증거들에 따르면, 철분(빈혈), 비타민 D(구루병), 그리고 약간 논쟁의 여지가 있지만 비타민 C(괴혈병) 같은 특정 영양성분의 부족으로 인한 질병, 그리고 어린이 성장 지체 같은 단백질 부족으로 인한 영양실조 증상은 역사적으로 감소하기보다 일반적으로 증가했다.

인구가 증가하면서 농부들은 더 자주 땅을 경작해야 했고 지력이 고갈된 토지까지 이용해야 했으며, 결국 노동수익률(투하노동에 대한 수확량 비율)은 더욱 감소하였다. 금속 농기구의 사용, 노동의 전문화, 전체 생산과 개인 생산성을 증가시키는 대량생산의 효율성 같은 농업기술의 진보로 이런 노동수익률 감소 경향을 상쇄할 수 있었는지는 명확하지 않다.

그러나 농업 효율성과 관계없이 개인의 영양 상태는 악화된 것으로 보인다. 여기에는 몇 가지 이유가 있다. 사회가 복잡해지면서 개인이 자원에 유연하게 접근하는 것을 막는 새로운 여러 장벽이 생겼고, 교역으로 인해 자원을 멀리 보내야 하는 경우가 생기기도 했으며, 사회의 여러 부분이 시장이나 교환을 통해서만 식량에 간접적으로 접근하는 경우가 증가했고, 생산성 향상을 위한 신기술 투자는 권력을 엘리트에게 집중시킴으로써 기술 발전에 의한 혜택이 넓게 확산되지 않았으며, 사회의 일부분이 자원을 노골적으로 착취하고 박탈했기 때문이기도 하다. 게다가 복잡해진 사회는 개인의 생물학적 보전보다는 집단과 집단 사이의 경쟁, 집단 내부의 질서 유지, 공동체 자체의 축하 의식, 엘리트의 특권에 보다 많은 생산적 에너지를 보다 많이 쏟아 부어야 했다.

무슨 이유에서 그런 생각을 갖게 되었는지 모르지만, 인간의 식생활이 역사적으로 향상되었다는 일반적인 생각은 20세기의 풍요를 반영한 것이며, 전반적인 생산성 향상과 함께 이에 못지않은 계급 특권과 연관되어 있는 듯하다. 선사시대와 고대 제국의 하층계급은 물론이고 오늘날의 제3세계는 칼로리 섭취의 향상을 특권층과 함께 누리지 못했다. 동물 단백질 소비는 특권 집단을 제외하고 감소한 것으로 보인다.

우리는 문명 발달로 인해 자원 부족과 기아의 위협이 줄었다고 믿고 싶어 하지만 그것을 뒷받침할 확실한 증거는 전혀 없다. 물론 수렵채집

집단도 굶주림을 겪었을 수 있다. 그들에게도 천연자원이 늘 풍족했던 것은 아니며, 식량을 저장하고 운반할 수 있는 능력이 제한적이었기 때문이다. 수렵채집인들이 주변을 돌아다니며 새로운 자원을 찾아낼 수 있는 자유를 상대적으로 더 누렸기 때문에 굶주림을 부분적으로 해결하기도 했지만, 운반 능력의 제약을 감안하면 자원의 극심한 변화를 극복할 수 있을 정도로 충분히 멀리 갈 수도, 빨리 갈 수도 없었던 것은 분명하다. 그러나 정착사회와 문명사회가 식량위기를 극복하기 위해 사용한 전략들에는 이점도 있었지만 비용과 위험도 함께 부담해야 했다. 수렵채집 경제에 소규모 경작을 도입하는 것은, 특히 사람이 많고 자원이 고갈된 환경에서는 계절적인 식량위기를 줄이는 데 도움이 될 수 있다. 농경에 관련된 동식물의 종을 조작하고 보호하는 것이 흉작을 막는 데 도움이 될 수도 있다. 정착 공동체에서 식량을 저장하는 것 역시 계절적 기아나 흉작에 대비해 인구를 보호하는 데 도움이 되기도 한다.

하지만 이런 이점보다 공동체에서 경작하는 농작물의 종이 기후 변동을 포함한 자연재해에 더욱 취약해짐으로써 생기는 손실이 더 클 수 있다. 게다가 이 약점은 많은 농업체제가 일부 작물의 생산에만 특화하거나 생산 초점이 좁아짐으로써 더 악화된다. 또한 농업과 저장으로 인한 자유로운 주거 이동의 상실, 원시적 저장체계의 한계와 실패, 저장한 자원을 정치적으로 수탈당하는 정착 공동체의 취약성 등의 문제가 농업의 이점을 상쇄해버린다.

농업이 강화되면서 생산은 늘어났지만 주요 곡창지대는 지력의 약화, 한계 경작지역은 흉작의 위협이 커짐으로써 자연과 문화 두 측면에서 위험이 발생하기도 했다. 생산성을 유지 혹은 높이기 위한 관개 시스템 등에 대한 투자는 식량 공급에 도움이 됐을지 모르지만 농업 자체에는 위기를 초래했다. 또한 그런 투자를 방해하거나 왜곡할 수 있는 정치, 경제적 힘에 생산이 더욱 종속됨에 따라 새로운 불안도 발생했다. 한편 생산의 전문화는 경작 가능한 생산물의 범위를 확대하고 생산의 전반적 효율성을 증대시켰지만, 인구의 상당 부분을 변덕스러운 교환체제나 역시 변덕스러운 사회, 정치적 지배구조의 수중에 몰아넣었다.

현대의 저장 및 운송 기술로 인해 자연재해로 인한 위협은 줄어들었을지 몰라도, 저장 및 운송체계 자체의 기술적 혹은 정치, 경제적 토대의 붕괴에 따른 취약성은 증대되었다. 운송과 저장 체계는 유지하기 어렵고 비용도 많이 든다. 정부는 기근을 막기 위해 대량 식량을 멀리 이동시키고 저장 및 운송 체계에 대한 투자를 끌어들일 수 있는 힘을 갖고 있지만, 필요한 지역에 대한 지원을 보류하고 다른 곳으로 투자를 돌릴 수 있는 힘도 갖고 있다. 대규모 생산물의 신속한 유통을 촉진시키고 기아를 예방하는 데 잠재적으로 기여하는 시장 메커니즘도 필요한 식량을 세계시장에 의존하고 있는 사람들의 기아를 위협할 수 있다. 세계 인구 중 그런 사람들의 비율은 날로 증가하고 있다.

따라서 문명이 개인의 식생활을 개선했다는 것은 이론적으로 확실하지 않다. 앞 장의 요약 자료에도 잘 나타나 있지만 민속학, 역사학, 고고학의 어떤 기록을 살펴봐도 문명이 발전함에 따라 (전체 식량 규모와는 대립되는 개념으로서) 인류 식량 공급의 신뢰성이 증대됐다는 증거는 없다.

전염병의 역사에 대해서도 유사한 결론을 내릴 수 있다. 앞 장에서 검토한 자료들에 따르면, 선사시대 수렵채집인들은 19세기까지는 세계의 어떤 지역민보다 전염병에 더 적게 걸렸으며 기생충 감염률도 전반적으로 낮았다. 20세기 들어 항생제가 발명된 후에야 전염병에 대한 철저한 예방이 시작되었다.

고립된 수렵채집인들이 주로 걸리는 전염병은 대체로 두 가지 유형인 것으로 보인다. 인간의 습관과는 거의 무관한 생명주기를 가진 유기체들에서 발생하여 동물에서 사람으로 전염되는 질병과 사람에서 사람으로 직접 전달되는 만성질병이 그것이다. 후자의 경우, 소규모 집단이라도 질병 발생률이 낮아지지는 않았을 것이다. 이 두 범주 중 동물에 의한 감염이 물론 더 중요하다. 인간 숙주가 동물로부터 감염된 세균에 적응하기 어려웠기 때문에 심각한 결과가 발생할 수 있었으며, 심한 경우 죽음을 재촉하기도 했을 것이다. 게다가 이 질병은 출산 능력이 있는 성인들을 병들거나 죽게 함으로써 소규모 인구에 상당한 충격을 가했을 수도 있다. 그러나 다른 측면에서 보면 이 병은 사람에서 사람으로 전염되진 않기 때문에 그 충격은 제한적이었을 것이다.

여러 환경을 이동하고 동물 시체를 처리해야 했던 수렵채집인들이 보다 문명화된 사람들보다 광범위한 동물성 전염병에 노출되었을 가능성이 높다. 이동은 또한 수렵채집인들을 낯선 환경이 주는 설사 증상에 노출시켰을 것이다. 그 지역에서 번식하는 기생충들이(동물에서 인간으로 전염되는 기생충 포함) 만들어낸 독특한 변종 미생물은 어떤 것이라도 신체의 면역체계에 반복적으로 스트레스를 가한다.

소규모 고립 집단에서 퍼질 수 있는 만성질병을 20세기 의학으로 신속하게 치유할 수 있는 경우가 종종 있긴 하다. 물론 이 질병이 그 집단에게 상당한 고통을 주긴 했겠지만 상대적으로 중요성이 떨어지는 것으로 보인다. 우선 그런 만성질병에 장기간 노출되면 상대적으로 병이 전염되는 비율은 아주 낮아진다. 인간의 뼈를 통해 조사한 증거를 보면, 매독과 유사한 열대지방의 전염성 피부병 딸기종▮과 지금 우리 주위에 흔히 서식하는 유기체들이 전염시키는 평범한 질병(골막염)조차도 초기의 소규모 유랑집단에서는 인구가 조밀한 정착집단에 비해 훨씬 덜 나타나고 심하지도 않았다. 이 조사 자료에 따르면, 결핵과 나병에 대해서도 비슷한 주장을 할 수 있다. 현재 전염병 연구자들은 결핵이 소규모 집단에서도 퍼질 수 있다고는 하지만, 증거를 살펴보면 결핵은 무엇보다 인구가 조밀한 도시의 질병임을 부정할 수 없다.

이와 비슷하게 인간 장기에 박테리아, 원생동물, 장내 기생충이 만연하는 것도 자연환경에 따라 상당한 차이를 보이기는 하지만 일반적으로 집단의 크기가 작고 이동성이 활발하면 그 정도가 최소화되는 것으로 보인다. 물론 어떤 환경에서는 인간이 이동함에 따라 접하게 되는 기생충이 다양해지긴 하지만, 적어도 특정 기생충이 집단 내에서 확산되는 현상, 몸에 서식하는 기생충의 양, 개인적인 약물 복용량은 최소화된다. 민속학적 관찰에 따르면, 인간의 체내 기생충 양은 이동집단에서는 비교적 적고 정착생활을 받아들임에 따라 일반적으로 증가한다. 이와 유사한 관찰 자료에서는 각종 세균과 기생충이 장내에 만연하는 현상도 일반적으로 이동생활을 하는 사람들보다 정착민들 사이에 더 심하다. 이 자료는 우리 생각과 달리 원시집단 사람들이 지역 토착 기생충에 잘 적응했다는 사실(즉 체내 기생충 양에 비해 질병이 적었다는 사실)을 보여주고 있다. 체내 기생충 양이 전반적인 영양 상태에 미치는 영향(즉 빈혈의 발생률)을 현재의 자료를 통해 보아도 같은 결과가 나온다. 즉 고고학적 증거에 의하면, 이런 질병은 최초의 인간집단에서는 비교적 경미했으나 인구가 늘고 정착생활이 고착화됨에 따라 더욱 심해졌다. 서로 다른 시대의 미라를 비교 분석한 한 연구는 질병을 유발하는 장내 박테리아가 정착생활의 시작과 함께 증가했다는 직접적인 증거를 제시했다. 대변을 분석한 또 다른 연구 역시 정착생활과 더불어 장내 기생충이 늘어났음을 자료에 기초해 분명히 입증했다.

선사시대 수렵채집인들에게는 곤충이 옮기는 많은 질병도 현대사회보다 덜 심각했을 수 있다. 말라리아, 동물이나 인간의 혈관에 기생하면서 피를 빨아먹는 스키스토소마로 인한 주혈흡충병, 선腺페스트 같은 질병을 옮기는 곤충의 습성을 보면, 걷는 것만이 유일한 이동수단이었던 소규모 인간집단은 (다양한 이동수단이 있는) 문명사회보다 이런 질병으로 인해 앓거나 죽음을 겪는 고통이 덜했다.

더 나아가 민속학 이론은 도보로만 연결되는 격리된 소규모 집단, 혹은 그보다 약간 규모가 큰 집단에서는 대부분 유행성 질병이 확산되지 않았을 것이라고 예측한다. 지금도 외부와 분리된 채 살고 있는 고립집단에 대한 혈청 연구에 따르면, 규모가 작고 고립되어 있다는 것이 질병의 전염으로부터 전적으로 안전하다는 것을 의미하지는 않는다 해도, 이 경우 질병은 기껏해야 우연히 그리고 불규칙적으로만 전염될 뿐이다. 이는 고립집단 사람들이 전염성 질병을 보유하고 있는 문명인과 접촉하게 되면 위기를 겪게 된다는 것을 의미한다. 그러나 소규모 고립집단만 존재했던 세계에서는 그런 질병이 확산되지도, 그럴 수도 없었을 것이다. 이 세계에는 문명이라는 질병의 저수지가 존재하지 않았으며, 모든 질병은 인간의 보행 속도에 따라서만 이동할 수 있었기 때문에 언제나 널리 퍼질 수 없었던 것이다.

수많은 역사적 증거를 보면, 한 지역에서 다른 지역으로 새로운 질병이 전파되었을 때 질병 감염으로 인한 환자발생률과 사망률이 가장 높게 나타났다. 이런 현상은 수렵채집 생활을 하는 집단들의 일상적인 이동 범위를 넘어서 인간과 재화가 장거리를 빠른 속도로 이동할 수 있었기 때문에 발생했다. 소규모 사회도 집단 간 왕래가 있었고 주기적으로 이합집산이 이루어지긴 했지만, 근대의 군사 원정이나 종교 순례만큼 먼 거리를 여행하지는 않았으며 근대적 운송수단도 없어 신속히 이동할 수 없었다. 수렵채집인의 소규모 이동은 낯선 곳에서 설사병을 앓는 정도에 그쳤지만, 사람과 외래 질병의 이동이 증가함에 따라 건강상 보다 심각한 문제가 발생한 것으로 보인다.

많은 문명 집단들에 비해 선사시대 수렵채집인들은 또 다른 측면에서도 중요한 이점이 있었다. 그들이 영양실조와 질병에 시달렸다고 보는 경향이 있지만, 수렵채집인들의 상대적으로 훌륭한 영양 상태는 질병의 감염을 막아주는 완충 역할을 했을 것이다.

유골에 관한 조사 기록을 살펴보면, 어린이의 발육을 저해했던 여러 심각한 스트레스(세균 감염이나 유행병, 또는 흉작과 기근)는 문명의 등장으로 인해 감소하지 않았고, 오히려 더욱 일상화되었음을 알 수 있다.

민속학 자료는 풍요로운 현대인에 비해 원시인의 퇴행성 질환 발병률이 상대적으로 낮았음을 밝히고 있다. 이것은 나이에 따라 퇴행성 질환 발병률이 달라진다는 사실까지 감안해 수치를 조정한 결과다. 원시인들(수렵채집자, 생계형 농부, 현대의 세련된 음식을 먹고 살지 않는 모든 집단)은 보다 풍요로운 삶을 누리고 있는 현대인보다 영양 측면에서 여러 유리한 혜택을 누렸고, 그 결과 현대인을 괴롭히는 수많은 질병들에 걸리지 않았던 것으로 드러났다. 원시인들은 공통적으로 부피가 큰 음식, 다른 영양소에 비해 상대적으로 칼로리가 낮은 음식, 지방(특히 포화지방)이 적은 음식, 염도가 낮고 칼륨 성분은 높은 음식을 섭취했기 때문에 부유층 현대인을 괴롭히는, 부유할수록 발병률이 높은 일련의 퇴행성 질환에 덜 걸린 것으로 보인다. 고혈압, 심장질환, 뇌졸중 등의 순환기 질환과 당뇨병은 원시집단(수렵채집인과 원시 농부 모두)에서 극히 드물었던 것 같다. 장 기능이 원활하지 못해 발병하는 맹장염, 게실증, 탈장, 정맥 확장, 치질, 장암 역시 드물었던 것으로 보인다. 여러 암, 특히 유방암과 폐암은 소규모 사회에서 발병률이 낮았는데, 소규모 사회의 노년층 비율이 낮다는 사실을 감안해 자료를 조정해도 같은 결과가 나왔다. 또한 우리가 후진국 질병으로 간주하고 있는 버킷림프종, 간암 등은 식량 저장을 비롯해 인간 행동이 선사시대와 달라짐으로써 생긴, 혹은 곤충이 옮긴 질병을 사람이 다시 퍼뜨림으로써 나타난 역사적 산물일 수 있다. 유골 분석에 따르면 뼈에 종양이 생기는 경우가 드물었는데, 이것은 암이 선사시대에는 비교적 보기 힘든 질병이었음을 의미한다.

역사적으로 인간의 평균수명이 어떻게 변화했는가에 대해서는, 관련 증거가 단편적이고 그 해석을 둘러싸고 많은 논쟁이 있기 때문에 정확하게 기술하거나 요약하기가 쉽지 않다. 그러나 20세기 중반 선진국의 평균수명이 높아진 것을 예외로 한다면, 지금까지 우리가 믿었던 것과 달리 인간의 평균수명이 역사적으로 매우 복잡한 양상을 띠고 있으며 꾸준히 증가한 것은 아님을 알 수 있다.

한때 널리 인정된 가설과 대조적으로, 선사시대에 인구증가가 느리게 진행된 것을 당시 사망률이 높았기 때문이라고 볼 수는 없다. 소규모 집단에서 나타나는 저출산이나 산아제한에 관한 증거로 미루어보면, 평균 인구성장률 0퍼센트란 출산율과 사망률이 균형을 이룬 것으로, (이들의 출산율이 근대 정착민보다 높지 않았을 것이기 때문에) 역사적으로 중간 정도의 사망률을 기록한 것에 해당한다. 역사적으로 중간 정도의 사망률을 기록했다는 것은, 성년이 되는 신생아의 비율이 50~60퍼센트이고 평균수명은 25~30세 정도라는 것인데, 이 수치는 고고학적 사례를 통해 관찰된 선사시대의 수치와 일치하는 것이다. 따라서 이 수치가 고고학적으로 재구성한 인위적인 결과가 아니라면, 정착생활과 농경이 도입된 이후 선사시대의 인구가 폭발적으로 늘어난 것은 정착생활과 농경생활에 따라 출산율이 증가했거나 산아제한 방식이 바뀌었기 때문이라고 설명할 수 있다. 이런 설명이 다른 가설보다 자료에 더 부합한다.

정착이나 농경의 도입으로 유아나 아동 사망률이 줄었는지 혹은 늘었는지는 분명하지 않다. 정착생활의 장점은 감염 위험 증가, 모유 대신 전분으로 만든 묽은 죽 섭취, 영양가가 더 풍부한 이유식, 어린이들끼리 서로 가까이 접촉하는 거주 방식 등에서 발생하는 위험으로 상쇄되어 버렸을 수도 있다. 농업이 공고화되고 생활방식이 보다 문명화되었어도 아동의 생존 확률은 아주 최근까지도 개선되지 못했다. 현재까지 존재하는 가장 소규모 집단(혹은 정확성이 떨어지기는 하지만 선사시대 집단)의 유아와 아동 사망률은 19세기 무렵까지는 유럽 국가와 대부분 별 차이가 없었을 것이다. 그리고 사실상 이 비율은 19세기 전 기간에 걸쳐(그리고 20세기의 상당 기간 동안 제3세계 국가의) 도시 아동 사망률보다 낮았다.

정착이나 농업의 도입으로 성인의 평균수명이 늘어났다는 증거는 어떤 고고학적 사례에서도 찾아볼 수 없다. (가속화된 인구증가가 수명에 미친 효과도 있기 때문에 다소 복잡한 논의이긴 하지만) 오히려 농업의 도입으로 인해 실제 성인의 평균수명이 하락했다는 증거가 있다. 그후 농업이 보다 강화되고 문명이 더욱 발전한 시대에 성인의 평균수명이 늘어나는 경우가 많았지만—그리고 상당히 수명이 늘어난 경우도 종종 있었지만—그 경향은 우리가 생각하는 것보다 불규칙하다. 철기시대나 심지어 중세의 유럽과 중동, 또는 북아메리카 석탄 퇴적기에 관한 고고학적 자료를 보면, 당시 성인의 평균 사망 연령은 30대 중반이나 후반이었는데, 이는 같은 지역에서 발굴된 최초 인간들의 사망 연령과 별 차이가 없는

(때로는 그보다 어린) 나이다. 더구나 성인의 평균수명이 늘어난 것은 적어도 부분적으로 유아와 아동 사망률의 증가, 그리고 유행병의 대상이 성인에서 어린이로 옮겨짐에 따라 성년에 접어든 사람들이 자연 '선택'된 결과일 수도 있다.

이런 자료들은 우리가 인간 진보와 문화 발전에 대해 갖고 있던 학문적, 대중적 상^像을 재고할 필요가 있음을 의미한다. 우리는 너무 과도하게 특권계급과 특권층이 누리는 풍요로운 삶에서 인간 역사에 관한 관념을 이끌어냈으며, 기술 발전과 개인적 삶의 진보를 지나치게 연관시켰다.

학문적 용어로 말하면 이 자료—건강과 영양이 악화되고 있음을 시사하는—들은 기술 진보가 문화 발전을 촉진한다는 이론의 근간을 무너뜨리는 경향이 있다. 자료들은 기술 혹은 사회적 발전이 아니라 환경 제약, 인구통계학적 압력, 경쟁, 사회적 착취 등이 사회 변화의 근본 원인이라고 주장하는 문화 발전 이론에 무게를 실어준다. 이와 유사하게 고고학적 증거들은 중심부에서 떨어져 거주하는 주변부 인간들의 건강 상태가 악화되는 경우가 있음을 보여주는데, 이것은 그들이 보다 큰 정치적 단위에 포함되어 생긴 결과이다. 초기 문명과 근대 문명 모두 계급에 따라 건강 상태에 차이가 있었고, 두 문명 모두 상당한 인구가 건강, 영양 혹은 경제적 안정을 개선하는 데 전반적으로 실패했다. 이런 사실은 문명화된 국가의 기원과 기능을 경쟁과 착취에 입각해 설명하는 모델이 타당하다는 것을 재삼 보여주는 것이다.

요컨대, 나는 문명이 인간의 복지를 향상시켰다는—혹은 적어도 세기 전까지는 인간 대부분의 복지를 향상시켰다는—우리의 전통적인 사고를 상당히 수정해야 한다고 생각한다. 자료를 비교 분석한 결과, 우리의 전통적인 생각은 잘못되었다.

원시사회를 찾아서 🙏

로빈 폭스 Robin Fox

영국 태생의 사회인류학자, 미국 러트거스 대학 인류학 교수. 이 글의 출전은 *The Search for Society*(1989). 그는 사회학과 인류학을 결합한 많은 연구 저작을 내놓았는데, 1970년 『제국주의적 동물*The Imperial Animal*』을 출간하여 자연과 사육에 관한 많은 논쟁을 불러일으켰다. 중남미 인디언, 인류사회의 폭력과 지배, 근친상간, 생물사회 인류학biosocial anthropology에 관한 많은 연구가 있다.

문명이 시작된 후 우리는 뭔가 잘못되었다는 사실을 알게 되었다. 이집트 '사자死者의 서', 인도의 대서사시 '마하바라타', 소포클레스와 아이스킬로스, 구약 성경의 전도서 이후 계속해서 말이다. 무엇 때문에 잘못되었는지 여러 각도에서 진단되었다. 구약에서는 아담과 이브의 앎에 대한 욕정을, 그리스 비극은 오만을, 기독교는 교만을, 유교는 자연과의 부조화를, 힌두교와 불교에서는 존재에 대한 과대평가를 그 이유로 들었다. 물론 그 치유 방법도 다각도로 제시되었다. 유대교는 복종, 그리스는 스토아주의, 기독교는 그리스도 안에서의 인류애, 유교는 조화, 불교는 존재의 통일성에 대한 인식, 그리고 삶의 유한성으로부터의 궁극적 해탈을 제시했다. 그러나 그 어느 것도 효과를 거두지 못했다(혹은 냉소적인 사람들이 말한 대로, 지금까지 아무것도 시도된 바 없었다).

교육을 통한 인간의 완전성 구현과 이성에 대한 신뢰를 갖고 있던 18

세기의 유산을 이어받은 19세기는 필연적 진보라는 논리를 발전시켰다. 우리는 그 짧은 기간 동안(요컨대 '최근에') 무슨 일이라도 할 수 있을 것이라고 생각했다. 그럴 수 없는데도 말이다. 그러나 수세기에 걸친 이른바 '진보'의 시대를 거쳐온 우리의 에고^{ego}는 한계를 인정하기가 어렵게 되었다. 우리는 진보의 세기를 진화과정 속에 일시적으로 존재했던 단순한 한 시기, 비정상적인 격동기, 너무 과하게 나아간 시기로 볼 수 있을까? 부자연스러운 진보의 관념에 저항하는 것만이 올바른 의식이란 것을 우리는 이해하게 될까? 인간이 사회적 존재가 됨으로써 겪게 된 끔찍한 충격을 감안한다면 우리는, 마르크스가 생각했던 대로 그것을 이해하고 깨달을 수 있을 것이다(그럼으로써 우리는, 그리스의 폴리스 건설로 인간이 자연으로부터 소외되는 인류 최초의 거대한 소외가 발생하기 전 우리가 존재했던 '유적 존재^{Gattungswesen}'* 상태를 회복할 수 있다).

---

*마르크스는 자본주의 사회에서의 '인간 소외'를, 자기 노동의 생산물에서의 소외, 생산활동 자체에서의 소외, 아름다움을 창조하고 즐기는 능력에서의 소외, 인간과 인간 간의 소외라고 지적했다. 이러한 소외를 극복하고 인간이 본래 갖고 있는 능력을 완전히 계발함으로써 자유롭고 공동체적 인간이 되는 것을 '유적 존재'의 실현이라고 보았다.

내 이름은 첼리스, ✕ 서구문명의 해독에서 벗어나고 있는 중입니다

첼리스 글렌다이닝 Chellis Glendinning

미국의 저술가, 심리학자, 정치적 행동주의자. 이 글의 출전은 *My Name is Chellis and I'm in Recovery from Western Civilization*(1994). 반핵, 반문명에 관한 다수의 저작을 출간했으며, 2000년 전 미국 출판인협회상을 받았다. 그녀는 현재 문명을 버리고 뉴멕시코 주의 작은 마을 치마요에 들어가 농사를 지으며 원주민들과 생활하고 있다.

수만 년 전 인간의 정신적, 생물학적 발전이 시작된 이후 인간과 자연의 단절은 느리면서도 지속적인 진화를 겪으며 꾸준히 진행되었다. 신석기시대는 역사적으로 획을 긋는 중요한 사건이 일어난 시대이기도 했다. 야생식물과 경작식물을 의도적으로 분리하고 초원을 집 삼아 뛰노는 동물을 사로잡아 인간이 만든 우리에 몰아넣고자 하는 마음이 인간에게 생기기 시작했던 것이다. 이 사건 이전에도 사실 인간은 자연세계의 진화에 참여했었다. 황야를 걸으며 씨앗을 날라 땅에 떨어뜨리거나 뿌리거나 심기도 했다. 그러고는 나중에 돌아와 결실을 거두어 갔다. 나뭇가지와 바위로 만든 함정을 이용해 동물을 사냥했고 물고기와 곤충을 잡았으며 나무, 바위, 얼음으로 임시 대피소를 만들었다. 그러나 이제는 전례 없던 전혀 다른 일이 벌어졌다. 그것은 인간의 존재 자체를 다른 생명들과 의도적으로 분리해내는 일, 인간이 그 생명들을 길들이는 일이었다. 폴 셰퍼드의 용어를 빌리면, 야생-사육의 이분법wild-tame dichotomy이라는 인류 최초의 이원론이 등장한 것이며, 이와 더불어 인간과 자연이 커다란 원 안에서 조화를 이루던 세계의 총체성이 무너졌다.

울타리는 이런 사태를 결정적으로 상징하는 것이다. 울타리 안으로 들어오는 것, 예컨대 경작되는 곡물과 꽃, 황소, 영구적인 주거 설비 등은 인간이 키우고 만든 것tame이라고 불렀다. 그리고 거기에 가치를 매기고 통제하며 누군가의 소유물로 인정했다. 잡초, 날씨, 바람, 숲처럼 울타리 밖에 존재하는 것들은 항구적으로 인간의 생존을 위협하는 야생이 되었다. 그리고는 이를 두려워하고 비난하며 접근하지 못하도록 했다. 그후 야생과 사육의 이분법은 더욱 공고해져 우리의 삶을 규정하게 되었다. 우리 주변에는 야생세계와 우리를 분리하는 수많은 울타리들이 쳐졌으며, 우리는 울타리나 마찬가지인 인공구조물과 관행 따위도 어느덧 '본래 그런 것'으로 받아들이며 지내왔다. 우리는 경제적 개인주의, 사유재산, 독점권, 민족국가, 자원전쟁, 핵미사일 등을 본래부터 존재하는 당연한 것으로 여겨왔던 것이다. 오늘날에 이르러 우리의 문명은 지구 전체를 길들이는 데 거의 성공했으며, 가까운 미래에는 외계의 다른 행성과 우리 자신의 마음, 유전자, 분자라는 내부 우주까지 울타리 안에 넣으려 하고 있다.

페미니즘 철학자 수잔 그리핀은 이런 현상을 이렇게 기술했다. "깨끗하지 못한 것에서 깨끗한 것을 분리했다. 변하지 않는 것에서 소멸하는 것, 부패된 것, 오염된 것, 악취 나는 것, 부식된 것, 쓰레기, 배변을 분리했다. 도시에서 떠돌이를, 게토를, 유대인의 게토를, 이교도의 게토를, 홍등가를, 흑인의 게토를, 레즈비언들을, 감옥을, 점쟁이 집을, 하층민을, 지하세계를, 시궁창을 분리했다. 이로써 공간은 나뉘었다. 인치, 피트, 마일 단위로 나뉘어져 경계선, 국경, 민족이 생겼다. 그리고 약속의 땅, 선택받은 사람들, 예언자, 선민, 선구자, 축성받은 사람들, 시성謚聖된 사람들, 교회법 제정자들과 그렇지 못한 사람들로 세상이 갈라졌다."

심리치료 전문가들은 한 사람이 경험하고, 표현하고, 나타내는 의식 상태, 행동, 느낌은 모두 그럴 만한 이유가 있다고 일관되게 가정한다. 충분한 이유가 있기 때문에 나타난다는 말이다. 이렇게 길들여진 세계에서 여러분과 내가 심리치료사 역할을 한다면, 우리는 분리와 분열을 '나타내는 징후'에 즉각 관심을 가질 것이다. 우리 앞에 놓인 현실을 규정하는 유일한 잣대로서 단선적 진보관이 압도적으로 승리한 것은, 표현하고 싶은 어떤 보다 깊은 심리상태를 나타내는 징후는 아닐까 하는 의문을 품을 수 있을 것이다. 그리고 우리는 '왜 사람들 일부가 단절과 격리에 기초해 세계를 보는, 전에 없던 시각을 창조했고 그런 시각을 왜 정교한 도구, 이데올로기, 변명으로 합리화했을까?' 하고 물을 수도 있다.

심각한 정신적 외상을 겪고 살아남은 사람들, 예를 들면 베트남 참전 용사, 성폭행 피해자, 아동학대를 겪은 사람, 과학기술로 인한 재해와 자연재해를 겪은 사람들을 살펴보면 실마리를 찾을 수 있을지 모른다. 극심한 정신적 외상을 겪은 사람들이 그 고통을 표출하는 가장 일반적인 방법 중 하나는 너무나 견디기 힘든 고통으로부터 정신이 탈출하는, 요컨대 정신이 '자기 몸을 떠나는' 육체이탈의 신경생리학적 반응이다. 아주 충격적인 사건을 경험한 사람 중 일부는 그 경험을 '몸 밖으로 올라가는' 느낌이라고 묘사하는데, 자기 몸 조금 위에서 자신을 내려다보는 느낌을 말한다. 관찰자적 위치로 보자면 이것은 단선적 진보관과 별다름 없이 위에서 아래를 내려다보는 것이다. 또 다른 사람들은 충격을 겪은 후 감정이나 육체적 자각이 없는 심리 상태로 도피했던 경험을 들려주는데, 이것은 오늘날의 지배문화에서 '정상'으로 간주되며, 우리의 학교와 대학에서 가르치는 것과 별반 다르지 않다.

심리치료사로서 우리는 결국 다음과 같은 의문을 품을지도 모르겠다. '개인으로서 우리가 정신적 외상으로 고통받고 있기 때문에 바로 그런 우리의 문화가 육체로부터 정신을, 감정으로부터 지성을 분리시킬 수 있었던 것은 아닐까?

정신적 외상에 기초해 세워졌으며 정신적 외상을 입히는 문화 속에 살고 있기 때문에 우리는 개인으로서 정신분열을 겪고 있는 것은 아닌가?

세속적인 감정과 직관을 표현하지 않는 지적 태도를 찬양하게 하고, 초고층 빌딩과 우주 왕복선을 끊임없이 위로 '쏘아 올리게' 했으며 결국 무한히 가동할 수 있는 컴퓨터에 인간 지식을 '다운로드'함으로써 정신이 구현된 삶을 불가능하게 만든 기술-유토피아적 시각을 갖도록 만든, 그렇게 우리의 시각을 형성한 단선적 진보관은 인간의 과거에 발생한 어떤 정신적 외상의 결과는 아닐까?

농경시대 이전의 시대를 묘사한 아프리카, 토착 아메리카, 히브리 등 다양한 문화권의 신화는 인류가 한때 이 땅에서 조화롭게 살았다고 전한다. 서구세계는 이런 시대로 5대 문화, 히브리의 에덴동산, 수메르의 딜룸Dilum*, 이란의 이마의 정원Garden of Yima**, 이집트의 텝제피Tep Zepi***, 그리스의 황금시대를 꼽는다. 그중에서도 오비디우스의 『변신』은 가장 많이 인용되면서도 가장 풍부한 내용을 전한다.

첫 번째 시대는 황금시대였다.

이 시대는 벌주는 자도 법도 없었다.

강제되지도 강요받지도 않았지만

모두들 스스로 신의를 지키고 서로에게 정의를 지켰다.

처벌을 두려워할 일도 없었고,

동판에 새겨 사람들을 윽박지르는 위협적인 법도 없었으며,

탄원하려고 재판관 앞에서 벌벌 기며 자비를 비는 사람도 없었다.

벌주는 사람이 없어도 사람들은 어디서나 안전하게 살았다.

산에서 커다란 소나무를 베어 배를 만들어

본 적도 들은 적도 없는 낯선 땅을 헤매게 하는 일은 없었다.

사람들은 자기가 살고 있는 곳 외에는 어떤 다른 곳도 알지 못했다.

사방에 담을 두르고 해자를 깊이 판 도시도 없었다.

기다란 청동나팔도, 구불구불한 나팔도, 투구와 칼도 필요 없었다.

이렇게 평화로운 세상이라 군인도 필요하지 않았다.

아직 어느 누구의 소유도 아니었던 땅은

괭이로 파고 보습으로 갈지 않아도

인간이 필요한 온갖 것을 저절로 대주었다.

그리고 이들 대부분의 신화적 서사시는 문명시대에 접어들면서 인간이 '타락' 했음을 계속 들려주는데, 인간의 품성과 문화의 질이 하락했다는 내용으로 묘사되어 있다. 최근 수십 년 동안 이런 이야기들은 우리에

• 기원전 2500년 길가메시 서사시에 등장하는 말로, 수메르 사람들이 메소포타미아의 끝에 있다고 생각한 낙원. 모든 것이 시작되는 곳이자 신의 정원이 있는 곳.

•• '이마'는 페르시아 신화에 등장하는 인류의 시조로서 늙음과 죽음이 없었던 지상의 황금시대의 왕자이다. 인간은 그가 만든 정원에서 배고픔, 질병, 죽음, 늙음을 모르고 대홍수에도 안전하게 보호받았다. 그러나 이마가 신이 되려 하자 왕자의 영광은 새가 되어 날아가버렸고 왕국은 악마의 수중에 떨어졌다.

••• '최초의 시간'이라는 뜻. 분노, 갈등, 무질서가 등장하기 전 완전무결한 황금시대였지만, 어느 순간 돌연 악이 침범하여 무질서가 도래하고 종말을 고한다.

게 기이한 우화, 잠잘 때 들려주는 동화, 영화의 좋은 소재로 다가왔을 수도 있다. 그러나 오늘날 서구문명이 불러일으킨 심리적, 생태학적 위기의 중심에 있는 우리에게 그 이야기들은 해석할 필요조차 없는 너무나 분명한 꿈이 되고 있다. 남부 아프리카 반투Bantu 부족의 신화를 보면 '인간이 자연에 무감각해짐으로써' 신은 대지에서 추방되었다. 캘리포니아 북부의 유록Yurok족은 어느 날 탐욕 때문에 '인간이 자연의 균형을 깼다'는 이야기를 전해준다. 성경의 에덴동산 이야기는 아담과 이브가 '낙원을 떠나' 죄악을 알게 되었을 때를 인류가 타락한 순간으로 묘사하고 있다.

심각한 정신적 외상을 입고 살아남은 사람들을 다룬 저작에서 심리치료사이자 작가인 테리 켈로그Terry Kellogg는 ―자신에게든, 타인에게든, 다른 생물에게든― 잔인하고 폭력적인 행위를 하는 것은 인간에게 자연스러운 것이 아니라는 사실을 강조한다. '무언가 부자연스러운 어떤 일이 생겨' 그가 상처를 입었기 때문에 그러한 행동을 한다는 것이다. 이 중요한 통찰을 염두에 두면, 우리는 전 세계의 신화에 묘사된 '타락'이, 단선적 진보관을 가진 뉴에이지 사상가들이 주장하는 것처럼, 인간의식이 발휘되면 자연히 발생할 수밖에 없는 예정된 사건이라고 볼 수 없다. 또한 성경에서 말하는 것처럼 죄악과 비난의 무거운 책임을 수반하는 '원죄'의 결과도 아니다. 그렇다면 역사적으로 중요한 결과를 초래한 인간 본질의 변화, 혹은 적어도 우리의 본질을 표현하는 방식의 변화는 "우리에게 발생했던 그 어떤 부자연스러운 일"의 결과로 나타난 것이라고 볼 수 있다.

"그 어떤 일"은 과연 무엇일까?

우리 인간은 자연세계와 반드시 공존하면서 살아가도록 태어난 피조물이기 때문에 이 공존관계가 침해된 것이 '인간이 겪은 최초의 정신적 외상'이다. 바로 이것이 전에는 당연하게 여겼던 자연세계와의 공존으로부터 우리의 삶을 체계적으로 분리한 것이다. 거친 덩굴손, 태양과 별의 주기에 따른 계절, 아기를 데리고 강 건너기, 신성한 먹이의 사냥, 생명력의 힘, 이 모든 것으로부터 우리를 분리시킨 것이다. 이런 분리는 애당초 서구세계에서 동식물이 사육, 경작되면서 부지불식간에 서서히 시작되었다. 그리고 대규모 문명의 등장과 더불어 그 정도가 심각해졌고, 대중 기술사회가 되면서 병적으로 진행되었다. 오늘까지도 여러분이나 나는 나무 냄새를 전혀 맡지 못하고, 달이 차고 기우는 모습을 전혀 보지 않고, 야생에서 동물을 만나는 일 없이, 동물이 갖고 있는 정신에 대해서는 별로 아는 것도 없이, 혹은 그들의 운명과 우리의 운명 사이의 관계를 헤아리는 일 없이, 일주일이나 한 달을 너끈히 살 수 있다. 우리가 겪는 최초의 정신적 외상은 자연세계로부터 분리되면서 우리가—의식적이건 무의식적이건 간에—겪게 되는 방황이다. 문명화된 삶 속엔 그곳에 뿌리를 내리지 못하고 방황하는 심리적 추방감이 내재되어 있다. 돌아가 쉴 집이 없는 것이다.

☿ 국가에 대항하는 사회

피에르 클라스트르 Pierre Clastres

프랑스의 인류학자(1934~77). 이 글의 출전은 *Society Against the State*(1977). 파라과이의 구아야키Guayaki족을 연구하여 국가의 출현을 설명해냈다. 그는 국가는 모든 사회의 궁극적 운명이라는 진화론적 관점과 인간의 자연상태는 순수상태였다는 루소적 통찰을 모두 부정하는 데서 출발했다. 권력에 대한 지식은 모든 사회에 내재되어 있지만, 사회가 국가에 도달하지 못하도록 내부에 사회적 장치가 마련되면 자율성이 확립된다고 보았으며, 이를 실현한 사회가 곧 원시사회라고 주장했다.

결론을 내리기 위해 아마존 강 유역의 투피-과라니Tupi-Guarani족의 사례로 돌아가자. 이곳은 족장들의 힘이 저항할 수 없을 정도로 커지면서 사회의 자율성이 침해되고 위협받은 곳이다. 이에 부족은 강력한 권력을 갖게 된 족장들이 자신들의 자율성을 말살하지 못하도록 저지하고, 족장이 왕이 될 가능성을 사전에 차단하기 위해, 거의 집단자살에 가까운 대가를 치르긴 했지만, 부족 내부의 무력을 동원했다.

한쪽엔 족장, 다른 쪽엔 예언자가 맞서고 있었다. 이는 15세기 말 투피-과라니 사회의 본질적 구도였다. 그리고 불꽃신화karai가 놀랄 만큼 많은 인디언을 예언자 밑에 끌어 모았기 때문에 예언자가 힘을 발휘하는 '장치'는 완벽하게 작동하고 있었다. 그래서 부족민들은 죽음의 문턱까지도 예언자와 동행할 수 있을 정도로 그에게 홀려 있었다.

이 모든 사실이 의미하는 것은 무엇인가? 예언자의 무기는 말﹦뿐이었지만 인디언을 '동원' 할 수 있었다. 그들은 원시사회에서는 불가능한 일을 할 수 있었다. 다양한 부족들을 종교적으로 통일했던 것이다. 그리고 추장들이 담당하던 모든 '프로그램(일)'을 단번에 해치워버렸다. 이것은 역사의 계략이었을까? 아니면 추장의 힘을 억제하려는 그 모든 노력에도 불구하고, 결국엔 원시사회를 지배-복종의 권력사회로 만들 수밖에 없는 치명적 결함이 있었던 것인가? 우리로선 알 길이 없다. 그러나 어찌되었든 추장에 반역했던 예언자들은 묘한 반전을 겪으면서 과거 추장들이 누렸던 것보다 훨씬 많은 권력을 얻게 되었다. 따라서 언어가 폭력과 반대라는 생각은 수정될 필요가 있다. 원시 추장은 문자 그대로 말을 할 의무가 있지만, 아주 특수한 상황에서는 원시사회도 또 다른 종류의 말에—그 말이 명령이나 마찬가지라는 사실을 깨닫지 못하고—귀를 기울일 수 있다. 예언이 바로 이런 종류의 말이다. 예언가의 담론 속에는 이미 권력 담론의 씨가 자리 잡고 있는지도 모른다. 또한 인간의 욕망을 말해주는 사람, 인간을 움직이는 그 사람의 숭고한 모습 이면에 조용한 독재자의 모습이 숨어 있는지도 모른다.

예언가의 말, 그 말의 힘, 결국 이것이 권력의 기원인가? 그 말 속에 국가의 기원이 있는 것인가? 인간의 영혼을 다스렸던 예언자들이 인간의 지배자로 군림하게 된 것인가? 아마도 그럴 것이다. 그러나 극단적인 예언자 지배사회에서조차(인구통계학적 이유에서건 다른 이유에서건 간에, 투피-과라니 사회는 가장 마지막 단계의 원시사회라는 점에서 극단적인 사례에 속한다), 야만인들은 추장이 지배자로 변질되는 것을 막기 위해 꾸준히 노력했고 통일을 거부했으며, 국가라는 단일체를 몰아내기 위해 노력했다. 역사 기록이 있는 민중의 역사가 계급투쟁의 역사였던 만큼이나 역사 기록이 없는 민중의 역사도 국가에 대한 투쟁의 역사였다고 말할 수 있다.

✄ 벌거벗은 사람들의 땅

마두스리 무케르지 Madhusree Mukerjee

인도 태생의 여성 과학자. 미국에서 물리학 박사학위를 취득하고 『사이언티픽 아메리칸』 편집진으로 일했다. 이 글의 출전은 *The Land Of the Naked People: Encounters with Stone Age Islanders*(2003). 구겐하임 연구기금을 받아 저술한 이 책에서 그녀는 인도의 빈곤문제 등에 대해 연구했는데, 인류학적 기반이 없었기에 안다만 주민의 생활상을 본 그대로 사실적으로 기록했다. 객관적이고 꼼꼼한 기술로 높은 평가를 얻었다.

인도 안다만 제도의 온지족Onge이 해열제로 사용했던 식물이 인간에게 치명적인 뇌말라리아 바이러스를 죽인다는 사실이 밝혀졌다. 이 식물의 이름은 특히 한 과학자가 관련 특허를 얻으려고 시도한 후에는 알려지지 않고 있다.

　주변환경에 익숙하고 잘 활용한 덕택에 온지족은 그밖의 여러 가벼운 질병에 대한 치료법도 알고 있었다. 치프리아니Cipriani는 이들이 "주변의 동식물에 얼마나 익숙한지 마치 태어날 때부터 동물학과 식물학에 통달한 것 같았고, 우리는 전혀 모르는 식물과 동물의 특성도 잘 알고 있었으며…… 어떤 나무에서 언제 어떤 꽃이 피는지도 잘 알고 있었다. 그에 따라 꿀의 질과 채집 장소가 달라지기 때문이었다. 그리고 어떤 꽃과 뿌리에 약효가 있는지도 알고 있었다"고 기록했다(치프리아니가 알려준 정보는 남자들에 관한 것이었는데, 식물에 관한 지식의 진정한 보고는 치유자, 즉 여성이었다. 물론 그들도 결핵처럼 바깥세상에서 들어온 질병은 치료할 수 없었다. 이런 병을 치료하는 데는 외부의 약품이 필요했다).

그러나 나무를 베어내면서 이런 약재를 키우던 정글도 사라지기 시작했다. 온지족에게 정글은 계절에 따라 모습이 변하고, 독특한 꽃과 잎과 열매를 맺으며, 고유한 향과 맛과 약효를 지닌 헤아릴 수 없이 많은 나무, 덩굴식물, 관목 등으로 이루어진 야생이었지만, 외부인에게는 도저히 알 수 없는 혼란덩어리였다. 새로 이주해온 사람들은 나무를 베어낸 자리에 자기가 가져온 나무를 심고 종종 농사도 지었다. 코코넛 과수원을 마련하려고 온지족 숲의 벌목 프로젝트에 착수한 사람은 기이하게도 치프리아니였다. "섬 주민들은 농사에 대해 전혀 몰랐기 때문에 그들을 위해 코코넛나무를 기르기 위해서는 내가 직접 심어야 했다. 심지어 직접 덤불도 정리하고 땅도 갈았다. 온지족 사람들은 호기심에 가득 차 내가 일하는 모습을 바라보긴 했지만 같이 일하고 싶은 마음은 전혀 없었다. 주변 바다와 섬에 식량이 지천으로 널려 있는데 10년 후에야 열매를 맺는 나무에 도대체 왜 관심을 보이겠는가?"

정말 그랬다. 그래도 그는 버텼다. 그로부터 거의 1백여 년 전 밭에서 일하는 죄수들을 지켜보던 대-안다만 군도 원주민 역시 이런 광경에 별로 깊은 인상을 받지 않았다. 에드워드 맨Edward Man은 원주민들이 농업 노동을 '품위를 떨어뜨리는 일' '자유를 빼앗긴 사람들에게나 어울리는 일'로 보았다고 한다. 섬사람들의 야생돼지 사냥, 작살로 물고기 잡기, 야생 감자 캐기, 과일 따기, 상큼하게 시원한 물 위를 걸어 다니며 조개 줍기 등과 같은 식량 마련 방식은 그들의 여가시간을 충분히 보장해주었기 때문이다.

문화인류학자 래드클리프-브라운Alfred R. Radcliffe-Brown*은 "안다만 섬

주민은 악몽을 꾸면 다음날은 감히 캠프 밖으로 나가려 하지 않고, 악몽이 사라질 때까지 집에만 틀어박혀 있는다"고 말했다. 희한한 기록이긴 하지만 중요한 의미가 있다. 요컨대 우리 중 누가 악몽을 꿨다고 하루 쉴 수 있겠는가? 어느 모로 보나 섬 주민들의 몸과 영혼은 오늘날의 인도 농민보다 훨씬 풍요로웠다. 맨은 대-안다만 군도 원주민들은 자살이란 개념조차 없었으며, 외부인들이 자살하는 모습을 보고는 '오윤테마르-톨리강가oyuntemar-toliganga'라는 발음하기도 힘든 복잡한 말을 만들어냈다고 전했다.

그렇지만 문명인에게 농업은 문명, 계몽, 짐승과 다름없는 무지로부터의 해방을 의미한다. 그래서 인도 관리들은 영국인들 ―그리고 이탈리아인 치프리아니―처럼 배울 생각이 전혀 없는 섬 주민들에게 농업을 가르치려고 고군분투했다. 자라와Jarawa족의 경우 코코넛을 심게 하는데 성공한 적도 있지만, 이 정글족은 곧장 밭을 뒤엎고 코코넛을 파먹어버렸다.

불행히도 농업은 양날의 칼이다. 농업의 도입으로 먹여 살려야 할 입이 훨씬 늘어났으며 인구증가를 자극했다. 그러나 과학자이자 작가인 재레드 다이아몬드의 말대로, 식량과 인구 사이의 균형은 결코 이루어지지 않았다. 시간이 가면서 인구수가 너무 늘어 밭이 부족하게 되었다. 그러자 사람들은 지구 끝, 더 이상 갈 곳 없는 곳에 도달할 때까지 이주하고 정복했다. 수렵채집인들만이 주어진 한도 내에서 살아갈 수 있었던 유일한 사람들이었다.

• 래드클리프-브라운은 영국의 사회인류학자(1881~1955)로서 문화 요소를 사회구조와의 관련 속에서 바라보는 구조기능주의적 접근법을 전개 발전시켰다. 문화의 각 요소들은 상호 관련성을 지닌 채 하나의 전체를 이루며 사회의 내적 통합성을 유지시킨다고 보았다.

소-안다만 섬의 고볼람베Gaubolambe 지역은 온지족의 우주였다. 그들의 세계관 그리고 영혼까지도 그 섬에 한정되어 있었다. 그래서 그들은 섬의 모든 해안, 모든 시냇가, 모든 삼나무, 모든 벌집을 잘 알았고, 그것을 아꼈던 것이다.

읽기와 쓰기

로베르 볼프 Robert Wolff

인도네시아에서 성장기를 보낸 네덜란드인 심리학자이자 교육자. 고교 졸업 후 유럽에서 제2차 세계대전을 목격하고 서구사회에 환멸을 느낀다. 미국에서 대학을 마친 후 수리남과 동남아시아 등지에서 원주민들과 생활했다. 인간은 지구의 질병이고 문명은 더욱 잔인해진다고 보았으며 원주민들과의 생활에서 삶의 기쁨을 찾았다. 이 글의 출전은 *Original Wisdom: Stories of an Ancient Way of Knowing*(2001)이다.

'교육' 이란 보통 우리가 문명사회를 살아갈 수 있도록 만드는 모든 것을 의미한다. 나는 우리가 '원시적' 이라고 부를 수 있는 사람들과 함께 시간을 보낸 적이 있다. 이들은 읽지를 못했는데, 읽어봐야 아무짝에도 쓸모없기 때문이었다. 그렇다고 이들이 멍청하다는 말이 아니다. 교육을 받았다는 것은 지적이라는 것과 별 관계가 없다. 오히려 사람들이 야생을 살아가는 데 필요한 지성은 교육에 의해 파괴되는 것이 보통이다.

승오이Sng'oi족은 문자로 된 언어가 없다. 그들의 언어는 배우기 어려운데, 언어학적으로 보면 몽-크메르Mong-Khmer어족에 속한다. 오늘날 이들이 살고 있는 지역의 인도네시아-말레이어와는 관련이 없다.

내가 이들을 알게 되었을 때—한 곳에 몇 년 정도 머물면서 비바람만 간신히 피할 수 있는 수준의 움막 너덧 개로 이루어진—이들의 마을은 말레이시아 중부 산악지대 정글 깊숙한 곳에 있었으며, 길가에는 마을

이라곤 전혀 없었다(한두 개의 정착지는 그나마 길에서 가까운 곳에 있었다). 우리는 오솔길을 따라 올라가야 했는데, 어떤 때는 길이 빤히 보이다가도 어떤 때는 안내인이 필요할 정도로 끊겨 있기도 했다. 전화, 전기, 상점 따위가 있을 리 만무했고, 우리가 당연히 여기는 생활 편의시설은 전혀 없었다.

나는 그들의 언어를 배우고 싶었기 때문에 작은 노트 한 권을 갖고 승오이족의 말을 인류학자들이 사용하는 음성 알파벳으로 받아 적었다. 그러자 곧 한 주민이 다가와 노트에 휘갈겨 쓴 이 신기한 게 뭐냐고 물었다. 나는 각각의 글자는 소리를 표현하는 것이라고 최대한 성의껏 설명해주었다. 나는 소리(기술적으로 말하자면 음소)를 하나로 조립해 그들의 단어를 배울 수 있었다. 그들은 나의 이런 모습을 매우 재미있다고 생각했다. 그런데 그들은 내가 그들의 말을 배우고 싶다는 것은 잘 이해했지만, 내가 글을 쓰는 이유에 대해서는 이해하지 못했다. 기억력이 시원치 않아서 그런 거 아냐?

이 사람들에게 재미있었던 것은 내 글씨가 아니라 내가 그들의 말을 듣고 기억하지 못한다는 사실이었다. 내가 글씨를 적는 이유를 열심히 설명하자, 전에는 말을 하지 않던 한 멋진 사람이 자신도 글 쓰는 법을 배우고 싶다고 했다. 그러자 다른 사람도 배우고 싶다고 했다.

나도 가르치는 데 동의했다. 그들은 '내일tomorrow' 부터 시작하자고 말했는데, 나는 그 말이 그 다음날the next day이 아니라 조만간soon을 의미한다는 것을 알고 있었다.

그날 저녁 나는 앞으로 어떻게 가르칠지 생각했다. 각 글자는 소리를 나타내고, 글자들을 조합하면 단어가 되고 등등…… 기본적인 읽기와 쓰기를 어떻게 가르쳐야 할지 도무지 알 수 없었다. 나는 그들이 어차피

이 일을 잊어버릴 거라고 편하게 생각하며 잠자리에 들었다.

다음날이 됐지만 하루 종일 누구도 글쓰기를 배우는 것에 대해 언급하지 않았다. 두 명의 젊은이가 아침 일찍 사냥을 떠나기로, 전에 결정했었기 때문에 그날은 특히 바빴다. 이들은 입으로 부는 화살통과 독화살을 가지고 이따금씩만 사냥에 나섰다. 더 자주 사용한 방법은 정교한 덫을 만들어 다양한 야생동물을 잡는 것이었다. 사냥꾼들은 원숭이 두 마리를 잡아 오후에 돌아왔고 내장을 뺀 후 불에 구웠다. 털 타는 냄새가 대단했다. 그날은 바람도 별로 없어 냄새는 밤새 가시지 않았다.

다음날 아침 그들은 이제 쓰는 법을 배우고 싶다고 했다. 마을 전체가 빙 둘러 앉았다. 어린아이를 포함해 모든 연령대의 사람 열두 명 정도가 모였다.

나는 흙바닥에 글씨를 썼다. "A는 '아ah' 소리를 나타내죠." 그리고 다시 썼다. "B는 '부buh' 소리를 나타내요." 우리 모두는 '아' 와 '부'를 몇 번 소리 냈다.

"자, 그러면 두 개의 소리를 합쳐 한 단어를 만듭시다"라고 내가 말했다.

그들은 모두 "아-부ah-buh"라고 발음했다. 그러나 그것은 한 단어가 아니었다.

"이번에는 거꾸로" 내가 재촉했다

그러자 모두 "부-아buh-ah"라고 입을 모아 노래했다. 이번에는 더 빨리 해봅시다. "바b-ah" 아 그렇군! 그들은 이 단어를 알았다(이들의 '바'는 영어의 '미스터'와 비슷한 뜻이었다). 그때 사람들은 나에게 '바우Bah Woo'라는 이름을 붙여주었다(그들은 내 성 볼프 Wolff를 '우'로 들었다).

그들은 아주 즐거워했고, 이제 '바ba'를 쓸 수 있었다. 그들은 서로 어울려 노래하고 춤추며 농담을 나눴다. 더 하자고 요청했다. "우리는 더 많이 배우고 싶어요." 그래서 우리는 곧 다른 글자들을 배웠고 그것을 묶어 여러 단어들을 만들었다.

첫 시간이 지난 후 나는 그들이 나보다 훨씬 낫다는 것을 깨달았다. 결국 그들은 언어를 알게 되었다. 그러나 나는 그들의 언어를 모를뿐더러 쓰기의 기초를 어떻게 가르쳐야 할지도 몰랐다. 그들은 내가 잘못된 악센트나 톤을 사용하면 발음을 교정해주었다. 그들의 언어는 전체적으로 상당히 '부드러운' 말레이어에는 없는 낯설고 거친 다양한 자음을 갖고 있었다. 인도네시아―말레이어는 예를 들자면, 많은 모음과 적은 자음을 갖고 있는 폴리네시아어의 모어母語라고 생각된다.

이들 모두가 그날 배운 내용 전부를 얼마나 쉽게 잘 기억하는지 놀랄 지경이었다. 한번 듣고 이해하면 그들은 무엇이든 다 알게 되는 것 같았다. 우리는 교육의 첫째 원칙이 반복이라고 배운다. 우리 세상에선 교사가 학생의 기억 속에 완전히 주입될 때까지 반복하고, 반복하고, 또 반복한다. 우리는 이렇게 가르쳐야 한다고 생각한다. 그러나 승오이족은 한 번 보고 들은 다음에는 다 알았다. 무엇이건 반복할 필요가 전혀 없었다.

후에 나는 이것이 드문 일이 아니라는 것을 알았다. 자질구레한 온갖 사실들로 마음을 어지럽히지 않은 사람들은 외우려고 애쓸 필요가 없다. 바로 이것이 입으로 전해 내려오는 역사가 우리가 말하는 역사(기록된 역사)만큼이나―그보다 더 정확하지는 않다 하더라도―정확할 수 있는 이유다.

둘째 시간이 지난 후 나는 피곤해졌다. 그러나 그들은 하루 종일 배우고 싶어 했다. 흥분은 줄어들지 않았다. 그들을 격려하고 동기를 불어넣을 필요도 없었던 것이다! 그날 하루는 정말 멋진 모험이었다. 서로 글을 쓰고 알아맞히는 놀이를 하면서 웃음꽃을 피웠다. 그들이 오랜만에 가졌던 최고의 잔치였다. 그들 말로는 원숭이고기 먹기보다 더 좋았다고 했다.

다음날 아침 한 사람이 매우 진지하게 물었다. "이제 뭐 하죠? 글쓰기로 뭘 하죠?"

그들이 글쓰기로 무엇을 '할 수' 있을까? 그들의 언어에는 문자로 된 것이 없었다. 어떤 국가위원회도 문자를 승인하지 않았다. 읽을 신문도, 책도, 광고도, 거리 이름도, 볼 지도도 없었다.

결국 그들은 글쓰기가 필요 없다는 결론을 내렸다.

다른 방법으로는 외울 수 없었기 때문에 내가 글자를 쓰기로 했다면―그들은 내가 이상하게 기억력이 없다고 생각하면서, 이런 내 모습에 놀라 서로 마주보며 키득거리고 웃었었다―그것은 나에게나 필요한 것이었다. 그러나 그들은 기억하기 위해 필요한 것은 아무것도 없었다. 그들은 쓰지 않아도 기억할 수 있었던 것이다.

글자를 배우는 것이 재미있었긴 하지만, 이제 그들은 그것이 별로 쓸모없다는 것을 알게 되었다.

그들이 옳았다. 그들 세계에서 글을 배우는 것은 별 쓸모가 없었다.

문명의 본질

자연 지배에서 인간 지배로

문명이란 무엇인가? 문화란 무엇인가? 건강한 인류가—전쟁이나 집단학살과 같은—폭력에

지배당하고, 무지하고 기생충 같은 노예에게 보호받는 것이 가능한 일인가? 여성의 지위에

따라 국가의 흥망이 달라진다고 한 역사가는 어디에 있는가?

── **아그네스 라이언**(1952)

2부에서 첼리스 글렌다이닝은 오랫동안 눈에 보이지 않는 자연 길들이기가 서서히 진행된 후 마침내 문명이 도래했다고 했다. 『문명에의 거부』와 『미래의 원시인』에서 주장한 것처럼, 분업과 전문화가 느껴지지 못할 정도로 서서히 진행되면서 단절과 통제에 기초한 질적으로 전혀 다른 세계로의 전환, 비약이 가속화되었을 것이다. 그러나 이 과정에서 이런 방향과는 반대로 가려는 강한 움직임과 투쟁이 있었다. 투쟁 없이 문명은 절대 승리하지 못한다.

　3부에서 우리는 근본적으로 문명이 무엇인가 하는 문제를 다룰 것이다. 문명은 내적 논리를 갖고 있는가? 문명의 핵심 본질은 무엇인가? 그리고 문명의 핵심에는 인간을 억압하는 권위주의가 자리 잡고 있다는

● Agnes Ryan. 영국의 여류 작가, 시인(1878~1954).

사실을 인식해야 한다.

마이클 만Michael Mann*은 이 사실을 다음과 같이 지적했다.

문명화되지 않은 사회에서는 사회적 속박에서 벗어나는 일이 가능하다. 권위는 자유롭게 부여되었지만 다시 회수할 수 있었다. 영구적이고 강압적인 권력은 불가능했다.

이와 관련된 또 다른 사실은 역사상 모든 문명은 조직적이고 피로 물든 전쟁을 주기적으로 벌였다는 것이다. 전쟁으로 인해, 끔찍한 참상이 벌어진 것은 물론이고, 인간에 대한 가장 강력한 통제가 초래되었다.

기술technology은 지배의 또 다른 핵심 영역이다. 한스 요나스Hans Jonas**는 자연을 길들이려는 인간 의지의 결실이요 현대의 우상인 기술에 대해 다음과 같이 묘사하고 있다.

과학기술을 통한 자연 지배라는 베이컨적 이상 속에 존재하는 재앙의 위험은 기술이 부족할 때가 아니라 기술이 큰 성공을 거두었을 때 커진다.

• 영국 출생, UCLA 사회학과 교수(1942~). 대표작 『사회적 권력의 토대The Sources of Social Power』에서 근대 국가의 권력은 어떤 하부구조에서 유래하며, 어떤 과정을 거쳐 강화, 발전, 변화되어 왔는지 인류 역사의 전 과정을 추적했다.

•• 독일 출신의 유대인 철학자(1903~93). 하이데거 밑에서 철학박사 학위를 받지만 나치에 협력하는 하이데거에 깊이 실망하여 팔레스타인으로 갔다가 영국 육군에 입대한다. 가족 모두가 나치에 학살당하는 비극을 겪은 후 팔레스타인에서 독립운동에도 참여하기도 하지만 철학자의 삶을 살기 위해 미국에 정착한다. 그가 쓴 『책임의 원칙』『생명의 현상』은 기술과학시대의 환경과 생명윤리를 강조한 저작으로 "당신의 행동 결과가 인류의 진정한 삶의 유지와 공존할 수 있도록 행동하라"는 도덕성 최고의 원칙을 남겼다.

문명은 절대적 통제를 할 수 있을 때까지 자연과 인간세계에 대한 통제를 멈추지 않는다.

　3부에 수록된 글 중 유나보머는 전 세계를 자신의 영역에 가둔 현대 과학기술 질서의 압도적 힘, 그리고 그로 인한 인간의 자아 성취감 부재를 지적하고 있다. 다른 대부분의 글 역시 예속과 희생, 질병, 노이로제, 심리적 고통, 좌절, 억압, 정신이상, 광기, 인간의 황폐화, 대량 파괴, 자기파괴 등과 같은 문명의 또 다른 측면들을 보여주고 있다.

✕ 인간의 미학교육에 관하여

프리드리히 실러 Friedrich Schiller

독일의 극작가, 시인(1759~1805). 1784년 『간계와 사랑』을 발표하며 극작가가 된 후 『도둑 떼』 『오를 레앙의 처녀』 『빌헬름 텔』 등 중요한 작품을 남겼다. 18세기 후반 괴테와 함께 문학운동인 '질풍노도'를 이끌었으며, 평생 권위적인 기존 질서를 부정하며 '자유'의 이념을 추구했다. 이 글의 출전은 *On the Aesthetic Education of Man*(1793)으로서 실러의 미학사상을 가장 잘 담고 있는 책이다. 실러는 예나 대학에서 역사 및 미학 강의를 했으며, 다양한 미학적 관심사를 많은 미학 논문에 남겼다.

문명은 우리를 자유롭게 하기는커녕, 우리 안에 매번 새로운 권력을 발전시키고 새로운 필요를 창조해낸다. 물리적 속박이 우리를 숨도 못쉬게 옥죄고 있는 까닭에, 가진 것을 잃게 될지도 모른다는 두려움에 자유를 향한 가장 열정적인 충동조차 질식할 지경이며, 묵묵히 복종하라는 격언만이 삶의 최고 지혜로 통하게 되었다.

이런 묘사는 우리 시대를 너무 혹평한 것은 아닌가? 내가 예상하는 것은 이런 비난이 아니다. 내가 예상하는 것은, 내가 우리 시대의 문제를 너무 많이 드러내려 했다는 비난이다. 아마 여러분은 이렇게 말할 것이다. "당신은 현재 우리의 모습을 정말 정확하게 묘사하고 있다. 그러나 당신의 묘사는 우리뿐 아니라 문명에 사로잡힌 사람이라면 누구에게나 해당되는 것 아닌가? 왜냐하면 문명에 사로잡힌 사람들은 모두 예외 없이 이성을 남용한 결과 자연으로부터 멀리 벗어나게 되었고, 따라서 이성을 사용해 자연으로 돌아가는 것은 거의 불가능하게 되었기 때문이다."

근대인에게 이런 상처를 입힌 것은 문명 그 자체였다. 경험적 지식과 보다 정확한 사고방식이 증가하면서 학문 간 경계가 훨씬 더 뚜렷해졌고, 국가의 지배장치가 더 복잡해지자 신분과 직업의 경계가 더 엄격해져 인간 본성의 내적 통일성도 단절되었고, 재앙과도 같은 신분 간 갈등은 인간 본래의 조화성을 파괴해버렸다. 직관적 오성과 사변적 오성은 적의를 품고 각자의 영역으로 물러나 서로 시기심에 가득 찬 불신으로 자신의 영역을 지키기 시작한다. 이렇게 특정 영역으로 우리의 활동을 제한함으로써 우리는 그 영역에는 익숙해질 수 있었지만, 우리의 나머지 잠재력은 억압하게 되었다. 한쪽(직관의 영역)에서는 분방한 상상력이 힘들게 얻은 지성의 결실을 태워 없애버렸지만, 다른 한쪽(사변의 영역)에서는 모든 것을 추상화하려는 정신이 감성을 데우고 상상력의 불을 지피는 데 필요한 불길을 꺼버렸다.

따라서 인간 능력의 이러한 분절적 전문화를 통해 세계가 전체적으로 얼마나 많은 이득을 보든 간에, 이런 세계적 목적의 저주를 받으며 인간이 전문화로 고통을 겪고 있다는 것은 부인할 수 없다. 훈련으로 강인한 신체를 만들 수는 있다. 그러나 아름다움은 육체의 자유롭고 조화로운 움직임을 통해서만 얻을 수 있다. 마찬가지로 정신의 개별 기능을 강화하면 비상한 인간을 만들 수 있겠지만, 행복하고 완전한 인간을 만들기 위해서는 정신의 모든 기능을 균등하게 조화시켜야 한다. 그런데 인간성을 발전시키기 위해 정신의 다른 한 기능을 희생시켜야 했다면, 우리의 과거는 어떤 것이었고 미래는 어떤 것이 될까? 만약 그런 희생이 필요했었다면, 지금까지 우리는 인류의 노예였을 것이다. 수천 년 동안 우리는 인류를 위해 노예처럼 일했을 것이고, 그렇다면 그로 인해 훼손된 우리의 본성은 미래에도 계속 수치스러운 노예의 흔적을 지니게 될 것이다.

사람은 완전한 의미 그대로 인간일 때에만 자신의 본래 역할을 한다. 그리고 자신의 본래 역할을 할 때에만 그는 완전히 인간이 된다.

인류 역사 발전 이론

샤를 푸리에 Charles Fourier

프랑스의 공상적 사회주의자(1772~1837). 이 글의 출전은 불어판 『전집 Oeuvres Complètes』 2권 중의 'Theory of Four Movements and General Destinies'(1846)이다. 그는 반자본주의, 반문명에 대한 대안으로 유토피아적 공동체 사회를 구상했다. 그의 주장 중 절반은 공상에 가깝지만 그 안에 담겨 있는 문명비판, 여성해방, 이상적인 공동체 건설의 메시지는 오늘날까지도 많은 사람들에게 영향을 끼치고 있다.

1793년 대재앙* 이후 환상은 사라졌고, 정치학과 도덕철학은 영원히 오점이 찍힌 채 신뢰를 잃었다. 그후 우리의 모든 지식이 쓸데없는 것이었다는 사실은 분명해졌다. 우리는 새로운 학문에서 사회적 선을 찾아야 하고, 정치적 천재들에게 새로운 장을 만들어주어야 한다. 계몽철학자들이나 그들의 경쟁자 모두 사회적 불행의 해결책을 전혀 알지 못했다. 이들이 자신의 이론적 도그마를 계속 주장하는 한, 가장 수치스러운 징벌이 계속될 것이다. 요컨대 그들은 빈곤에서 벗어나지 못할 것이다.

바로 이 때문에 나는 아직 알려지지 않은 새로운 사회과학의 존재를 느끼고 그것을 찾아 나서게 되었다. 나는 지식이 부족하다고 해서 겁먹

---

* 1793년 1월 루이 16세와 마리 앙투아네트를 비롯한 많은 귀족들이 단두대에서 처형되었다. 한편 프랑스혁명의 여파가 몰려올까 두려웠던 구체제 국가들은 동맹을 맺어 프랑스와 전쟁을 벌인다.

지 않았으며, 지난 25세기 동안 학자들이 알아내지 못했던 것을 알아내는 영광에만 내 시선을 고정시켰다.

이성이 길을 잘못 들어섰다는 수많은 징후들, 특히 산업사회를 괴롭히는 고통들에 대한 생각도 나의 의지를 자극했다. 실로 산업사회는 가난, 실업, 부정직의 승리, 해적질, 독점, 노예 납치 등 헤아릴 수 없는 불행, 문명의 산업사회는 신이 인간을 벌하기 위해 고안한 재앙은 아닌가 하는 의혹이 들 정도로 수많은 고통으로 가득 차 있다.

이런 전제하에 나는, 산업은 자연질서에 대한 일종의 파괴자이며, 신의 뜻에 반하는 것이고, 수많은 고통이 끈질기게 계속되는 것은 신이 의도했지만 우리의 학자들은 몰랐던, 어떤 장치가 없기 때문일 수 있다고 생각했다. 마지막으로 나는, 만일 인간사회가 몽테스키외가 믿었던 것처럼 "병적인 무관심, 내적인 악덕, 몰래 숨어 있는 독"에 감염되어 있다면, 수세기 동안 치유책을 제시하지 못했던 우리의 불확실한 학문이 그간 걸어왔던 길을 피해야만 치유책을 찾을 수 있을 것이라고 생각했다.

문명과 불안 🔥

지그문드 프로이트 Sigmund Freud

그가 해석한 무의식의 세계는 20세기의 심리학, 문학, 예술, 철학, 문화 등 거의 전 영역에 걸쳐 깊은 영향을 끼쳤다. 이 글의 출전인 『문명과 불안Civilization and Its Discontents』은 제1차 세계대전을 겪은 후 서구의 지성과 인간성에 절망하여 쓴 저작이다. 이 책에서 그는 문명이 진보할수록 자연파괴와 공해, 살인 병기는 증가하고 인간 본능에 대한 억압은 더욱 심화됨으로써 해체와 자기파괴의 충동은 더 증폭된다고 하는 극히 절망적인 예언을 남겼다.

우리는 매우 충격적이어서 심사숙고하지 않으면 안 될 한 주장과 마주하고 있다. 이 주장은 이른바 문명이라는 것이 우리의 불행의 원인이며, 문명을 버리고 원시 상태로 돌아가야 훨씬 행복해질 것이라고 한다. 나로서는 이와 같은 주장이 놀라운 것이라고 말하고 싶다. 왜냐하면 우리가 뭐라고 문명을 정의하든, 고통의 근원에서 솟아나오는 위협으로부터 우리 스스로를 보호하기 위해 택하는 모든 수단이 바로 그 문명의 일부이기 때문이다.

도대체 어떻게 해서 그토록 많은 사람들이 문명에 대해 이상하게도 적대적인 태도를 취하게 되었는가? 나는 이런 태도의 근저에는 문명에 대한 깊고도 오랜 불만이 있으며, 그런 불만이 존재하는 상태에서 어떤 구체적인 역사적 사건이 발생함으로써 문명에 대한 비판이 촉발, 형성되었다고 믿는다. 나는 그런 역사적 사건 중 가장 최근에 발생한 사건과 바로 그 이전의 사건 정도는 알고 있다고 생각한다. 내가 이런 두 사건이 역사적으로 어떻게 발생했는지 심도 있게 파악할 정도로 박식하지는 않지만, 기독교 세계가 이교도에 승리를 거두었을 때 이미 문명에 대한 적대감이 존재했음이 분명하다. 왜냐하면 문명에 대한 적대감은 기독교 교리가 세속적인 삶을 낮게 평가한 것과 밀접한 관련이 있기 때문이다. 우선 두 역사적 사건 중 앞서 발생한 사건은 항해의 시대가 진행되면서 원시부족과 접촉하게 된 것이다. 원시부족의 풍속과 관습에 대한 불충분한 관찰과 잘못된 견해 때문에 유럽인들은 우월한 문명을 가진 유럽인이 누리지 못하는 삶, 욕망이 거의 없는 소박하고 행복한 삶을 원시부족민들이 누리고 있다고 생각했다. 그러나 점차 접촉이 늘어나면서 이런 판단 중 일부가 수정되었다. 많은 경우 관찰자들은 복잡한 문화적 요구가 없었기 때문에 원시부족민이 행복하다고 오판했는데, 사실 이들이 행복했던 것은 중요한 인간적 욕구가 쉽게 충족되었고 자연의 혜택을 누렸기 때문이었다. 가장 최근에 발생한 역사적 사건은 우리가 잘 알고 있는 사건이다. 문명인이 누리는 티끌만 한 행복마저 무너뜨릴 수 있는 노이로제의 메커니즘에 대해 사람들이 알게 된 것이 바로 그 사건이다. 사회가 요구하는 문화적 이상을 충족시키지 못함으로써 느끼는 좌절감을 견디지 못하기 때문에 사람들이 (행복을 파괴하는) 노이로제에 걸린다는 사실이 밝혀졌던 것이다. 이로 인해 사회가 그런 요구를 하지 않거나 줄여야 인간이 행복해질 수 있다는 결론이 나왔다.

거기에 또 다른 실망스러운 요인이 있었다. 지난 몇 세대 동안 인류는 자연과학과 자연과학의 기술적 응용 영역에서 눈부신 발전을 이룩했으며 이전에는 전혀 상상하지 못했던 방법으로 자연에 대한 통제권을 확립했다. 이런 발전 과정은 이미 널리 알려져 있기 때문에 자세히 설명할 필요는 없을 것이다. 인간은 그런 업적을 자랑스러워하고 있으며, 그럴 만한 자격이 있다. 그러나 인간은 시간과 공간에 대한 통제, 요컨대 수천 년 전부터 갈망했던 자연에 대한 정복에 성공했음에도 불구하고, 이런 성과가 기대했던 것만큼 삶의 만족도를 증대시키지도 않았고 인간을 더 행복하게 만들지도 않았다는 것을 깨달은 것 같다.

문명의 발전이 개인의 발전과 아주 닮은꼴이라면, 더욱이 같은 방식으로 진행된다면, 전 인류가 문화적 충동이나, 어떤 문명 또는 어떤 문명 시대의 영향을 받아 노이로제에 걸리게 되었다고 진단할 수 있지 않을까?

⚔ 문명과 원시

존 란다우 John Landau

미국의 음악평론가, 예술비평가. 이 글의 원제는 'Civilization and the Primitive'(1995)이다.

원시란 무엇인가?

원시란 믿고 또 믿고 믿는 것이다. 원시란 가식이 없는 것이다. 언어를 통해 몸의 언어, 성대聲帶의 언어, 생명력이 깃든 관념과 꿈의 언어, 냄새의 언어를 통해 무아지경에 이르는 것이다. 맨땅을 맨발로 밟고 있는 것이 원시다. 원시란 관념 부재의 상태가 아니라 본능을 품고, 포용하며, 통합하는 관념 바로 그것이다. 원시란 춤추는 것이고, 몸을 충동에 움직이는 것이다. 원시란 혼돈을 포용하며 다양성을 끌어안는 것이다. 원시는 우리에게 모든 가능성을 열어준다. 원시란 자유롭게 떠도는 것이고, 발현된 힘을 완전히 사용하는 것이다. 그것은 울부짖는 다양한 무리들 속에 모인 육체들이다. 그것은 존재하는 모습으로 자기자신을 표현하는 열정이다. 그것은 섬세한 사냥을 기반으로 하는 교활함이며, 관능적인 의식을 통해 스스로를 창조하는 잔인성이다. 원시란 사랑하듯 싸우는 것이고, 익숙하게 고통을 느끼는 것이며, 존재의 바다로 무작정 뛰어드는 당혹스러운 것이다. 그것은 축축하고 진흙 속에 덮인 것이며, 양수에 둘러싸인 태아이다. 원시는 동식물 정령들의 모임이고, 신비를 추구하는 것이다. 원시란 자기만의 색깔을 마음껏 발산하는 것이며, 이상을 벗어나 위험한 함정을 향해 자유롭게 달려가는 것이고, 그래도 여전히 황홀해하는 것이다. 원시란 대지, 우리의 발밑에 있는 땅을 믿는 것이다.

문명이란 무엇인가?

문명은 불신, 우리가 만질 수 없는 것, 자유로운 움직임이 없는 허식, '아니다'라고 거짓으로 꾸미는 것이다. 문명은 오직 '아니다'라고 한다. 자신은 무엇이 '아니다'라고 밝힌다. 문명은 부정하지 않으면 존재할 수 없다. 문명은 이것 아니면 저것의 '이분법'이다. 문명은 "모든 것이 존재하는 곳이며 그 안에 있는 모든 것이 문명이다"(문명 밖에서는 아무것도 존재할 수 없다. 반면 원시는 활동이나 휴식 같은 것을 위한 장소가 아니다. 왜냐하면 원시적인 것은 모두 움직임, 즉 동사verb로 표현되기 때문이다). 문명은 초월적 삶을 추구하고 대지를 떠나려는 욕망이다. 문명은 먼지, 흙, 진흙을 경멸한다. 문명은 그것이 '어떤 이상ideal'이든 이상의 관념에 얽매여 있다. 문명은 몸부림치는, 이리저리 뒹구는, 고통으로 몸을 뒤트는, 더듬거리며 어설프게 행동하는, 그리고 고함치는 피조물을 완전히 파괴하는 것이다. 그것은 기계이며, 분열이고, 조화로운 부분들의 통합을 침해하는 것이다. 그것은 고향이 없는 것, 모든 곳에서 추방된 것, 따라서 발견한 모든 곳을 식민지로 삼는 것이다. 좌절, 좌절, 좌절의 삶이다. 문명은 조작하는 것이다. 문명은 선한 것Good이 없으면 모든 것이 붕괴할 것이기 때문에 오직 선한 것만이 우주를 지탱하고 있다고 믿는 것이다.

따라서 문명은 스스로 악evil이라 칭하는 모든 것을 악마로 만드는 것이다. 그것은 편집증의 지배, 따라서 지배의 편집증이다. 문명은 빈둥거리지 않는 것이다, 미치지 않는 것이다, 짜증내지 않는 것이다, 감동하지 않는 것이다, 자기 마음대로 하지 않는 것이다, 한가하지 않은 것이다, 자신보다 '못한' 사람처럼 행동하지 않는 것이다, 방귀 뀌지 않는 것이다, 트림하지 않는 것이다, 낮잠 자지 않는 것이다, 숨 쉬지 않는 것이다, 울지 않는 것이다, 쉬지 않는 것이다…… 문명은 '아니다'로 점철되어 있다. 문명은 실체가 없기 때문에 스스로 존재한다는 사실을 입증하기 위해서는 문명이 아닌 모든 것을 정복해야 한다. 문명은 질투이며 스스로를 증오한다. 상대방은 더 질투가 심하니 질투심을 가져야 한다고 한다. 이는 무가치한 탐욕이요 전체에 대한 무모한 파괴다. 따라서 문명이란 체면을 지키기 위해 우월한 체하는 것이며, 누구든 체면을 가장 잘 지키는 사람이 이긴다.

이성의 어두움 ✗

막스 호르크하이머 Max Horkheimer

독일의 철학자, 사회학자(1895~1973). 아도르노와 함께 『계몽의 변증법』을 저술한 프랑크푸르트학파의 일원이다. 이글의 출전은 *Eclipse of Reason*(1947). 그는 나치의 인종 대학살과 기만적 대중문화산업으로 귀결되는 현대사회의 비극은 계몽주의가 찬양하는 '인간 이성'에서 비롯되었다고 보고, 문명화 과정에서 합리적 이성은 도구적 이성으로 변질되었음을 폭로한다. 그는 인간 문명 속에는 나치로 상징되는 야만의 논리가 숨어 있다고 비판했다.

자연에 대한 지배는 인간에 대한 지배를 포함하고 있다. 각 인간 주체는 인간이 변형시켰거나 혹은 인간과 독립적으로 존재하는 자연을 정복하는 데 참여해야 할 뿐만 아니라, 그러기 위해서는 자연을 자기 안에 굴복시켜야 한다. 지배는 지배 그 자체를 위해 '내재화' 된다. 대체로 우리가 목표라고 보던 것들, 예컨대 개인의 행복, 건강, 부 등은 기능적인 잠재력이 있어야만 의미를 가진다. 이 용어들은 지적, 물질적 생산에 유리한 조건들을 의미한다. 따라서 산업사회에서 개인의 금욕은 산업사회를 초월하는 목표를 지향하는 것이 아니다. 그런 금욕적인 태도는 수단으로서는 합리적이지만, 인간 존재와 관련해서는 비합리적이다. 사회와 그 제도뿐만 아니라 개인도 이런 모순을 갖고 있다. 인간의 내외부에서 자연에 대한 정복은 '의미'라는 동기 없이 진행되고 있기 때문에, 자연은 실제로 극복되거나 조화되지 않고 그저 억압될 뿐이다.

자연에 대한 이러한 억압에 대항하는 저항과 반란은 개인적 범죄와 정신착란은 물론이고 사회적 봉기—16세기의 자발적인 농민 반란이나 우리 시대의 조직적인 인종 폭동과 같은 —의 형태로 문명이 시작될 때부터 문명을 따라다녔다. 그런데 문명이 자신의 우월한 힘을 이용하여 이런 저항을 교묘하게 이용하는 것이 우리 시대의 전형적인 특징이다. 이를 테면 문명은 그러한 저항을 야기한 바로 그 상황, 저항이 타도하고자 하는 바로 그 상황을 영속시키는 수단으로서 저항을 이용하는 것이다. 합리화된 비합리성인 문명은 자연의 반란을 문명을 존속시키기 위한 또 다른 수단 혹은 도구로 흡수해버린다.……

밤하늘을 쳐다보고 "아빠, 저 달은 무엇을 광고하려고 띄운 거예요?" 하고 물었다는 소년의 이야기는 형식화된 이성의 시대에 인간과 자연의 관계가 어떠한지 보여주는 우화이다. 한편으로 자연은 모든 내적 가치나 의미를 잃어버렸으며, 다른 한편으로 인간은 자기보존 이외의 다른 모든 목적을 상실했다. 인간은 이용할 수 있는 모든 것을 자기보존이란 목적을 위한 수단으로 전환시키려고 한다. 관계를 암시하는 모든 단어나 문장은 이런 실용적인 목적 외에는 의심받는다.

어떤 사람이 한 물건을 칭찬해달라는 요청을 받거나, 또는 어떤 감정이나 태도를 존중하라거나, 자기자신을 위해 한 사람을 사랑하라는 요청을 받으면, 그는 거기서 어떤 감상感傷을 감지하곤 누군가가 자신을 속이거나 뭔가를 팔려고 한다고 의심하게 된다. 달은 무엇을 광고하기 위해 떠 있느냐는 질문은 하지 않겠지만, 그래도 사람들은 탄도학이나 달과의 거리 등의 견지에서 달을 생각하는 경향이 있다.

세계가 목적의 세계가 아니라 수단의 세계로 완전히 바뀐 것은 생산양식이 역사적으로 발전했기 때문이다. 물질적 생산과 사회조직이 더욱 복잡해지고 구체화되었기 때문에, 또 그것들이 자율적인 존재의 모습을 취하기 때문에, 그런 것을 수단으로 인식하기가 더욱 어려워졌다. 생산수단이 원시적이면 사회조직의 형태도 원시적이다.

경제적 관점에서 보면, 계급 지배사회에서 사변적 사유란 힘든 노동에서 면제된 계급 구성원들만 누릴 수 있는 사치에 불과했다. 플라톤과 아리스토텔레스를 최초의 위대한 대변자로 둔 유럽의 지성인들은 자신들이 지적으로 벗어나려 했던 바로 그 지배체제 때문에 존재할 수 있었고 사유할 수 있는 여가도 누릴 수 있었다. 이런 역설적 상황은 다양한 사유체계에서 그 흔적을 찾아볼 수 있다. 오늘날 대중은 그러한 사색의 자유는 아주 가끔씩만 맛볼 수 있다는 것을 알고 있다. 대중에게도 그런 기회가 왔다는 측면에서 본다면, 그것은 분명히 진보이다. 그런 자유는 항상 특정한 집단의 특권이었는데, 이 집단은 자동적으로 자신의 특권을 인간적 가치로 실체화하는 이데올로기를 구축했고, 이 이데올로기는 그 목적에 충실하게 육체노동에서 면제된 사람들을 찬양했다. 따라서 그 집단 내부에서 불신이 생겨났다. 기실 우리 시대의 지식인은 끊임없이 변화하는 현실적 요구를 충족시키라는 경제의 압력으로부터 자유롭지 않다. 그 결과 영원을 지향하던 사유는 바로 다음 순간에만 관심을 갖는 실용적 지성으로 대체된다. 과거 일부 집단이 누리던 특권적 성격을 잃어버린 대신 사변적 사유는 모두 사라진다. 이런 것을 진보라고는 할 수 없다. 이 과정에서 자연이 그 경이로움과 신비함을 잃어버린 것은 사실이다. 그러나 지식인이라는 특권 집단의 왜곡된 언어로라도, 인간의 마음을 통해 자신을 표현할 기회를 완전히 박탈당한 자연이 보복에 나선 듯하다.

자연에 대한 현대인의 무감각은 전체적으로 서구문명의 전형적 특징인 실용주의적 태도의 한 변종에 불과한 것으로, 형태만 다를 뿐 본질적으로 같은 것이다. 먼 옛날 사냥꾼은 들과 산에서 그날 사냥이 잘될 것인가에만 관심을 가졌다. 그러나 현대의 사업가는 같은 풍경 속에서도 담배 광고 포스터를 어디에 세우는 것이 좋은지 살핀다. 우리 시대의 동물들이 처한 운명은 몇 년 전 보도된 신문기사에서 상징적으로 드러난다. 아프리카의 코끼리와 다른 짐승 떼가 비행기 착륙을 자주 방해한다는 기사였는데, 이런 기사에서 동물들은 그저 교통을 방해하는 존재로만 간주되고 있다. 인간이 만물의 영장이라는 의식은 창세기로까지 거슬러 올라간다. 바울, 토마스 아퀴나스, 루터 등 가장 위대한 종교사상가들도 동물을 우호적으로 묘사한 성경 속의 교훈을, 다른 피조물에 대한 인간의 의무가 아니라, 인간의 도덕적 교화에만 적합한 것으로 해석했다. 종교사상가들에게도 오직 인간의 영혼만이 구원받을 수 있는 것이고, 동물은 고통을 겪을 수밖에 없는 존재였다. 몇 년 전 영국의 한 성직자는 "어떤 인간들은 타인의 삶, 복지, 행복을 위해 고통을 겪고 죽기까지 한다. 인간세계에서 이런 일은 계속되고 있다. 그중 세상 사람들이 가장 숭고한 사례로 드는 것은 (경외감을 갖고 말하는바) 예수의 고난과 죽음이다. 그런데 왜 동물들은 이런 사례로 거론돼서는 안 되는가?" 교황 파이우스 9세는 동물을 잔인하게 다루는 로마의 관행을 막아달라는 요청을 받아들이지 않았는데, 이는 교황이 선언한 것처럼 신학의 가르침에 따르면, 인간은 동물에게 어떤 의무도 없기 때문이다. 나치는 동물보호를 자랑하긴 했지만, 그것은 그들이 단순한 자연으로 취급했던 '열등 인종'을 보다 철저하게 경멸하기 위해서였을 뿐이다.……

새벽과 몰락 🐾

막스 호르크하이머 Max Horkheimer

이 글의 출전은 *Dawn and Decline*(1961)으로, 1923~31년, 1950~69년 사이에 쓴 노트 모음집이다.

서커스에서

서커스에서 묘기를 부리는 코끼리의 모습을 보면 인간의 기술적 우위를 저절로 알 수 있다. 채찍과 쇠갈고리를 든 사육사와 함께 이 육중한 동물이 들어온다. 사육사가 명령을 내리면 코끼리는 왼발, 오른발, 코를 들어올리고, 원을 그리기도 하며, 힘들여 땅에 누웠다가, 마지막으로 채찍을 내리치면 두 다리로 서서 무거운 몸을 가까스로 떠받친다.

수백 년 동안 코끼리가 사람들을 즐겁게 하기 위해 해야 했던 일이 바로 이것이다. 그러나 어느 누구도 코끼리의 서커스나 고리통과 묘기에 이의를 제기하지 않는다. 이 서커스는 인류사에 코끼리가 최초로 담당했던 역할인 코끼리 노예노동보다 더 기묘한 것도, 더 부적절한 것도 아니며, 아마도 노예노동보다 동물에 더 적합한 것인지도 모른다. 어리석은 관객과 마주한 코끼리가 마치 영원한 지혜의 화신처럼 보이는 서커스장, 바보들 틈에서 코끼리가 바보들과 다투지 않고 평화를 지키기 위해 일부러 한두 가지 우스꽝스러운 동작을 보여주는 바로 그 서커스장에서, 돈을 벌기 위해 (인도 목재시장에서) 코끼리에게 강제노동을 시키는 것이 객관적으로 비이성적인 짓이라는 것이 드러난다. 인간이 이런 동물노동에 의존하고 그럼으로써 동물노동에 종속될 수밖에 없다는 것은 궁극적으로 인간의 수치다. 인간 본성 및 자연에 역행하는 노동을 통해 인간의 존재를 드러내는 수단으로 코끼리에게 노예노동을 시킨 결과, 서커스 공연이 코끼리에게 낯선 것이 된 만큼이나 인간도 자신의 존재에 대해 낯설어하게 되었다. 루소는 프랑스 과학아카데미 수상 논문에서 이러한 사실, 즉 문명이 인간성을 망친다는 것을 암시하고 있다.*

---

* 1750년 프랑스 디종 과학 아카데미는 '학문과 예술의 진보가 인간성과 풍속의 발전에 공헌하는가?'라는 주제로 현상논문을 모집했는데, 여기서 루소는 「학문예술론」이라는 논문으로 일등에 당선되었다. 이 논문에서 루소는 학문과 예술의 발달이 오히려 인간의 선한 품성을 타락시켰다며, 무지하지만 행복한 아메리카 인디언의 사례를 들었다. 본격적인 문명 비판은 아니었지만 그 논문 안에는 문명이 인간의 본성을 망친다는 생각이 들어 있었다.

문명은 잘못이었는가? 🖎

리처드 하인버그 Richard Heinberg

미국의 저널리스트, 환경운동가, 강연가. 이 글의 출전은 『녹색 무정부주의자Green Anarchist』(1997, 가을호)의 'Was Civilization a Mistake?'. 그는 현대인들이 누린 풍요의 시대는 이미 끝났다고 보고 에너지 고갈 문제를 해결하기 위해서는 농업을 비롯한 모든 분야의 근본적인 혁명이 시급하다고 역설한다. 이런 요지를 담은 책이 그의 『파티는 끝났다Party Is Over』이다.

내가 악역을 맡은 것인지, 희생양이 된 것인지 모르겠으나 "문명은 잘못이었는가?"를 주제로 한 오늘 토론의 기조 발표자로서 먼저 몇 가지 예비 고려사항을 제시하고자 한다.

비문명인들이 보기에 이 예비 고찰은 매우 아이러니한 것이다. 왜냐하면 지구상에서 가장 문명화된 축에 속하는 우리가 가장 문명화된 방식으로 문명이 잘못된 것인지도 모른다는 논의를 하고 있기 때문이다. 또한 대부분의 문명인도 이런 논의가 아이러니할 뿐만 아니라 성가시고 무의미하다고 생각하기 쉽다. 결국 자동차, 전기, 텔레비전과 함께 자란 문명인들 가운데 집도 없이 야생의 거친 음식만으로 살아가자는 생각을 좋아할 사람이 누가 있겠는가?

그럼에도 불구하고, 오늘 다루는 논의 중 적어도 일부는 역설적이고 당혹스러우며 무의미할 수도 있다는 사실을 잘 알면서도, 우리는 여기

모여 있다. 왜 그런가? 내 경우만을 말하자면, 지적으로 성숙해지면서 나는 두 가지 이유로 문명 비판이 사실상 불가피하다는 것을 깨달았다.

첫 번째 이유는 현대세계의 매우 불안한 어떤 경향에 관한 것이다. 어쩌면 우리는 지금 지구를 죽이고 있는지도 모른다. 지구의 '현명한 사용'을 주장하는 수정주의자들은 걱정할 게 없다고 말한다. 이들은 인류가 환경에 끼치는 위험이 너무 과장되어 있다고 말한다. 그러나 내가 보기에 이런 주장은 가장 노골적으로 희망사항을 피력한 것에 불과하다. 대부분의 평가에 따르면 바다는 죽어가고 있고, 인구는 지구의 장기적 수용 능력을 훨씬 넘어 팽창하고 있으며, 오존층은 사라지고, 기후는 불안한 징후를 보이고 있다. 뭔가 근본적 조치를 취하지 않으면 50년 안에 인류 대다수는 문명과 동떨어진 원시부족의 삶을 차라리 낙원으로 여기게 될 그런 조건에서 살게 될 가능성이 크다.

문명 '그 자체'는 잘못이 아니고, 우리가 직면하고 있는 문제는 독특한 경제, 역사적 상황과 관련된 것이라고 주장할 수도 있다. 그렇지만 최소한 현대의 산업 시스템은 아주 먼 옛날부터 진행된 어떤 경향이 무르익어 나타난 결과라고 할 수 있다. 어쨌든 바로 이런 주장이 로마, 메소포타미아, 중국, 그리고 다른 앞선 문명들이 남긴 생태학적 잔해에 관한 최근의 연구평가 속에 함축된 결론이다. 그런데 우리가 이런 실수를 더 큰 규모로 되풀이하고 있는 것은 아닐까?

내가 문명을 비판한 첫 번째 이유가, 문명이 환경에 미친 영향에 관한 것이라면, 두 번째 이유는 문명이 인류에 미치는 충격과 관련된 것이다. 문명화된 인간으로서 우리는 동시에 길들여진 인간이기도 하다. 야생의 곰과 독수리와 비교해 소와 양이 길들여진 존재이듯, 우리 역시 원시인들이 보기에는 문명에 길들여진 존재이다. 캘리포니아에 있는 내 집 주인은 자기 땅에 두 마리의 흰색 오리를 키우고 있다. 이 오리들은 날아가지 못하도록 날개가 아주 작게 품종개량되었다. 키우는 사람에게는 편하겠지만 야생오리와 비교하면 이들은 한없이 불쌍한 동물이다.

기술과 압도적인 인구 때문에 우리가 매우 강력하고 위협적인 존재라 할지라도, 많은 원시부족 사람들은 우리를 불쌍한 피조물로 본다. 그들은 문명을 일종의 사회적 질병으로 간주한다. 우리 문명화된 인간들은 마치 강력한 약─돈, 공산품, 석유, 전기 등의 형태를 띠는 약─에 중독된 것처럼 행동하고 있다. 우리는 이런 약이 없으면 꼼짝도 못하기 때문에 공급이 부족되면 우리 존재 자체에 위협을 느낀다. 따라서 우리는 (보다 많은 것을 원하는) 욕망과 (우리가 가진 것을 잃을지도 모른다는) 공포에 의해 쉽게 조작된다. 그리고 강력한 정치, 경제적 기득권 세력은 이윤과 통제라는 그들의 목적을 달성하기 위해 우리의 욕망과 공포를 적절히 조율하는 법을 터득했다. 우리는 그런 약을 생산하는 것에서 노예노동, 강탈, 살인 혹은 생태학적 대가를 치른다는 사실을 듣는다 해도, 용납하기 힘든 진실을 외면하기 위해 그런 뉴스를 무시하려 한다.

우리의 문명은 지금 방식으로는 생태학적으로 지속될 수 없기 때문에 몇십 년 후 우리 후손들은, 의식적으로 선택했든 아니면 무의식적으로 받아들였든 간에 매우 다른 삶을 살아가게 될 것이다. 만일 인류가 자신의 행로를 진지하게 결정하려 한다면 (여기서 지금 우리가 하고 있는 것과 같은) 문명 비판을 하지 않을 수 없을 것이다. 이 비판에 내포된 것은 '과거에는 제대로 또는 신중히 하지 못했던 일 중 지금 우리가 더 잘할 수 있는 것은 무엇인가?' 하는 문제의식이다. 내가 하는 아래 논평들은 이런 건설적인 정신에 입각한 것이다.

원시란 무엇인가?

'자유와 순수의 잃어버린 황금시대'란 이미지는 전 세계 종교의 핵심에 자리 잡고 있는 관념이며, 인류 사상사의 가장 강력한 주제 중 하나이고, '원시'를 묘사하는 가장 최초의, 가장 전형적인 표현이다. 그리고 필연적으로 그런 시원으로 돌아갈 것이라는 인간의 영원한 믿음을 나타낸 것이다.

철학적 관념으로 원시는 노자, 루소, 소로, 그리고 소크라테스 이전의 대부분 철학자들, 중세 유대교와 기독교 신학자, 19세기와 20세기의 무정부주의 사회이론가들의 지지를 받았다. 이들 모두는 (저마다 다른 근거와 방식으로) 자연에 가까운 단순한 삶이 최선의 삶이라고 주장했다. 보다 최근에는 많은 인류학자들이 세상에서 가장 '원시적인' 사회, 곧 세계인구 1퍼센트의 1백 분의 1에도 못 미치는 수만 생존하고 있는 수렵채집인들의 삶이 가진 정신적, 물질적 우월성에 찬탄을 표시했다.

그러는 동안, 문명이 지구의 생태학적 통일성의 파괴와 인구과잉으로 위기상황에 이르자 샤머니즘, 부족의 관습, 약초요법, 급진적 환경운동, 자연 건강식 등에 대한 관심 증가와 더불어 원시는 다시 대중적 관심을 받게 되었다. 문명은 자연을 지배하는 데 어떤 한계를 넘어섰다는 것, 그리고 앞으로 우리가 생존하기 위해서는―혹은 최소한 만족스럽게 살기 위해서는―옛 조상들이 가졌던 순수함과 자연스러움의 일부를 다시 회복해야 한다는 생각이 (결코 보편적으로 공유된 것은 아니지만) 널리 퍼졌다.

문명이란 무엇인가?

'문명'이라는 단어에는 여러 정의가 있을 수 있다. 이 단어가 마을 혹은 도시를 뜻하는 라틴어의 'civis'에서 유래했다는 사실을 감안하면, 문명은 협의로 '도시문화urban culture'로 정의될 수 있다. 또 문명은 글쓰기, 분업, 농업, 조직화된 전쟁, 인구 성장, 사회적 계층화 등의 의미도 포함하고 있는 것으로 보인다.

그러나 최근 증거들을 보면 문명이 항상 이러한 특징들을 모두 포괄하고 있다는 관념에 의문이 든다. 예를 들면, 이라크 마스칸-샤피르Maskan-shapir 지역의 고대 메소포타미아 도시의 권력관계를 평가한 엘리자베스 스톤Elizabeth Stone과 폴 지맨스키Paul Zimansky의 논문(1995년 『사이언티픽 아메리칸』 게재)은 도시문화가 계급 분화를 수반할 필요는 없음을 보여준다. 이들의 연구는 가장 최초의 문명에는 계급 분화가 없었음을 보여주는 것 같다. 그러나 근동, 극동, 중앙아메리카 문명의 대부분 역사는 왕정, 노예제, 정복, 농업, 인구 과잉, 환경 파괴의 역사이기도 했다. 그리고 이런 특징들은 산업국가와 세계시장을 특징으로 하는—지금은 국가가 왕을 대체하고, 노예제가 임금노동과 다국적 기업을 통한 실질적인 식민지배로 대체되기는 했지만—가장 최근 문명에서도 지속되고 있다. 그러는 동안 (농업에서 시작된) 생산의 기계화는 인간이 창조성을 발휘할 여지를 말살하고 있으며, 인구는 급속히 증가하고 있고, 조직화된 전쟁은 유례를 찾을 수 없을 정도로 참혹한 유혈사태를 낳고 있다.

야생의 자아, 길들여진 자아

사람은 태어나면서부터 자신의 문화적 환경, 그리고 자신에게 가장 가까운 사람들과의 상호작용에 의해 만들어진다. 문명은 유아를 길들이는 것과 똑같은 방법으로—즉, 자연으로부터 분리된 사회적 구조 속에서 삶에 익숙해지도록—이러한 일차적인 관계를 조작한다. 유아를 길들이는 실제 과정은 대상관계학파object-relation school of psychology의 용어를 사용해 다음과 같이 묘사할 수 있다.

유아는 엄마와 매우 깊이 결속되어 순수한 욕망과 순진무구한 상태에서 전적으로 현재만을 살아간다. 그러나 성장하면서 아이는 엄마가 자신만의 욕구와 한계를 지닌 별개의 실체임을 깨닫게 된다. 관계에 대한 유아의 경험은 자연발생적 신뢰관계에서 욕구와 갈망으로 가득 찬 관계로 바뀐다. 이는 어린이의 의식 속에 자아와 타자 사이의 간격을 만들어내며, 어린이는 깊어가는 이 간격을 '이행대상transitional object'으로 메우려 한다. 처음에 이 이행대상은 곰 인형이었을 것이고, 이후에는 여러 물건이나 믿음이 심리적 간극을 메우고 안도감을 주게 될 것이다. 사람들로 하여금 재산과 권력을 추구하게 만들고 사람들이 함께 노력해 관료제와 기술을 만들어내게 하는 것이 바로 이와 같은 이행대상에 대한 인간의 강력한 욕구다.

그런데 원시적 양육 과정은 이와 다르다. 원시적 양육에서 유아는 자유분방한 존재로 간주되고, 유아기 내내 돌보는 사람과 지속적으로 신체접촉을 하며, 나중에 통과의례를 치른다. 원시문화에서는 이행대상에 대한 욕구가 최소화되는 것으로 보인다. 인류학과 심리학 연구는 문명인의 여러 정서상 질병이 자연양육과 통과의례를 포기하고 대신 유아기부터 대학생이 될 때까지 교육학적 지식으로 아이를 양육한 데서 비롯됐다는 데 의견을 같이한다.

자연적 건강과 인위적 건강

건강과 삶의 질이라는 측면에서, 문명은 정도는 덜하지만 하나의 재앙과 같았다. 『구석기시대의 치료법Paleolithic Prescription』에서 이턴S. Boyd Eaton⁕을 비롯한 연구자들은 농경시대 이전에 인류는 일반적으로 건강한 삶을 누렸으며, 산업국가에서 사망원인의 75퍼센트인 암, 심장병, 뇌졸중, 당뇨, 폐기종, 고혈압, 간경화 등의 질병은 우리의 문명화된 생활양식에서 비롯된 것이라고 주장했다. 영양섭취와 운동 면에서도 농경시대 이전의 생활방식은 농경민과 문명인의 생활방식보다 명백하게 우수했다.

문명인이 무척 자랑하는 수명의 연장은 신비의 치료약 때문이 아니라 보다 나은 위생시설—도시의 인구과잉에 따른 환경문제를 개선하려는 방책이었던—과 유아사망률 감소에 따른 것이다. 현대의 항생제가 많은 생명을 구한 것은 사실이다. 그러나 항생제는 세균의 내성을 강화시킴으로써 보건당국자들은 다음 세기에 유례없는 전염성 질환이 발생할지도 모른다고 두려워하고 있다.

최소한 6만 년 전부터 사용한 증거를 찾아볼 수 있는 고대의 약초 치료는 모든 고등동물의 본능적인 치료법이다. 약초에 대한 지식은 현대의학의 토대를 이루며 지금도 많은 점에서 현대의학보다 우월하다. 수많은 사례를 보면, 현대의 화학약품이 약초를 대체한 것은 화학약품이 더 안전하고 약효가 우수하기 때문이 아니라 화학약품을 제조하는 것이 더 많은 이익을 가져다주기 때문이다.

⁕ 하버드대 출신 의사로, 1988년 출간한 『구석기시대의 치료법』(공저)에서 원시인의 영양이나 건강 상태가 현대인들보다 우수하다는 주장을 내놓았다. 이에 대해 뉴욕타임스 등 메이저 언론들은 야유했지만 이후 고고학 및 민속학 현장조사 자료를 통해 이턴의 주장이 옳았음이 입증되었다. 그는 정제곡물, 가공식, 육식보다 채식, 섬유질이 풍부한 식품, 견과류의 섭취가 중요하다는 오늘날의 건강 상식을 확립하는 데 크게 기여했다.

마사지, 플라시보 효과, 명상, 시각연상 요법 같은 또 다른 자연치료법 역시 지금도 효과가 입증되고 있다. 의사 시겔Bernie Siegel*과 초프라 Deepak Chopra**는 기계화된 의학을 비판하면서, 의사의 미래는 개인의 마음을 다스리는 방법과 자연요법에 있다고 말한다.

자연적 영성인가, 인위적 영성인가?

영성spirituality은 사람마다 의미가 다르다. 높은 권력 혹은 지위 앞에서의 겸손함, 타인의 고통에 대한 동정, 전통이나 혈통에 대한 복종, 대지 혹은 자연과 결부된 감성, '보다 높은' 의식으로의 발전, 신 혹은 모든 생명과 일체감을 갖는 신비스러운 경험 등 그 의미는 다양하다. 그런데 신성한 것을 규정하거나 경험하는 이러한 근본적 방법이었던 자연발생적 영성은 문명의 성장과 더불어 한결같이 규격화, 교조화, 심지어 호전적으로 되었다. 세계종교의 창시자들 중 몇몇(예수, 노자, 부다)은 직관적 원시주의자였지만, 그 추종자들이 지배질서의 성장을 부추기는 경우가 종종 있었다.

물론 구체적인 역사적 상황이 항상 단순한 것만은 아니다. 철저하게 문명화된 로마 가톨릭 교회가 성 프란시스코St. Francis of Assisi***와 성녀 클라라St. Clair of Assisi****라는 서구의 두 위대한 원시주의자를 탄생시킨 반면, 20세기 초 독일의 네오샤먼, 채식주의 및 약초 운동은 히믈러 Heinrich Himmler*****와 히틀러라는 초권위주의자들을 매혹시켰다. 물론 나치의 군사주의와 경직된 통제조직은 원시적 삶과는 전혀 거리가 멀었지만, 동물을 신성하게 취급하며 자발적으로 빈곤한 삶을 택한 성 프란시스코와 성녀 클라라는 수렵채집인의 생활방식과 세계관을 연상시킨다. 나치가 원시적이었다면, 그것은 단지 자신의 정치적 목적에 맞추어 치밀하게 선택한 것이었다.

자연경제인가, 화폐경제인가?

근본적으로 경제학은 물질적 욕구와 필요를 충족시키는 과정에서 사람들이 토지 및 타인과 어떻게 관계하느냐에 관한 학문이다. 가장 원시적인 사회에서 이 관계는 직접적이고 단순하다. 토지, 거주지, 음식은 공짜다. 모든 것이 공유되고, 부자도 가난한 사람도 없으며, 행복은 물질적 재산의 축적과 아무런 관계가 없다. 원시인들은 (모든 욕구와 필요가 쉽게 충족되는) 상대적 풍요를 누리며 살고 풍부한 여가시간을 갖는다.

이와 대조적으로 문명은 기술혁신과 시장이라는 두 개의 경제적 축 위에 기초하고 있다. 여기서 '기술'은 쟁기에서 원자로까지 모든 것을 포함하는데, 결국 이 모든 것은 자연으로부터 에너지와 자원을 보다 효율적으로 빼내는 수단이다. 그러나 효율성은 시간의 물신화物神化를 내포하

- 미국 의사. 마음과 육체를 다스려 질병을 치유할 수 있다는 『사랑, 의학, 기적Love, Medicine and Miracle』(1986)을 써서 베스트셀러 작가가 되었다. 꿈, 그림, 이미지 등으로 환자의 정신적 각성과 자신감을 고무시켜 난치병을 치료한다.
- ● 인도 태생의 미국 의사(1946~). 인도의 명상과 철학을 결합한 현대인의 치유법 『건강 만들기 Creating Health』(1986)를 썼다. 자연과 우주의 근본 토대는 인간의 의식이라는 생각으로 육체와 정신의 균형을 이루어 난치병을 치유할 수 있다고 주장했다.
- ●● 고대 기독교인들이 입었던 겉옷 튜닉과 세 겹으로 된 밧줄 외에 일체의 소유를 거부하고 동물과 환경을 보호하는 일에 삶을 바친 성자(1181/82~1226). 모든 재산을 가난하고 병든 사람에게 나누어주고 '작은 형제회' 라는 수도회를 창립했다.
- ●●● 성 프란시스코의 가르침에 따라 모든 재산을 가난한 사람들에게 나누어주고 평생을 빈곤, 자선, 복종의 길을 걸었던 성녀(1193~1253). '클라라 수녀회' 를 창립했다.
- ●●●● 나치 친위대 대장, 게슈타포 총책임자(1900~45). 자신은 피만 보아도 구토를 했지만 책상 위에서 유대인 학살을 총지휘했다. 영국군에 생포되자 갖고 있던 독약을 먹고 자살한다. 대학에서 농학을 전공했던 그는 친위대원들에게 술, 담배를 끊고 채식 위주의 식사를 하도록 권장했다.

고 있다. 따라서 문명은 항상 과거와 미래에 집착하며, 결과적으로 현재는 거의 돌아보지 않는다. 다른 인간적 가치보다 효율성을 우선시하는 태도는 공장—자동화된 작업장—에서 전형적으로 나타나는데, 공장에서 노동자는 단지 기계의 부속물, 시간과 임금의 노예가 된다.

시장은 교환을 통해 서로 다른 것을 균등화하는 문명의 수단이다. 모든 것을 돈으로 평가하는 데 익숙해지면서 우리는 사물의 독특성을 느끼지 못하게 된다. 결국 동물의 가치는 무엇이고 산, 삼나무, 인간의 삶에서 한 시간이 갖는 가치란 무엇인가? 시장은 희소성과 수요에 기초해 계산한 숫자를 대답으로 준다. 우리는 그런 가치가 의미 있다고 믿는 만큼 감정이나 정신이 없는 세속화되고 무감각한 세계 속에서 살고 있는 것이다.

우리는 원시적 생활방식뿐 아니라 경제학자 슈마허Ernst Fritz Schumacher의 제안, 기술과 화폐가 무시되는 유토피아적 공동체에서 생활하는 사람들의 경험, 그리고 자발적으로 단순한 삶을 택한 사람들의 삶을 살펴봄으로써, 생태학적으로 파괴적이며 인간을 질식시키는 경제 감옥에서 탈출할 수 있는 아이디어를 얻을 수 있을 것이다.

아래로부터의 지배인가, 위로부터의 지배인가?

대부분의 원시사회에는 지도자, 보스, 정치, 법률, 범죄, 세금이 없다. 남자와 여자 사이의 노동분업도 없는 경우가 많고, 그런 분업이 존재한다해도 남성과 여성의 역할이 거의 동등한 평가를 받는 경우가 많다. 그 결과 수렵채집인들이 상대적으로 온순할지도 모른다. 인류학자 리처드 리는 (남부 아프리카의 부시맨) !쿵족이 싸움을 싫어하며, 싸우는 사람을 바보로 생각한다는 사실을 알아냈다.

일반적으로 농업과 함께 분업이 나타났고, 남녀 불평등도 증가했으며, 사회적 위계질서가 시작되었다. 사제, 왕, 비인간적인 조직화된 전쟁은 동시에 출현한 것으로 보인다. 결국 법률과 국경이 완전한 국가를 형성하는 요소가 되었다. 강제와 폭력의 집중체인 국가는 식민주의, 파시즘, 스탈린주의의 형태로 19세기와 20세기에 그 절정에 달했다. 민주적 산업 국가도 본질적으로 다국적 기업의 식민지배와 자국민 노예화를 위한 도구 역할을 수행할 뿐이며, 국민들은 기업의 세력 확대에 대해 정책 차이가 별로 없는 정당들 가운데 정부를 선출할 권한만 갖고 있을 뿐이다.

19세기 초 윌리엄 고드윈William Godwin[**]에서 시작된 무정부주의 사회 철학자들은 문명화된 세계의 정치지도자들 사이에 확산되었던 급진적 국가주의에 대해 중요한 반론을 제기했다. 무정부주의 사상의 핵심은 인간은 근본적으로 사회적인 존재라는 것이다. 따라서 그냥 두면 사람들은 상호이익을 위해 협조한다는 것이다. 물론 항상 예외는 있겠지만, 사람들이 일정한 형식에 얽매이지 않고 개인적 토대에서 자발적으로 행동하면 최상의 결과를 도출할 수 있다는 것이다. 많은 무정부주의자들은 고대 아테네의 폴리스, 프랑스대혁명 기간 파리의 구역들, 18세기 뉴잉글랜드 지방의 타운미팅, 1930년대 말 스페인 바르셀로나의 인민의회, 1968년 파리의 총파업을 실제 존재했던 무정부의 좋은 사례로 인용

- 독일인 경제학자(1911~77). 저서 『작은 것이 아름답다Small is Beautiful』(1973)에서 인간이 통제할 수 있을 정도의 경제 규모를 유지할 때 쾌적한 자연환경과 인간의 행복이 공존하는 경제구조가 확립될 수 있다고 보았다. 지역 내 노동과 자원을 이용한 소규모 작업장을 만들자고 제언했다.
- ● 무정부주의의 선구자(1756~1836). 사람들이 합리적으로 행동하면 법이나 정치제도가 필요하지 않다는 논리를 폈다. 저작 『정치적 정의에 관한 고찰An Enquiry Concerning Political Justice』에서 사유재산을 부정하고 생산물의 평등분배에 입각한 사회 정의를 주장했다.

한다. 그들은 인간사와 자연 모두에 있어서 다양성과 자발성이 거침없이 펼쳐질 수 있는 일종의 사회생태계가 가능하다고 주장한다.

문명과 자연

문명인들은 세계를 인간중심적 관점으로 보는 데 익숙하다. 환경에 대한 우리의 관심은 실용주의적이다. 환경은 인간에게 유용(혹은 잠재적으로 유용)하기 때문에 가치 있다. 하다못해 캠핑이나 오락장소로서라도 말이다.

이와 대조적으로 원시인들은 자연을 그 자체로 의미 있는 것으로 보는 경향이 있다. 여러 문화에는 동물을 과도하게 사냥하거나 나무를 남벌하지 못하게 하는 금기가 있다. 오스트레일리아 원주민들은 이 세계에서 자신들이 수행해야 할 최고의 목적은 땅을 돌보는 일이라고 믿고 있는데, 땅을 돌본다는 것은 지구와 동물 그리고 자연을 주기적으로 재생시키는 일을 의미했다. 인간중심 세계관과 환경중심 세계관은 그 결과에서 무한한 차이가 있다. 지금 우리 인류는—스스로를 지구상에서 가장 지적인 종이라고 여기면서도—지적인 것과는 가장 거리가 먼 일, 곧 자연의 생명유지 시스템을 파괴하는 일을 저지르고 있다. 우리는 여기서 공장형 농장에서 사육되는 식용 가축에 가하는 일반적인 학대, 토양의 파괴, 공기와 물의 오염, 야생 동식물의 멸종과 같은 사례만 언급해도 충분할 것이다. 기실 이런 끔찍한 사례는 문서로도 잘 기록되어 있다. 인간성을 자연적 맥락에서 분리하고 자연의 고유 가치를 부정하는 사고가 강화되고 계속 심화되지 않았다면, 이런 일들은 발생하지 않았을 것이다.

여기, 옛 광산촌의 역사 ✖

바버라 모르 Barbara Mor

미국의 페미니스트 작가이자 환경보호론자. 이 글의 원제는 'Here: A Small History of a Mining Town in the American Southwest' (1985)로 애리조나 주 비즈비의 워렌 지역 폐광을 소재로 하고 있다. 풍부한 자원(구리, 금, 은)이 발견되어 광산이 설립되었고(1880) 한때는 9천 명의 인구가 몰리면서 호황을 누렸으나, 1950년부터 채굴 붐은 사라졌고 결국 1974년에 폐쇄되었다.

꼭대기 가장자리에서 그 아래로 연보라색, 황금색, 주황색, 분홍색, 은색, 푸른색, 눈부신 청록색의 띠가 폭포처럼 드리워져 있다. 오렌지색 띠, 불꽃처럼 빛나는 띠, 유독성 비소의 노란 띠도 있다. 석회와 곰팡이가 내는 방사성 초록색도 보인다. 각각의 색은 함몰된 계단식 단층에서 다른 색과 겹치고, 부식되어 홈이 생겼으며, 비에 쓸리고, 바삭하게 말라붙었으며, 부서져 갈라졌고, 서로 뒤엉켰다. 단층들은 과거에 형성된 대지의 살점, 다양한 암석덩어리와 돌조각 위를 마치 살아 있는 생물처럼 기어가는 형상을 하고 있다. 그리고 이 형형색색의 단층 위에는 단단한 돌조각, 수정 결정체, 쓰다 버린 도르래, 녹슨 엘보 파이프, 철끈 뭉치, 단추, 못, 헤어컬, 산재한 납 탄환들이 있는데, 이것들은 모두 수로를 통해 구멍으로 느리게, 깊이 더 깊이 흘러 내려가고 있다. 동심원을 이루는 각 단층에서 그리고 형형색색의 경사로에 서서 보면, 누구라도 이 광산의 수직갱을 거쳐 간 기술적 역사를 확인할 수 있다. 먼 옛날 원시인들이 맨 위 지표층을 손과 막대기로 단순하게 파놓은 이후, 밑으로 내려가면서 아름다움의 퇴적물, 슬픔의 퇴적물, 중요하지도 않고 쓸모도 없는 퇴적물, 역사적 격변의 퇴적물이 생겼다. 그리고 그 아래에는 부서진 뼈들로 이루어진 단단한 퇴적층이 있고, 더 깊이 내려가면 거대한 부와 석유화학의 힘을 보여주는 눈에 띄는 퇴적물, 자본의 퇴적물, 포장지의 퇴적물, 그리고 유리, 전기합금, 비축된 전쟁물자로 이루어진 하나의 견고한 퇴적층이 나온다.……

처음 문명인들이 마차와 말을 타고 이 지역에 도착했을 때, 그들은 벌거벗은 토착민들이 흙 속에 쪼그리고 앉아 뾰족한 막대기와 맨손으로 작은 광물을 파내는 모습을 보았다. 그러니까 이 광산의 기원은 모래로 덮인 땅을 파내는 것에서부터 출발했는데, 그래 봐야 당시에는 땅을 아주 약간 정도만 파는 것에 불과했다. 원주민들이 찾던 광물은 터키석, 푸른색의 아주라이트, 공작석 같은 단순한 원석이었다. 원석을 땅에서 파낸 후에 대충 갈아서 장식용으로 사용했다. 신기한 것을 찾는 아이 같은 마음으로 보석을 캐던 이 초기 원주민들에겐 이 대규모 광산이라는 개념 자체가 없었으며, 이 때문에 이주 문명인들에 밀려 사라지고 말았다.……

정착민들이 들어오면서 본격적으로 채굴이 시작되었다. 모험심에 이끌린 사람들이 도처에서 몰려왔다.…… 그리고 수직갱은 지구에서 가장 큰 인공 구멍이 되었다. 초기에는 광석을 캐는 여러 혁신적 채굴법을 도입한 사람도 있었지만, 이곳 지형상 땅 밑으로 계속 구멍을 파 내려가는 단순한 방법이 가장 신속한 듯했다. 곡괭이와 삽을 연장 삼아 수백 명의 남자들이 그저 파 내려가기 시작했다. 구멍이 커지면 나무를 베어

구덩이 상층부에 버팀목을 댔으며, 이 버팀목들이 각 층의 원주圓周를 형성했다. 나중에는 궤도를 설치하고 노새로 하여금 궤도차를 끌도록 했다. 그러면서 원을 그리며 계속 깊이 파 내려갔다. 인부들은 수백에서 수천으로 늘어났다. 지하수가 작업장으로 새어 나오면 거대한 스펀지로 적셔 빨아냈다. 깊어질수록 이런 일은 더욱 자주 생겼다. 갑자기 맹렬하게 물이 밀어닥치면 수백 명의 사람들이 익사했고 수백 톤의 흙더미 속에 묻혔다. 노새가 끄는 궤도차 뒤에 스펀지를 묶어 아래로 내려 보내 젖은 땅 주변을 질질 끌고 다니면서 조금씩 물을 빨아냈다. (구형 세탁기의 탈수기와 비슷한) 거대 롤러를 이용하여 주기적으로 스펀지의 물을 짜낸 다음, 인내심 많은 노새가 끄는 궤도차에 담아 위로 끌고 나가 마른 땅에 버렸다. 이 방법은 단순했고 그만큼 효과적이었다. 보통 익사체들은 물을 흠뻑 머금고 있었는데, 이를 스펀지 구멍에 끼워 물을 빼낸 후 밖으로 보내 처리했다. 찾지 못한 사체들은 그후 말라붙은 퇴적물 틈에서 삽으로 뼈를 추렸다. 아주 깊은 곳에서도 계속 스펀지를 작업에 이용했지만, 결국 물을 빼내기 위해 파이프 시스템을 설치했는데, 이는 일정한 깊이에서는 꽤 유용했다.

파이프를 통해 물을 빼내어보니, 처음에 나온 것은…… 평범한 금, 은, 구리 등이었다.…… 도르래도 나왔다. 전설적인 도르래가 사라졌지만 아무 문제도 없었다. 보다 현대적인 기술을 사용했던 것이다. 그 증거로 도르래에 이어서 못, 볼베어링, 나사볼트, 납 탄환, 사무용 종이클립이 흘러나왔다. 자동차 방풍 유리와 배터리가 수류탄과 가스마스크에 뒤섞여 나왔다. 어떤 지점에서는 분당 1,523개의 야간작업용 라이터가 정확히 1,523개의 라이터 가스통과 뒤섞여 분출되었다. 그런데 라이터는 (작업자들의 실수로) 서로 점화될 때 문제가 되었다. 이로 인해 갱의 전층이 폭발해 광산은 갱 입구까지 불꽃이 치솟는 불지옥이 되었다. 갱은 3일 낮밤 계속 타올랐다. 8,632,948개의 라이터와 8,632,948개의 라이터 가스통이 파괴되면서 헤아릴 수 없이 많은 노동자가 실종되었다.

이후 연기가 걷히자 광산은 금속이 녹아내린 실개천과 숯 벽으로 변했다. 화재로 인한 검은 그을음을 씻어내는 데 한 계절의 비가 필요했다.…… 어려운 시기였다. 금속이 녹으면서 최근까지도 막대한 부를 쏟아내던 수십만 개의 생산적인 구멍을 막아버렸다. 수많은 납 탄환, 도르래, 종이클립, 라이터 등이 녹으면서 생긴 금속이 땅 표면에 딱딱하게 눌어붙었다. 새롭게 고용된 인부들이 밑으로 내려가 곡괭이와 대형 망치로 이것을 파냈다. 갱 입구 주변에 달라붙은 이 금속덩어리의 껍질을 깨고 뽑아서 들어냈을 때, 인부들은 차곡차곡 쌓여 반쯤 썩은 종이냅킨, 세척 가방, 관장용 호스와 주사기, 썩어서 부러진 이빨, 사체에서 풍기는 견딜 수 없는 악취 같은 더욱 역겨운 것들을 발견했다. 이 구역질나는 물건들을 전과 같이, 그러나 보다 능률적으로, 산더미처럼 모아 즉시 치워버렸다(그러나 에어로졸이 생산될 때까지 죽음의 냄새는 계속 남아 있었다). 이렇게 뜯어낸 화재 잔해 주변에서 뭔가 새로운 것, 끈적끈적하고 투명한 초록색 물질이 스며 나오기 시작했다. 처음에는 조금씩 스며 나오다가 점점 더 많은 양이 수직갱의 저지대 표면으로 흘러나와 마치 오염되지 않은 초목이나 봄날의 잔디처럼 최근에 발생한 비극의 현장을 덮어버렸다. 그런데 이 초록물질에서 어떤 냄새가 났다. 그러자 몇 명의 인부는 지레짐작으로 역겨움을 느끼고 구토를 해댔다. 그런데 한 명, 두 명, 인부들은 고무장화 그리고 마침내는 무릎까지 차오른 이 멋진 초록물질을 집게손가락에 묻혀 맛을 보았다. 그 맛이 좋았다.

그것은 석회암 젤이었던 것이다.

이때가 20세기 중반이었다. 어려운 시기는 지나갔다. 그러나 한 가지 문제가 남아 있었다.……

그후 깊은 잉크 우물이 빨간색, 끈적끈적한 빨간색 우물로 변했다. 관리인들이 내려가 테스트했을 때 펜에 물이 응고되어 글씨를 제대로 쓸 수 없었고, 간신히 쓴 글씨도 모두 죽음의 낙서처럼 보였다. 그리고 다른 모든 곳과 달리 이곳에서만 짙은 악취가 났다. 마을의 저택 다섯 채를 지키던 도베르만 개들은 밤낮으로 짖고 낑낑댔다. 보이지 않는 곳에 숨어 있는, 동물이나 사람 소리로 들리지 않는 개들의 이상한 신음소리가 그치지 않았다.

이 붉은 액체는 거친 흙 표면으로 젤라틴 덩어리를 밀어 올리며 완만한 언덕을 적시기 시작했다. 인도의 틈새는 빨갛게 물들었고, 시멘트와 흙도 붉게 물들었다. 배수로도 붉은 액체로 넘쳐흘렀고, 홍수 대비용 도랑도 붉게 물들었다. 시민들은 자동차가 흉하게 변색되는 것을 막으려고 잔디용 호스로 차도와 차고에 물을 뿌렸다. 그러나 피는 모든 곳에서 스며 나왔고, 마을 주변 시냇물은 동맥이 터진 듯 붉게 물들었다.…… 나무와 수풀은 뿌리로 붉은 액체를 빨아들이기 시작했다. 대저택의 구멍 뚫린 담도 마찬가지였다. 닷새도 되지 않아 마을의 상수원 지대까지 붉게 물들었다. 어느 건조한 여름 저녁, 앞마당 잔디에 물을 주던 광산 관리인은 선인장, 협죽, 싹트기 시작한 용설란이 심어져 있는 정원 쪽으로 호스를 갖다 댔다. 그때, 뿜어져 나오던 까만 반점의 물이 갑자기 적갈색으로 변해 응고되어 호스를 막아 나오지 않더니, 폭발하듯 핏줄기를 내뿜기 시작했다. 관리인답게 마음을 가라앉힌 그는 이런 최후의 변화에 아주 침착하게 조절하면서 계속 정원에 물을 뿌렸다. 마침내 붉은 점액질 액체가 잔디와 정원을 뒤덮고 도저히 막을 수 없는 핏빛 이슬이

방울방울 튀어 그의 회색 바지와 운동화까지 붉게 물들였다.……

수도 파이프에서 피가 나오자 작은 마을병원 의료진들은 병원 당국과 이해가 상충한다는 핑계를 대고 도망치듯 마을을 떠났다. 매우 유감스럽게도 광산 박물관 또한 문을 닫았다. 이 소식이 퍼져나간 후 몇몇 방문객들이 마을을 찾아왔으나, 박물관에 주차하기를 꺼려 땅에 눌어붙은 끈적끈적한 선홍색 덩어리를 헤치고 박물관까지 25야드를 걸어왔다. 바람이 심하게 부는 날에는 붉은 점액질 덩어리들이 피에 물든 잡초처럼 이리저리 뒹굴었다. 이를 보려는 관광객들의 편의를 위해 다리가 건설되기도 했다. 그러나 이 끈적끈적한 점액질 덩어리가 계속해서 박물관 입구로 스며들었고, 박물관 창가에도 쌓이기 시작했다. 관광객의 왕래가 끊어지자 주민들은 슈퍼마켓 선반도 텅 비고 있다는 사실을 깨달았다. 몇 주 동안 외부에서 음식물이 전혀 반입되지 않았던 것이다. 그러자 마을 자치위원회는 공식적으로 자급자족을 의결했다. 실로 핏빛 액체가 각 가정의 수도꼭지, 은행과 주유소, 심지어 먼지투성이가 된 공원의 식수대에서 마을의 모든 수도관까지 자유롭게 흘러 다니자, 대부분의 마을사람들은 이런 일상을 제법 받아들이게 되었다.……

마을사람 일부는 마을의 고립을 걱정했다. 진입도로는 조용했고, 오가는 우편물도 끊겼다. 아주 간혹 광산의 칼라 엽서사진을 찍기 위해 오후 늦게 경비행기가 날아오는 일이 있긴 했지만, 이들은 결코 마을에 착륙하지 않았고 마을의 일상에는 관심 없는 선정주의자들에 불과했다. 소임을 다하겠다는 고독한 노력의 일환으로 우체국장과 두 명의 우체국 직원은 소인과 우표를 결합한 우표를 마을우편용으로 고안했다. 욕조에서 흘러나오는 핏빛 액체로 적신 스펀지에 엄지손가락을 적신 후 봉투의 오른쪽 상단에 엄지를 찍어 주소별로 분류된 선반에 넣었던 것이다.

그러나 불행히도 마을 주민들은 편지로나 뭐로나 서로 할 말이 별로 없어 우체국은 문을 닫았고, 우체국 직원들은 마을 동쪽 쓰레기처리장 소각로 인부로 재고용되었다. 그들은 지금 붉은색과 흰색이 범벅이 된 종이제품들, 핏빛에 물든 냅킨, 테이블보, 의료가운들을 삽으로 퍼서는, 밤새 심한 연기와 함께 시체 타는 냄새를 내며 탁탁 타오르는 불길 속에 던져 넣고 있는데, 이는 모든 마을사람에겐 익숙한 광경이 되었다.……

이런 경험을 통해 광산촌은 자연의 심오함, 지구의 숨겨진 신비를 깨닫게 되었다. 시간이 흐르고 광산촌이 발전하면서 깊이 더 깊이, 저 어두운 심연으로 내려가 대지의 구멍에서 손으로 파낸 것은, 누구든 원하면 자신의 목적을 위해 사용할 수 있는 지식, 요컨대 불변하는 것은 어찌할 수 없는 것 따라서 정상적인 것이며, 정상적인 것은 불변한다는 바로 그 지식이었다. 사람들이 그 지식을 받아들이기만 하면 된다. 이런 지식을 받아들이면, 그것이 누구의 피인가 하는 의문은 결코 제기하지 않는다. 지구를 관통해 중국까지 구멍을 뚫으면 공산주의자의 피가 나올 수 있을까 하는 의문도 제기하지 않는다. 유식한 체하면서 이상한 질문을 해봤자 마을 자체의 경험과는 아무런 관계도 없다.

일부 외지인들은 핏빛 액체의 분출을 증거로 들면서 수직갱을 지구의 살아 있는 상처라고 불렀다. 그러나 아무리 무시무시하고 부정적인 비유를 한다 해도, 실제 행동하지 않으면 도르래나 볼베어링, 또는 오늘날의 피의 광산만큼도 세계를 바꾸지 못한다.

⅄ 필요의 역사

이반 일리치 Ivan Illich

오스트리아 태생의 교육학자, 사회철학자(1926~2002). 이 글의 출전은 *Toward a History of Needs*(1978). 피렌체 대학에서 역사와 결정학을 공부한 후, 사제가 되기로 결심하고 바티칸의 조지안 대학에서 신학과 철학을 공부했다. 사제가 되었지만 권위적인 바티칸 당국과 마찰을 빚고 결국 사제직을 떠난다. 그는 대표 저작 『탈학교 사회』에서 사회 불평등을 재생산해내는 학교 교육이 근본적으로 개혁되어야 한다고 주장하였고, 인간의 존엄성을 위협하는 현대의 교통, 종교, 의료 시스템을 비판하며 탈제도화를 통해 인간다운 삶을 회복해야 한다고 역설했다.

시장 의존도가 일정 한계를 넘어서면 현대의 빈곤이 등장한다. 주관적으로 본다면 그것은 산업 생산성이 가져다주는 부에 너무 의존함으로써 능력을 상실한 사람들에게 나타나는 좌절감이다. 간단히 말해, 현대의 빈곤은 산업 생산의 영향을 받고 살아가는 사람들에게서 창조적으로 삶을 영위하고 자율적으로 행동할 수 있는 힘과 자유를 박탈하고, 사람들을 시장관계 속에서만 생존할 수 있는 존재로 만들어버린다. 사람들이 이런 새로운 무력감에 너무 깊이 젖어 있기 때문에, 그것을 표현하기도 어렵다. 바야흐로 우리의 일상 언어는 미묘한 변화 과정에 있다. 전에는 적극적인 행동을 지칭했던 동사가 수동적인 소비만을 표현하는 명사로 대체되고 있다. 예를 들면 '배우다learn'라는 동사 대신 '진실의 획득acquisition of credits'이란 명사를 쓰게 된 것이다. 이것은 개인적, 사회적인 자기이미지가 심각하게 변했다는 것을 의미한다. 자신의 경험을 정확하게 표현하는 데 어려움을 겪는 것은 평범한 사람만이 느끼는 고충이 아니다. 전문 경제학자 역시 자신이 사용하던 기존의 도구로는 파악할 수 없는 탓에 이 현대의 빈곤을 인식하지 못한다. 그런 와중에 빈곤의 새로운 변종이 계속 확산되고 있다. 전문적으로 고안된 상품이 문화적으로 형성된 사용가치를 대체하는 데 성공한 삶의 모든 영역으로—개인적 재능과 공동생활 그리고 환경자원을 자율적으로 사용하지 못하는—현대 고유의 무능력이 확산되고 있다. 따라서 시장을 벗어나 개인적, 사회적 만족을 느낄 수 있는 기회가 사라진다. 예를 들어, LA의 35층 아파트에 살고 있기 때문에 두 발의 사용가치를 상실한 나는 가난한 것이다.

무능력을 생산해내는 이런 새로운 현대의 빈곤은 (공산품에 의해 기본적 욕구가 형성되는 세계에서) 부자와 가난한 자 간에 확대되는 소비격차와는 다르다. 산업사회에서 말하는 전통적인 빈곤이 바로 이런 소비격차인데, 계급투쟁으로 인해 소비격차로 나타나는 전통적인 빈곤이 드러났고, 또 계급투쟁에 의해 그런 형태의 빈곤이 감소했다. 또한 현대의 빈곤은 생산이 환경에 미치는 폐해가 증가함으로써 치러야 할 대가와도 다르다. 이런 종류의 폐해, 즉 공해, 스트레스, 세금이 불균등하게 부과되는 것은 분명하다. 또한 그런 폐해에 대한 보호조치도 불균등하게 제공된다. 그러나 자원에 접근하는 데 있어 새로운 격차가 생긴 것처럼 사회적 비용을 불균등하게 부담하게 된 것도 산업화시대 빈곤의 한 특징인데, 그런 불균등은 경제적 지표로 측정 가능하고 객관적으로 검증할 수 있다. 그러나 부자와 가난한 자 모두에게 영향을 미치는 산업화시대의 무능력은 다르다. 무능력으로 인한 빈곤이 지배하는 곳에서는 중독된 듯 상품에 집착하지 않으면 삶을 영위할 수 없거나 범죄자가 될 수밖에 없다. 소비 없는 삶은 보통의 소비자뿐만 아니라 가난한 사람에게조차 불가능하다. 적극적이건 소극적이건 간에 모든 복지정책도 아무런 도움이 되지 않는다. 자신만의 집을 설계하고 지을 자유는 미국, 쿠바, 스웨덴처럼 관료적인 규격화된 주택공급에 밀려 사라진다. 인부 고용, 기술, 건축자재, 공법, 자금 투자는 활동이 아니라 상품으로 간주된다. 그러나 상품을 기업가가 제공하든 공산당 비밀요원이 제공하든 간에, 그 결과는 시민의 무능력, 즉 현대의 빈곤감이다.

경제성장의 그림자가 우리에게 드리워진 모든 곳에서 우리는 고용되거나 소비에 참여하지 않으면 쓸모없는 인간이 되고 만다. 공인된 전문가의 통제를 벗어나서 집을 짓거나 골조라도 세우려는 시도는 무정부주의적 망상으로 간주된다. 우리는 우리의 능력을 보지 못한다. 그런 능력을 발휘할 수 있는 상황을 다스리지도 못하고, 외부로부터의 도전과 내부로부터의 불안에 스스로 대처할 능력도 잃었다. 멕시코의 출산을 살펴보자. 멕시코의 경우, 남편이 정규직으로 고용되어 있어 사회시설—아무리 보잘것없다 해도—을 이용할 수 있는 여성들이라면 전문 의료진의 간호 없이 출산하는 것을 생각할 수 없다. 이들은 출산에 산업생산 방식을 충실히 적용하는 세계를 살고 있는 것이다. 그러나 가난한 슬럼이나 외딴 마을에 사는 그녀의 자매들은 여전히 스스로 집에서 아이를 낳을 수 있다고 생각한다. 이런 행위가 현대에는 영아에 대한 태만이라는 범죄로 기소될 수 있다는 사실은 전혀 모르고 말이다. 그러나 전문적으로 설계된 출산방식이 이 독립적인 여성들에게 확산되면서, 자율적 행동에 대한 욕망과 능력 그리고 자율적 행동이 가능한 상황이 파괴되고 만다.

선진 산업사회에서 빈곤의 현대화란, 텔레비전 기상캐스터건 교육자건 간에 전문가가 공인해주지 않으면 사람들이 전혀 사실을 인식하지 못한다는 것, 의사에게 치료받지 않으면 신체의 불편은 견딜 수 없이 힘든 것이 된다는 것, 서로 떨어진 지역을(사실 차가 먼저 이렇게 떨어뜨려 놓았지만) 차량으로 연결하지 않으면 친구와 이웃은 사라진다는 것을 의미한다. 요컨대, 우리는 대부분의 시간을 우리의 세계와 떨어져 살고 있으며, 누구를 위해 일하는지도 모르고 느끼는 대로 살고 있지도 못하다.

近 근대성과 홀로코스트

지그문트 바우만 Zygmunt Bauman

폴란드 태생의 유대인 사회학자(1925~). 제2차 세계대전 당시 폴란드 의용군으로 참전했으며, 이후 사회학과 철학을 공부했다. 현재 영국의 리즈 대학 교수. 이 글의 출전은 *Modernity and Holocaust*(1989)이다. 그는 홀로코스트가 문명사회에서 이미 사라진 야만성이나 독일의 전근대성에서 기인한 것이 아니라, 철저하게 현대문명의 산물이라고 보았다. 즉 과학적 합리성의 원리를 아무런 도덕의식 없이 집행하는 현대 관료제의 효율성 논리와 홀로코스트가 긴밀하게 연관되어 있다고 보고, 우리 모두는 홀로코스트를 일으킬 수 있는 잠재 요인을 지니고 있다고 말했다.

문명화의 의미

우리 서구사회의 의식 깊은 곳에 형성된 근원적 신화는, 사회 형성 이전의 야만단계에서부터 지금까지 인간성이 도덕적으로 고양되어 왔다는 이야기다. 이 전설은 많은 영향력 있는 사회이론과 역사서술을 자극하고 유행시켰으며, 다시 이들로부터 학문적이고 정교한 이론적 뒷받침을 받았다.……

오래전에 우리 시대의 상식으로 뿌리 내린 이 신화의 견지에서 보자면, 홀로코스트는 문명(즉 인간의 합목적적이고 이성적인 행위)이, 인간이 떨쳐버리지 못한 병적인 본성을 억누르는 데 실패한 것으로만 이해될 수 있다. 물론 모든 인간이 서로 목숨을 건 투쟁을 벌이는 홉스적 세계가 아직 완전히 제어된 것은 아니며, 이 세계에 질서를 부여하려는 홉스의 문제 또한 완전히 해결되지 못했다. 달리 말해, 우리의 문명이 아직

원숙한 것은 아니라는 것이다. 따라서 미완의 문명화 과정을 끝까지 진행해야 한다는 것이다. 대량학살에서 우리가 뭔가 교훈을 얻었다면, 그것은 이와 유사한 야만성의 발호를 막기 위해서는 더더욱 문명화 노력을 기울여야 한다는 것이다. 이런 교훈에 따르면, 문명화 노력이 가져올 미래의 효과와 궁극적인 귀결엔 의문의 여지가 없다. 우리가 올바른 방향으로 가고 있는 것은 분명하지만, 충분히 빨리 가지 못하고 있다는 것이다.

역사 연구를 통해 홀로코스트의 실체가 드러남에 따라, 홀로코스트에 대한 새로운 해석, 요컨대 홀로코스트란, 기술 및 합리적 선택 기준 그리고 사상과 행동에 대해 경제와 효율을 앞세우는 원리와 같이 문명이 가장 소중히 여기는 이런 산물들의 효율성 앞에서 (본래 살인을 혐오하고, 폭력을 싫어하며, 비도덕적 행위에 대한 책임감과 죄의식을 두려워하는) 인간 본성의 약점이 드러난 사건이라고 보는 대안적이고, 보다 신뢰할 만한 해석이 등장했다. 이 새로운 해석으로 보자면, 홀로코스트라는 홉스적 세계는 비합리적 감성의 광란에 의해 인간 본성이 드러난 사건은 아니다. 홀로코스트라는 홉스적 세계는 첨단과학만이 공급할 수 있는 무기를 휘두르며, 체계적인 조직이 고안한 일정에 따라, 공장에서 만든 차를 몰고 (분명 홉스가 자기가 말한 모습은 아니라고 부정할 그런 무시무시한 모습으로) 도래했다. 현대문명은 홀로코스트의 '충분조건'은 아니었지만 '필요조건'이었던 것만은 분명했다. 현대문명이 없었으면 홀로코스트는 생각할 수 없었을 것이다. 홀로코스트를 생각할 수 있게 한 것은 현대문명의 합리적 세계였다. 나치의 유럽 유대인 대량학살은 산업사회의 기술적 성과였을 뿐 아니라 관료사회의 조직적 성과이기도 했다.……

'아우슈비츠로 가는 구불구불한 길'의 분석에서 나온 가장 소름끼치는 교훈은 (최후의 수단으로) '유태인 정리' 라는 과제를 수행하기 위한 가장 바람직한 방법으로 대량학살을 선택한 것은 (수단-목적 분석, 균형 예산, 보편적 규칙 적용과 같은) 일상적인 '관료주의 절차' 의 산물이었다는 것이다. 더욱 놀라운 것은, 변화하는 환경 속에서 여러 문제들이 잇달아 발생했기 때문에 그 '문제들' 에 대한 합리적인 해결책을 진지하게 찾는 노력을 한 결과 그런 선택을 했다는 것이다. 홀로코스트는 또한 목표-전위goal-displacement — 관료들의 일상 업무만큼이나 흔한 골칫거리인 — 라는 일반적인 관료주의의 영향을 받았다. 관료가 구체적인 임무를 부여받으면 최초의 목표를 초과 달성하고 목표를 지속적으로 확대하게 된다. 이로써 관료에게 요구되는 수단으로써의 전문성이 다시 한 번 자체적인 추동력을 입증해 보였을 뿐만 아니라 자신(전문성)의 존재이유였던 목표를 확대하고 강화하는 경향을 보였다.

유대인 문제에 전문가 집단이 존재했다는 단순한 사실 때문에 나치의 유태인 정책에서 어떤 관료주의적 모멘텀이 형성되었다. 이미 강제추방과 대량학살이 자행되고 있던 1942년에도 독일 내 유대인들이 애완동물을 소유하거나 아리안족 이발사에게 머리를 깎거나 또는 제3제국 나치가 세운 독일 제3제국을 말한다.— 옮긴이의 스포츠 배지를 받는 것을 금지하는 법령이 선포되었던 것이다! 유대인 문제 전문가들이 차별정책을 계속 쏟아내는 데는 상부의 명령이 필요 없었고, 단지 유대인 업무 그 자체만 있으면 되었다.

장기간에 걸쳐 잔혹한 처형이 진행되는 동안에도 홀로코스트는 단 한 번도 합리성의 원칙과 갈등을 빚지 않았다. '최후의 해결' 은 효율적이고 최적의 목표달성이라는 합리성의 논리와 어떤 단계에서도 충돌하지 않았다. 오히려 홀로코스트는 전적으로 '합리적인 관심'에서 나타났고, 자신의 형식과 목표에 충실한 '관료제'에 의해 시작된 것이었다. 물론 현대 관료제, 현대 관료제의 기술과 업무 그리고 현대 관료제의 내부적인 과학적 운영원칙이 존재하지 않았던 때에도 많은 학살, 집단살상, 인종학살과 별반 다르지 않은 만행이 있었다. 그러나 현대 관료제가 없었다면 홀로코스트는 생각조차 할 수 없었다. 홀로코스트는 아직 완전히 제거되지 않고 남아 있던 인간의 전근대적 야만성이 비합리적으로 분출된 것이 아니다. 그것은 현대에만 존재하는 것이었고, 다른 시대에는 존재할 수 없었다.

그렇다고 홀로코스트의 발생이 현대 관료제 혹은 그것이 표상하는 도구적 합리성의 문화에 의해 '결정되었다'는 말은 아니다. 또한 현대 관료제가 '반드시' 홀로코스트와 같은 현상으로 귀착되고 만다는 뜻도 더더욱 아니다. 내가 말하고자 하는 것은, 도구적 합리성의 규칙만으로는 그런 현상을 막을 수 없다는 것, 도구적 합리성의 규칙으로는 홀로코스트 스타일의 '사회공학social engineering'적 방법이 부적절하다거나 그런 방법에 기초한 행위가 비합리적이라고 선언할 여지가 전혀 없다는 것이다. 나아가 나는 사회를 행정의 대상으로, 해결해야 할 수많은 '문제들'이 모인 곳으로, '통제'되고 '정복'되고 '개선'되거나 '개조'해야 할 '자연'으로, '사회공학'을 적용해야 할 타당한 대상으로, 계획된 형태로 강제적으로 디자인되고 유지되어야 할 하나의 정원으로(식물을 보살펴야 할 '재배 화초'와 뿌리를 뽑아야 할 잡초로 나누는 것이 정원 가꾸기의 자세다) 보도록 부추기는 관료주의적 문화가 홀로코스트에 관한 아이디어를 구상하고, 그 아이디어를 발전시켜 마침내 실행에 옮기게 한 환경이었다고 말하고자 한다. 또한 나는 홀로코스트 스타일의 해결책을 가능하게 만들었을 뿐 아니라 그것을 지극히 '합당' 한 것으로 만든 것은—그리고 그런 선택을 할 가능성을 높인 것은—도구적 합리성의 정신, 그리고 그것이 현대적이고 관료적인 형태로 제도화된 것 때문이라고 말하고자 한다. 이런 가능성이 높아진 것은 그 어떤 목적, 심지어 비도덕적인 목적을 추구하기 위해서라도 수많은 도덕적인 인간들의 행위를 동원하고 조정할 수 있는 현대 관료제의 능력과 (단순한 우연 이상의) 관계가 있다.……

현대문화는 정원문화다. 그것은 이상적인 삶, 그리고 인간환경에 완전한 질서를 구현하기 위한 하나의 설계, 계획으로 스스로를 규정한다. 이 문화는 자연에 대한 불신에서부터 그 정체성을 수립한다. 사실 현대문화는 자발성을 믿지 않고, 보다 나은 그리고 반드시 인위적인 질서를 추구하면서 자신과 자연을 규정하고, 이 둘을 구분한다. 전체적인 계획 외에도 인위적인 '질서'를 창조, 유지하기 위해서는 연장과 재료가 필요하고, 무질서의 위험으로부터도 보호해야 한다. 그런데, 처음엔 하나의 설계, 청사진으로 고안된 질서가 이제는 무엇이 연장이고 무엇이 재료이며, 무엇이 쓸모없고 관련 없는 것이며, 무엇이 해롭고, 무엇이 잡초이고 해충인지를 결정하게 된다. 질서는 우주의 모든 사물을 자신과의 관계에 따라 분류한다. 질서와 관련된 것만이 의미를 부여받고 허용된다. 정원사의 행위도 질서를 위한 것일 때만 정당화된다. 설계의 관점에서 보면, 모든 행위는 설계의 목적을 실현하기 위한 수단이고, 행위의 대상은 모두 목적 달성에 도움이 되거나 아니면 방해가 되는 것, 그 둘 중 하나이다.

현대의 인종학살은 일반 현대문화처럼 정원사의 일이다. 사회를 정원으로 취급하는 사람들이 떠맡아야 할 많은 허드렛일 중 하나일 뿐이다.

정원이 있는 곳이라면 어디에나 잡초가 있다. 정원 설계에 따라 어떤 것이 잡초로 규정되면 뿌리까지 뽑아버려야 한다. 잡초 뽑기는 창조적인 것이지, 파괴적인 활동이 아니다. 그것은 완벽한 정원을 건설하고 유지하는 데 필요한 다른 여러 작업과 마찬가지의 일이다. '정원으로서의 사회'란 시각은 사회구성원 일부를 인간 잡초로 규정해버린다. 이런 인간 잡초들은 다른 잡초들과 마찬가지로 격리되고, 구속되고, 차단되어야 하며, 사회 밖으로 추방되어야 한다. 그리고 이런 모든 노력이 불충분한 것으로 드러나면 처형해야만 한다.

스탈린과 히틀러의 희생자들은 이 두 독재자가 점령한 영토를 공고히 하고 식민화할 목적으로 처형된 것이 아니다. 오히려 이들은 점령지에 새로운 활력을 불어넣으려는 목적에 따라 아무런 인간적인 감정도 없이—심지어 증오심도 없이—그저 무심하게 기계적으로 처형된 경우가 많았다. 그들은 이런저런 이유로 완벽한 사회를 건설하려는 계획에 맞지 않았기 때문에 살해당했고, 그들을 살해한 것은 파괴가 아니라 창조적인 작업이었다. 그들은 제거되었으며, 따라서 객관적으로 보다 훌륭한 인간세계—보다 효율적이고, 보다 도덕적이며, 보다 아름다운 세계—요컨대, 공산주의 세계와 인종적으로 순수한 아리안 민족의 세계가 건설될 수 있었다. 두 세계 모두 조화롭고, 갈등이 없었으며, 지도자에게 순종했고, 질서 있고, 통제된 세계였다. 오점으로 물든 과거나 출신성분을 가진 사람들은 그러한 순수하고 건전하며 빛나는 세계에 속할 수 없었다. 잡초가 그렇듯 그들의 본질은 변할 수 없었던 것이다. 그들에겐 개선이나 재교육의 여지도 없었다. 그들은 유전적 혹은 관념적 형질 때문에—즉 문명화되지 않고 그에 거부하기 마련이기 때문에—제거되어야 했다.

현대의 인종학살 중 가장 악명 높고 잔혹했던 두 사례는 근대 정신과 배치되는 것이 아니었고, 문명화 과정에서 벗어난 것도 아니었다. 오히려 이 두 사례는 문명화 정신에 가장 부합하고 그 정신을 가장 잘 표현한 것이었다. 이 두 사례는 다른 대부분의 과정들이 중도에 포기했던 문명화의 가장 야심찬 목표를 달성하려고 했던 것이다. 이 두 사례는 모든 것을 합리화하고 계획하고 통제하려는 현대문명의 꿈과 노력이, 억제되거나 제한되지 않거나 혹은 좌절되지 않을 경우, 어떤 일을 벌일 수 있는지 보여준 것이다.

우리는 오랫동안 이런 꿈을 갖고 그것을 이루려고 노력했다. 모든 것을 합리화하고 통제하려는 현대문명의 꿈과 노력이, 기술technology과 관리기술managerial skill이라는 거대하고도 강력한 무기고를 만들어냈다. 그 꿈과 노력으로 인해 어떤 목적이든 일단 목적이 설정되면 그것을 효율적이고 정력적으로 추구하도록 인간행위를 도구화하는, 그것을 유일한 목적으로 하는 제도가 탄생했다. 이 제도는 목적을 추구하는 이들의 이데올로기적 혹은 도덕적 신념 따위는 문제 삼지 않았다. 또 이러한 꿈과 노력 때문에 지도자가 목표 설정에 독점권을 갖게 되었고, 피지배자들은 수단으로 전락했다. 결국, 이러한 꿈과 노력으로 인해 대부분의 행위가 수단—궁극적 목적, 목적을 설정한 자, 최고 의지, 초개인적인 지식에 복종하는 수단—으로 간주되었다.

그렇다고 우리 모두가 매일 아우슈비츠와 같은 세상을 살고 있다는 말은 절대 아니다. 홀로코스트가 현대적인 것이라고 해서, 현대성이 곧 홀로코스트라고 할 수는 없다. 홀로코스트는 완전히 계획되고, 완전히 통제된 세계를 꿈꾸는 현대적 충동이 낳은 부산물, 그 충동이 고삐 풀린 듯 미쳐 날뛸 때 나타나는 현상이다. 대부분의 경우, 근대성은 그런 일을 벌이지 못하도록 억제된다. 근대성의 야망은 다원주의적 인간세계와 충돌한다. 사회의 모든 자율적인 세력, 근대성의 야망을 견제하고 억제하는 세력을 충분히 무시하고 압도할 수 있을 정도로 절대적인 권력과 독점적인 세력이 없기 때문에 근대성의 야망은 실현되지 못한다.

⚑ 문명은 추락하는 비행기

T. 풀라노 T. Fulano

교사, 작가, 저널리스트(1951~). 본명은 데이비드 왓슨. 그는 원시적이고 단순한 인간 삶을 현대사회에서 실현할 수 있는 방법을 모색하는 급진적인 정치적 생태주의자이다. 이 글은 무정부주의 저널 『피프스 이스테이트』(1983, 겨울호)에 실린 'Civilization Is Like a Jetliner'(1983)이며, 1983년 소련 전투기에 격추당한 대한항공 007기를 소재로 하고 있다.

한국의 비행기가 격추되었다는 뉴스를 신문에서 읽은 그날 저녁, 나는 토네이도 꿈을 꾸었다. 토네이도는 미궁인 동시에 죽음을 의미하는 일종의 소용돌이다.

죽음이 지금 도처에서 횡행하고 있다. 죽음은 사람이 가게 되어 있는 인생경로가 아니라 일종의 장비 결함 같은 것, 기술적인 도살장 같은 것이 되어버렸다. 묵묵히 복종하는 로봇과 말 많은 사디스트가 하나 될 때, 인간에 결함이 있는 것인지 아니면 기계에 결함이 있는 것인지 구분할 수 없다(나는 한국의 비행기를 격추시킨 전투기 조종사의 인터뷰를 보고 있다. 그는 어느 군사체계에 있건 간에 전투기 조종사로서 그런 행동을 했을 것이다. 그래서 그는 "다시 그런 상황에 처한다 해도 저는 똑같이 할 겁니다. 몇 번이라도 그렇게 할 겁니다. 그런 순간순간을 나는 좋아합니다"라고 말하고 있다. 물론 이런 과정에서 그는 탑승객의 생명을 살리기 위한 어떤 경고도 비행기에 전달하지 않았고, 그 모든 상황을 도청, 녹음한 CIA와 미군의 협조를 받았던 셈이다).

그렇게 우리는 그날 밤, 죽음의 페스티벌로 한층 더 다가간다. 캘리포니아에서 서핑보드를 타듯 의기양양해하며 거짓과 위선적인 자기정당화를 늘어놓는 레이건 대통령은, 대한항공 007기(그런 숫자의 이름을 가진 비행기가 어떻게 스파이 비행기가 아닐 수 있을까!)의 추락은 세계사의 '중요한 전환점'을 의미하며 "우리는 J. F. 케네디가 말한, 이른바 '기나긴 여명의 투쟁long twilight struggle'을 준비할 수 있다"고 덧붙였다. 그러나 기나긴 여명의 투쟁이란 또 다른 헛소리였다. 왜냐하면 인디언 '야만인'의 멸종에서부터 베트남 '원주민'의 대규모 학살에 이르기까지 범죄는 계속되었기 때문이다. 기억건대, 그들의 이른바 여명의 투쟁이란 것은 이러한 복음주의적 광신도들을 위한 투쟁, 거대 암흑Great Darkness의 재앙을 불러오는 투쟁, 그리고 지구 종말을 앞당기는 엔트로피를 촉진시키는 투쟁이었던 것이다.

그러나 우리는 궁극적으로 한국 비행기의 피격이 군사적 광기—기술에 대한 열광의 한 변종에 불과한—가 가미된 모든 항공사고의 대표적 사례라는 사실을 기억해야 한다. 문명은 동양과 서양의 버전을 양 날개 삼아 날아가는 제트비행기, 리벳으로 조립되어 높이 떠오른 괴물과 같은 것이다.

문명은 엄청난 연료를 소모하면서 굉음을 내고 날아가는 제트비행기와 같다. 문명을 움직이기 위해서는 우리가 상상할 수 있거나 상상할 수도 없는 모든 범죄와 환경오염이 자행되어야 한다. 모든 생명은 멸종하게 마련이고, 모든 사람도 사라지게 되어 있다. 물에 비친 문명의 그림자는 기름 찌꺼기를 닮았다. 새들은 비행기로 빨려들어 증발한다. 우주선 화재로 사망하기 전 언젠가 거스 그림Gus Grim*이 우주선 캡슐에 대해 우려하며 지적한 것처럼, 모든 부품은 최저가격 입찰자가 제작했다.

문명은 대한항공 747기, 그 항공기의 여과된 실내 공기, 이어폰을 타고 들려오는 시시한 음악, 가식적인 안도감, 화학 처리된 음식, 플라스틱 식기, 영화 스크린에서 죽음을 응시하며 가지런히 배열된 좌석에 조용히 앉아 있던 모든 승객들과 같은 것이다. 또 문명은 제트비행기, 조종석에 앉아서 불만에 찬 임금노동자들이 장착해놓은 컴퓨터 통제시스템을 조작하는 멍청한 비행사가 조종하는 제트비행기, 스포츠와 섹스에 정신이 팔린 채 졸려서 각성제에 의존해야 하는 기술자에게 항로를 맡겨놓은 제트비행기와도 같다.

문명은, 속도감을 느끼려는 사람도 일부 있었겠지만 대부분은 테러와 멀미를 우려하면서도 광고와 선전에 넘어가 자기 발로 탑승한 승객들이 수용인원 이상으로 가득 찬 747기와 같다. 문명은 DC-10기**, 그 주석벽을 깨고 탈출해 구름 사이를 날고 싶을 정도로 사방이 꽉 막힌 DC-10기, 극도로 덜컹거리며 굉음을 내는 이 마귀로부터 벗어나고 싶을 만큼 답답한 DC-10기와 같다. 아주 작은 실수나 기술적 결함만으로도 재앙이 발생해 여러분의 가엾은 창자가, 마치 때늦은 징후처럼, 활주로 여기저기에 흩뿌려질 수 있고, 몸이 패대기쳐져 신발은 벗겨지고, 모든 뼈가 달걀껍질처럼 부서져버릴 수 있다.

(물론 문명은 제트기 외에도 그밖의 다른 많은 물건—항상 '물건'이다—과도 같다. 요컨대, 문명은 화학폐기물 배수로, 다음 주에는 멸종할 이국적인 열대나무로 만든 샐러드 그릇을 판매할 새 쇼핑몰을 건설하거나 활주로를 확장하기 위해 파괴해버린 숲지대, 폐차장, 혹은 제대로 연결되지 않은 단 하나의 금속 핀 때문에 붕괴되는 현수교와 같은 것이다. 문명은 아홉 개의 머리를 가진 히드라

와 같은 것이다. 문명의 이런 다양한 모습 때문에 그로부터 우리가 맞게 될 죽음의 형태, 종류, 규모도 무궁무진하다.)

문명은, 그들이 있던 곳에서는 인간성을 전혀 경험한 적이 없는 사람들을, 가서는 안 될 곳으로 운송하는 보잉 점보제트기와도 같다. 사실, 보잉기의 주 고객은 각종 차트와 계약서 그리고 불행으로 가득 찬 서류가방을 들고 옷을 잘 차려입은 사업가들이다. 기실 사업가들은 어느 곳에서나 똑같이 존재하기 때문에 이곳에서 저곳으로 수송될 이유가 전혀 없는 사람들이다.

대지의 피부에 난 상처처럼 지상에서 깜빡거리는 신호등 사이의 활주로를 굴러가다가 웬일인지 우웅거리며 속도를 내고는 겁탈하듯 허공을 가르고 아지랑이같이 흔들리는 열파를 따라 마치 도시에 대한 폭격을 피해 달아나는 피난민처럼 이리저리 흩어지는 쓰레기를 날리며 하늘을 향해 날아오르는 비행기의 이륙 모습은 참으로 신비롭다. 그렇다. 주변의 생명체들을 쫓아내고 돌멩이들을 부숴버리는 이 광경은 정말 멋지고 신비로운 광경이라 아니할 수 없다.

그러나 폭발해 재가 되면 다시 날아오를 수 없는 괴물 불사조 제트비행기와 마찬가지로 문명도 비행기 폭발 열기에 터져버리는 수많은 말벌처럼, 가솔린이 활주로에 흩날리며 만들어내는 화염처럼, 탑승했던 사업가의 부서진 삼소나이트 가방처럼, 그리고 불에 탄 살점처럼 세계 도처에서 붕괴하고 있다. 그리고 우리를 조롱하듯 추락한 비행기가 남긴

• 1967년 1월 27일 미국 우주선 아폴로 1호의 모의비행 훈련 중 사망했다. 화재 사고였고 그림을 포함한 세 명이 희생되었다.
•• 맥도넬 더글러스 DC-10기를 말한다. 1974년 터키항공 소유의 DC-10기가 파리 근교에 추락해 346명의 사상자를 냈고, 이후 4건 이상의 대형 참사를 일으켰다.

어지러운 잔해들, 죽음의 흔적과 조각들이—인형(사람) 머리, 신발, 안경, 그리고 혁대버클들이—죽어가던 불사조 제트비행기의 고통스러운 마지막 궤적을 따라 널브러진다.

제트기들이 추락하고 문명도 추락했으며, 이 문명도 언젠가는 추락할 것이다. 어느 눈 내리는 날 계기판을 잘못 읽어 비행기가 추락할지도 모른다. 성에가 제거된 날개가 너무 꽁꽁 얼어붙어 바람을 이겨내지 못하면, 비행기라는 새는 맷돌처럼 추락할 것이다. 추락하는 비행기는 처음엔 일터, 말하자면 공항을 오가는 통근자들이 들어찬 다리 위(문명은 낙원에서 미지의 땅으로 연결된 다리와 같다)를 아슬아슬하게 스쳐 지나갈 것이다. 비행기가 다리와 충돌했다면 (날개 없는 제트비행기인) 승용차 안에 있던 통근자들은 탐욕스러운 메두사에 바쳐지는 또 다른 제물이 되었을 것이다.

다리를 아슬아슬하게 스치며 추락하던 비행기는 곧 얼음같이 차가운 강물, 포토맥 강이나 요르단 강, 혹은 레테의 강물 속으로 곤두박질 칠 것이다. 우리는 그 비행기 안에서, 마치 투명 아크릴 상자에 포장된 인형들처럼, 비행기 창문에 죽 이어진 각자의 좌석에 앉아 가라앉으며 최후를 맞이할 것이다.

산업사회와 그 미래 𝕏

유나보머 Unabomber

16세에 하버드대에 입학한 수학 천재. 본명은 시어도어 존 카진스키. 수학박사 학위를 얻은 후 25세에 버클리대 종신교수로 임명되지만 2년 만에 그만두고 공장 노동자 등을 전전하다가 종적을 감추고는 17년 동안 대학과 공항에 16차례의 우편 폭탄 테러를 자행한다. '유나보머Un+A+Bomber'라는 별명은 여기서 생겼다. 이 글은 워싱턴포스트에 실린 그의 선언문 'Industrial Society and Its Future' (1995)의 일부로서, 그는 자신의 글을 게재하지 않으면 다시 테러를 저지르겠다고 협박해 결국 글은 게재된다. 그는 현재 종신형을 살고 있으며 옥중에서 『진실과 허구』라는 책을 발간하기도 했다.

177

　말할 필요도 없이, 위에서 제시한 시나리오들이 모든 가능한 결과를 다 포괄하는 것은 아니고, 그중 가장 가능성이 높아 보이는 결과들만 적시했을 뿐이다. 그러나 우리가 방금 제시한 것들이 가장 그럴듯한 시나리오라 할 수 있다. 만일 산업-기술체계가 앞으로 40년에서 1백 년 정도 더 지속되면 그렇게 될 가능성이 대단히 높다. 이때쯤이면 산업-기술체계는 어떤 일반적인 특징들을 확립하게 될 것이다. 그래서 개인들(적어도 산업-기술체계에 통합되어 그것을 운영하며, 그럼으로써 모든 권력을 장악한 '부르주아' 타입의 사람들)은 과거 어느 때보다 더 대규모 조직에 의존하고 더 '사회화'되어 있을 것이다. 그들의 육체적, 정신적 특징도 상당 부분(아마도 대부분) 우연(혹은 신의 의지나 그 어떤 것)의 결과가 아니라 인위적으로 주입된 것이 될 것이다. 또 야생의 자연 가운데 혹시라도 여전히 존재하는 것이 있다면, 그것은 과학적 연구를 위해 과학자의 감시와 관리하에 보존되는 자연의 잔재, 따라서 더 이상 진정으로 야생적인 자연은 아닐 것이다. 결국 (예컨대, 지금으로부터 수세기 내에) 인류뿐만 아니라 다른 중요한 유기체도 오늘날과는 전혀 다른 존재가 될 가능성이 높다. 왜냐하면 일단 유전공학을 통해 유기체를 변형시키기 시작하면 그것을 어떤 특정 시점에 멈출 이유가 없고, 따라서 인간과 여타 유기체가 완전히 다른 존재가 될 때까지 유전자 변형이 계속될 것이기 때문이다.

178

어떤 경우에라도 확실한 것은 기술이, 자연선택에 의해 인간이 육체적, 정신적으로 적응했던 환경과는 근본적으로 다른 새로운 물질적, 사회적 환경을 창조하고 있다는 것이다. 인간은 인위적인 조작을 통해, 아니면 자연선택이라는 길고도 고통스러운 과정을 통해 이 새로운 환경에 적응해야 할 것이다. 그런데 자연선택보다 인위적인 조작에 의해 새로운 환경에 적응할 가능성이 훨씬 높다.

179

이 악취 나는 산업-기술체계를 모두 내버리고, 그 결과를 받아들이는 편이 낫다.

옛 방식과 문명 ✗

타마락 송 Tamarack Song

미국의 반문명주의자. 문명화된 삶을 거부하고 자연적이고 원시적인 삶을 예찬하며, 선불교의 지혜와 아메리카 원주민의 생활방식을 되살리려고 노력하고 있다. 이 글의 출전은 *Old Way and Civilization*(1994). 이밖에도 『고대인의 속삭임』『타인의 마음을 신뢰하는 노래』 등의 저서가 있다. 현재 위스콘신 주 북부의 스리 레이크스 지역에서 'Teaching Drum Outdoor School'을 운영하며 많은 사람들에게 엘리트와 지배집단이 만든 대중문화를 버리고 과거 문화로 돌아가 직접 불을 만들고 움막을 짓고, 사냥을 비롯한 식량 채집에 나서는 법을 가르치고 있다.

옛 방식이란 시대, 문화, 지역을 불문하고 지구의 원주민들에게 공통된 생활방식이다. 그것은 또한 식물, 동물, 하늘, 물이 존재하던 방식이었다. 그것은 모든 자연적인 것이 존재했던 방식이며, 지금도 존재하고 있는 방식이고, 앞으로도 존재할 방식이다. 이 방식은 시간을 초월하는 것인데, 이런 삶의 방식을 포기하고 내친 김에 시간을 재는 사람들만이 이 방식을 '옛것'이라고 부른다. 오늘날 이런 생활방식을 알고 그 방식대로 살아가는 사람은 거의 없다.

자연질서를 통제하고 규격화하는 사람들이 살아가는 삶의 방식이 문명이다. 그것은 인류 대부분이 지금 누리고 있는 삶의 방식이며, 인간이 이용하거나 길들여왔던 동물, 식물, 환경이 존재하는 방식이기도 하다.……

비교

나는 최근 옛 방식을 '나눔'과 '친절'이라는 두 단어로 내게 가장 아름답게 표현해준 노인을 만났다. 이 두 단어의 의미와 그 속에 담긴 뜻을 반추하면, 옛 방식에 대한 풍부하고도 생생한 관점을 얻게 된다. 같은 날 또 다른 노인은 지배문화의 영향을 받고 살아가고 있는 손자들을 걱정했다. 그런 두려움을 자세히 털어놓으면서, 그 노인은 문명을 '개인주의' '재산(의 축적)' '상업주의'라는 세 단어로 간단히 정의했다.

옛 방식과 문명이 이렇게 다른 것이기에 (문명세계의) 정복자들이 처음 (옛 방식으로 살고 있던) 원주민을 접하면 이들을 혐오하고 인간 이하로 취급하는 경우가 많다는 것은 그리 이상한 일도 아니다. 이길 수 없는 전쟁에서 고군분투하며 싸우는 원주민들을 정복자들은 미친 야만인으로 본다. 가장 영적인 사람들이 가장 호전적으로 보이는 경우가 종종 있는 법이다. 원주민들이 영성을 따를 자신들의 권리를 지키기 위해 싸우고 있다는 것을 침입자들은 이해하지 못한다. 원주민들은 그들의 어머니인 자연의 생명과 건강을 위해 싸우고 있는 것이다. 그들은 자신과 후손들이 복종과 노예의 삶을 사는 것보다 어머니 자연을 지키다 죽는 편이 더 낫다고 여긴다. 이들이 거부하는 복종과 노예의 삶이란 신성한 어머니 자연을 서서히 독살하고 갈기갈기 토막 내는 광경을 목격해야 할뿐만 아니라 그 일에 적극 가담하는 삶을 의미한다. 결국 원주민들은 자부심을 느끼며 죽지만, 문명인 정복자들은 치욕의 승리만 얻을 뿐이다.

현대의 복잡한 정치경제 구조 때문에 과거처럼 그렇게 노골적이진 않다 하더라도, 문명인들은 지금도 여전히 원주민들을 정복하고 있는 중이다. 패스트푸드점에서 햄버거를 하나 소비할 때마다 내가 살고 있는 오두막 넓이의 네 배에 해당하는 남미 열대우림이 사라진다(열대우림은 원주민의 마지막 터전 중 하나이다). 일제 상품을 하나 구입할 때마다 아이누족(옛 방식으로 살고 있는 코카서스계 토착 일본인)은 그들이 거주하고 있는 최후의 최북단 섬에서 점점 더 바다로 내몰린다.

정복자들은 자신의 도덕을 아주 협소하게 규정하는 경향이 있는데, 그럼으로써 자신들의 방식을 정당화한다. 예를 들어, 정복자들은 호피족이 평화적이며 영적으로 충만한 듯 보이면서도 혼외정사를 일삼았다는 사실을 이해하기 어려웠다. 반면, 무자비한 약탈자라고 보았던 아파치족은 부부간 정절에 대해 도덕적으로 매우 보수적이고 엄격했다. 정복자들은 춤처럼 외견상 전혀 해롭지 않은 일들조차 용납할 수 없었다. 정복자들은 원주민의 춤이 단순한 사회적 오락 이상의 것이었기 때문에 받아들일 수 없었다(춤을 영적, 심리적, 문화적 표현으로 이해하는 원주민들이 문명인의 춤이 단지 사회적 오락에 불과하다는 것을 알고 놀라기는 마찬가지였다).

문명인과 원주민의 기본적인 차이는 다음과 같다. 문명인은 자신들에 맞게 세계를 변화시키는 반면, 원주민은 존재하는 그대로의 세계에 스스로 적응한다. 문명인은 그들이 처한 상황에 만족하는 법 없이 그 상황을 변화시키는 데 평생을 바치는 반면, 원주민은 자신이 몸담고 있는 환경의 아름다움과 은혜에 매우 감사해한다. 문명인은 과거의 실수를 반추하고 미래를 위해 사는 반면, 원주민은 현재, 그 순간의 충만함을 즐긴다. 문명인은 모든 것을 자신에게 끌어당기는 반면, 원주민은 자신 주변의 모든 것과 하나가 된다. 문명인은 회개하며 빌 때 벌벌 기고 애원하지만, 원주민은 당당하게 찬양하고 감사와 경외의 기도를 드린다. 문명인은 불합리한 삶에 적응하기 위해 심리학자의 도움을 받는 반면, 원주민은 주변의 환경과 조화를 이루며 산다. 문명인은 종교를 소유하지만, 원주민은 종교에 따라 산다. 문명인은 말을 많이 하지만, 원주민은 듣고 배운다. 문명인은 그 사람의 '직업'을 보고 서로 경애하지만, 원주민은 '사람됨'을 보고 존경한다. 문명인은 목숨을 연장하기 위해 모든 노력을 기울이면서 침대에 누워 죽음을 맞지만, 원주민은 새로운 삶을 영접하는 것처럼, 할 수만 있다면 노래를 부르며 꿋꿋하게 죽음을 영접한다.

문명은 인간이 만든 것들에 기반을 두고 있지만 그것들은 계속 부서진다. 옛 방식은 계속 성장하고 새로워지는 자연적인 것에 기반을 두고 있다. 인간이 만든 것은 지속적인 인간의 노력이 투입되어야 유지되지만, 자연적인 것은 계속해서 우리에게 뭔가를 준다. 문명인은 자신의 소유물의 노예가 되어 소유물을 지키고자 계속 일해야 하지만, 원주민은 자신의 필요를 충족시켜 주는 자연과 마찬가지로 속박받지 않고 자유롭다.

하나의 개념으로서 일work은 문명인들만의 것이다. 일은 문명생활에 고유한 개인주의와 물질적 풍요를 유지할 필요성 때문에 탄생했다. 원주민들은 여러 도구와 자원을 공유함으로써 불필요한 낭비를 피하지만, 문명인은 자신이 사용하는 것은 무엇이든 모두 개인적으로 소유하려고 한다. 그들은 이른바 '캐치-22catch-22'* 상황에 빠지게 된다. 즉 차와 집을 사서 직업을 구할 수 있지만, 그 다음에는 차와 집을 유지하기 위해 계속 직업을 갖고 있어야 한다. 그들의 집은 거의 쓰지도 않는 각각의 용도의 방들로 쓸데없이 크지만, 원주민의 오두막은 작고 개방되어 있으며 공간을 다양하게 활용할 수 있도록 지어진다.

물질적 측면에서 계속 비교할 수 있겠지만, 문명인들은 주로 자신이 사용하지도 않는 물건을 소유하기 위해 일한다는 사례만으로도 충분할 것이다. 요컨대, 문명인들은 해당 재화의 사용 여부 혹은 사용 정도에 관계없이 할부금, 세금, 보험금, 관리비, 생활비, 공공요금 등에 얽매어 산다.

문명인들의 '노동절약' 장치들은 실제로 노동을 거의 절약해주지 못한다. 노동절약 장치를 사용해 절약된 시간은 기실 노동절약 장치에 필요한 도구, 연료, 유지, 저장 비용을 마련하기 위해 다른 어디에선가 또 일해야 하기 때문에 소모되고 만다. 세탁기 같은 제품도 세탁기 등장으로 인해 소비가 더 늘어났다는 또 다른 이유로 더 이상 시간절약 도구가 아니다. 사람들은 지금 이전보다 훨씬 많은 옷을 사서 더 자주 갈아입고 더 자주 세탁함으로써, 결국 세탁기 발명 이전에 소요된 세탁 시간만큼 세탁에 허비하고 있다.

열대지역이든 사막지역이든 어떤 환경에든 관계없이 원주민들은 필요와 욕구를 충족시키기 위해 하루 평균 두 시간 정도만 일한다. 그들의 풍요로운 문화, 강력한 가족 유대, 풍부한 수공예품을 보면 그들의 여가 시간이 넉넉했음을 알 수 있다. 문명인이 '일하러 간다'는 것은 필요를 간접적으로 충족시키는 추상적인 개념인 반면, 원주민의 노동은 필요를 직접 충족시키는 활동이다(문명인은 일을 해서 돈을 번 후, 그 돈으로 필요한 것을 사지만, 원주민은 노동을 통해 직접 필요한 것을 얻는다).

간단히 말해서 원주민은 자신에게 필요한 것을 얻는 일에 직접 종사함으로써 에너지를 효율적으로 사용하는 것이다. 반면 문명인은 마찬가지

●조지프 헬러의 풍자소설 『캐치-22』(1961)에서 따온 말. 제2차 세계대전 중 미국 공군대위 요사리언은 군대를 빠져나오려고 방법을 강구하는데, 그것은 정신병자가 되는 길뿐이었다. 정신병자로 판명되면 비행기를 태우지 않았기 때문이다. 그러나 또 다른 걸림돌이 있었는데, 만약 비행을 거부하면 정신병 판정을 받지 못한다. 이유인즉, 비행 거부는 제정신이어야 가능하다는 것. 따라서 정신병자 노릇을 해도, 정신병자가 아닌 척해도 비행기를 타게 되는 모순적인 상황에 놓인다. 흔히 부조리한 상황을 표현할 때 'Catch-22'라고 한다.

로 필요한 것을 얻는 일에 자신이 직접 개입하지 않는 복잡한 과정을 통해 훨씬 많은 시간과 에너지를 투입한다. 예를 들어, 원주민은 과일을 먹고 싶으면 그냥 밖으로 나가서 따오면 된다. 그러나 문명인은 땅을 사서 과일을 재배한 후 따 먹거나, 자신을 대신해 과일을 재배(포장, 저장, 운송)하는 누군가에게서 과일을 사 먹기 위해 돈을 벌러 '일하러 간다'.

두 가지 삶을 모두 살아본 사람들은 단절되고 간접적인 문명인의 방식에 비해, 삶의 과정에 직접 관여하는 원주민의 방식이 더 풍요롭고 만족스러운 삶이라고 말한다. 원주민 가족에게서 저녁 초대를 받았을 때 나는 처음으로 이 차이를 느꼈다. 스스로 사냥하고, 기르고, 주워 오고, 저장하고, 준비해서 내놓은 그들의 음식에는 그들의 삶과 정신이 배어 있었다. 이것은 음식을 준비하고 먹고 즐기는 방식, 단 한 톨도 낭비하지 않고 음식을 가치 있게 여기고 존중하는 방식, 곧 음식을 신성하게 여기는 그들의 태도 속에 반영되어 있다. 가게에서 사온 공허한 나의 음식과 비교하면 이 얼마나 축복받은 경험인가!

문명사회에는 신성한 것이 거의 없다. 이 사회는 시스템 지향적이다. 노인들의 삶의 방식, 마을사람들이 둘러앉아 이야기를 나누는 지혜, 내면의 목소리를 모르는 이 사회는 문제에 대한 해답을 구조에서 찾는다. 한때 신성했던 것들은 문명사회의 세속적 규범으로 전락한다. 약물, 알코올, 섹스는 쾌락의 대상이 된다. 알코올과 약물을 사용하는 원주민 사회는 거의 없는데, 사용하는 경우에도 아주 드물게 그리고 신성한 의식을 위해서만 사용될 뿐이다.

문명인들은 자아에 민감하다. 누군가 자신의 모험과 성공담을 이야기하면, 듣는 이는 그것을 종종 과장과 자아위협적인 것으로 느낀다. 전사와 치료사와 구도자가 여전히 존재하는 문화에서는, 주기적으로 그들의 모험과 승리담이 전해지며 사람들은 그 이야기를 듣고 싶어 한다. 이런 이야기들은 단순한 오락을 넘어 사람들에게 영감을 주고, 본받을 만한 본보기이자 스승 역할을 한다. 아마도 문명인에 비해 원주민들에게 자기만족의 기회가 더 많기 때문에 원주민들은 타인의 성공에 영감을 더 많이 받고 위협은 덜 느끼는 것 같다.

인간의 완전한 통제하에 있는 지구를(아마도 우주까지도) 자기 마음대로 조정하려는 것이 문명의 묵시적 목적인 듯하다. 원주민들이 자신의 자연영역으로 보는 것을, 문명인은 통제되지 않은 야생으로 본다. 문명인은 다른 인간을 제외한 동물과 식물은 더 이상 이웃으로 간주하지 않는다. 따라서 자연영역은 그들에게 정말 야생이 되고, 자연과의 단절로 인해 문명인은 자연의 손길과 지혜로부터도 단절된다. 예컨대, 많은 동물의 경우 다른 동물의 눈을 빤히 쳐다보는 것은 오만, 지배, 혹은 호전성을 드러내는 행위다. 그것은 맹수에게 쫓기던 사냥감이 도망가는 것을 포기하는 것, 위대한 생명의 순환 과정에서 떨어져 나가는 일을 의미한다. 이런 이유로 원주민들은 다른 사람, 특히 연장자의 눈을 빤히 쳐다보는 것을 어리석고 무례한 짓으로 본다. 그러나 이런 교훈을 주는 동물들을 더 이상 알지 못하게 된 문명인들은 불편하게 서로 눈을 마주치는 인간관계로 고통을 겪고 있다.*

문명인들은 자신들의 재화의 근원인 자연에 대해 관심을 갖고 있긴 하지만, 자연이 무엇을 필요로 하는지 알지 못하기 때문에 자연이 필요로 하는 것에 관심을 기울이지 않는다. 자연이 무엇을 필요로 하는지 모르

---

* 우리의 경우, 다른 사람과 대화할 때 눈을 빤히 쳐다보는 것은 버릇없거나 남에게 시비를 거는 행동이지만, 서구인들은 눈길을 돌리면 진실하지 않다고 여긴다.

기 때문이다. 이를 테면, 인간들은 목재나 종이를 얻기 위해 나무를 벨 때, 크고 속이 빈 나무 몇 그루를 그냥 놔두어야 한다는 것을 알지 못하는 까닭에 우리 이웃인 조류의 4분의 1이 집을 잃고 떠돌게 만들었다.

문명화된 방식이 '성공'을 거둔 이유 중 하나는 다른 문화방식이라 하더라도 자기에게 도움이 되기만 하면 기꺼이 채택했다는 것이다. 이런 접근법은 기능적 문화를 창조했지만 그런 문화를 나오게 한 근원과 정신적 토대는 받아들이지 않았다. 예로, 문명인은 요가, 초월적 명상 같은 수양법을 인도인에게서 빌려왔다. 이런 수행법은 힌두교도의 삶의 한 부분이며, 겉으로 행해지는 수행 동작에는 내면의 힌두철학이 반영되어 있다. 그런데 서구문명인은 그 동작만 따라할 뿐 그 정신엔 관심이 없다. 이런 태도로 인해 문명은 다른 문화를 상업적으로 이용하려는 경향을 갖게 된다. 그래서 우리는 "요가와 명상을 수행해 스트레스를 줄이고 생산성을 높일 뿐만 아니라, 체중도 줄여 더 멋진 여피족이나 더 훌륭한 세일즈맨이 되시오"라는 광고문구로 인도에서 빌려온 이 수양법을 상업적으로 선전하는 광경을 보게 된다. 문명화된 방식은 다른 문화방식을 보다 면밀히 관찰하고 이해함으로써 훨씬 더 많은 것을 얻을 수 있음에도 불구하고, 다른 문화의 피상적인 모습만 차용해 그것으로 낡아빠진 문명화된 삶을 포장하는 데 만족할 뿐이다.

문명화된 삶의 방식은 '자기중심주의 세대' '자기 계발' '나는 내 일을 할 테니 당신은 당신 일이나 하세요' 등과 같은 현대의 상투적인 표현들로 특징지어질 수 있다. 내가 지금까지 들었던 현대인의 말 중 가장 깊은 인상을 받았던 것은 "사람 밖의 삶은 사람 내부의 삶의 연장입니다. 이것은 인간으로 하여금 자연의 일부가 되도록 하고, 크든 작든 간에 모든 생명에 대해 책임감을 갖게 합니다. 우리가 다른 생명을 위한 삶을 살면 인생은 참 어려워지지요. 하지만 그것은 보다 풍요롭고 행복한 삶이 될 것입니다"라는 옛 방식의 지혜를 일깨워주는 슈바이처 박사의 말이다.

옛 방식과 문명이 갈라진 곳

만일 우리 모두가 같은 인간이라면, 인간의 길은 어디서 갈라졌는가? 우리 중 일부가 더 잘살아보려고 어머니 자연의 품을 떠난 것은 어디에서인가? 아마 그 대답은 우리가 씨앗을 보는 방식에서 찾아볼 수 있을 것이다. 문명의 기반을 제공한 것은 농업이다. 농업과 함께 영구 정착이 시작되었고, 토지 소유의 개념이 생겼다. 대지는 '재산', 곧 정신이 제거되고 생명력을 잃은 상품이 되었다. 부와 권력의 집중, 약탈 무역과 전쟁, 인간, 동물, 식물, 물, 광물 등의 노예화와 같은 문명의 골격은 농업을 토대로 확립된 것이다.

대지를 숭배하고, 여기저기 돌아다니며 음식을 구하는 경제활동에 기초한 옛 방식은 앞서 언급한 문명의 특징과는 아무런 관련이 없으며 문화적, 경제적, 정치적 계급구조를 유지할 수도 없다. 그 대신 함께 공감하고, 함께 투쟁하며, 함께 기쁨을 나누는 이 조그만 상호작용 집단은 보다 인간적이고 덜 구속적인 삶의 방식을 만들게 된다.

원주민 촌락에서 자기 땅을 경작하는 사람들은 옛 방식과 문명의 과도기에 해당한다. 강력한 지도자, 계급체계, 부유한 개인이 처음 등장하는 것이 바로 이 단계다. 돌아다니며 음식물을 구하던 삶의 방식에서 멀어지기 때문에 이자, 지대, 돈, 동물과 인간의 희생이 나타나기 시작하는 것도 바로 이 단계다.

𝕏 여성과 야생

어슐러 르 귄 Ursula K. Le Guin

미국의 여류작가(1929~). 『어둠의 왼손』 『테하누』 등 과학 및 판타지 소설로 여러 차례 휴고 상과 네 뷸러 상을 받았다. 도교 사상, 무정부주의, 여성주의, 그외 정신 및 사회적인 주제 등 광범위한 세계를 다뤄 크게 주목받았다. 뛰어난 문체로 인간과 우주의 지혜를 일깨우는 광대한 이야기를 창조해내고 있다. 이 글의 원제는 'Women/Wilderness'(1986).

> 프로이트는 여성에게 문명적인 요소가 부족하다고 보았지만,
>
> 이는 여성이 문명을 별로 신봉하지 않는다는 사실을 오해한 것이다.
>
> —릴리언 스미스 •

문명화된 남자는 이렇게 말한다. "나는 자아이다, 나는 주인이다, 그외 모든 것은 타자. 내 밖에, 밑에, 아래에서 내게 굴종하는 타자이다. 나는 그들을 소유한다, 나는 이용한다, 나는 탐구한다, 나는 착취한다, 나는 통제한다. 중요한 것은 내가 하는 일이다. 내가 원하는 것이 중요할 따름이다. 나는 나이며, 나 이외의 여성과 야생은 내가 필요할 때 사용할 존재에 불과하다."

이에 대해 문명화된 여성은 1978년 수잔 그리핀의 목소리로 다음과 같이 응수한다.

우리 여성은 남성이 죽는 것을, 여성의 삶 혹은 남성이 여성에게 해왔던 행동, 혹은 남성이 이용했던 여성의 일부분과 분리해서 볼 수 없다고 말하고자 한다. 남성이 이 강의 흐름을 바꾸면 전체 공간의 형태를 바꾸는 것이다. 여성이 했던 일은 그녀가 자신 안에 신성하게 간직하고 있던 것, 남성이 여성에게 그런 행동을 했을 때 그녀가 느꼈던 것, 우리 자신의 신성함, 그것이 없다면 살아갈 수 없다고 느끼는 것과 분리될 수 없었다. 그리고 이 강이 이곳을 떠나면 아무것도 자랄 수 없고 산은 무너질 것이다. 남성이 여성에게 저질렀던 일은 남성이 여성을 보는 방식, 남성이 여성에게 해도 좋다고 느끼던 것과 분리될 수 없다. 그들 남성이 우리 여성들에게 하고 있는 일은 그들이 우리를 어떻게 보는지를 말해준다. 일단 나무를 베어내면 물은 산을 쓸어 없애고, 강에는 불길한 기운이 가득 차 홍수가 일어날 것이다. 남성이 여성에게 했던 일은 우리 모두에게 했던 일이다. 한 행동은 다른 행동과 분리될 수 없다. 남자가 사태를 보다 확실하게 파악했더라면, 자신의 죽음을 예측할 수 있었을 것이다. 언덕에서 나무가 자라면 홍수는 일어나지 않는 법이다. 그리고 단언컨대, 여러분 남성들은 강줄기를 돌릴 수 없다. 여기서 흘러나간 물이 비가 되어 다시 돌아오는 것을 보라. 모든 것은 되돌아오게 마련이다. 어떤 한 가지 일 다음에는 다른 일이 이어지고, 인간이 할 수 있는 일에는 한계가 있으며, 모든 것은 움직인다. 우리 모두는 이 운동의 한 부분이다. 강줄기도 신성하고, 이 나무숲도 신성하며, 남성에게 선언컨대, 우리 여성도 신성하다.

— 수잔 그리핀, 『여성과 자연Woman and Nature』 중에서

• Lillian Smith(1897~1966). 미국의 저술가이자 사회비평가. 백인 여성으로서 당시 보수적이던 남부의 인종차별과 여성 평등권 문제를 공개적으로 비판했다. 흑인 인권 운동에도 적극 앞장섰다.

여기서 무슨 일이 벌어지고 있는지에 대해서는 야생이 대답해주고 있다. 여기서 지금 벌어지고 있는 일은 과거에는 없었던 일이다. 이 시대를 살고 있는 우리는 전에는 전혀 들어본 적 없었던 소식을 듣고 있다. 새로운 일이 벌어지고 있는 것이다.

> 여성, 대지의 딸들이 말하고 있다
> 지혜의 땅을 넘어
> 스스로 두 발을 딛고
> 그 딸들이 온다.

여성들이 말하고 있다고 치카소Chickasaw 부족의 린다 호건Linda Hogan* 은 말한다. 여성들이 말하고 있다. 아무 할 말도 없다고 여겨졌던 사람들, 상냥한 침묵을 지키거나 원숭이처럼 지껄인다고 취급되었던 사람들, 묵묵히 듣기만 하던 자연과 동일시되던 이 사람들이 남자에 맞서 말하고 있다. 그들은 자기 스스로를 위해, 다른 사람들을 위해, 지금껏 침묵했던 사람들, 침묵을 강요당했던 사람들, 말을 해도 들어주지 않았던 사람들, 동물, 나무, 강, 바위들을 위해 말하고 있다. 그들은 이렇게 말한다. 우리는 신성하다고.

들어봐라. 남자들은 '자연은 신성하다'고 말하지 않는다. 왜냐하면 그들은 자연이란 말을 불신하기 때문이다. 인간을 포함하지 않는 자연, 인간과 분리된 자연, 그러한 자연은 남자들이 만들어낸 것으로 진짜가 아니다. 남자들이 여성에 대해 말하고 알고 있는 대부분도 단순한 신화이며 만들어낸 것에 불과하다. 여성으로서 내가 사는 곳은 남자에게는 야생이다. 그러나 내게는 그곳이 집이다.

인류학자 아드너 부부Shirley and Edwin Ardener[**]는 아프리카 촌락문화에 관해 말하면서 유용하고도 재미있는 심리 형태를 만들었다. 그들은 두 개의 원을 대부분 겹치지만 완전히 겹치지는 않도록 그렸다. 그래서 두 원이 겹치는 중심부분은 긴 타원형을 이루고, 겹치지 않는 양 측면은 초승달 모양이 되었다. 두 개의 원 중 하나는 그 문화의 지배적인 부분, 즉 남자이고, 다른 하나는 그 문화의 침묵하는 부분, 즉 여자다. 일레인 쇼월터Elaine Showalter[***]는 이 도형을 보고 "모든 남성의 의식은 지배적인 원 안에 있으며, 언어로 표현되거나 구조화된다"고 설명했다. 중앙의 서로 겹친 타원형은 문명 영역이고, 그 외곽에 남성에게만 속하는 초승달과 여성에게만 속하는 초승달 영역은 모두 '야생'이라고 부를 수 있다. 남성의 야생은 현실적이다. 여기서 남자는 서로 겹친 타원형 중심부 즉, 마을에서 나와 사냥하고 탐험하며 모든 남성적 모험을 즐긴다. 그리고 이곳을 언어로 표현하고 구조화한다. 그래서 "문화인류학적 측면에서 보면, 여성들은 남성의 초승달 영역을 한 번도 본 적이 없음에도 불구하고 그것이 신화화되어 언어로 전승되기 때문에 그것이 어떤 것인지 알고 있다. 그러나 남성은 남성이 존재하지 않는 야성의 세계, 즉 침묵하는 집단, 조용한 집단, '무시된' 문화에 속하는 집단, 그리고 그들의 경험이 인간 경험으로 간주되지 않는 집단, 즉 여성의 야생에 대해 알지

- 아메리카 원주민 치카소 부족 출신의 여류 소설가, 시인, 환경운동가(1947~). 그녀의 작품은 주로 생태환경과 여성주의 시각에 초점이 맞춰져 있고, 특히 그녀의 선조들과 깊이 연관되어 있다.
- 부부 인류학자. 부인은 스리랑카 타미르 부족의 연구, 남편은 서아프리카 지역의 구술문화, 예언 등의 연구로 유명하다.
- 미국의 문학평론가, 페미니스트, 사회정치평론가(1941~). 1984년 여성 최초로 프린스턴 대학교 정교수 직을 맡았으며 미국 페미니스트 문학평론의 초석을 마련했다. 전공은 빅토리아 시대의 문학이지만 패션에 이르기까지 다양한 관심사를 보인다.

못한다".

남성은 모든 삶을 지배 영역에서 살아간다. 그들은 곰을 사냥하러 가면, 곰 이야기를 갖고 돌아온다. 이 이야기는 모든 사람에게 알려지고, 그래서 그 문화의 역사나 신화가 된다. 이런 이유로 남성의 '야생'은 '남성'의 재산으로 간주되는 '자연'이 된다.

그러나 여성으로서 여성의 경험, 남성과 공유되지 않는 그들의 경험은 남성의 것과는 전혀 다른, 기실 남성의 눈에는 기이해 보이는 야생wilderness이거나 야성wildness이다. 그것은 문명이 빠뜨린 것, 문화가 배제한 것, 지배자 남성이 동물, 짐승, 원시, 미개발, 가짜라고 부르는 것…… 누구도 말해주지 않았던 것, 그리고 말을 해도 누구도 들어주지 않았던 것…… 여성이 남성의 언어가 아니라 여성의 언어로 막 표현하기 시작한 것, 그것이 여성의 경험이다. 지배문화와 동일시되는 남성과 여성 모두에게, 그것이 진정한 야성이다. 야성에 대한 남성의 공포는 오래되었으며, 심대하고, 폭력적이다. 우리의 모든 문명을 형성하고 있는 여성혐오는 남성들이 부정했고, 따라서 알 수도 나눌 수도 없는 것, 즉 야성의 땅, 여성의 존재에 대한 남성적 공포와 증오가 제도화된 형태다.

우리가 할 수 있는 일은 야성에 대해 말하고 전하며 그것을 지키기 위해 노력하는 것뿐이다. 보라. 이 땅은 당신들의 어머니가 살았고 당신들의 딸들이 살아갈 곳이다. 이곳은 당신들 누이의 땅이다. 여러분은 모두 어린 시절 이곳에서 살았다. 남자는 여자든 간에 말이다. 그것을 잊었는가? 모든 아이는 야성적이다. 여러분은 야성의 땅에서 살았다. 그런데 왜 야성을 두려워하는가?

4부

Against ❧ Civilization

문명의 병리학

지배, 거짓말, 파괴, 질병의 도미노

그곳이 시애틀이라는 것을 모르고 착륙했다면 내가 어디에 왔는지도 몰랐을 것이다. 눈에 보이는 곳마다 개발의 광풍이, 악성종양처럼 사방으로 퍼져나가는 개발의 광풍이 불고 있었다. 불도저는 푸른 숲을 깔아뭉개고, 거기서 나온 쓰레기들을 소각하기 위해 산더미처럼 쌓아두었다. 콘크리트 모양으로 억지로 다듬어놓은 흰 목재들이 회색 벽을 따라 땅에 박혀 있었다. 진보가 왜 이리도 파괴와 닮았는지 궁금할 따름이다.

— **존 스타인벡**(1962)

4부는 내용상 3부와 확연히 분리될 수 없다. 그럼에도 불구하고 4부를 3부와 나눈 이유는 강조점이 서로 다르기 때문이다. 우리는 앞서 문명의 기본 특징이 무엇인지 알았기 때문에 이제는 문명의 역학, 그리고 현재와 미래에 문명이 어떤 전조를 드리우고 있는지에 대해 초점을 맞출 것이다. 성숙하게 발전된 문명이란 과연 어떤 것인지 이해하기 위해서는 악성종양처럼 퍼져나가는 이 문명의 궤적을 추적해야 한다.

사실 결론은 뻔하다. 현실은 계속해서 더욱더 황폐해지고 더 타락하고 있으며, 문명의 이데올로기적 방어논리는 점차 소멸되고 있다. 물론 문명의 거대한 속임수를 꿰뚫어 볼 줄 아는 사람은 과거에도 항상 존재했다. 성장하는 산업자본주의가 기치를 올리던 1885년 윌리엄 모리스는 다음과 같이 썼다.

나는 '문명'의 미래에 한 톨의 겨자씨 이상의 믿음도 갖고 있지 않다. 나는 문명이 그리 오래지 않아 붕괴될 운명이라는 것을 알고 있다. 이런 생각을 하는 것은 정말 즐거운 일이다. 다시 한 번 야만이 세계를 뒤덮고, 아무리 초보적인 형태라 해도 진정한 감성과 열정이 우리의 가증스러운 위선을 내몰고 다시 등장할 것이란 생각을 하기만 해도 참으로 위안을 얻는다.…… 전에는 우리 시대의 멍청이들이 진보라 부르는 것이 계속 완전해질 것이라고 생각했던 탓에 실로 좌절하곤 했지만, 기쁘게도 이제 나는 그 모든 과정이 갑자기 제동에 걸릴 것이란 사실을 알고 있다.

그는 문명의 몰락이 임박했다는 데 지나치게 낙관적이었다. 그러나 여기 모은 글을 기준으로 보자면, 모리스의 진단이 나온 이래 문명에 대한 비판에 동참한 사람들은 확실히 증가했다.

심지어 문명의 최고 옹호자들 중에도 문명에 대한 과거의 열정이나 문명의 승리에 대한 믿음을 버린 사람이 나타났다. 하이테크에 대한 광적인 숭배자가 넘쳐나고 컴퓨터를 통한 즉각적인 상호작용이 가진 힘에 대한 믿음이 만연하는 현대에 들어와, 오히려 문명 비판자들이 늘어나기 시작했다. 1970년대 중반에 이르러 마셜 매클루언 같은 사람조차도 문명에 대해 매우 반갑지 않은 결론을 내렸다. 예를 들면,

전자 미디어는(전화, 또는 오늘날의 이메일과 온라인 미디어 — 옮긴이) 개인적 정체성을 퇴화시키고, 개인적 정체성이 퇴화되면 도덕심이 사라져버린다.

또 다른 비판자들은 이 시대의 지배적인 문화적 시대정신인 포스트모더니즘이 문명을 옹호하는 데 핵심적이고 기만적인 역할을 한다는 사실

을 인식했다. 냉소주의, 상대주의, 피상성 같은 특징이 포스트모더니즘을 이루는 요소이기도 하지만, 화려한 수사로 치장된 포스트모더니즘 사회이론은 문명화된 사회적 존재에 대한 비판을 아예 차단하고 있다. 이런 사실을 파악한 프레드릭 제임슨은 다음과 같이 묻고 있다.

인류 역사상 가장 표준화되고 가장 획일적인 사회적 존재가, 이데올로기적으로 가장 단순한 장식만을 한 채, 그리고 사실상 거의 변하지 않은 채, 어떻게 절대적인 다양성과 절대적인 인간 자유를 표상하는 존재로 재등장할 수 있단 말인가.

포스트모더니즘은 자신에 대한 이런 지적과 비판을 단순히 부정하는 것에 머물지 않고 우리의 소름끼치는 현재를 사실상 긍정하고 있는 것으로 보인다. 포스트모더니즘의 핵심적 특징의 하나인 '분석에 대한 혐오'는 우리가 분석해서 알아내야 할 현재의 상태와 문제를 감출 수 있고 또 실제로 감추고 있다.

✄ 우리 문화의 상투적인 거짓말

막스 노르다우 Max Nordau

헝가리 태생의 유대인 의사, 작가, 사회비평가(1849~1923). 부다페스트 신문의 빈 주재원 신분으로 유럽 각국을 여행하며 많은 글을 남겼다. 1880년 파리에서 의사생활을 하기도 했는데, 드레퓌스 사건이 터지자 유럽의 반유대주의에 자극받아 시온주의 운동에 깊이 뛰어든다. 그의 저작은 생전에 잘 알려지지 않았으나 『우리 문화의 상투적인 거짓말*The Conventional Lies of Our Cilvilization*』(1883), 『퇴보*Degeneration*』(1895) 등은 현대사회와 문명의 병리현상을 날카롭게 지적하여 후대인들에게 많은 통찰력을 제공하고 있다.

지금 사람들이 겪고 있는 보편적인 정신적 불안과 초조함은 개인의 삶에 강력하고도 다양한 영향을 미친다. 삶의 실상에 대해 알기를 두려워하는 경향이 놀라울 정도로 만연해 있고, 수많은 형태로 표출되고 있다. 우리는 온갖 종류의 흥분제와 마약을 사용해 신경체계를 바꿈으로써 감각과 인식기관을 열심히 조작하고 있는데, 이는 실제 존재하는 주변 현실에 대한 본능적인 혐오를 나타내는 것이다. 사실 우리는 우리 주변에서 벌어지고 있는 변화가 아닌, 우리 내부에서 일어나는 변화만 인식할 수 있을 뿐이다. 그러나 우리 내부의 변화는 우리 외부의 대상에 의해 야기되었을 가능성이 매우 높다. 우리의 감각은 우리에게 그런 외부 대상의 모습을 전달해준다. 그런데 피할 수 없는 인간 지각의 불완전성 때문에, 왜곡되어 전달된 대상의 모습보다, 인간 지각의 불완전성에 더해, 다양한 약물 사용으로 신경체계가 의식적으로 교란된 상태에서 전달된 대상의 모습은 더 신뢰하기 어렵다. 주변 사물을 인식함으로써 확실히 불편한 느낌이 들었을 때만, 우리는 이런 불쾌한 감정을 없애거나, 아니면 정도가 더 완화될 때까지 조절해야 할 필요성을 느낀다. 통계적으로 알코올과 담배 소비가 꾸준히 증가하고 있고, 마약과 모르핀 복용 습관이 급속도로 확산되고 있는 것이 바로 이 때문이다. 또한 교양인 계층이 과학이 발견한 모든 새로운 중독성 마취제나 흥분제에 매달리는 것도 이런 이유 때문이다. 그 결과 우리 사회에는 주정뱅이와 마약 중독자뿐 아니라 클로랄과 클로로포름, 그리고 에테르를 마시는 사람까지 존재하게 되었다. 개인의 집합체인 사회도 '술로 슬픔을 달래려는' 개인들의 행동을 답습한다. 그래서 사회도 현재를 망각하려 하며, 현실에서 벗어나는 데 필요한 허상을 제공해주는 것이라면 무엇이든 붙잡고 매달린다.

이런 알코올과 마약을 사용해서라도 감정을 왜곡하려는 인간의 본능적인 자기기만과, 현실세계를 일시적으로라도 잊으려는 시도가 합쳐져 마침내 영원한 망각의 나락으로 떨어진다. 그래서 통계에 따르면, 선진국에서는 알코올과 마약 복용 증가에 정비례해 자살이 증가하고 있다. 때로 스스로 의식하기도 하지만, 많은 경우 모호하면서도 어쩔 수 없는 불만 정도로만 느껴지는 막연한 분노감은 더 좋은 것을 갈망하는 사람들을 계속 우울하고 불안하게 만들며, 그 결과 벌어지는 인간들 간의 투쟁은 과거에 없던 야만적이고 잔혹한 형태를 띠게 된다. 이런 투쟁은 전투에 앞서 영국군과 프랑스군이 서로 정중하게 인사를 나누던 퐁트누와 Fontenoy 전투처럼 예의 바른 적수들 사이에 벌어지는 것이 더 이상 아니다. 그것은 자비를 베풀지도, 기대하지도 않으며 피와 위스키로 취한 거친 살인자들이 짐승과도 같이 잔인하게 서로를 쓰러뜨리려고 뒤엉켜 벌이는 백병전이다. 우리는 개성의 상실을 한탄한다. 개성이란 무엇인가? 선한 것으로 인정되고 인생의 지침으로 받아들여진 어떤 단순하고도 근본적인 도덕 원칙에 따라 그 내용을 갖추게 되는 개체성이다. 회의주의는 근본적인 원칙이란 존재하지 않는다고 믿기 때문에 그러한 개성을 개발하지 못한다. 북극성이 빛을 다하고 자석의 극pole이 사라지면, 나침반이 가리키는 기준점이 사라져 나침반은 더 이상 쓸모없게 된다. 최신 유행병의 하나인 회의주의는 기실 현재에 대한 보편적인 불만의 또 다른 현상에 다름 아니다.

왜냐하면 세상은 활력이 없고, 모든 것은 잘못되었고 불충분하며 경멸스럽다는 확신을 가져야만, 모든 것이 공허하고 노력할 가치가 없다거나, 혹은 의무와 충동 간의 투쟁에 불과하다는 결론에 도달할 수 있기 때문이다. 경제, 문학, 예술, 철학, 정치, 그리고 모든 사회 및 개인적 삶에 공통된 근본적인 특징이 있는데, 그것은 바로 현재세계에 대한 깊은 불만이다. 인간의 지성을 다양한 방식으로 표출하는 이런 학문과 문화 양식은 모두 비통하게 울부짖으며 현 세계의 근본적인 변화를 호소하고 있다.

마지막 제국: 문명의 붕괴와 미래의 씨앗 🗡

윌리엄 코키 William H. Koetke

저널리스트이자 작가. 이 글의 출전은 *The Final Empire: The Collapse of Civilization and the Seed of the Future*(1993).

우리 세대는 지금까지 인류가 접하지 못했던 가장 심각한 재앙에 직면해 있다. 살아 있는 지구에 대한 죽음의 위협이 도처에서 가해지고 있다. 물, 햇빛, 공기, 토양은 모두 위협을 받고 있다. 북극의 에스키모가 핵 방사능으로 백혈병을 앓기 시작했고 에스키모 산모의 젖이 위험수위의 폴리염화프로페닐을 함유하고 있을 때, 우리는 지구상의 모든 유기체가 위협받고 있다는 사실을 깨달아야 한다.

　이런 사태를 일으킨 주범인 인류가 문제의 심각성을 완전히 이해하지 못하고 있다는 사실 때문에 위기는 더 심화되고 있다. 문명 속에서 살고 있는 인간은 살아 있는 지구와 더 이상 아무런 관계를 맺고 있지 않기 때문에 이 문제를 의식하지 못하고 있다. 문명인의 삶은 사회 시스템 내부에 초점이 맞춰져 있다. 그들은 토양이 씻겨 내려가고 숲이 사라지는 것을 인식하지 못한다. 이런 문제들은 월급처럼 문명인의 삶과 직접적

4부 • 문명의 병리학 ─ 281

이해관계가 있는 것이 아니다. 위기에 처한 문명은 스스로를 구하기 위해 지금까지 해왔던 일을 더 적극적으로 하기 마련이다. 요컨대 인구가 늘고 기근의 위협이 닥치면, 문명은 농지를 더 압박하고 숲을 더 빨리 베어낼 것이다.

우리는 범지구적 재앙에 직면해 있다. 지구 생명체계의 붕괴는 수천 년 동안 진행되어 왔고, 지금은 최후의 순간을 향해 나아가고 있는 중이다. 우리 중 일부는 살아 있는 동안 그 최후를 맞이하게 될 것이다. 이런 상황은 우리가 몇 개의 단순하고 근본적인 명제를 이해하고 받아들일 수만 있다면 전혀 어렵고 복잡한 것이 아니라, 사실 매우 단순한 상황이다.

범지구적 재앙이 닥친 것은 문명이 지구의 에너지를 너무 과도하게 사용한 결과 '문명의 에너지 수요와 지구의 에너지 공급 사이에 수급 균형이 깨졌다'는 단순한 사실에서 기인한다. 문명에 관해 사람들이 합의한 억측은, 자원을 소비해 감소시키고 생태계를 파괴함으로써 인구와 자원의 소비가 기하급수적으로 계속 증가할 수 있다는 것이다. 한마디로 터무니없는 억측이다. 그럼에도 불구하고 문명은—자신의 역사를 전혀 기억하지 못하고 자신의 미래에 대해서도 아무런 비전을 갖지 못한 채—계속되고 있다.

아마도 이 행성에서 가장 중요한 생명의 근원은 얇은 토양층일 것이다. 지구의 생명은 태양, 물, 토양, 공기를 기본 요소로 하는 본질적으로 독자적이고 균형을 이룬 하나의 시스템이다. 이 요소들은 조화를 이뤄 생명을 생성하고 이른바 자연의 법칙이라 불리는 물리학 법칙에 따라 기능한다.

'토양의 두께와 비옥도는 살아 있는 지구의 건강을 측정하는 기본 척도다.' 일반적으로 토양이 상실되면 지구에 불균형과 파괴가 발생한다.

지구의 지리학적 수명으로 보면, 이는 지구가 빠른 속도로 죽어가고 있다는 것을 의미한다. 1천 년 동안 토양의 단 1퍼센트만 상실되어도 궁극적으로 지구는 죽는다. 토양이 1퍼센트 늘어나면 지구의 생명력과 비옥함이 증가한다. 그런데 여기서 염두에 두어야 할 중요한 사실은 토양이 쌓이는 속도는 매우 느리다는 것이다. 토양학자들은 1인치의 토양이 쌓이는 데 3백 년에서 1천 년이 걸린다고 추정한다.

토양의 영양분은 토양이 품고 있는 식물의 광합성 작용에 달려 있다. 식물은 종류마다 순수 광합성 양에 차이가 많다. 일반적으로 태양에너지로 식물을 성장시키고 그 식물을 거름으로 해서 토양을 재생시키는 데 가장 생산적인 생태계가 클라이맥스 생태계climax ecosystem다.

클라이맥스 생태계는 지구의 '토양'이 평형상태를 이룬 것이다. 대형 산불이 있은 후나 철저한 벌목에 따른 삼림 훼손 상태에서 회복하기 위해 유기체인 숲은 차례대로 일련의 식물군락을 서식시키면서 천천히 상처를 치유한다. 각각의 식물군락은 다음 군락이 서식할 수 있는 환경을 만든다. 일반적으로 불타거나 벌목으로 훼손된 상록수림 지역에는 먼저 잡초와 잔디처럼 생명력이 강한 작은 식물이 자라난다. 이 잡초와 잔디들은 토양을 유지해 그 땅에서 다른 잔디와 관목이 자랄 수 있게 한다(그런 의미에서 잡초는 대지의 '응급요원'인 셈이다). 가장 먼저 헐벗은 토양을 감싸주고 그것을 보호해주는 이들 응급요원들은 대개 가장 적은 수의 식물, 동물, 곤충, 미생물 종으로 구성된 매우 단순한 식물군이다. 이들에 이어 여러 식물군락이 차례로 서식하면서 종의 다양성과 수가 증가하고 그에 따라 순수광합성이 증가하면서 다시 클라이맥스 시스템에 도달하고 평형상태가 이루어진다. 이로써 생태계의 형태는 '복잡'해지고, 흡수한 태양에너지를 전환하는 (순수광합성) 능력도 '극대화'되며, 에너지 전달 경로(먹이사슬 및 동식물이 서로를 위해 하는 다른 여러 활동들)도 '다양'해진다. 식물은 흙이 다시 쌓일 수 있도록 토양을 유지해준다. 또한 식물은 토양에 그늘을 드리워 토양의 산화를 막아주고(토양의 온도가 상승하고 건조해지면 땅을 불모지로 만드는 화학변화가 촉진된다) 습기를 보존해준다. 각각의 식물은 토양에서 저마다 다른 영양분을 섭취하기 때문에, 순서대로 서식하는 과정에서 식물군락은 다음에 서식할 식물군락에 알맞은 영양분을 마련해놓는다. 이런 작은 식물들이 그 지역을 살린 후에 조금 더 큰 식물, 오리나무, 활엽수가 차례로 그 지역에 서식하면서 상록수에 알맞은 기후와 토양을 마련해놓는다. 이 나무들은 최종적인 클라이맥스 식물군, 즉 침엽수를 위한 '간호사' 나무 역할을 하는 것이다. 예를 들면, 더글러스전나무 묘목은 햇볕이 내리쬐는 곳에서 자랄 수 없고 먼저 서식하고 있는 이들 간호사 나무들이 드리우는 그늘에서만 자랄 수 있다.

지구 생태계는 토네이도, 화재, 혹은 그밖의 사건들로 상처를 입지만 순환 과정을 거쳐 균형상태, 즉 클라이맥스 시스템을 회복한다. 이는 처음엔 피를 흘리고 딱지가 생기지만 새 피부가 재생되어 본래의 평형상태를 회복하는, 사람 팔에 생긴 상처와 비슷하다. 클라이맥스 시스템은 살아 있는 지구의 건강상태, 지구의 역동적인 평형상태를 측정하는 기본 '척도'이고, 클라이맥스 시스템은 최대의 광합성이 이루어지는 시스템이다. 이 시스템을 훼손하는 것은 생태계의 건강을 훼손하는 것이다.

클라이맥스 생태계는 가장 다양하기 때문에 가장 생산적인 생태계다. 각 유기체는 (다른 유기체에 에너지를 공급해주는 것은 물론) 자신에게 에너지를 공급해준 에너지 생산자에게도 에너지의 일부분을 되돌려준다. 그리고 이런 상호 지원체계가 성장함에 따라, 가능한 모든 부분을 이용하면서 동식물의 규모와 다양성이 증가한다. 이렇게 내부적으로 다양성을 회복함으로써 숲이나 초원 같은 지구 생명체의 세포조직이 건강해지는 것이다.

보다 거시적으로 보면, 육지 생태계와 대륙의 토양은 비옥한 유기물을 (자연히 그리고 인공적으로) 바다로 흘려보냄으로써 해양 생태계를 유지시킨다. 이것은 하나의 전체 생태계가 다른 전체 생태계를 위해 수행하는 보다 광범위한 역할이라 할 수 있다.

우주에서 지구 생명체가 준수해야 할 몇 가지 기본 원칙이 있다. 우주의 법칙은 균형이다. 지구는 아주 정교하게 균형을 유지하며 태양 주위를 돈다. 지구가 흡수하고 내뿜는 태양열도 매우 균형을 이루고 있다. 흡수하는 태양열이 감소하면 우리는 꽁꽁 얼어붙을 것이고, 지구가 태양열을 적절히 흩뿌리지 못하면 우리는 타 죽고 말 것이다. 클라이맥스 생태계는 그 내부에서 다양한 에너지의 흐름이 지속적으로 이루어지기 때문에 수세기에 걸쳐 균형과 안정을 유지한다. 마찬가지로 인간의 신체 역시 그 안에서 혈액순환, 소화, 세포 생성이 계속 진행되는 동안 균형(신체의 항상성)을 유지한다.

지구의 생명은 근본적으로 토양에 달려 있다고 말할 수 있다. 토양이 없으면 우리가 알고 있는 생명체는 존재할 수 없다(몇몇 미생물과 그밖의 몇몇 생명체는 여전히 존재할 수 있을 것이다). 토양을 유지하는 것은 토양을 덮고 있는 '식물'들이며, 이 식물들이 최적의 '균형상태'를 유지하고 있는 것이 '자연적인 클라이맥스 생태계'이다.

이런 간단한 몇 가지 원칙을 받아들인다면 우리는 서로 의사소통할 수 있는 토대를 확립할 수 있다. 이 원칙을 받아들일 수 없는 사람은 세계가 다른 원칙에 따라 작동한다는 것을 입증해 보여야 한다. 그것도 속히 입증하지 않으면 안 된다. 왜냐하면 지금 지구의 생사는 불확실한 상태에 놓여 있기 때문이다.

우리는 생명의 기본 조건에 관해 말하고 있다. 우리는 구원에 이르는 많은 길들에 관해 들었다. 우리는 경제발전이 우리를 구원할 것이란 말, 태양열이 우리를 구원할 것이란 말을 들었다. 기술, 천국과 지상을 구원할 예수의 재림, 토지개혁, 자원재활용, 자본주의, 공산주의, 사회주의, 파시즘, 이슬람, 채식주의, 서유럽·북미·일본 간의 3자 협력, 심지어는 새로운 수중水中시대가 우리를 구원할 것이란 말을 들어왔다. 그러나 인류가 지구의 토양을 보존하지 못하면 지구에서 살 수 없다는 것이 '토양의 원칙'이다. 1988년 침식으로 인한 연간 토양 손실 양은 250억 톤이었으며, 그 손실 양은 빠른 속도로 증가하고 있다. 침식이란 토양이 대지에서 쓸려 나가는 것을 의미한다. 마찬가지로 심각한 문제는 토양이 황폐해지고 있다는 것이다. 토양의 황폐화는 문명화된 거의 모든 지역에서 발생하고 있는 현상이다. 토양의 황폐화는 지구에 존재하는 다른 모든 생명을 지탱해주는 지구의 유기적 비옥함의 토대를 파괴함으로써 말 그대로 지구를 죽이는 일이다. 기실, 문명이 북아메리카 대평원으로 확산된 이후 그 지역 토양층의 50퍼센트가 사라졌다.

제국의 기록

문명이 자연에 저지른 8천 년 간의 범죄에는 모든 대륙의 토양층에 대한 파괴도 포함되어 있다.

문명 발생 이전에는 지구의 3분의 1이 숲으로 뒤덮여 있었는데, 숲은 토양층을 가장 많이 생성하는 존재다. 그러던 숲의 면적이 1975년에는 4분의 1로, 1980년에는 5분의 1로 줄어들었으며, 그 감소 속도는 계속 빨라지고 있다. 현재 추세대로라면 2040년경에는 지구상에 존재하는 식물의 80퍼센트가 사라질 것이다.

간단히 말해, 문명은 토양을 보존할 수 없다. 8천 년 역사가 이를 보여준다. 문명은 지구를 죽이고 있다. 토양층은 수천 년에 걸쳐 지구가 공들여 쌓아놓은 에너지의 저장고다. 그런데 그중 많은 부분이 이미 사라졌고, 남은 부분도 지금 빠른 속도로 사라지고 있다.

문명에 의한 토지 '개발'이 시작되면 클라이맥스 생태계는 파괴되고, 식물 종은 매우 단순화되거나 완전히 사라지며, 순수광합성은 급격히 감소한다. 열대지방에서 숲을 개간하여 가축 방목지로 만든 경우, 본래 순수광합성 양의 3분의 2가 사라졌다. 중위도 지역의 경우, 본래 숲이었던 지역을 경작지로 바꿈에 따라 순수광합성 양의 2분의 1이 사라졌다. 인간은 이렇게 자연에 손상을 입혔고, 생산한 수확물조차 대부분 농산물 형태로 다른 곳에 가져갔다. 그럼으로써 식물이 온전하게 썩어 토양에 영양을 공급할 수 있는 경로를 차단했다.

이런 사실은, 인간사회가 토양을 보존하는 일을 '핵심 가치'로 여겨야한다는 하나의 단순한 원칙을 알려준다. 우리가 토양을 보존할 수 있는 문화를 창조할 수 있다면 인간의 문화와 지구의 생명 간에 다시 균형이 회복될 가능성이 있다.

"가장 중요한 문제는 문명이 지구의 생명과 균형을 이루어내지 못하고 있다는 것이다. 이 문제에 대한 해결책은 인간사회가 다시 지구와의 균형을 회복하는 것이다."

지구적 위기의 대응방안에 관한 모든 사람들의 개인적 해법을 다시 살펴보자. 구원을 제시하는 대부분의 해법들은 토양의 보존과는 거의 아무런 관계가 없다. 이런 모든 해법들은 기존 사회의 핵심 가치나 구조를 힘들게 변화시키지 않고 상황을 완화시키려 한다. 이것들은 단지 증상만을 '고치려' 할 뿐이다. 만약 우리 사회의 핵심 가치가 지구를 보전하고 치료하는 일이라면, 사회의 다른 모든 가치는 그 핵심 가치에 따라 구성될 것이다.

많은 중요한 점에서 문명은 중독자와 같다. 그래서 마치 알코올, 백설탕, 마약, 담배에 중독된 사람처럼 자기파괴적이고 자멸적이다. 중독자들은 문제가 있다는 것을 부인한다. 중독자들은 진실을 부정한다. 문명도 중독자와 마찬가지로 문제를 인정하지 않고 진실을 부인한다.

문명인들은 원시적이고 미개한 사람들을 자신의 수준으로 끌어올릴 의무가 있다고 믿는다. 자기파멸에 직면한 문명이 스스로를 오히려 세계 모든 사람들의 문제를 해결할 수 있는 우월한 문화라고 여긴다.

중독자는 무언가에 감정적으로 의존하는 사람이다. 그는 텔레비전, 물질, 개인 일상생활, 다른 사람, 정신적 이데올로기에 의존하고, 어떤 명분이나 일에 완전히 몰입한다. 의존할 대상이 사라지면 중독자는 금단증상, 불안, 고통을 겪는다.

문명은 강제수단이 있어야 안전을 보장할 수 있다고 믿는 하나의 문화적, 정신적 관점이다. 이런 망상 때문에, 전 세계는 UN의 모든 사회 프로그램을 3백 년간 지원할 수 있을 정도의 막대한 금액을 1987년 한 해의 군사비로 지출했다.

토양층을 보존할 수 없으면 인간은 지구에서 생존할 수 없다는 단순한 원칙을 상기한다면, 이것이 얼마나 망상인지 알 수 있다. 문명인이 토양층의 보존이라는 절대 명령을 부정하는 태도는 이러한 망상을 보여주는 한 예다. 군사력에 대한 망상이 안전을 보장해주지 못하는 것은 물론, 오히려 죽음으로 이끈다. 토양층의 보존이라는 절대명제를 부정하는 문명인, 죽음의 무기를 잔뜩 쌓아놓으면 안전이 확보될 수 있다는 망상에 집착하는 중독자는 알코올 중독으로 인한 환각에 빠진 사람과 다를 바 없다.

모든 중독을 치료하는 첫 단계는 자신이 믿었던 것이 망상이었음을 깨 닫는 일이다. 알코올 중독자는 '한 잔만 더'가 해결책이 아님을 알아야 하고, 일 중독자는 '조금 더 노력'하는 것이 자존감과 원숙한 삶을 제공 해주지 못한다는 것을 인식해야 한다. 폭식증 환자는 '딱 한 접시만 더' 가 포만감을 주지 않는다는 사실을 알아야 한다. "문명은 자신의 현실 인식이 스스로를 죽음으로 이끈다는 사실을 깨달아야 한다."

한마디로 "문제는 불균형이며 해결책은 균형을 회복하는 것이다". 단 순한 원칙은 인간 행위가 (토양의 상태로 판단할 수 있는) 그런 균형을 회 복하는 데 도움이 된다면 우리는 지구를 치유하는 과정에 있다고 할 수 있다. 그 어떤 이론이나 계획, 프로젝트 등 무엇이든 간에 이 기준에 맞 지 않으면, 우리는 망상의 세계로 되돌아가게 된다.

우리 모두는 중독자다. 우리 문명은 길을 잃었다. 우리는 지금 무질서 와 혼돈의 세계 속에 살고 있다. 망상적인 우리의 문명, 제도, 개인적 삶 은 자기파멸의 길을 가고 있다는 것을 깨달아야 한다. 우리는 지구를 피 흘리게 함으로써 죽음으로 몰고 가는 문화 속에 살고 있으며, 그 문화 속에서 장기적인 개인의 삶을 계획하고 경력을 발전시켜 왔다. 우리는 결코 이룰 수 없는 것을 추구하고 있다.

우리는 깨어나 현실을 직시해야 한다. 우리의 삶과 토양에 대해 책임 을 지기 시작해야 한다. 이것은 어려운 주문이다. 연구와 숙고를 요한 다. 인간은 지금껏 이런 종류의 문제를 다룬 적이 없었다. 우리 세대는 매우 중대한 과제를 부여받았다. 문제는 지구에서 생명이 탄생하고 번성했던 수천만 년의 시간이 종말을 고하고 이제 미생물의 세상으로 돌아갈 것인가 하는 것이다. 이 과제의 해결 여부에 따라 우리는 최후의 비극을 맞이하거나 최후의 성공을 거두게 된다.

"유토피아적 낙원, 새로운 에덴동산을 창조하는 것만이 우리의 유일한 희망이다." 여기에 미치지 못하는 해결책은 그 어느 것도 우리를 구원하지 못할 것이다. 우리는 생명 회복에 헌신하는 적극적이고 협조적인 문화를 창조하고 그것을 영원히 지속시켜야 한다. 그렇지 못하면 종으로서의 우리 인간은 지구상에 존재할 수 없다.

문명의 붕괴 🌿

조지프 테인터 Joseph A. Tainter

미국의 인류학자이자 역사학자(1949~). 이 글의 출전은 『문명의 붕괴The Collapse of Complex Societies』
(1988). 이 책에서 그는 복잡성과 한계수익 체감의 법칙으로 마야, 차코, 로마 문명의 몰락을 설명했
다. 인간사회는 복잡성을 유지하기 위해(생산량을 늘리기 위해) 투입비용을 계속 늘려가며 생산량을
증대시켜 나가지만, 일정 기간이 지나면 생산량이 줄어들어 한계수익 감소에 이르고, 종국에는 문명이
몰락한다는 주장을 내놓았다.

붕괴의 의미: 사회정치적 변화의 한계생산성

사회정치체제를 유지하기 위해 에너지의 흐름이 필요할 뿐 아니라, 그
체제의 복잡성을 유지하기 위해서는 에너지의 양이 충분해야 한다. 레
슬리 화이트*는 몇 년 전 문화적 진화는 인간이 생산해내는 에너지의 양
과 불가분의 관계에 있다고 말했다. 가장 단순한 인간의 제도를 유지하
는 데 필요한 일인당 에너지양은 가장 복잡한 제도를 유지하는 데 필요
한 에너지양에 비해 현저히 적다. 화이트는 주로 인간 에너지에 의해 유
지되는 문화체계는 일 년에 일인당 20분의 1마력의 에너지만 생산해낼
수 있었다고 추정했다. 이 수치는 산업사회 구성원들이 생산해내는 수

---

* 레슬리 화이트는 인류 발전은 근육 에너지, 길들인 가축의 에너지, 식물의 에너지(농업혁명
  의 시작), 석유 등 천연자원 에너지와 핵에너지를 사용하는 단계로 구분된다고 보고, 문화
  진화를 에너지 소비량과 관련하여 설명하였다.

백, 수천 마력의 에너지와는 크게 대조되는 수치다. 생산해내는 에너지 양에 따라 문화적 복잡성에도 차이가 생긴다. 줄리안 스튜어드Julian Steward*는 초기 인류학자들의 기록에 의하면, 북아메리카 서부 원주민들이 3천 개에서 6천 개 정도의 문화적 유물만 보유한 반면, 제2차 세계대전 당시 미군은 50만 개 이상의 군사물자를 카사블랑카에 상륙시켰다고 지적하면서 이들 문화 사이에는 양적 차이가 있음을 지적했다.

　보다 복잡한 사회는 단순한 사회에 비해 유지비용이 더 많이 들고, 개인이 부담하는 일인당 지원 비용도 더 많다. 사회가 복잡해짐에 따라 개인들 간에 더 많은 네트워크가 형성되고, 이 네트워크들을 규제하기 위해 보다 위계적인 통제체제가 도입되며, 더 많은 정보가 발생하고, 정보 흐름의 중앙 집중화가 촉진되며, 자원 생산에 직접 관여하지 않는 전문가들을 지원할 필요성이 증가하는 등의 일이 벌어진다.

　국가와 같은 복합사회는 문화적 진화에서 동떨어진 별개의 단계가 아니다. 각 사회는 가장 단순한 사회에서 가장 복잡한 사회로 이어지는 연속선상의 어느 한 지점을 차지한다. 복잡한 형태의 인간조직은 비교적 최근에 등장했으며, 역사적으로 보면 예외적 현상에 속한다. 전 인류사적 관점에서 보면 복잡성과 계층화는 기이한 현상에 속하는데, 일단 존재하게 되면 지속적으로 강화되어야 한다. 지도자, 정당, 정부는 지속적으로 정통성을 확립, 유지할 필요가 있다. 이를 위해서는 확실한 물적 토대가 있어야 한다. 이는 지지층의 요구에 어느 정도 반응할 필요가 있다는 것을 의미한다. 정통성을 유지하거나 강제력을 확보하기 위해서는 지속적으로 자원을 동원해야 한다. 바로 이것이 복합사회라면 반드시 부담해야 할 절대적 비용이다.

　고대세계와 현대세계는 붕괴와 관련해 중요한 차이가 있다. 그중 하나는, 현대세계는 만원이라는 것이다. 즉 현대세계는 복합사회들로 가득 차 있다. 이 복합사회는 오지를 제외한 지구의 전 지역을 점유하고 있다. 이것은 인류사에 있어 최초의 현상이다. 전체적으로 복합사회 현상은 인류의 삶에서 최근에 나타난 예외적 현상이다. 모든 사회가 실로 기이하게 구성된 현재 상황은 실로 독특한 현상이라 아니할 수 없다. 앞서 나는 한 복합사회(혹은 서로 엇비슷한 힘을 가진 정치체제들의 군집)가 보다 덜 복잡한 사회들로 둘러싸여 있던 고대세계에서는 힘의 공백 상황에서만 붕괴가 발생했고, 발생할 수 있었다는 점을 밝힌 바 있다. 그러나 오늘날 힘의 공백 상황은 존재하지 않는다. 모든 국가는 강대국과 연계되어 영향을 받고 있으며, 대부분의 국가는 하나의 파워블록 또는 다른 파워블록과 강력히 연계되어 있다. 여기에 교통 발달로 세계 어디든 쉽게 여행할 수 있다는 사실을 감안하면, 폴 발레리가 지적한 것처럼 "전 세계가 관련되지 않고는 어떤 일도 다시 일어날 수 없게 되었다".

오늘날 붕괴는 선택사항도 아니고 당장의 위협도 아니다. 붕괴에 취약한 국가는 다음 셋 중 한 가지 방법을 선택해야만 할 것이다. (1) 이웃 국가 혹은 보다 강한 국가에 흡수되는 것, (2) 강대국 혹은 국제금융기구로부터 경제원조를 받을 것, (3) 그 비용이 얼마든 간에 또 한계수익(투입된 단위 비용이 발생시킨 수익, 요컨대 비용 대비 효과)이 얼마나 형편없든지 간에, 국민들로 하여금 복잡성을 유지하는 데 필요한 비용을 부담하게 하는 것. 오늘날 한 국가가 해체되더라도 인구와 영토는 다른 국가에 흡수되기 때문에 한 민족이 일방적으로 사라지는 일은 더 이상 없다.

• 미국의 인류학자(1902~72). 한 사회의 문화와 제도는 '환경에 대한 적응'이라는 측면에서 분석되어야 한다는 문화생태학cultural ecology를 주창했다. 인간집단들은 저마다 환경과 그 대응방법이 다르기 때문에 다양한 형태의 문화와 제도가 출현하는 것이라고 보았다.

이런 상황은 최근 나타난 현상이지만 과거의 붕괴에도 유사한 사례들이 있으며, 이를 통해 현재 상황을 이해할 수 있는 통찰력을 얻게 된다. 앞서 논의한 것처럼, 과거의 붕괴는 고립된 지배국가와 서로 세력이 비슷한 정치체제들의 군집이라는 두 가지 국제정치적 상황 속에서 발생했다. 그러나 현재에는 전 지구적인 교통 통신의 발달로 지배국가는 사라졌고, 서로 경쟁하는 엇비슷한 국가군만 남았다. 오늘날에는 각자의 블록에 속한 동맹국들을 거느린, 서로 엇비슷한 힘을 가진 두 개의 국가만이 존재하고 있음에도 불구하고, 경쟁의 역학은 과거와 동일하다.

　로마제국 이후의 유럽 국가들, 고대 그리스와 중세 이탈리아의 도시들, 춘추전국시대의 중국, 마야 문명의 도시들처럼 세력이 비슷한 국가들은 경쟁, 유리한 지위를 차지하려는 책략, 동맹의 형성과 해체, 영토의 확장과 축소, 군사적 우위를 확보하려는 지속적 투자 등을 특징으로 한다. 각국이 주변국을 압도하려고 노력함에 따라 군비 경쟁은 격화된다. 자신의 안전에 대한 확실한 외교적 보장(이런 외교적 보장은 사실 비현실적이다)이 없는 한, 어느 국가도 감히 이 경쟁을 포기할 수 없다. 왜냐하면 경쟁을 그만둔다는 것은 다른 국가의 지배를 받게 된다는 것을 의미하기 때문이다. 이런 의미에서 산업사회(특히 미국)는 때로 보통 고대 로마에 비유되지만, 사실상 미케네 문명이나 마야 문명과 더 비슷하다.

　경쟁하는 가운데 각각의 국가들은 경쟁국이 개발한 새로운 조직, 기술, 군사적 특징들을 서로 모방하기 때문에 다 함께 획일적으로 더 복잡해지는 경향이 있다. 그러나 각국은 경쟁국의 새로운 군사혁신에 대한 대응수단을 개발함으로써 결국에는 어느 누구도 우위나 안전을 확보하지 못하기 때문에 군사 개발로 인한 한계수익(새로운 군사적 수단의 개발 효과)은 감소한다.

비슷한 힘을 가진 국가들끼리 서로 경쟁하는 상황에 빠진 국가들은 전혀 효과가 없음에도 불구하고, 점점 더 많은 군사비를 투자해야 하고 그럼으로써 경제적으로 약화된다. 그러나 이런 상황에서 벗어나거나 붕괴해버리는 경로를 선택할 수는 없다. 따라서 현대의 그 어떤 국가도 '가까운' 미래에 (투자된 군사비의 한계수익 감소로 인해) 붕괴하지는 않는다. 그러나 이는 우리가 뭔가 대단한 것을 성취했기 때문이 아니라 우리 스스로 갈수록 격화되는 경쟁에 빠져들었기 때문이다.……

고대사회의 경우, 한계수익 감소에 대한 해결책은 새로운 에너지를 획득하는 것이었다. 주로 농업, 가축, 인간노동(그리고 궁극적으로는 태양에너지)에 의해 작동되는 경제체제에서 새로운 에너지는 영토 확장으로 획득되었다. 고대 로마, 춘추전국시대의 진나라 등 수많은 제국이 이 방법을 택했다. 그러나 비축된 에너지로 작동되는 오늘날의 경제에서, 특히 모든 지역이 민족국가로 꽉 들어찬 오늘날의 세계에서 이 방법은 더 이상 가능하지 않다(영원히 성공할 수 있는 방법도 아니다). 따라서 새롭고 보다 풍요로운 에너지원을 확보하는 데 자본과 기술을 투입해야 한다. 기술혁신과 생산성 향상으로 언제까지나 한계수익 감소를 상쇄할 수는 없다. 어떤 시점에 가면 반드시 새로운 에너지를 확보해야 한다.

세계 산업사회가 투자의 한계수익이 감소하는 시점에 도달했는지 알기란 어렵다. 위대한 사회학자 피티림 소로킨Pitrim Sorokin*은 서구경제가 20세기 초에 이미 그 단계에 들어섰다고 믿는 반면, 크세노폰 조로타스Xenophon Zolotas**는 2000년 이후 이 시점에 도달할 것이라고 예측한다. 현재의 산업사회가 아직은 한계수익 체감 시점에 도달하지는 않았다 해도, 언젠가는 그 시점에 도달하고야 말 것이다. 최근 역사를 보면 적어도 화석연료, 그리고 일부 자원의 한계수익이 감소하기 시작한 것으로 보인다. 생활수준의 하락과 미래의 전 지구적 붕괴를 막으려면 새로운 대체에너지가 필요하다. 보다 풍요로운 새로운 에너지를 확보한다고 해서 사회의 복잡성을 유지하기 위한 투자 한계수익이 감소하는 것을 되돌릴 수는 없겠지만, 적어도 그러한 투자를 위해 자금을 마련하는 일은 보다 가능해질 것이다.

어떤 의미에서는 힘의 공백이 존재하지 않고, 이로 인해 정치체제들 간에 치열한 경쟁이 전개되고 있기 때문에, 전 세계가 좀더 일찍 붕괴하는 것을 피할 수 있었다. 이는 실로 역설적인 일인데, 이런 역설적인 현상이 전개되고 있는 것은, 모두가 대참사만큼은 피하고 싶은 까닭에 일시적인 해결책을 찾아내는 동안에는 한계수익이 감소하는 상황을 받아들일 수밖에 없어서일 것이다. 우리는 이렇게 유예된 기간을 합리적으로 사용해 이 기간 동안 경제적 복지를 유지하는 데 필요한 새로운 에너지원을 찾고 개발해야 한다. 다른 경제부문으로부터 자원을 지원받아 이 일을 해야 한다 해도, 새로운 에너지원을 찾고 개발하는 일에 최우선 순위를 두어야 한다. 이 일에 필요한 재원은 모든 산업국가의 예산에 꼭 포함되어야 한다(그리고 그 성과는 모든 나라가 공유해야 한다). 나는 이것과 관련해 정치적인 문제는 언급하지 않겠다. 다만, 사적으로 조달되든 공적으로 조달되든 간에 반드시 그 재원을 마련해야 한다고만 말하고자 한다.

• 소로킨(1889~1968)은 페테르부르크 대학 최초의 사회학 교수로 반볼셰비키 노선에 섰다가 미국으로 추방된 사회학자이다. 하버드 대학교 사회학과를 창설했으며, 사회문화 변동연구에 탁월한 업적을 남겼다. 대표작으로 『사회이동』 『혁명의 사회학』 『사회, 문화, 퍼스낼리티』 등이 있다.
• • 조로타스(1904~2004)는 그리스와 국제경제의 당면 문제 분석에 정통했던 그리스의 경제학자이다. 1967년 군사정부가 집권하자 이에 항의하여 그리스 중앙은행 총재 직을 사퇴하였으며, 민주화 이후 임시정부에서 잠시 총리를 맡기도 했다.

현 상황에 대해선 낙관론과 비관론이 있다. 우리는 지금 경쟁 때문에 투자를 해야 하고 한계수익은 감소할 수밖에 없는, 그로 인해—먼저 붕괴한 까닭에 다른 경쟁자에게 지배되거나 흡수되는 경우를 제외하곤—궁극적으로 붕괴할 수밖에 없는 이상한 상황에 처해 있다. 경쟁 때문에 붕괴가 잠시 연기될 수 있었는지도 모른다. 비록 그 비용을 감당하고 싶지는 않다 하더라도 말이다. 가까운 미래에 붕괴하지 않는다고 해도, 지금까지 누리던 생활수준을 계속 유지할 수 있는 것은 아니다. 한계수익이 감소함에 따라(이는 지금도 진행되고 있는 과정이다) 새로운 에너지가 제자리를 잡을 때까지 생활수준의 붕괴도 연기된다. 한계수익이 감소함에 따라(이는 지금도 진행되고 있는 과정이다) 새로운 에너지가 제자리를 잡을 때까지 산업사회가 지금까지 누렸던 생활수준은 그렇게 빨리 좋아지지 않을 것이고, 몇몇 집단과 국가의 생활수준은 정체되거나 하락할 수도 있다. 그 결과 발생할 정치적 갈등, 그리고 핵무기 보유가 보다 용이해졌다는 사실을 고려하면, 가까운 미래에 전 세계적으로 위험한 상황이 초래될 수 있다.

지금까지의 논의에 새롭고 획기적인 것이 있지는 않다. 다른 많은 사람들도 보다 상세하고 설득력 있게 현 상황에 대해 비슷한 말을 했다. 여기서 내가 한 일은 현대사회를 역사적 관점에서 보고, 과거를 관통하는 하나의 포괄적인 원칙을 현재와 미래에 적용한 것이다. 우리가 아무리 우리 자신을 세계사의 특별한 존재로 생각하고 싶어 해도, 산업사회역시 과거사회를 붕괴시켰던 동일한 원칙에 지배되기 마련이다.

우리는 지금 역설적이게도 우리의 미래에 해가 되기도 하고 꼭 필요하기도 한 붕괴 유예기간을 살고 있다. 만약 문명이 다시 붕괴한다면, 그것은 우리가 이 유예기간을 잘 활용하지 못했기 때문일 것이다.

✄ 황무지가 끝나는 곳

시어도어 로작 Theodore Roszak

미국의 사회사상가(1933~). 캘리포니아 웨이워드 주립대학 명예교수. 이 글의 출전은 *Where the Wasteland Ends: Politics and Transcendence in Postindustrial Society*(1972). 거대한 산업사회를 구축하여 지속적으로 생태 및 환경 폐해를 야기하는 인간의 행위와 태도를 비판하고 있다. 과학기술, 예술, 종교와 함께 생태학, 환경운동에 관한 많은 저술이 있다.

거대한 단절

우리 주변환경에서 인공적 요소가 증가하는 것을 안타깝게 여기는 것이 이상하게 보일지 몰라도, 그런 안타까운 감정을 초래한 현상이 존재하고 있다는 사실은 논쟁의 여지 없이 분명하다. 또한 이런 현상이 전 인류사에 있어 가장 거대하고 가장 빠른 문화 변화 현상이 아니라고 보는 것은 무지의 소치라 하겠다. 이런 현상은 과거와 현재를 구분하는 거대한 역사적 차이—어떤 의미에서는, 말 그대로 과거와 현재를 단절시키는 차이—이다. 한 세기가 채 되기도 전에 유럽과 아메리카 대륙의 수억 명 인류는 자연과의 연계와 공생관계를 과거 그 어느 때보다 더 철저히 단절해왔다. 자연과 단절하는 인구의 수는 전 세계에 걸쳐 나날이 증가하고 있다. 그리고 자연과 생명에 대해 우리가 가져야 할 관계를 가르쳐주던 모든 것과 회복 불가능할 정도로 단절시켰다. 이런 사람들의 수는

는 전 세계에 걸쳐 나날이 증가하고 있다.

남아 있는 광활한 공간―산맥의 장대함, 사막의 고적함, 외딴섬, 빽빽한 정글―을 떠올리면서 인간이 자연과 단절되고 있다는 명백한 진실을 외면하고, 도시가 이런 지구의 오지에까지 파고드는 일은 결코 없을 거라는 위안 섞인 결론을 내리는 것은 아주 쉬운 일이다. 그러나 이는 이미 잘못된 결론으로 밝혀졌으며, 도시산업주의가 세계를 어떻게 지배하고 있는지 이해하지 못해 갖게 된 희망사항에 불과하다. 사방으로 뻗어나가는 도시가 이 오지들을 도시의 콘크리트와 강철 뱃속으로 삼켜버리지 않고 내버려둘 수는 있다. 그러나 오지를 삼키는 것만이 거대도시가 그 세력을 뻗치는 유일한 방법은 아니다. 오지를 도시화하지 않고도 도시는 얼마든지 오지에 힘을 행사할 수 있다.

산업주의 등장 이전에 대부분의 도시들은 소규모 작업장 혹은 시장으로 이루어진 고립된 지역이었으며, 도시의 정신은 그 지역 안에 머물고 있었다. 그당시 도시생활은 선택할 수 있는(따라서 선택하지 않을 수도 있는) 여러 생활방식 중 하나였다. 그러나 거대도시―선택의 대상이 아니라 삶의 전부가 되어버린 인위적인 환경―는 이미 삼켜버린 지역 밖의 수만 마일에까지 영향을 미친다. 거대도시는 주변의 모든 배후지와 야생 지역을 자신의 기술적 신진대사 속으로 빨아들이며, 농촌 인구를 땅에서 몰아내고 그 땅에 거대한 농공 복합단지를 세운다. 도시의 자본과 기술자들은 전인미답 지역에 요란한 불도저와 유전 채굴시설을 끌어와 모든 배후지를 침범한다. 도시는 가장 황량한 지역을 가로질러 교통·통신망과 공급·유통망을 구축하고 운용한다. 도시는 강, 호수, 바다에 쓰레기를 흘려보내고 트럭에 실어 사막에 내다버린다. 세계는―드넓은 대기권까지도―도시의 쓰레기통이 되고 만다. 우주와 달도 어느 시점엔 로켓의 방사능 폐기물 하치장이 되어 이런 더러운 역할을 하게 될 것이다.

우리 시대에 모든 호수는 산업폐기물로 죽어가고 있다. 외견상 고립된 생활을 하고 있는 것으로 보이는 노르웨이 북부 라플란드와 아르헨티나의 티에라 델 푸에고 지역의 원주민조차 자신들의 식량이 메틸수은과 방사능으로 오염되어 있음을 발견하고, 이 곤경에서 그들을 구해달라고 이런 일을 저지른 문명사회에 호소해야만 했다. 1969년 12월 뉴욕의 스코샤 대기과학연구센터는 북아메리카 대륙의 모든 공기가 오염되었다고 보고하고, 20년 이내에 미국 전역에서 인공호흡 장치가 보편적으로 사용될 거라고 예측했다. 1970년 라RA 2호로 대서양을 횡단한 노르웨이 탐험가 헤이에르달Thor Heyerdahl*은 항해 도중 기름이 번지지 않은 물줄기는 하나도 없었다고 보고했다. 프랑스의 심해탐험가 피카르Jacques Piccard**는 1971년 10월 납 폐기물, 기름 방뇨, 수은 오염으로 인해 전 세계 바다에 수중생물이 생존할 수 없게 될 날이 곧 닥칠 것이며, 발트해, 아드리아해, 지중해는 이미 손쓸 수 없을 정도로 악화되어 버렸다고 UN에 경고했다.

그러나 이렇게 잘 알려진 오염 외에도 도시와 같은 인공 환경이 자신의 생활방식을 유지하기 위해 세계의 나머지 지역을 파괴하는 사례는 많다. 알래스카의 야생 툰드라 지대를 관통하는 파이프라인 하나만으로도 그 지역의 생태계 전체를 도시와 산업의 필요에 (파괴적으로) 예속시키는 데 충분하다. 상파울로와 브라질리아를 연결하는 거대한 고속도로 하나 때문에 주변 열대우림 전체가 자생 능력을 잃었다. 아마존 횡단 고속도로 인접지역은 이미 상업 및 도시개발 지구로 획정되었다. 이로 인해 야생동물들은 죽거나 쫓겨났고, 원주민들은 전염병을 전략적으로 이용하는 방법까지 동원한 정부정책에 순응해야만 했다. 사실, 산업 및 부동산 개발계획에 포함되지 않은 야생지역은 이제 거의 남아 있지 않고, 도시의 필요를 충족시키기 위한 파이프라인과 전선이 아직 가설되어 있지 않거나 비행항로가 지나지 않는 지역은 더더욱 존재하지 않는다.

그리고 풍요로운 도시에서 뛰쳐나온 관광객들은 쉬지 않고 습격하는 메뚜기 떼처럼 그나마 남아 있는 자연으로 끊임없이 쇄도하고 있다. 산업사회의 오염과 개발로부터 아직 살아남은 것은 무엇이든 관광—현재 세계 최대의 산업이 된—의 게걸스러운 먹잇감이 되고 있다. '세계를 구경한다'고 자위하는 부유한 외국인을 위해 벌이는 관광이라는 사기행각을 위해 땅과 민속양식을 바치라는 야만스러운 압력에 저항할 힘과 자존심을 가진 정부는 거의 없다. 하지만 지구를 여행하는 사람들이 실제로 보는(혹은 보고 싶어 하는) 모든 것은 상업화된 단편적인 엉터리 민속공연과 야생이라고 믿도록 조작된 것들뿐이다. 세계는 도시 산업사회의 쓰레기 처리장이 됨과 동시에 놀이공원이 되고 있다. 이 글을 읽는 독자 여러분을 포함해서, 케냐의 여름 사파리 혹은 '매혹적인 동양' 여행을 위해 열심히 저축하고 있는 사람 중, 몇 명이나 지금 계획하고 있는 여행이—물론 할인상품이겠지만—파괴적인 오락이란 것을 알고 있을까?

차를 타고 먼 거리를 가봐도 자동차, 맥주 깡통, 라디오로 뒤엉킨 광경

• 노르웨이의 탐험가(1914~2002). 고대 이집트와 중남미 간의 문화교류 가능성을 입증하기 위해 1969년 라 1호를 타고 모로코를 출발했으나 배가 가라앉는 바람에 실패하고, 1970년에 라 2호로 다시 도전하여 57일 항해 끝에 성공한다.

•• 벨기에 태생의 스위스 해양공학자, 물리학자(1922~). 1960년 트리에스테호라는 심해탐구선을 타고 미국인 해군 돈 월시와 북태평양 마리아나 해구에서 10,911미터의 잠수 기록을 세운다. 소요시간은 약 5시간, 심해에서 보낸 시간은 20분, 수면 위로의 상승 시간은 3시간 15분. 이는 세계 최고의 잠수 깊이 기록이다.

만 있는 국립공원들처럼 그나마 남아 있는 자연유산도 도시 산업사회 인간들과 접하면서 빠르게 또 다른 인공질서가 되어가고 있다. 그러나 그곳은 휴양객들을 위해 전시하고, 우아한 전원생활의 안락함을 뽐낼 목적으로 세심하게 손질된 야생이란 이름의 고립된 섬에 불과할 뿐이다. 앞으로 몇 세대 내에 헬리콥터를 타고 30분 이상은 가야 TV, 에어컨 시설이 구비된 호텔, 코카콜라 자동판매기를 이용할 수 있는 야생지역은 모두 사라져버릴 것이다. 그때쯤이면 지구의 가장 오지도 이국적 여행지로 개발되어 있을 것이고, 그 여행상품 가격에는 터프한 모험여행의 추억거리로 호랑이를 총으로 사냥하고 고래를 작살로 잡는 프로그램 비용이 포함되어 있을 것이다. 원주민들은 엑스트라 역할만 하고, 그 지역의 특색은 월트디즈니 사 감독하에 새롭게 포장될 것이다. 아무것도 모르는 방문객들은 이런 수작에 현혹되어 '자연으로 떠난다'고 생각하게 될 것이다. 그러나 이것은 도시 산업사회의 팽창, 그것의 한 양상이며 그 팽창이 절정에 이른 모습에 다름 아니다.

지금 우리는 우주선 안의 우주비행사가 지구 중력에서 벗어난 것처럼, 극적이고 격렬하게 인류의 과거와 단절하는 교만에 빠져들고 있다. 우리의 목적지는 우주비행사 이미지처럼 우리 앞에 이미 선명하게 펼쳐져 있다. '완전히' 인간이 만든 환경 속에 갇혀버린 사람, 우연과 자연 과정이 개입할 여지가 없는 플라스틱 자궁 안에 밀봉되어 안전하게 살고 있는 사람, 그것이 우리의 목적지다. '불합리'한 것 즉, 인간이 만들지 않은 것이나 용인하지 않은 것은 그 어느 것도 우주비행사의 생활공간에 설치해선 안 된다. 우주비행사는 전자 장비를 통해서만 자신의 금속피복 밖의 외부세계와 소통한다. 그의 용변조차 우주복에 부착된 기계봉투 속에 저장된다. 우주비행사의 모습은 영락없이 군인이다. 공상과학

소설과 과학적 사실에서 모두 볼 수 있듯이, 우리 미래의 상당 부분이 군인에 의해 지배된다는 것은 참으로 의미심장한 일이 아닐 수 없다. 군인이란 가장 기계화되었으며 심리적으로도 규격화된 인간—외적뿐만 아니라 내적으로도 프로그램화되고 통제되는 인간—이다. 전문 군인이 별을 탐사하고 위기를 해결하는 영웅과 지도자로 등장하지 않는 도시 산업사회의 미래를 우리 중 과연 누가 상상이나 할 수 있겠는가?

우리의 군사화된 우주 프로그램에서 아직 전자기기로 모방할 수 없는 복잡한 작은 신경마디 말고 인간의 것이라고 할 수 있는 것이 대체 무엇이 있는가? 더구나 유일하게 인간의 것이라 할 수 있는 이 신경마디조차 주변의 다른 장비에 완전히 통합되어 거대한 기술 프로젝트의 충실한 도구로 활용될 뿐이다. 이런 형태에서는, 일정한 생명조건을 갖춘 조립식 생활공간 속에서 보호되고 고립된 채 그 공간을 유지하는 메커니즘에 길들여진 우주비행사는, 그 인공환경을 완성하는 화룡점정 같은 존재다. 여기 어디든 갈 수 있는 한 사람이 있다. 그는 "나는 어느 곳에도 속하지 않는 자율적인 존재다. 나는 원하는 대로 세상을 만들어나간다"라고 말한다. 그는 우주 어느 곳이든 갈 수 있는 장비를 갖추었다. 그러나 궁극적으로 그가 갈 수 있는 모든 곳은 한결같이 금속성이 번쩍거리고 방부처리되었으며, 전자기기로 가득 찬, 그리고 끊임없이 재생산되는 인공적인 공간이다. 풀러Richard B. Fuller•의 제자들 같은 야심찬 '세계 설계자' 들은 이미 전 지구의 환경을 표준화하는 이동식 지오데식 돔geodesic dome이라는 범지구적 체계를 예언한 바 있다. 이들이 예언한 세

• 미국의 건축가(1895~1983). 최소의 공간, 최소의 재료로 최대의 공간을 창출하는 정20면체의 지오데식 돔을 설계했다. 거대한 돔을 도시 전체에 씌우고 내부에 인공환경을 조성하는 미래형 도시였는데, 그의 아이디어는 각종 전시관, 레저 시설로 활용되고 있다.

계의 일부는 유리상자 같은 공항건물과 고층아파트의 모습으로 이미 우리에게 와 있다. 사람은 그런 건물에서 다른 똑같은 건물로 이동하면서 지구의 반을 여행할 수 있지만, 자신이 떠났던 곳과 구별할 수 없는 공간에 와 있다는 것을 발견하게 될 뿐이다. 건물 유선방송 음악도 이와 똑같다.

이것은 매우 중요한 의미를 가진 현상이다. 우주비행사로서의 인간이란 이미지—이는 완전히 통제되고 완전히 인공적인 환경을 추구하는 도시 산업사회의 절정을 표현하는 이미지다—는 정신적 혁명에 해당한다. 이런 인간은 전에 존재한 적이 없었으며 인류사에 한 획을 긋는 진화의 전환점에 선 존재다. 드 샤르댕 신부Pierre Teilhard de Chardin *는 이런 인간을 '누스페어noosphere'적 인간이라고 불렀는데, 누스페어란 인간의 지식과 계획에 영구적으로 지배되는, 그리고 그 소임을 충실히 수행하는 한 우리 인류가 순응해야 할 생활환경을 의미한다. 빅터 퍼키스Victor Ferkiss도 기술적 인간을 '진화적 도약'의 순간에 있는 존재로 묘사했다. 기술은 인간에게 '자신의 세계와 자기 자신을 변화시킬 수 있는 거의 무한한 힘을 부여함으로써' 퍼키스의 이른바 '존재혁명'의 시대를 열었다는 것이다. 이 '존재혁명'의 정신은 이매뉴얼 메스덴Emmanuel Mesthene **의 다음과 같은 말에 잘 요약되어 있다.

우리는 지금 우리가 원하는 거의 모든 것을 할 수 있는 기술적 능력을 갖고 있거나, 아니면 그 능력을 얻을 수 있는 방법을 알고 있다. 우리는 심장을 이식하고, 성격을 통제하고, 적절하게 기후를 조절하며, 금성이나 화성으로 여행할 수 있을까? 물론 할 수 있다. 지금, 혹은 5년이나 10년 내에 할 수 없다면, 25년이나 50년 혹은 1백 년 안에는 분명히 할 수 있다.

그리스 비극 작가들이라면 이런 기술만능주의 선언을 '천벌을 받아 마땅한 자만심', 즉 파멸적인 '오만'이라고 말했을 것이다. 이런 정신은 지금 보아도 여전히 매우 오만한 것이다. 그러나 언론인들이 이런 정신의 감성적 요소를 상투적 문구로 사용하면서 그 정신의 도덕적 날카로움도 무뎌진다. 게다가 우리에게는 기술만능주의의 정신적 함의를 비용효과 차원에서 분석해줄 소포클레스적인 효능 분석가가 없다. 기술만능주의 감성에는 비극적 요소가 없다. 기술만능주의적 감성은 한 사회가 기술만능주의에 따라 과도한 힘을 휘두르면 인간의 정신과 억압된 자연환경 내부에서 그런 사회에 반발하는 움직임이 나타날 수 있다는 가능성을 진지하게 고려하지 않는다. 기실, 인간의 정신과 억압된 자연환경은 기술만능주의 사회가 자신의 힘을 사용하는 데 필요한 50년에서 1백 년의 시간 동안 그 사회가 존재할 수 있도록 결코 내버려두지 않을 것이다.

우리의 정치는 정신 간의 대결, 요컨대 매우 심리학적인 게임이 되었다. 그러나 우리의 심리학이 과학적 객관화 때문에 학문적 가치가 훼손되지 않으려면, 자유로운 의식세계—꿈, 신화, 환상, 현실에 대한 성스러운 느낌, 초월적 상징의 영역—를 연구해야 한다. 반드시 기억해야 할 것은 심리학은 영혼에 관한 연구라는 것이다. 따라서 심리학은 종교생활과 가장 가까운 학문이다. 진정한 심리학은 정신활동을 통해 얻은 통

• 프랑스의 신학자, 인류학자, 철학자(1881~1955). 탁월한 과학지식으로 지구와 생명, 인간의 발생을 설명했다. 진화란 목표와 방향을 갖고 진행되는 운동이며, 인간은 생명 진화의 최고 단계라고 보았다. '누스페어'는 생각하는 능력 때문에 자기의식을 갖춘 인간이 진화하면서 형성하는 복합적인 의식세계를 말한다. 진화는 최고의 궁극적 의식인 '오메가 포인트'를 향해 지속적으로 진행되고, 그 모든 목적을 주재하고 우주 운동의 중심이 되는 존재가 신이라고 주장했다.
• • 미국 러트거스 대학교 철학교수를 지냈으며, 기술과 사회의 문제에 천착해 연구했다(1921~90).

찰력을 하나도 무시하지 않는다. 진정한 심리학은 그런 통찰력을 환원적(결과론적) '해석'을 위해 학문적으로 사장시켜서도 안 되고, 신기하고 구시대적인 신비주의로 치부하지 않는다. 대신 진정한 심리학은 그런 통찰력을 우리 일상사의 한 부분으로 항상 우리와 함께할 그런 열정적인 지성의 토대로 활용해야 한다.

우리가 살아가는 현실이 그런 존재혁명을 겪고 있다고 해보자.…… 그렇다면 과연 그런 존재혁명과 함께 어떤 정치 프로그램이 따라야 할까?

나는 적어도 우리가 세상의 지배적인 삶의 양식으로서 도시산업주의를 철폐하는 일에 나서야 한다고 생각한다. 억지로 나서는 희생정신이 아니라, 우리가 절실히 살고자 하는 현실이 인공 환경 저너머에 있다는 확신을 갖고 이 일을 해야 한다. 그래서 우리는 진정한 탈산업사회—마치 악몽에서 깨어난 것처럼 권력, 성장, 효율성, 진보에 대한 병적인 집착에서 벗어난 세계—를 향해 자유롭고 기쁜 마음으로 나아가야 한다.

부족의 우화 🗡

앤드루 슈무클러 Andrew Bard Schmookler

미국의 작가, 강연가. 이 글의 출전은 *The Parable of the Tribes*(1995). 그는 인간의 공격성과 전쟁의 기원, 문명 발달과 전쟁, 문명과 환경, 시장경제와 세계화의 한계를 분석하고 전망하는 저술들을 발표하였다. 그는 시장경제만이 만능이라는 현대 산업사회의 사고방식을 경고하며 생명 중심의 가치가 지배하는 사회를 만들어가는 방법을 모색하고 있다.

문명은 생태계를 바꾸어놓았다. 물론 지상의 풍경에서 오래된 자연의 모습을 찾아볼 수는 있다. 그러나 자연을 압도하는 문명의 힘이 꾸준히 성장함에 따라 오래된 자연의 모습들은 점점 빨리 파괴되고 사라져가고 있다.

시간이 감에 따라 그 의미가 입증되었던 모든 생명체들 간의 과거 협동체제는 지배-종속 체제에 자리를 내주었다. 과거에는 모든 생명체가 상호생존의 집단 드라마 속에서 눈에 띄지 않는 역할을 담당했어도 모두 자유로웠다. 그러나 문명인이 등장해 자기 혼자 모든 드라마를 쓰고 연기하기 시작했다. 상생적인 과거의 시너지 시스템synergistic system에서는 각자의 삶을 영위하기 위해 생명체들이 전체인 생태계에 봉사해야 했다. 그러나 모든 것에 군림하는 유일한 동물(인간)에 봉사하지 않으면 모든 생명체는 생명의 드라마에서 더 이상 살아남을 수 없게 되었다. 인간의 이익을 침해하면 무대에서 쫓겨나고 마는 것이다. 인간이 원하는 고기를 좋아하는 늑대, 곰, 사자는 제거되거나 아니면 기껏해야 피신처로 강제로 쫓겨났다. 아무리 생명력이 풍부해도 인간에게 쓸모없으면, 인간에게 더 유익한 것에 자리를 넘겨주고 내쫓긴다. 장엄한 숲은, 인간에게 '유용한' 경작지—숲에 비하면 보잘것없지만—를 개간할 목적으로 벌목된다. 인간의 배를 채우는 곡물과 가축들, 이들은 살아남고 번성한다. 근본적으로 잘못된 계산법이 생명을 지배한다. 이로써 신의 다른 피조물의 행복을 희생한 대가에 비해, 인간이 얻는 혜택이 아무리 적더라도 인간의 행복이 우선시된다. 과거에는 그 어떤 피조물도 자신의 이기적인 목적을 위해 생명의 패턴을 멋대로 바꿀 힘도 없었고, 따라서 생태계도 훼손되지 않았다. 그러나 지금은 생태계 내에서 인간이 자기이익을 추구할 권리가 있다는 가정—힘이 곧 정의라는 가정—이 너무 널리 퍼져 있기에 인간이 생태계 파괴를 자제해야 한다는 주장조차 인간의 자기이익 차원에서 제기되는 경향이 있다. 이를 테면, 자연환경은 휴양지로서 가치가 있고, 우리가 멸종시키고 있는 생물이 사실 인간에게 유용한 것이었음이 나중에 밝혀질 수도 있다는 것이다.

이처럼 인간이 자기이익을 깨닫고 스스로 힘을 억제하는 사례는 더 있다. 자연의 장기 생존을 위해서는 생태계 내의 생명체들이 시너지를 창출해야 한다. 시너지를 창출하지 못해 생태계가 훼손되면 생명 시스템은 결국 부패하고 죽음에 이르게 된다. 인간은 자기 생명의 토대를 다 써버렸다. 가장 오래된 문명의 발상지들을 보자. 한때는 비옥했던 많은 지역이 지금은 생명의 기본 영양소조차 없는 상태다. 이집트에서 페르시아로 이어진 중동의 '비옥한' 초승달 지역과 지중해 주변에서 벌어진 산림 벌채와 지나친 가축 방목으로 생명 시스템의 토대인 토양이 파괴되었다. 사막의 확산은 가속화되고 있다. 아이오와 주에서 옥수수 1부셸을 생산하는 데 그보다 많은 귀중한 토양이 사라진다. 인간의 잘못된 행동양식으로 인해 한쪽에서는 축제가 벌어지지만 다른 한쪽에서는 기아에 시달린다. 또한 세계의 수산업은 물고기의 씨를 말리고 있다. 열대지방의 취약한 삼림지대는 무분별하게 벌채되고 있다. 전체적으로 우리는 우리 자신 혹은 자연이 공급할 수 있는 양 이상을 소비하고 있다. 우리는 지금 노천 광부처럼 지상의 모든 것을 다 캐내어 고갈시키고 있다.

문명이 생명 시스템으로서 쇠락해가고 가고 있다는 사실은, 생명 시스템의 생산물은 재활용되지 않고, 투입물은 새로 공급되지 않는다는 사실에서 확인할 수 있다. 살아 있는 모든 생물이 만들어낸 생산물은 다른 생물을 위한 투입물이 된다. 예컨대, 식물과 동물은 서로에게 필요한 산소와 이산화탄소를 교환하고, 나무에서 떨어진 낙엽과 동물의 배설물은 토양을 형성한다. 문명 이전의 생명체들은 어떤 유독성 폐기물도 배출하지 않았다. 지금 우리의 살충제는 새를 비롯한 여러 생명체를 위협한다. 화석연료의 사용은 기후 재앙을 가져올 수 있다. 우리가 생산하는 불화탄소는 인간과 다른 생명체들을 유해한 태양 방사선에 노출시킬 수도 있다. 지금 우리 세대는 앞으로 수백 세대가 끼고 살아야 할, 아마 그 때문에 죽음을 맞이할 핵폐기물을 산더미처럼 만들어내고 있다. 방사능만큼이나 두려운 것이 또 있다. 수천 곳의 쓰레기 매립지에 숨어 있는 헤아릴 수 없을 정도로 엄청난 '생활' 쓰레기를 더 두려워해야 한다고 많은 사람들은 경고한다. 문명의 자궁으로부터 나와 수많은 러브운하 Love Canal *를 거쳐 흘러나오는 것은 죽음이다.

문명은 생명의 흐름을 안정시키는 생명체 간의 순환관계를 파괴해왔다. 이 문제의 심각성에 대한 인식은 지난 세대에 와서야 증대되었다.

그럼에도 불구하고, 문명의 지속적 영향을 받고 있는 생명권은 여전히 쇠락과 붕괴를 향해 나아가고 있다. 문명의 힘이 급속도로 성장, 확산되고 있기 때문에 죽음이 다가오는 속도 역시 빨라지고 있다. 모든 생명은 서로 매우 의존적이기 때문에 생명권의 쇠퇴를 막지 못하면 우리도 함께 몰락하고 만다. 따라서 서둘러 생명권의 쇠퇴를 막아야 한다. 서두르지 않으면 죽는다.……

내 책 1부에서 살펴본 것처럼 상호연계된 문명사회는 통제되지 않는 갈등이 부딪히는 장소다. 문명은 사회들 간의 이해관계가 충돌할 가능성을 열어놓음으로써, 그리고 무정부 상황을 조성해 모든 사회가 공통의 이해를 추구하기 위한 상생적 행위를 할 수 없게 함으로써 갈등을 야기했다. 이로 인해 발생한 끊임없는 권력투쟁은 여러 면에서 상호파괴적이었다.

우선, 상호연계된 문명사회에서 갈등은 인류의 희망에 역행하는 역할을 한다. 모든 사람 혹은 거의 모든 사람이 평화롭고 안전하게 살기를 원함에도 불구하고, 문명사회의 (상호파괴적인) 상호연계 구조 때문에 그런 희망이 실현되지 못하는 사례는 부족의 우화에서 찾아볼 수 있다. 인류가 초대하지도 않았는데 전쟁이라는 역사적 고통이 인류를 찾아온 것처럼, 아무도 원치 않던 전쟁이 벌어지기도 하며, 원하든 원치 않든 간에 아무에게도 이득이 되지 않는 전쟁이 벌어지기도 한다. 내가 이 글을 쓰고 있는 지금도 '모두가 패하고 있는 전쟁'이라고 일컬어지는 이란-

* 러브운하는 1892년 윌리엄 러브William Love가 나이아가라 강 부근에 건설하려 했던 운하계획이다. 1910년 불황이 닥치고 발전소 계획도 백지화되자 운하 건설은 중도에 멈춘다. 이후 이곳을 화학회사가 폐기물 장소로 이용한 후 주민들은 두통, 피부병에 시달렸고 기형아 출산율도 높아졌다. 1976년 홍수가 터지자 가로수와 꽃들이 죽었고 물이나 토양에서는 유독물질이 유출되어 러브운하는 '악마의 운하'로 불리게 되었다.

이라크 전쟁이 벌어지고 있다.

둘째, 일부가 이런 갈등으로부터 이득을 본다 해도, 대부분의 경우 권력투쟁은 승자가 거두는 순이익보다 패자가 잃는 순손실이 큰 마이너스섬게임minus-sum game이 되기 마련이다. 전쟁을 치르는 데는 많은 비용이 들며, 전쟁에 의한 파괴 때문에 모든 사람에게는 전쟁이 시작될 때보다 더 적은 것만 남게 된다. 이런 사실 말고도 더 중요한 것은, 경제학에서 말하는 한계효용체감 현상과 유사한 일이 벌어진다는 것이다. 요컨대, 대부분의 인간사에서 아무것도 없던 상태에서 조금 가진 상태가 될 때 얻는 이득이, 조금 가진 상태에서 많이 가진 상태가 될 때 얻는 이득보다 크다. 그리고 조금 가진 것을 다 잃었을 때 발생하는 손해가 조금 가진 상태에서 많이 가진 상태가 될 때 얻는 이득보다 크다. 따라서 전쟁에 승리해 두 영토를 다스리게 된 정복자는 더 잘살게 되겠지만, 그가 얻은 이득은 재산을 빼앗긴 패배자의 손실보다 적다. 노예를 획득함으로써 얻는 이득은 한 사람의 자유를 박탈함으로써 발생하는 손실에 훨씬 못 미친다. 그러나 문명의 역사를 살펴보면 통제되지 않은 힘이 이득과 손실 간의 이런 불평등 교환을 강요한 경우가 많다. 갈등을 추구하는 것은, 이득을 얻는 강자의 입장에서 볼 때(그리고 자기이익의 추구라는 경제적 관념에서 볼 때) '합리적'일지 모르지만, 전체 시스템의 관점에서 보면 비합리적이며 상호파괴적이다. 자연 시스템에서는 자신을 위해 전체에 해를 끼칠 수 있는 힘이 누구에게도 부여되지 않기 때문에 갈등을 추구하는 선택을 하지 않는다. 상호연계된 문명사회가 만들어낸 유례없는 무정부 상태는 타락한 힘의 논리가 지배하도록 함으로써 상생의 질서를 파괴한다.

셋째, 타락한 힘의 지배 때문에 발생하는 직접비용은 장기적인 사회적 진화비용과 결부되어 더 증폭된다. 투쟁 때문에 사람들은 그들이 원하지 않았던 길을 가게 되는 것이다. 모든 사회가 공동의 이해를 추구하도록 상호작용하게 만드는 포괄적인 상생의 시너지가 존재하지 않기 때문에 인류는 인류 자신은 물론 다른 생명체의 복지에는 거의 관심이 없는 힘의 논리—갈수록 강화되는—에 지배되는 운명에 놓이게 되었다.

이처럼 우리의 사회 진화 운명을 파괴적인 것으로 결정해버림으로써 시스템의 장기적 지속가능성이 현저한 위험에 처한다. 한 생명체가 자신을 비롯한 다른 생명을 실질적으로 파괴할 수 있게 된 것은 과거에 결코 없었던 일이다. 무심한 하늘에서 거대한 운석, 혜성, 또는 소행성이 떨어져 생명체가 모여 사는 지구의 얇은 표면을 박살낼 가능성은 항상 있었을 것이다. 그러나 생명체는 다른 선택의 여지없이 항상 생명에 봉사했다. 그런데 30억 년이 넘은 생명의 역사에서 처음으로 생명 시스템은 자기보존이 아니라 자기파괴의 수단을 부단히 창조해내고 있다.

냉소적 이성 비판 🗡

페터 슬로터다이크 Peter Sloterdijk

독일의 철학자(1947~). 이 글의 출전은 *Critique of Cynical Reason*(1987). 9백 쪽이 넘는 이 책으로 그는 논쟁적인 철학자가 되었다. 그는, 계몽주의는 진리와 세계를 이성적으로 바라보는 근거를 찾으려 했으나 결국 그 근거가 존재하지 않는다는 사실이 밝혀졌고, 이로써 현대인은 삶과 세계에 대한 신뢰를 잃어 냉소주의에 빠졌다고 주장했다. '우리 시대는 냉소적이 되었다'는 그의 통찰은 서구 계몽주의를 비판한 것이며, 이 글에서 그는 집단 냉소주의와 문명인들의 허위의식을 꼬집고 있다.

냉소주의: 허위의식의 황혼

모든 일의 배후에 있는 사람은 더 이상 아무도 보이지 않았다. 모든 것은 계속 제자리를 맴돌고 있었다. 관심은 시시각각 바뀌었다. 목표는 어디에도 더 이상 존재하지 않았다.… 지도자들은 제정신을 잃었다. 그들은 완전히 탈진해서 굳어버렸다.… 지상의 모든 사람들은 일이 더 이상 제대로 돌아가지 않는다는 사실을 알아채기 시작했다.… 붕괴를 막는 길이 아직 하나 남아 있기는 했다.…

— 프란츠 융, 『기계들의 정복 Die Eroberung der Maschinen』

우리 문화 속의 불만은 보편적이며 곳곳에 만연한 냉소주의라는 새로운 특징을 띠게 되었다. 전통적인 이데올로기 비판도 이 냉소주의에 대해서는 어찌하질 못하고 있다. 인류 계몽의 역사를 계속 진행시키기 위해 비판해야 할 냉소주의의 급소를 모르는 것이다. 현대의 냉소주의는 초기 이데올로기나 계몽주의 이데올로기 이후에 일어난 의식상태라고 스스로 밝힌다. 바로 이것이 냉소주의에 대해 이데올로기 비판이 무기력한 이유다. 이데올로기 비판은 자신이 그 정체를 폭로하려 했던 의식보다 더 순진했던 것이다. 이데올로기 비판은 자신의 매우 형식적인 합리성 때문에 냉소주의가 현대의 의식을 교활하고 복잡한 사실주의로 왜곡, 전환시키는 것을 파악하지 못했다. 지금까지 허위의식이 취했던 3단 형식 논리구조—거짓, 오류, 이데올로기—만으로는 현대의 정신상태를 완전히 설명할 수 없다. 이를 설명하기 위해서는 네 번째 구조, 즉 냉소주의 현상이 추가되어야 한다. 냉소주의에 대해 말하는 것은 새로운 출입구를 통해 이데올로기 비판이라는 낡은 건물로 들어가려 함을 의미한다.

냉소주의를 보편적이고 곳곳에 만연한 현상으로 표현하는 것은 정상적인 단어의 사용법에 위배된다. 왜냐하면 보통 생각하듯 냉소주의는 곳곳에 만연한 현상이 아니라 특출한 현상이며, 보편적인 것이 아니라 주변적이고 매우 개인적인 현상이기 때문이다. 냉소주의는 특별한 수식어로 자신을 새롭게 표현하고, 그럼으로써 자신을 매우 논쟁적으로 만듦과 동시에 논박할 수 없는 존재로 만들어버린다.……

근대에 들어 냉소주의를 키운 토양은 도시문화뿐 아니라 궁정문화 계급에서도 발견된다. 이 두 곳이 사악한 현실주의를 만들어낸 곳인데, 이런 현실주의를 통해 인간은 공공연히 비도덕적으로 된다. 다른 곳에서처럼 바로 여기에서, 박식하고 지적인 사람들은 있는 사실 그 자체와 진부한 표현 사이를 우아하게 오가는 세련된 지식을 쌓는다. 맨 아래 하류층으로 전락한 도시 지식인과 맨 위층 관료의식의 정점에서 윤리와 사회관습을 아주 풍자적으로 다루라는 신호가 나와 진지한 사유 속으로 파고든다. 보편적인 법은 바보들에게만 필요하며 그 사실을 잘 알고 있는 사람들은 영악하게 미소 지을 줄 알아야 한다는 신호다. 보다 정확히 말하면 냉소적인 평민은 풍자적인 폭소를 터뜨리는 반면 권력자는 영악하게 미소 짓는 사람들이다. 냉소적 지식의 넓은 무대에서는 극단끼리 서로 만난다. 오일렌슈피겔Till Eulenspiegel* 과 리슐리외Richelieu** 가 만나고, 마키아벨리가 라모의 조카*** 와 만나고, 르네상스 시대의 요란한 용병대장이 로코코 시대의 우아한 냉소주의자와 만난다. 파렴치한 사업가는 환멸에 빠진 아웃사이더를, 피곤에 지친 시스템 전략가는 이상이 없는 양심적 반대자를 만난다.

부르주아 사회가 최상위층 사람들의 지식과 최하위층 사람들의 지식을 연결하기 시작하고 자신의 세계관을 전적으로 '현실주의'에 기초하겠다는 야심을 선언한 후, 이 양 극단들은 서로 융합되었다. 오늘날 냉소주의자들은 대중의 모습에서 나타난다. 고상한 상부구조(정치, 문화 세계)의 상류층에 속하는 사람들의 대체적인 사회적 성격이 된 것이다. 냉소주의가 대중적 현상이 된 것은 선진 산업문명이 냉소적인 외톨이를 하나의 대중적 현상으로 만들었기 때문만은 아니고, 도시 자체가 곳곳에 확산되면서 일반적으로 인정되는 '공공 성격public character'을 창조해

- 14세기에 실존했다고 전해지는 독일의 전설적 인물로, 많은 소설과 음악에 자주 등장한다. 기지와 해학 넘치는 풍자로 사회 각 계층의 기만과 위선을 조롱했다.
- 프랑스의 성직자, 정치가(1585~1642). 루이 13세의 재상으로 신교도 탄압, 정적 제거 등 냉정한 현실정치를 펼쳤던 인물.
- 디드로의 소설 『라모의 조카Le Neveu de Rameau』를 일컫는다. 파리의 온갖 추문에 말려든 인물의 입을 빌려 프랑스 사회의 위선과 모순을 통박하는 내용. 여기서는, 기승전결 없이 장황하게 펼쳐지는 내용이 냉정한 분석 위에 일관된 주제를 전개하는 마키아벨리와 대조된다는 의미로 인용되고 있다.

낼 힘을 상실했기 때문이다. 개인화 추세는 현대 도시와 미디어의 풍토 속에서 느슨해졌다. 따라서 현대의 냉소주의자, 특히 제1차 세계대전 후 독일에서 엄청나게 많이 볼 수 있었던 냉소주의자들은 더 이상 아웃사이더가 아니다. 그렇지만 이들은 과거의 냉소주의자들보다 수준이 떨어졌다. 현대의 대중 냉소주의자들은 개인이 갖고 있던 신랄한 풍자를 잃어버렸고 자신을 드러내지 않으려 한다. 그들은 이미 오래전부터 자신을 괴짜로 드러내 다른 사람의 관심과 조롱을 받는 짓을 그만뒀다. 날카롭고 '사악한 시선'을 가진 사람은 군중 속으로 사라졌다. 이제 냉소적 일탈은 익명의 가면을 쓰고 행해진다. 현대의 냉소주의자들은 통합된 인격체로서 반사회적인 특성을 갖고 있으며, 잠재의식적으로 아무런 환상도 갖고 있지 않다는 점에서 히피와 비슷하다. 이들은 자신들의 아주 삐딱한 시선을 개인적인 결함, 혹은 개인적으로 정당화될 필요가 있는 무도덕적인 기벽奇癖이라고 생각하지 않는다. 본능적으로 이들은 자신들의 존재방식을 나쁜 것으로 이해하는 것이 아니라 집단적이며 현실을 반영한 하나의 사물 인식 방법으로 이해하는데, 이런 사물 인식 방법은 바보로 취급당하지 않으려는 교양인들 사이에 널리 퍼져 있는 버릇이다. 기실 자기보존 의지에서 비롯된 이런 냉소주의적인 태도에도 유익한 측면은 있다. 즉, 냉소주의적 태도를 보인다는 것은 순수의 시대가 끝났음을 깨닫고 인정하는 자세인 것이다

심리학적으로 보면 현대의 냉소주의자는 아슬아슬한 경계선상에 있는 우울증 환자로 이해될 수 있다. 그는 자신의 우울증을 지속적으로 통제하면서 그럭저럭 일을 할 수 있는 상태를 유지할 수 있다. 어떤 일이 닥치더라도, 특히 어떤 일이 닥친 후에도 일할 수 있는 능력을 유지하는 것, 그것이 현대 냉소주의의 핵심요소다. 이미 오래전부터 기업 이사회,

의회, 각종 위원회, 내각, 출판사, 개인병원, 대학 교수진, 변호사 사무실, 편집자 사무실 등 사회 요소요소에 이런 냉소주의가 만연해왔다. 그리고 어떤 세련된 신랄함이 냉소주의적 행동의 기조를 이루고 있다. 냉소주의자들은 바보가 아니다. 그들은 언제나 모든 것이 결국 허무하다는 것을 분명히 알고 있다. 자신의 행동에 대한 끝없는 회의를 하나의 생존요소로 체화시킬 정도로 냉소주의자들의 심리는 충분히 유연해졌다. 그들은 자신이 무슨 일을 하는지 알고 있지만, 상황 논리와 자기보존 본능에 따라 그 일을 할 뿐이다. 다른 사람들도 어떻게든 그 일을 하겠지만, 더 형편없이 할 것이라고 본다. 따라서 이렇게 구축된 새로운 냉소주의는 스스로를 희생양으로 느끼기까지 한다. 그래서 외견상 능력 있고, 협조적이며, 의연한 태도를 보이는 냉소주의의 이면에는 엄청난 불행과 울고 싶은 마음이 숨겨져 있고, 그 마음속에는—지금 하고 있는 행동, 일과는 정반대인—'잃어버린 순수'에 대한 슬픔, 보다 나은 지식에 대한 그리움 같은 것이 담겨 있다.

⚔ 시간의 씨앗

프레드릭 제임슨 Fredric Jameson

현대의 문화적 경향에 대해 뛰어난 분석을 내놓고 있는 미국의 문학평론가, 마르크스주의 정치이론가 (1934~). 하버드대, 예일대를 거쳐 듀크대 교수로 재직 중이다. 이 글의 출전은 *The Seeds of Time*(1994). 그는 포스트모더니즘을 후기자본주의의 산물로 보고 이를 마르크스주의와 결합하여 정치경제적, 역사적 맥락 아래에서 분석할 것을 강조한다. 마르크스주의자로서 그는 사람들로 하여금 자신의 해석을 의문시하도록 만들고, 자신은 세계를 변혁하는 기본 강령에 헌신할 수 있는 문화 해석 방법을 제시한다. 저서로는 「후기 마르크스주의」, 「보이는 것의 날인」 등이 있다.

모든 사회생활에서 유례를 찾을 수 없을 정도로 급격한 변화가 진행되고 있다. 이와 동시에 이런 변화와 양립할 수 없을 것처럼 보이는 현상, 즉 소비재에 대한 느낌과 생활언어 등을 포함한 모든 것이 전례 없을 만큼 표준화되는 현상이 진행되고 있다. 이처럼 변화와 표준화가 동시에 진행되는 현상이 바로 우리가 설명해야 할 이 시대의 역설이다. 이 역설을 개념화하자면 상호반비례 관계로 설정할 수 있다. 한마디로 모듈화의 역설이다. 모듈화의 역설로 인해 표준화가 오히려 변화를 격화시킨다. 미디어에서부터 바로 그 미디어로 인해 표준화되는 사생활에 이르기까지, 그리고 상품화된 자연에서 장비의 획일화에 이르기까지, 모든 곳에서 미리 만들어진 모듈 때문에, 마치 프랙탈 영상처럼, 같은 것들이 꼬리를 물고 잇달아 쏟아져 나온다. 여기서 모듈은 정보의 우주 속에서 물질을 새로운 형태(인간의 가치까지 화폐로 계산하는 물화의 새로운 결과)로 구성하는데, 그것은 원재료가 범주category에 따라 갑자기 하나의 적절한 단위가 되는 칸트적 의미의 구성을 말한다.

그러나 우리는 이 역설로 인해 변화의 개념 자체를 다시 생각하지 않을 수 없다. 상점 간판이 급속하게 바뀌는 것이 우리 사회가 절대적으로 변화하고 있다는 것을 가장 잘 보여주는 것이라고 한다면, 비디오 가게가 티셔츠 가게로 바뀔 때 정말 변한 것은 무엇인가 하는 철학적 의문을 제기할 수 있다. 이런 의문은 롤랑 바르트의 구조적 형식화structural formulation 개념에 입각해 제기할 수 있다. 즉 본래 그 시스템에 내재되고 그 시스템에 의해 프로그램된 반복적인 변화(시스템 내의 변화)와 하나의 시스템을 그와는 전혀 다른 시스템으로 바꾸는 변화(시스템 자체의 변화)를 구분해야 한다. 그러나 롤랑 바르트의 견해는 파르메니데스적 존재 관념(파르메니데스에 의하면 정의상 존재하는 것有은 영원히 존재할 뿐 아주 잠시 동안이나 일시적으로라도 무無가 되는 것이 아니다)에서 비롯된 제논 식 역설을 떠올리게 한다(제논은 한 점에서 다른 점 사이는 무한한 점으로 나눌 수 있으므로 결코 한 점에서 다른 점으로 이동, 즉 변화하지 못한다는 역설을 제시했다).

이 특별한 역설을 '해결하는 법'은 각 시스템—'생산양식'이라고 하는 편이 훨씬 낫겠다—이 각자 고유한 일시성temporality, 그 시대에서만 일시적으로 생산되는 것들—옮긴이을 생산해낸다는 것을 깨닫는 데 있다. 이는 루이 알튀세와 그 추종자들이 강력하게 주장한 것이다. 어떤 절대적이고 가치중립적인 범주로 시간을 파악하는 칸트적이고 몰역사적인 관점을 택하면, 우리가 살고 있는 시스템이 반복적으로 생산해내는 고유한 일시성은 파악하기 어려운 문제, 우리 시대 식 제논의 역설이 될 수 있다.

그러나 치유효과가 없으면 감각적 세계의 변화를 환상에 불과한 것으로 보는 파르메니데스의 관점은 오랜 순간 우리를 사로잡을 수 없을 것이다. 파르메니데스적 관점은, 본래 주장하려 한 것이 아니라 우리가 살고 있는 이 사회적, 역사적 순간에 대한 어떤 진리를 포착한 것으로 보인다. 우리가 살고 있는 이 시대는 모든 것이 잠시도 멈추지 않고 아주 짧은 순간에도 계속 깜빡거리면서 찰나의 순간에도 그 존재를 과시하려는 듯 계속 움직이는, 여러 형상(이미지)이 끊임없이 명멸하는 공상과학소설의 정지된 한 장면과 같다.

지금 곳곳에 침투한 유행의 논리는 스스로를 사회적, 심리적 체계와 결속시키고 일체화하기 시작한 것으로 보인다. 사회, 심리적 체계는 이 유행의 논리를 우리의 전체 시스템 작동논리 속에 투입하는 경향이 있다. 이로 인해 영속적인 변화의 경험, 영속적인 변화의 가치가, 불균등 발전(또는 '비동시적 동시성')때문에 허용된 지역 간 상대적 의미조차 더 이상 인정되지 않을 정도로, 완전히 우리의 언어와 감정을 지배하게 되었다. 그리고 새로운 것과 혁신을 최고로 여기는 가치는, 모더니즘과 근대화 모두 이해하고 있는 것처럼, 큰 맥락에서는 안정적이고 정지된 것으로 보이는 순간과 변화의 지속적인 흐름에 밀려 사라지고 말았다.

이때 어떤 사회도 지금 이 사회처럼 표준화된 적이 없었다는 인식, 인간적, 사회적, 역사적 일시성의 흐름이 이처럼 동질적으로 진행된 적이 없었다는 인식이 나타나기 시작한다. 엄청나게 지루하고 권태로운 고전적 모더니즘조차 시스템 밖에서 그 시스템을 파악하기에 좋은 위치 또는 가상적인 주관을 원하게 된다. 그러나 우리는 내셔널지오그래픽이나 기상예보 채널이 제공하는 이미지처럼 인공적이며 자연과 천문학적 의미가 제거된 계절을 텔레비전이나 다양한 미디어들을 통해서 볼 뿐이다. 따라서 이들 미디어가 보여주는 위대한 계절의 순환—스포츠, 최신 자동차, 패션, 텔레비전, 학년 등에 있어서— 은 상업적 편의를 위해 과거에는 자연적이던 계절의 리듬을 화면을 통해 억지로 자극하고, 혁신적이던 프랑스 혁명력이 가졌던 신선함과 충격적인 요소는 전혀 갖추지 못한 채 주, 월, 연과 같은 고루한 범주들을 슬쩍 재도입했다.

따라서 이제 우리는 모든 것이 패션과 미디어 영상의 변화에 복종하는 곳에서는 더 이상 아무것도 변할 수 없다—이것은 최소한 일시적인 차원에서나마 포스트모더니티의 보다 심오하고 근본적인 성격으로 표출되기 시작했다— 는 것을 느끼기 시작했다. 더 이상 아무것도 변할 수 없다는 느낌은 알렉산더 코제브가 헤겔과 마르크스에서 발견할 수 있다고 여겼던 '역사의 종언'이 다시 부활한 듯한 느낌을 준다. 코제브는 미국 자본주의와 소련 공산주의 모두에서 궁극적으로 민주적 평등(그리고 개별적인 경제 주체와 법적 주체의 가치 동등성)이 실현되는 상황을 의미하는 것으로 '역사의 종언'이란 말을 사용했다. 그는 후에야 이른바 일본의 '속물주의snobisme'에서 역사의 종언의 또 다른 변종을 발견했다. 그러나 우리는 이런 역사의 종언을 포스트모더니티 그 자체(내용이나 실체없이 가면을 쓰고 연기하는 자유연극)와 동일시할 수 있다. 물론 다른 의미에서 보면 이 말은 말 그대로 낡은 '역사의 종언'이며, 특히 보수적인 시장 상황 속에서 집단적인 희망이 사라져가는 것을 냉소적으로 꼬집는 말이다. 그러나 역사의 종언은 우리가 여기서 강조하려고 했던 일시적인 역설의 최종적인 형태이기도 하다. 요컨대, 절대적 변화(혹은 최신 유행을 좇아 멋들어지게 말해 '영구 혁명')라는 수사어는 대기업들에 의해 조작된 절대적 동일성과 불변의 표준화라는 말만큼이나 포스트모더니스트들에게 만족스러운 것은 아니다. 대기업들의 혁신 개념은 신조어와 기업 로고, 그리고 건축물, '라이프스타일', 기업문화, 심리적 프로그래

4부 • 문명의 병리학 — 321

밍 등의 영역에서 기업들이 사용하는 언어와 상징들에서 가장 잘 드러난다. 절대적으로 다른 것들을 통해 동일한 것—다른 건물들이 늘어선 같은 거리, 일시적인 새로운 경향들이 명멸하는 가운데 유지되는 동일한 문화—이 지속되기 때문에 변화를 불신하게 된다. 따라서 고려할 수 있는 유일한 급격한 변화는 변화 그 자체를 종식시키는 것이 될 것이다. 그러나 이 시스템을 폐기하지 않고는 다른 시스템을 생각할 수 없다는 것은, 육체적 욕망에서부터 우리의 심리적 버릇, 특히 소비와 패션의 인위적으로 꾸며진 흥분 자극에 이르기까지 우리가 경험적으로 알고 있는 모든 것을 포기하는 것으로 알려진 유토피아적 공상 자체에 대한 불신으로 귀결된다. 따라서 이러한 이율배반으로 인해 더 이상 사고할 수 없는 상황에 봉착하게 된다.

멋진 문명화 ⚔

반항아들 Des Réfractaires

이 글의 출전은 저널 『아나키Anarchy』(1993, 여름호)에 실린 'How Nice to Be Civilized'이다.

암살, 학살, 강간, 고문…… 한때 유고슬라비아였던 땅에서 벌어진 이 범죄들은 통제불능의 야만인들, 교육받지 못한 짐승들이 저지른 일이 아니다.

분명 그들은 어렸을 때 가족 질서를 존중했으며, 지금은 어느 정도 각자의 종교에 충실한 신앙인들이며, 열성적인 스포츠 관중들이고, 텔레비전을 보고 즐거워하는 사람들이다. 한마디로 이들은 문명인들이며, 사회가 기대하는 대로 행동하는 보통 사람들이다.

이들 각 범죄는 문명화라고 명명된 다양한 길들이기 과정이 성공적이었음을 보여주는 것이다.

살인자, 강간범, 대량학살의 범죄자들은 내가 살아남기 위해선 다른 사람이 죽어야 한다는 현대세계의 근본 논리를 잘 체화한 사람들이다. 서로를 난도질하는 이 투쟁은 경제적 경쟁이나 전쟁 같은 여러 형태로 나타난다. 그러나 그 결과는 항상 동일하다. 요컨대, 자신이 더 잘살고 있다는 인상을 다른 사람에게 주기 위해 누군가를 반드시 짓밟아야 한다. 문명화된다는 것은 당신 자신의 삶과 타인의 삶을 고려하지 않는다는 것을 의미한다. 그것은 또한 당신이 운명적으로 그곳에 태어나서 삶을 살아가게 되는 집단의 이익에 따라 자신의 삶이 이용, 착취, 지배당한다는 것을 의미한다. 모든 사람들은 소속집단 지배자들의 경제적, 정치적 이익 등을 위해 복종한다. 이러한 복종의 대가로 사람들은 그곳에서 인간으로 인정될 수 있는 가능성을 부여받는다.

또한 문명화된다는 것은 권력자들이 자신의 문제를 전쟁으로 해결하려 할 때 당신의 삶뿐만 아니라 타인의 삶까지 희생해야 한다는 것을 의미한다.

전쟁이 가져다주는 다양한 이득은 제쳐두고라도 전쟁은 희생자로 지정된 사람들, 요컨대 억압되고 유린되고 살해될 사람들을 향해 아무런 가책 없이 가해자의 좌절감을 표현하기에 매우 효과적인 수단이다. 고통을 겪는 사람들은, 다른 사람에게 고통을 주는 것을 즐기는 사람과 마찬가지로, 사회의 존립에 유용할 때만 삶의 중요성이 인정되는 그런 도구에 불과한 존재가 된다.

동구권의 붕괴와 해체 이후 여러 국내, 국제적 갱단이 새로운 국가 형성을 통해 장악할 영역과 점령할 시장 그리고 이용할 에너지를 갖게 되었다.

더 많은 이익을 얻기 위해 국내의 정치적 갱들은 종교와 민족주의적인 카드를 쉽게 꺼내들었다. 만약 불행하게도 이 카드들이 효과를 발휘한다면, 그것은 이들 국가의 일부 국민들이 이런 붕괴와 해체를 자유 증대의 기회로 인식하지 않았기 때문이다. 반대로 이들은 엄청난 공허함을 느꼈는데, 이 공허함은 자국의 역사와 문화를 과장하는 민족주의적이고 종교적인 관심 고취로 누그러졌다. 사람들은 우리의 물질적, 심리적 불행의 진정한 원인을 이해하고 제거하기보다 자주 혼란 상태에 빠졌다. 이런 혼란에 대응하는 가운데, 민족적 혹은 종교적 정체성이 다시 회복해야 할 잃어버린 가치로 제시되는데, 사실 이런 가치는 국가 및 세계 권력자들 간의 동맹으로 지탱되는 국가의 실체를 수립하고 발전시키는 데 없어서는 안 될 이데올로기적 결합 기제에 불과할 뿐이다.

게다가 테러가 일상화된 상황에서, 영토를 재분배하여 자신들의 목적 달성을 위해 아무 거리낌 없이 사람들을 몰아내고 인종청소를 실행하기도 한다. 이런 의미에서 보면, 제네바에서 합의한 평화계획과 군사 개입은 구 유고 영토의 해체를 인정한 UN의 조치를 사실상 받아들인 것 아닌가? 이것이 평화를 위해 치러야 할 대가라면, 모든 사람은 어느 전쟁에서나 수반되기 마련인 일련의 공포를 용인해야 한다.

냉소를 한몸에 받고 있는 비정부 인도주의 단체들은 비인도적 참사에 대한 동정과 분노를 자극하면서도, 동시에 진정한 인간적 유대가 자발적으로 이루어질 가능성을 가로막는 참담한 역설의 상징이다.

오늘날 인도주의는 경제적, 인간적, 미디어적 의미에서 일종의 로비활동을 하고 있다. 그러나 인도주의는 자금을 조성하는 일 외에도 일종의 교육적 임무를 수행하면서 구체적이고 지속적으로 사람들의 분노를 일깨우고 감동을 이끌어내고 있다. 그럼으로써 바로 눈앞에서 벌어지는 대량학살에 치를 떠는 국민들의 감정에 부응할 목적으로 국가가 착수하는 인도주의 전쟁에 명분을 제공해주는 것이다. 인도주의로 포장된 언론 보도의 유일한 목적은, 이런 대량학살 앞에서 국민들은 아무것도 할 수 없기 때문에 국가가 구원에 나서야 하고 국가가 그들의 정치적, 전략적 이익을 지켜줄 거라며 국민들을 확신시키는 일이다.

모두가 자신이 누리는 평화와 민주주의를 특권으로 여기면서—다른 곳에서는 전쟁과 야만이 난무하고 있다는 것이 그 증거다—스스로를 위로하기 때문에 모든 것이 만족스럽다.

언론은 공포를 고발하고, 국민여론을 조성하고, 정부 개입을 권고하면서 인도주의를 명분으로 한 전쟁을 주도하고 있다. 이 정도면 모병 하사관이나 다름없다! 예상대로 언론은 반전운동에 대한 억압의 절정으로, 자그레브와 사라예보에서 벌어진 1992년 학살에 관한 정보를 조심스럽게 숨기면서, 구 유고슬라비아의 전쟁반대론자들에 관한 모든 정보를 주의 깊게 편집했다. 인도주의란 명분하에 개입할 명분을 얻고 인도주의 전쟁을 일으켜, 피정복자를 법정에 세우기 위해 이런 공포가 필요하다. 지금 등장하고 있는 '새로운 세계질서'는 이런 소규모 민족국가 전쟁에 익숙해져 가고 있다. 그래서 세계 곳곳에서 벌어지는 끔찍한 사건을 빌미삼아 무기를 제공하고, 그러고는 구하러 간다.

따라서 민족적, 국가적, 종교적 정체성을 고취하는 것은 대부들의 새로운 위계질서를 구축하려는 정치적 갱들의 전쟁을 수반하기 마련이다.

돈과 권력의 세계가 인간의 삶을 제물 삼아 번성할 수 있게 하는 인위적인 거짓 공동체인 (민족과 종교라는) 게토들의 성장에 대응하여, 우리는 우리를 둘러싼 세계에 저항할 수 있는 인간으로서 우리의 세계가 투쟁으로 얼룩진 세계임을 선언하고, 구 유고슬라비아에서 전쟁을 거부하는 사람들, 자신을 총알받이가 아니라 '삶을 원하는 인간'으로 간주하는 사람들과 열망을 함께 나누기 원한다.

우리는 문명에 대한 모든 찬양을 거부한다. 우리는 착취, 경쟁, 위계질서에 기초하지 않은, 그래서 사람들이 더 이상 서로를 '태생적인' 적과 원수로 보지 않는 그런 인간관계를 살고자 한다.

지구를 집어삼키는 문명 ✘

데이비드 왓슨 David Watson

3부의 글 「문명은 추락하는 비행기」를 쓴 T. 풀라노와 동일 인물. 이 글의 출전은 저널 『피프스 이스테이트』(1991, 여름호)의 'Civilization in Bulk'이다.

브라질 오지에서 신석기시대의 삶을 사는 사람들과 한동안 함께 생활하는 특권을 누렸던, 상당히 학식이 풍부하고 문명화된 유럽인은 후에 다음과 같이 기록했다. "문명은 온실에서 최대한 주의를 기울여 어렵게 돌보고 가꾸어야 할 가냘픈 꽃이 더 이상 아니다.…… 그런 시절은 이미 지났다. 인류는 이미 단일문화에 빠졌으며 사탕수수처럼 문명을 대량생산하려고 한다. 결국, 우리에겐 매일 똑같은 요리가 제공될 것이다."

위 글은 1955년에 씌어졌다. 지금 문명은 지구 전체를 삼키고 있으며 문명을 가냘픈 꽃으로 보던 이미지는 거의 사라졌다. 문명 속에 사는 사람 중 일부는 그 이미지가 항상 거짓이었음을 기억하고 있고, 세계를 보는 다른 방식이 되살아나고 있다. 반전통적인 세계관이 재평가되고 탈출구가 마련되고 무기들이 만들어지고 있다. 달리 말해, 문명이 스스로 만들어낸 늪 속으로 서서히 점점 더 깊이 빠져들면서 유령이, 원시세계의 유령이 문명세계에 출몰하고 있다.

원시세계로의 탈출과 무기를 만들어내는 일은 결코 간단치 않다. 탈출로는 여전히 오래된 문명의 길이고, 적의 무기고에서 가져온 무기는 우리 손에서 폭발하기도 한다. 기억과 열망은 억압되고 변형되어 왔다. 우리 모두는 문명의 공인된 역사를 배워왔는데, 그것은 진보이며, 진보의 꿈이 계속해서 전 지구적 문명의 확산을 부채질하면서 인간을 기계화된 자기파괴적인 꼭두각시로, 자연을 생명력 없는 조각 작품으로 전환시키고 있다.

문명의 공인된 역사는 모든 아이들의 공인된 역사책 속에 다음과 같은 식으로 기록되어 있다.

천지창조 이전(즉 문명 이전)에는 대양과 같은 거대한 혼돈, 어둡고 무시무시하며 잔혹하고 정처 없는 혼돈, 생존을 위한 유혈투쟁만이 있었다. 그러다가 마침내 소수의 사람, 이름은 알 수 없지만 재능을 가진 몇몇 인간의 위대한 노력을 통해 인류는 진흙과 나무와 동굴과 천막에서 벗어나, 그리고 황량하고 위험한 사막에서의 끝없는 방랑생활에서 벗어나 획기적으로 삶을 개선할 수 있었다. 이런 삶의 개선은 동물, 식물, 광물의 정복, 그리고 그때까지 그 가치를 알지 못했던 자원의 이용, 높은 수준의 문화와 종교, 중앙의 권위에 봉사하는 경이적인 기술 발전을 통해 가능했다.

경외감을 불러일으키는 이러한 경이로움은 도시국가의 방패 아래 그 성채 안에서 이루어졌다. 천 년에 걸쳐 문명은 야만의 폭풍이 몰아치는 가운데서도 황량한 광야가 되기를 거부하며 살아남기 위해 투쟁했다. 그리고 이른바 '서구'의 선택되고 축복받은 일부 왕국들이 또 다른 '거대한 도약'을 했으며, 그 결과 근대세계가 탄생했다. 근대세계의 과학적 이성에 의한 계몽은 인간 내부의 정신적 미개척지와 인간 외부의 지리적 미개척지에 대한 탐험과 발견을 이끌었다. 서구 왕국의 공식 벽화를 보면, 한쪽 끝에는 망원경과 육분의六分儀를 손에 들고 배 위에서 자랑스럽게 서 있는 탐험가들이 있고, 다른 쪽 끝에는 깨어나서 자연과 이성의 신혼 침대에서 힘이 넘치는 남편을 맞아들일 준비가 되어 있는 잠자는 숲속의 공주, 곧 새로운 세상이 기다리고 있다.

그리고 마침내는 이러한 혁명의 결과물, 즉 발명, 기계화, 산업화, 궁극적으로는 과학적, 사회적, 정치적 성숙, 대중 민주주의 사회, 대량생산의 풍요가 등장한다. 물론 풀어야 할 약간의 과제는 여전히 있다. 도처에 퍼진 오염, 인간의 통제를 벗어난 기술, 기근, 전쟁이 바로 그것인데, 이런 문제들은 대부분 문명화되지 않은 '주변부'에서 발생한다. 그러나 문명은 이런 과제들을 염두에 두면서 결국엔 이러한 모든 일탈적인 현상이 통제되고 기술을 통해 합리화되며 '인간의 필요에 맞게' 재설계될 것이라고 본다. 영원히 그렇게 될 지어다. 아멘! 역사는 위험한 커브를 돌고 불길한 예감이 드는 터널을 통과할 때도 있지만, 약속의 땅을 향해 레일 위를 달리는 반짝이는 기관차다. 그 앞에 무슨 위험이 있다 해도 되돌아올 수는 없다.

잘못된 경로

그러나 여러 세대가 단일문화 속에서 양육된 결과, 이제 문명은 실현되어야 할 약속이라기보다 종의 부적응, 지구의 생명체 네트워크를 위협하는 잘못된 경로 혹은 일종의 열병으로 간주되고 있다. 문명의 역사에 맞선 한 온건한 반역자가 말한 것처럼 "우리가 기차를 타고 달리는 것이 아니라 기차가 우리 위를 달리고 있다". 생태계에서 사회적 영역을 거쳐 개인적 수준에 이르기까지 모든 영역에서 발생하고 있는 현재 위기는 너무나 극명하고 심각해서 무시할 수 없는 형국이다. 과거에는 상실감만이 현대문명의 주위를 맴도는 유령이었지만, 이제 이론적, 실천적 차원에서 문명을 공개적으로 비판하는 빨치산들이 그 대열에 합류했다.

따라서 우리는 정복자가 아니라 피정복자의 관점에서, 요컨대 신전 공사장에서 깔려 죽거나 참호에서 가스를 마시고 쓰러진 노예의 눈으로, 바닥이 파헤쳐지고 물길이 막힌 강의 시각으로, 실험실 책상에 핀으로 꽂혀 있는 실험용 동물의 관점에서 우리 역사를 재검토해야 한다. 원시의 목소리 말고 이들을 가장 잘 대변해줄 수 있는 목소리가 또 무엇이 있겠는가? 1977년 이로쿼이족 공동주택 거주자들의 기록물 『의식에의 호소A Basic Call to Consciousness』에 언급된 '지질학적 관점, 홍적세의 눈을 통해 본 현대세계'에 대한 비판은 원시사회를 '저개발'과 '야만'으로 묘사한 정복자들의 거대한 거짓말, 선사시대에 관한 그들의 역사 왜곡을 일거에 논파한다.

가장 최근 이 거대한 거짓말이 폭로된 것은, 원시인 그리고 아직도 생존을 위해 싸우고 있는 그 후손들의 관점을 더 많이 이해하게 되었기 때문만이 아니다. 보다 비판적이고 탈유럽 중심적인 인류학이 유럽 중심의 역사, 논리, 특권에 과감히 도전했기 때문이었다. 무수하게 다양한 원시사회는 모든 인류의 공동 유산이다. 원시사회를 통해 우리는 인류가 하나의 종으로서 존재한 기간의 99퍼센트를 어떻게 살았는지 유추할 수 있다(나머지 1퍼센트도 그 대부분이 정복과 통제에 맞서 각자 독창적으로 저항한 부족 및 토착 공동체들의 삶으로 이루어져 있다).

신, 구 시각으로 원시세계를 보면 놀라울 정도로 다양하지만 어떤 특징을 공유하는 일련의 자율적 사회들을 찾아볼 수 있다. 원시사회는 아주 적은 것만을 필요로 하고 모든 욕망이 쉽게 충족된다는 의미에서 풍요로운, '최초의 풍요사회'라고 불려왔다. 원시사회의 도구는 우아하고 가벼우며, 원시사회의 세계관은 언어학적으로 복잡하고 개념적으로 심오했지만, 모든 사람이 쉽게 이해할 수 있을 정도로 단순하다. 원시사회의 문화는 개방적이고 환희에 넘친다. 원시사회는 또 사유재산이 없고 공동체적이며 평등주의적이고 협동적이다. 자연과 마찬가지로 그곳에는 근본적으로 우두머리가 없다. 그곳은 남자가 지배하는 사회도 여자가 지배하는 사회도 아니다. 그곳은 무정부 사회, 말하자면 중앙무대를 '만들고' 차지하는 지배자나 통치자가 존재하지 않는 사회다. 오히려 원시사회는 각자 독특한 존재로 인정되는 사람들의 유기적 모임이다.

노동 없는 사회

그곳은 또한 '노동'이 없는 사회다. 우연히 생계에 도움이 되기도 하는 의식 행사나 선물 교환을 제외하고, 원시사회는 본질적으로 경제나 생산활동을 하지 않는 사회다(원시사회는 이따금 기아를 경험해도 정신적으로 위축되지 않는 사회일뿐더러, 심지어 구성원 간의 친밀감을 높이기 위해 혹은 놀이 목적이나 환영에 빠지기 위해 일부러 배고픔을 택하기도 한다). 예를 들면 이로쿼이족 공동주택 거주민들은 "우리는 경제적 제도라고 할 만한 것이 없으며, 정치적인 제도라고 할 만한 것도 없다"고 기록했다. 또한 이 공동주택 사회에서의 생계활동은 "우리(이로쿼이족 공동주택 거주민들)의 문화적 정의에 따르면 결코 경제활동이 아니다."

따라서 원시사회의 풍요로움은 그 다양한 상징적, 인간적, 자연적 관계에 있지, 인위적으로 성취한 것에 있지 않다. 그것은 춤추는 사회, 노래하는 사회, 찬양하는 사회, 꿈꾸는 사회이다. 생명의 유기적 통일성을―서구 생태학자들은 최근에 와서야 이를 인식하기 시작했다―신화적으로 표현한 애니미즘이라는 원시사회의 철학과 관습은 수많은 생명체를 각자 통일성과 주체성을 가진 신성한 존재로 봄으로써 대지를 보호한다.

루이스 멈퍼드Lewis Mumford*가 말한 것처럼, 고대 황금시대의 비전과 어느 정도 부합하는 이 원시세계는 왕정과 계급사회가 나타나면서 해체된다. 어떻게 이런 일이 발생했는지는 오늘까지도 분명하지 않다. 아마도 우리는 평등사회에서 국가사회로 옮겨간 이 최초의 변화를 완전하게 이해하지 못할 것이다. 분명, 그 어떤 판에 박힌 설명도 적절치 않다. 피에르 클라스트르의 표현대로 "(되돌릴 수 없으며 원시사회에는 치명적인) 인류 역사의 그 근본적인 단절, 국가라는 이름으로 우리가 알고 있는 실체의 그 신비로운 출현"은 어떻게 발생한 것일까?

원시사회는 권력과 사유재산을 거부했기 때문에 균형과 평등을 유지했다. 족장은 다른 구성원들에게 아무 권력도 행사하지 못했기 때문에 왕이 될 수 없었다. 클라스트르의 주장에 의하면 "원시사회는 족장이 아니라 사회 자체가 권력의 진정한 소재지이기 때문에 별도의 권력이 존재할 수 없는 곳"이다.

아메리카 원주민들이 사용했을 신비한 언어를 통해서만 이와 같은 인류 최초 공동체의 해체를 적절히 표현할 수 있을 것이다. 결국 평형상태가 이렇게 비극적으로 해체된 것은 시적 언어를 통해서만 생생하게 표현할 수 있다. 주기적인 자연의 혜택, 신성한 것에 대한 경외감, 사회구성원이 누리는 고도의 개별성 때문에 원시사회에서 권력과 기술이 새로운 영역으로 부상할 가능성은 없었다.

클라스트르에 따르면, 원시사회인들은 "초월적인 권력은 집단에 치명적 위험이 되는 요소들을 숨기고, 외적이며 스스로 자신의 합법성을 창조하는 권위는 문화 자체를 위협할 것임을 일찍부터 예감하고 있었다. 바로 이같은 위험성에 대한 직관이 원시사회의 정치철학적 깊이를 결정지었다. 문화를 제약하는 두 요소로 권력과 자연이 매우 밀접한 관련이 있다는 것을 발견함으로써 인디언 사회는 정치적 권위의 해독을 중화시키는 수단을 창조할 수 있었다"고 한다.

이것은 원시사회인들이, 기술이 가진 잠재적 해독을 중화시킨 것과 동일한 진행 과정이다. 이들은 도구적, 실용적 기술의 상대적 중요성을 최소화하고 '직관'하는 기술, 무아지경에 빠지는ecstatic 기술의 중요성을 강조했다.…… 제롬 로더버그의 말대로 주술사는 무아지경의 "기술자" "특별한 언어, 즉 노래와 주술을 만드는 기술을 가진 최초의 시인"이었다. 원시적 사회관계의 동력은 권력과 마찬가지로 이처럼 기술을 거부한다. 그러나 기술과 권력이 사회구조와 떼려야 뗄 수 없는 관계로 얽힌 핵심요소가 아니라 개별적인 기능으로 등장하면 모든 것이 분열하기 시작한다. 프레디 펄먼이 언급한 이른바 "인간공동체에서 생겨나 인간공동체를 파괴하는 의도치 않았던 혹"이 출현한다. 주인보다 오래 사는 골렘`**` 같은 것, 마귀가 미쳐 날뛰고, 인간에게 혜택을 주던 자연의 조화로운 순환은 파괴된다.

• 미국의 사회학자(1895~1990). 자기한계를 모르고 성장하는 현대기술을 거대기술megatechnics이라는 말로 개념화하면서 인간 중심적이고 생태 친화적인 생명기술을 발전시킬 것을 역설했다.

•• 골렘golem은 유대 민담에 등장하는 주술적 존재. 본래 죽은 자의 시종으로 무덤 주위에 나무나 점토로 세워 일정한 형체가 없지만 카발라 주술을 통해 형체를 얻고 생명력을 부여받는다. 처음에는 자신을 만든 주인에게 복종하지만 주인이 죽거나 봉인이 사라지면 통제할 수 없을 정도로 난폭해져 날뛴다.

클라스트르의 말처럼 공동체는 "자신을 파괴하게 될 그 마귀—권력과 권력 숭배—를 몰아내는 일을 멈췄다". 이로써 (원시사회에서 국가사회로의) 혁명 또는 (평등사회에서 반평등사회로의) 반혁명이 발생한다. "원시사회에서 경제적 동력이 별개의 자율적인 영역으로 간주됨으로써 그리고 생산활동이 노동의 열매를 즐기는 사람들이 부과하는 소외된 노동, 책임노동이 됨으로써, 사회는 지배자와 피지배자, 주인과 종으로 분리되었다.…… 정치적 권력관계가 먼저 발생하여 경제적 착취관계를 만들어낸다. 소외는 경제적이기 이전에 정치적이다. 권력이 노동에 선행하고, 경제적인 것은 정치적인 것에서 파생된다. 국가의 발생이 계급의 형성을 결정한다."

권위, 생산, 기술의 등장은 모두 동일한 과정 안에 있는 현상들이다. 과거에 권력은 분리된 영역에 있지 않고, 인간공동체와 자연을 아우르는 원 안에 있었다. 생산과 경제 역시 분리되지 않았다. 그것들은 사람에서 사람으로 전달되는 대상의 '물질성' 혹은 인위성을 초월하고 중화시키는 선물 공유를 통해 그 원 속에 내재되어 있었다(동물, 식물, 자연적 대상은 '사람'으로 취급되었으며 친척처럼 여겨지는 경우도 있었다. 따라서 생계활동은 노동도 생산도 아닌 선물, 드라마, 경외, 환상이었다). 기술 또한 이들의 친족관계 속에 내재되어야 했으며, 따라서 개방적이고 참여적이며 모두가 이용할 수 있어야 했다. 그럴 수 없는 기술은 그 자체로 완전히 개인적인 것, 독자적이며 공상적인 것, 고유하고 양도할 수 없는 것이었다.

무너진 균형

클라스트르가 말한 대로, 권력이 공동체를 분열시키고 양극화시킬 때 "권력과 자연의 밀접한 관련성" 때문에 이 둘 사이에는 깊은 간극이 생긴다. 미르체아 엘리아데Mircea Eliade의 논리에 따르면, 원시공동체의 경우 "그 세계는 '개방'된 것인 동시에 신비스러운 것이다.…… '자연'은 원시공동체 세계의 기본적이고 심오한 신비를 구성하는 '초자연적인 것들'을 드러냄과 동시에 '감춘다'". 신화적 의식으로 세계를 파악하고, 신화적 의식으로 세계에 개입하고 참여하지만, 이것이 지배관계를 동반하는 것은 아니다. 요컨대 "우주적 실체가 '지식의 대상'으로 전환된 것이 아니다. 이 실체들은 본래의 존재론적 상태를 계속 유지한다".

불균형의 충격으로 인해 현대의 이교도인 페미니스트들이 말하는 이른바 '내부권력'이 파괴되고 '지배권력'이 형성되었다. 과거의 상호관계는 위계질서로 바뀌었다. 이런 전환 과정에 구성원 간의 선물교환이 사라졌고, 이와 함께 자연과의 선물교환도 사라졌다. 과거에 공유되던 것들이 이제는 저장되고, 사람들이 신봉했던 신비는 정복의 대상이 되었다. 기원에 관한 모든 이야기는 기원의 역사, 주인의 역사가 된다. 국가의 기원이 세계의 기원이 된다.

출산 과정을 통해 자연의 모든 것을 보여주고 식물, 동물, 아이를 키우는 일상활동을 통해 생명 과정을 유지하는 여성은 세계를 변화시킨 새로운 영웅인 남성에게 억압받는다. 여성의 창조성과 경쟁하려는 남성 권력은 인공물과 기념물을 만들어냄으로써 출산과 자연의 창조성을 흉내 낸다. 원초적인 용기이자 바구니이며 그릇인 자궁은 권력에 의해 도시의 성벽으로 재구성된다.

'그래서' 프레더릭 터너가 『경계를 넘어』에서 말하고 있는 것처럼 "문명화는 자연에 속박된 인류의 비천한 태생을 극복하고 거둔 인류 진보의 승리가 아니라, 미답의 모든 자연에 대한 혹독하고도 침략적인 전환 과정이라고 볼 수 있다. 그러나 자연의 메아리는 계속 울려 천 년이 지난 후 문명인은 또 한 번 성벽 너머의 황야로부터 도전을 받았다".

그 어떤 설명이나 사유로도 공동체를 붕괴시키고 계급사회와 국가를 발생시킨 일련의 사건들을 이해할 수 없다. 그러나 계급사회와 국가 탄생의 결과는 비교적 분명하다. 위계적 엘리트가 제도화되었고, 엘리트를 떠받치기 위한 피지배자들은 노역에 시달리게 되었으며, 엘리트들의 무장 갱단을 먹여 살리기 위해 단일 작물을 경작하게 되었고, 사회는 노동집단, 저장, 세금, 경제관계에 기초해 조직되었으며, 유기적 공동체는 지배자와 이에 봉사하는 제도들에 의해 조작되고 이용되는 생명력 없는 자원으로 변했다.

멈퍼드는 이 새로운 국가사회는 "역사를 통해 저마다 정도는 달라도 항상 나타나는 중요한 특징이 있는데, 그것은 정치권력의 집중, 계급 분열, 평생 바꾸지 못할 노동 분업, 생산의 기계화, 군사력의 거대화, 약자에 대한 경제적 착취, 산업과 군사적 목적을 위해 보편적으로 도입되는 노예제와 강제노동 등이다"라고 말했다. 달리 말해, 국가사회는 노동기계와 군사기계라는 두 개의 팔로 이루어진 '거대기계megamachine'다.

유동적이고 유기적인 공동체가 사이비 공동체로 된 거대기계는 실로 최초의 기계이며, 멈퍼드의 일반적 정의에 따르면 이 최초의 기계는 "에너지를 활용하고 작업을 수행하기 위해 각자 전문화된 기능을 하고 인간의 통제 아래에 있는 내성을 가진 부분들의 결합체다". 따라서 "문명의 두 기둥은 기계적인 작업 그리고 기계적인 파괴와 박멸이라 할 수 있으며, 두 기둥은 대체로 동일한 힘과 동일한 작동법을 갖는다". 멈퍼드가 보기에 이 시스템이 남긴 가장 큰 유산은 '기계의 신화' 즉 기계화는 되돌릴 수 없으며 궁극적으로 인간에게 혜택을 준다는 믿음이었다. 그리고 이러한 인간의 기계화는 "도구의 기계화에 한참 선행한다.…… 그러나 일단 기계화되면, 이 새로운 메커니즘은 자기방어를 위해 모방될 뿐만 아니라 강제됨으로써 급속히 확산된다".

여기서 우리는 평등사회의 기술과 권력으로서의 기술 간의 차이를 볼 수 있다. 멈퍼드가 주장한 것처럼 "근육의 힘과 전통적 기술에만 의존하는 보통의 능력을 가진 사람들은 지역공동체의 전통적인 방식을 넘어서는 외부의 관리나 과학적인 지도 없이도 도기 제작, 물건 만들기, 옷감 짜기 등 다양한 일을 할 수 있었다. 그러나 이들은 거대기계를 다루지 못한다. 천문학과 종교의 도움을 받는 왕만이 거대기계를 조립하고 관리할 수 있다. 거대기계는 막대한 노동 생산과 이 방대한 집단의 원대한 계획을 실현할 수 있도록 각자 고유한 직위, 역할, 임무를 할당받은, 살아 있지만 경직된 인간 부품들로 이루어진 보이지 않는 구조물이었다".

집단수용소 문명

거대기계의 역사를 직관적으로 통찰한 한 저서에서 펄먼은, 수메르 문명의 '엔시Ensi' 혹은 감독자는, 다시 말해 우리의 야성을 막는 예방주사로 상투적으로 활용되는 진보 이데올로기의 논리를 알지 못하는 그 엔시는, 새롭게 등장한 거대조직을 보고 다음과 같이 생각할 것이라고 말했다.

"그는 그것을 아마 벌레, 거대한 벌레, 살아 있는 벌레가 아니라 벌레의 껍질, 괴물 같은 시체, 몸체는 여러 토막으로 이루어져 있고 피부에는 창과 바퀴 등 여러 장비가 들러붙어 있는 벌레로 생각할지 모른다. 그는 자신의 경험을 통해 그 괴물 시체는 그 안에 잡혀 있는 사람, 즉 죄수zek가 스프링과 바퀴를 움직임으로써 인위적인 생명을 얻었다고 볼 것이다. 또한 그는 그 괴물 시체의 머리는 단 한 명, 우두머리 죄수가 움직인다고 볼 것이다."

솔제니친의 작품에서 집단수용소 죄수를 의미하는 '제크'라는 말을 찾아내어 펄먼이 사용한 것은 우연이 아니다. 문명은 그 기원에서부터 강제노동 수용소였다는 사실을 강조하기 위해서뿐만 아니라, 지금 지구를 질식시키고 있는 현대의 범세계적 노동기계와 고대 초기기계의 유사성을 밝히기 위한 의도이기도 하다. 그 규모와 역사적 발전 정도의 차이로 현대와 고대의 중요한 차이점들을 충분히 설명할 수 있지만, 앞서 지적했듯 두 시스템이 공유하는 본질적 요소로 인해 두 문명은 원시공동체와 대립적인 위치에 있다. 한쪽 끝에는 유기적 공동체, 자연 속에 형성된 관계망, 둥근 원형의 유기체가 있고, 다른 쪽 끝에는 더 이상 하나의 유기체가 아니고 하나의 기계, 하나의 조직으로 재구성된 유기적 파편들, 더 이상 원형이 아니라 억압적인 위계질서의 경직된 피라미드, 관계망이 아니라 비유기적인 영역을 팽창시키는 쇠창살, 즉 문명이 있다.

공식적인 역사기록은 이 쇠창살을 필연적인 진화의 자연스러운 결과로 묘사한다. 따라서 자연스러운 역사는 다양한 가능성의 역사가 아니라, 신에게 불을 훔친 프로메테우스에서 IMF로 이어지는 단선적 진보의 역사가 된다. 유기적 공동체 속에서 생명체가 살아온 수백만 년의 삶은 앞으로 다가올 수천 년 제국의 위대함을 고대하며 기다리던 시기로 치부된다. 아직까지 남아 있는 원시사회는, 피로 물든 문명의 궤도에 머리채가 빨려 들어가고 있으면서도, 경이로운 문명의 기계 안에 영광스럽게 통합될 날을 기다리는 살아 있는 화석—어떤 철학자가 묘사한 것처럼 '진화의 전제조건을 갖추지 못한'—정도로 치부된다.

따라서 펄먼이 주장하듯 제국주의는 문명의 마지막 단계가 아니라 국가와 계급사회의 가장 초기 단계부터 뿌리 깊게 존재했다. 결국 제국이 존재하는 곳에서 그 변경은 항상 피로 물들었으며, 문명이 있는 곳에서는 항상 제국이 존재한다. 변화의 불안정성과 급격함 그리고 변화의 폭력성과 파괴성은 자신의 필연적인 정당성을 내세우는 제국의 주장과는 다른 사실을 들려주고 있으며, 우리 인류가 잘못된 진화를 했고 불균형을 철저하게 확장하고 있음을 시사해주고 있다.

문명의 경계는 원심축과 구심축이라는 두 개의 교차 축을 따라 확장된다. 스탠리 다이아몬드의 지적대로 "문명은 내부적으로는 억압, 외부적으로는 정복으로 시작한다. 억압과 정복은 동일한 현상의 두 측면이다". 따라서 외적으로 제국은 지리적으로— 북부 캐나다, 말레이시아, 아마존, 대양의 심해, 심지어 우주 등과 같이—그리고 생물권적으로—날씨와 기후의 차이, 공기와 물에 대한 거대한 화학적 실험, 생태계의 제거와 단순화, 유전자 조작 등과 같이—표현된다. 그리고 이런 과정은 내적으로 인간정신에도 되풀이되어, 모든 사람은 신경체계에 '연결된' 소제국이 된다.

그래서 억압은 자연스러운 행위가 되고, 정신은 항상 위기에 처한 것으로 간주되며, 권위주의적 해악은 정당화된다. 이런 현상은 우두머리나 가부장에 대한 공포의 복종에서 시작되어 자연, 여성, 정복당한 사람들, 요컨대 타자의 생명력 넘치는 주체성과 통일성을 폭력적이고 무자비하게 거부하는 것으로 이어진다.

위계질서 피라미드의 맨 위에는 완전한 권력이 있다. 그리고 밑바닥에는 고립, 단절, 분노가 뒤섞인 복종이 있다. 그리고 이 모든 것은 진보 이데올로기, 즉 인간의 정복과 예속, 제국을 위해 희생될 지역과 땅에 대한 파괴, 자기 억압, 제국의 약탈품에 대한 집단중독, 건축물이나 물질로 구체화되는 문화로 정당화하고, 이 이데올로기가 노동기계와 전쟁기계를 계속 작동시킨다.

궁극적으로 이같은 소용돌이로 인해 자연은 완전히 객체가 된다. 자연과 인간 간의 모든 관계는 더욱더 수단화되고 기계화된다. 기계화와 산업화는, 단일작물 경작으로 생태계와 인간공동체를 붕괴시키고, 산업발전과 대규모 시장을 위해 자연을 파괴하면서, 전 지구를 바꾸어놓았다. 이제 세계는 산업 시스템이 자연보호를 위해 내건 공허한 홍보문구보다 원시부족의 예언적 경고에 한층 더 가까이 다가섰다. 식물은 사라지고 동물은 죽고 있으며, 인간의 정신과 더불어 땅은 헐벗고, 방대한 대양은 오염되어 있으며, 비는 치명적인 부식성 유독물질을 함유하고 있고, 인간공동체들—이들은 요새화된 벙커 안에 웅크린 채 반쯤은 죽어 있는 우두머리 제크가 가까이에 있는 버튼 몇 개만 누르면 모두 절멸될 처지에 놓여 있다—은 줄어든 전리품을 놓고 서로 전쟁을 벌이고 있다. 문명이라는 철도는 생태계 파괴뿐 아니라 인간의 진화론적 자살로 이어진다. 모든 제국은 자신이 파놓은 망각의 늪 속으로 쓰러지고 결국 모래로 뒤덮일 것이다. 그렇게 남겨진 폐허 위에 살 만한 세계가 존재할 수 있을까?

낙원의 기억과 비전 🗡

리처드 하인버그 Richard Heinberg

3부의 글 「문명은 잘못이었는가?」를 쓴 필자. 이 글의 출전은 *Memories and Visions of Paradise*(1995).

지난 몇 년 동안 나는 문명의 경제적, 사회적 토대는 본질적으로 부패했고, 부패하고 있는 중이라는 사실을 알게 되었다. 우리는 무감각해야만, 누구의 제지도 받지 않는 문명인 정복자들의 손에서 5백 년 동안 (혹은 그 이상) 계속된 약탈과 억압을 견뎌온 전 세계 토착민들의 분노를 무시할 수 있다. 그리고 여러 측면에서 상황은 한층 더 나빠지고 있는 듯하다. 최근 미국 의회는 GATT라는 세계무역협정을 승인했지만, 이로써 창설될 세계정부는 민주주의와는 한참 거리가 멀다. 그것은 엄청난 부를 장악한 거대 다국적기업의 손에 세계를 멋대로 주무를 수 있는 권력을 쥐어줄 세계정부를 만들겠다는 협정이다. 동시에 이 협정은 모든 지역의 토착민들에게 경제적 고난을 한층 더 큰 규모로 강요하겠다는 협정이기도 하다. 다국적기업은 마음대로 세상을 요리하겠다는 꿈을 이루고도 남을 막대한 규모의 자본과 권력을 축적했다. 전 지구는 하나의 거대한 시장이 되어가고 있으며, 마지막 남은 나무 한 그루와 냇물, 그리고 거의 모든 인간의 노동은 최고 가격을 부른 입찰자들의 수중에 떨어지고 있다. 산업문명은 지구 구석구석을 침략하고 있으며, 모든 대안을 봉쇄하고 우리의 선택을 둘 중 하나, 요컨대 죽던가 아니면 문명에 참여하라는 선택을 강요하고 있다. 그러나 참여 역시 죽음이기는 매한가지이다. 지구에 인구가 증가하면서, 부와 권력이 더욱 집중되면서, 그리고 자원과 생물 서식지와 생물 종이 사라지면서 재앙은 어렴풋이 그 모습을 드러낸다.

아마 1989년의 나는 지나치게 낙관적이었는지도 모른다. 그러나 당시에도 나의 본뜻은 낙원이 바로 저너머에 있다는 것은 아니었다. 설사 내가 당시에 그렇게 믿었다 할지라도, 현재의 여러 경향이 견제받지 않고 그대로 진행된다면, 다음 세기에는 수십억 명의 인구와 자연이 유례없는 공포와 고난에 직면하게 될 것이라는 뜻이었다. 그때나 지금이나 내 주장은 이러한 황폐화가 인간 본성의 필연적인 귀결은 아니라는 말이다. 우리 인간의 기원이 애초부터 잘못되었던 탓도 아니고, 우리의 궁극적인 운명이 그렇게 예정되어 있지도 않다. 이 행성의 다른 어떤 피조물도 마찬가지이지만, 인간 본성이 특별히 악의에 차 있다고는 생각지 않는다.

내가 보기에 우리 인류, 특히 우리 문명인들은 상처받고 병들어 있다. 우리는 개인적으로 그리고 하나의 종으로 태어날 때부터 깊은 상처를 입었기 때문에 계속해서 재앙을 만들어낸다. 상처를 입었기 때문에 우리는 현실에 대한 심리적 방어막을 세웠고, 우리 자신이 속해 있는 다차원의 야생에 직접 참여할 수 있는 통로가 차단되었기 때문에 우리가 할 수 있는 모든 것은 인간의 입장에서 설계된 상징세계—가능한 모든 상황에서 가능한 최대의 이익을 올리기 위해 항상 조작되는 달러, 시간, 숫자, 이미지, 단어로 이루어진 세계─를 살아가는 것뿐이다. 육체와 정신이 모두 몸서리쳐지는 일이 아닐 수 없다.

그러나 원칙적으로 우리 모두는─혹은 우리 중의 누군가는─언제라도 우리의 진정한 본성, 거칠고 자유로우며 총체적인 우리의 진정한 본성으로 돌아갈 수 있다. 내가 보기에, 이것이 바로 모든 진정한 예언자의 메시지였다. '(본성을 간직한) 내면의 아이'를 인지하거나, 명상을 통하거나, 아이나 동물과의 무언의 놀이, 혹은 야생과의 심오한 만남을 통하거나 간에, 우리는 느끼고, 사랑하고, 놀라워하는 법을 여전히 기억하고 있는 우리 내부의 어떤 부분을 일깨울 수 있다. 물론 지속 가능하고, 다양하며, 다중심의 문화를 함께 창조하고 억압, 인종주의, 남성중심주의, 경제적 착취를 벗어던지기 위해서는 많은 일을 해야 하고 많은 사고방식을 바꿔야 한다. 그러나 우리가 그렇게 할 수 있다고 함께 느낄 때, 낙원을 창조할 것이 아니라 그곳으로 되돌아가야 한다고 확신할 때, 그리고 우리는 본래 순수하고, 우수하며, 순진한 존재라는 것을 확신할 때, 이 과정은 훨씬 쉬워진다. 우리가 해야 할 일은 사회적, 환경적 정의를 구현하기 위해 보다 훨씬 효율적인 범지구적 체계를 만드는 것이 아니라(그 목표를 위해 일하는 사람들의 동기에 공감하기는 하지만) 우리가 태어날 때부터 부여받은 야생적 권리인 신비로운 단순성을 우리로부터 앗아간 인위성을 제거하는 것이다.

낙원의 신화는 나의 시각을 계속 변화시키고 있다. 아마 언젠가 인류는 지구 생물권에 축복이 될 것이다. 나는 사람들이 권력과 재산보다 웃고 노는 데 더 치중하는 새롭고 야생적인 문화를 상상할 수 있다. 이 문화 속에서 우리의 지성은 생명을 착취할 새로운 방법을 찾는 것이 아니라 생명의 다양성을 증대시키는 일에 몰두하게 될 것이다. 그런 세계로 가는 길은 평탄치만은 않을 것이다. 그러나 미루면 미룰수록 그 길을 성공적으로 갈 가능성은 더 적어진다.

사람들은 내가 너무 🦋 화를 낸다고 항상 말하지

크리스토스 Chrystos

시인이자 인권운동가(1946~). 아메리카 원주민 출신이다. 이 시는 시집 *Fugitive Color*(1995)에 실려 있다. 그녀는 동성애자인 자신을 'Two-Spirit(두 개의 영혼)'이라 정의했는데, 이는 전통적인 아메리카 원주민 사회에 존재했던, 남녀의 성 역할이 혼재된 사람을 일컫는다. 그녀는 도시의 폭력, 소수 인종과 성적 소수자의 문제, 남성 중심사회에서 겪는 고통과 소외의 문제를 주로 다루고 있다. 이 시에서 그녀는 어린 시절, 친척에게 성폭행당하고, 정신병원과 사회 밑바닥을 전전했던 아픈 경험을 쓰고 있다.

특히 내가 토지약탈이나 강간, 인종학살에 대해 말하면

내 친구들은 화를 풀러 병원으로 가

폐쇄된 스트레스 해소실에서

평범한 베개를 낯선 사람과 서로 내려치지만

내게는 화풀이를 할 베개가 없어

적어도 내 경우는 너무 피곤해서 제대로 화내기도 어려울 지경이야

어디를 가나 인디언들에 대해 새빨간 거짓말을 하고

조롱해대는 통에 화가 치밀어 올라

우연히 우라늄이나 구리나 석탄이라도 발견될 양이면

우리가 가진 하찮은 몇 에이커의 땅조차 지킬 수 없다는 데

너무 화가 나

거리에서 홀로 있으면 절대 안전하지 못하다는 생각에 분노가 치밀어

다른 유색인종도 때로 백인들처럼 우리를 억압한다는 것에 화가 나

왜냐하면 인디언에 대해 안다고 생각하는 모든 것을

백인들이 다른 유색인종에게 가르쳤기 때문이야

한 인디언 친구가 나보고 왜

흑인들하고만 어울리는지 물어보면 짜증이 나

그러는 너는 왜 그 망할 백인들하고 어울리지 못하냐고

바로 대꾸하지 못한 내 자신에 화가 나

더 이상 경기침체에 시달리지도 않는 이 나라에서

1백만 명이나 되는 사람들이

사무용 건물은 몇 년 동안이나 텅 비어 있는데도

살 곳이 없다는 데 열받지

너는 플로리다에서 반자동 소총을 그리고

원하는 어느 곳에서든 아무 무기나 살 수 있고

군대와 경찰은 지구의 모든 사람을 죽이고도 남을

무기를 쌓아두고 있다는 데 화가 치밀어

내 사촌이 머리에 총을 맞아

살아나긴 했지만 지금은 자기 이름도 쉽게 말하지 못하는 처지가 된 데

화가 나 미칠 지경이야

알코올, 마약, 아동학대에 불같은 분노가 치밀어

이 불쌍한 지구가 약간 균형을 찾았다고 느낄 뿐 아무런 죄의식 없이

백인들 중 아무나 골라 수백만 명을 쉽게 죽일 수도 있겠지

그렇지만 그들이 우리를 아무리 많이 죽여도

우리가 그들을 도와 다른 갈색인종을 죽이거나

우리가 서로 속이고 미워하거나

백인 물건을 사고 백인을 흉내 내거나

우리에게 정말 문제가 있고, 그 사실을 부끄러워하는 것처럼 행동하는 것이

우리에게 좋다는 것을

어려서부터 알고 있었지

이게 바로 내가 후려치는 베개야

그래 봐야 반응도 없지만……

여자들은 병원에 있고

남자들은 강간과 살인을 전보다 열 배나 넘게 저지른다는 사실에 화가 나

어린이 포르노,

화장지와 세탁비누를 팔기 위해 아이들을 이용하는 데 분노가 치밀어

편협함과 기아와 낭비와 탐욕에 화가 나 침을 뱉어

사실 이 모든 것들은 내 자신에게도 고스란히 반영되어 있어

균형을 잡으려고 노력해도 말이야

나의 무기력과 공포에 분노가 끓어올라

그 남자를 마지막으로 본 것이 20년이 넘었는데도

내가 아직도 끔찍한 악몽에 고통을 당한다는 사실에 화가 나

어린 나를 유린해 면도날로 자해하고 정신병원에 들락거리게 만든 그놈

그렇지만 아무 일도 겪지 않았고 앞으로도 겪지 않을 그놈

다른 많은 아이들에게도 똑같은 일을 저질렀던 놈

그가 무슨 일을 저질렀는지 알면서도

숙모가 그놈 사진을 건네주며 이렇게 말했지

이때 우리 모두 참 행복한 가족이었어

내 가장 친한 친구들조차 그놈을 죽여선 안 된다고 하지만

친구들은 틀렸어

내가 그럴 가치가 없다고 생각해서

나를 보호하지 않은 무기력한 부모에게 화가 나

아니면 오히려 나를 때려 입을 다물게 했겠지

장난으로 파티에 흑인가면을 뒤집어쓰고 온 백인 학생을 한 방 먹였다고

흑인 의대생이 정학을 당했다는 데 화가 나

하하 네가 우리 중의 어느 누구를 흉내 낼 때는 참 재미있어

하하 네가 그 어떤 망할 바보 같은 짓을 하고선

그걸 보고 느낀 우리의 감정을 탓하며 우리를 때려도 우리는 화내지 않아

네가 아이들에게 가짜 인디언 천막과 인디언 머리장식을

그리고 우리를 핑크색 피부의 멋진 야만인으로 묘사한 백인의 인디언

동화책을 사주면

하하 우리는 너무 좋아

네가 우리를 없애고 싶어서 우리 것을 가져다가

멋대로 부르고 설명하고 모욕해도

하하 우리는 너무 행복해

우리 세금을 가져다 자기들의 적, 때로는 우리를 죽이는 데 써버리고는

버뮤다에 가서 즐기는

개똥 같은 거짓말쟁이 자식들에게 화가 나

대부분 내 친구들이 아주 어렵게 세상을 살아간다는 데

화가 치밀어 침을 뱉어

잠을 잘 수 없어서, 내 자신을 증오해서

원하는 대로 글을 쓸 수 없어 화가 나

빌어먹을 정도로 화가 나 숨을 쉴 수가 없어

나 빼고는 아무도 화내지 않는 것 같아 분노가 치밀어

그들은 내가 화내는 것을 원치 않아

그들이 문명이라고 부르는 축축하게 썩어가는 이 모든 것에 화가 치밀어

그들이 말하는 문명은 공기와 물을 썩게 만들고, 방해가 되는 모든 사람을 죽이지

너무 야만적이어서 스스로 돌보지 못한다는 죄명으로 노인들을 가두고

노인을 지혜가 아니라 질병으로 생각하고

존재하지도 않는 이른바 정교 분리에도 불구하고

동성애자들을 병자나 타락한자 아니면 비도덕적인 사람들이라고 우기는 게 문명이야

내 분노를 지켜야 한다는 데 화가 나

나보다 훨씬 화난 여자와 비교하면 가끔은 내가 좀더 착한 편이고

그래서 내가 좀더 존중받는다는 데 화가 나

결국 화내는 우리 둘 모두 품위가 떨어진다는 데 열받아

멍한 눈, 좀비 같은 모습, 멋진 여자들, 그리고

우울증에 빠지지 않으려고 약을 먹는 레즈비언들을 보면 울화가 치밀어 죽을 지경이야

우울증이 과연 피해야 할 나쁜 것이야?

우울은 우리의 삶에 대한 아주 합리적인 반응이야

나는 약을 먹지 않고 멍한 우울 속에서 내 삶을 살아왔어, 때론 이를 갈기도 했지

내가 사랑하는 많은 사람들이

절망으로 머리에 총을 겨누었지만

나는 그들이 이기도록 내버려둘 수 없어서 내 손으로 자살하지 않고 버텼어

나는 주정뱅이를 보면

즐기기 위해서만 산다고 생각하는 사람들을 보면, 내 친구라 해도

구역질이 나

나는 모든 바보 같은 대학을 폭탄으로 날려버리고 싶어

무언가 새로운 것을 가르치는 척하지만

사실상 벌어지는 일이라곤

학생들이 졸업장에만 신경 쓰는 한

과연 내가 졸업장이 있는지 없는지만 신경 쓰는 한

학생들이 공식적으로 모두 바보 취급당하는 것뿐이지

모든 졸업장과 학위는 내 분노로 타버리고 있어

모든 사람은 서로 인간으로 대해야 해

회사의 직위나 대학 학위가

자신의 정체성을 나타내기라도 하듯

무슨 일 하세요?

라고 묻는 사람들에게 신물이 나

나는 모든 백인 우월주의자들을 십자가에 꽁꽁 묶어

그들의 증오에 불을 붙이고 싶어

화장실 냄새에서 감옥 음식을 떠올리고

정신병원의 잔인성을 알고 있는

내 지친 몸의 모든 힘줄을 동원해 저항할 테야

구속복과 강제 약물 투약

그리고 소리를 지르며 충격고문실로 끌려가는 여인의 비명을

기억하는 두 팔로 저항할 테야

품위 있는 사람들은

인종차별 대신 베개나 아내를 두들겨 패기 때문에

크게 소리 지르면 죽도록 맞는다는 것을 알면서도

공손한 것이 솔직한 것보다 중요하기 때문에

크게 소리를 지르면 밥을 굶긴다는 것을 알면서도

그 여인은 비명을 질러댔지

적어도 내가 미쳐 죽을 때까지

우리 모두는 솜사탕을 먹고 있을 거야

영어로만 쓰인 법과

특별히 신성하고 멋진 놀이처럼 즐기는

일본인 때리기에 화가 나

반유대주의가 예나 지금이나 횡행하고 있다는 데 화가 나고

그 문제를 거론하려는 사람은 하나같이 모두 뻔뻔한 유대인이라는 데
화가 나

나치의 유대인 홀로코스트는 사실이 아니라고 주장하는 수천 명의 사
람들을

죽여버릴 수도 있었어

이런 말들을 내 입 밖으로 주절거린다는 데 화가 나

또 한 번만 왜 그렇게 화 내? 라는

망할 놈의 말을 들으면

무슨 일을 저지를지 몰라

나는 이미 이런 말들을 자제하고

감정을 식히고

가시를 빼내고 있어

상식과 친절함이 과거에도 늘 있었던 것은 아니지만

이미 과거의 것이 되었다는 데 화가 끓어

AIDS/SIDA로 죽는 남자보다

유방암으로 죽는 여자가 두 배나 많으면서도

늘 그랬듯

우리 모두는 여전히 가난한 남자들에게 관심을 기울이고 있다는 데

분노를 느껴

나는 숲을 마구 베어내는 일에, 자원 남용에

노동자 학대에, 화장품 시험용으로 동물을 고문하는 일에

모피를 걸치면 여자가 섹시하거나 특별해진다는 끔찍한 생각에

미국 교도소 당국이라고 부르는

세계에서 가장 거대한 노예노동에 미쳐버리겠어

스크린 위에 펼쳐지는 허상을

삶보다 더 중요하게 보는 모든 사람에게

당신들 일반 시민은 자기 아이들과 이야기를 나누기보다

그 허상을 숭배하는 데 더 많은 시간을 쏟는다는 사실에 넌덜머리가 나

앞뒤가 맞지 않는 내 스스로에게

거의 모든 내 인생에 영향을 끼치는 못하는 내 무능력에 화가 나

인디언들의 긴 담뱃대, 치료를 비는 주술, 토템 기둥, 천막집에는

지독할 정도로 우둔한 그 무엇이 있다고 말하는 모든 사람에게 분노가
치밀어

우리의 고통을 해결하는 일반적인 방법이

누군가에게 돈을 주고 내 고민을 들어달라고 하거나

파티에 들어가려고 줄 서 기다리고

고민을 다른 사람에게 주절대거나

마리화나를 피워 기분을 띄우거나

실제로 필요도 없는 시시한 물건을 사거나

그것도 아니면 게임에 몰두하는 일뿐이라는 사실에

화가 치밀어

지금도 계속하고 있는 거짓말로 내 인생을 망친

가톨릭교회에 대한 적개심을 드러내지 않고 있다 해도

무지의 율법이나 사기로 사람들의 삶을 채우거나

고통은 신성한 것이라고 설득하는

모든 종교에 화가 나

그 누구도 잠재력을 발휘하며 살지 못한다는 데

살아남기 위해 최고가 되지 않으려는 나에게 소스라치게 놀라는

내 자신에 화가 나

너무나 많은 것들을 양탄자 밑에 쓸어 넣어

우리가 걷기도 힘들다는 데 화가 치밀어

거의 모든 사람들이 아직도 눈이 멀었다는 말을

무식하거나 무감각하거나 보기 싫다는 의미로 사용하는 데 분노가 끓어

종이에 조금이라도

글을 쓰기가 부끄러울 정도로

수백만 그루의 나무가 애정 소설이나 스파이 스릴러물 인쇄에

그리고 온갖 종류의 월 스트리트 쓰레기 보고서 인쇄에 학살된다는 데
열이 올라

기업의 허튼소리에 중독되고

우리를 증오하는 사람을 거부로 만들어주는 불필요한 화학약품에 공
격받아

우리 대부분은 제구실을 거의 못 해

20년 동안이나 게으른 부자들의 집을 청소하느라고

허리가 아프다는 데 화가 치밀어

그 부자들 중에는 나처럼 지적이고, 창조적이며, 강한 사람은 하나도
없었지

내가 이런 분노를 품고 죽을 게 뻔하고

망할 놈의 세상을 전혀 바꿀 수 없다는 데 화가 나

법 때문에 내부 욕실을 바꾸어놓았다고 해도

휠체어를 타고는 바깥 계단을 오를 수도 문턱을 넘을 수도 없어

모든 곳을 쉽게 갈 수 없다는 데 속이 끓어

밖에는 없고 내부에만 점자 표지판을 단 엘리베이터를 보면 화가 나

그런 무지와 무관심에 열이 올라

주변 모든 곳에서 우리를 압박하는 통증에 내 마음을 닫을 수가 없어

여기 내 손에는 내가 구걸했던 모든 사람의 얼굴이 담겨 있어

출입구에서, 고속도로 램프에서, 인도人道에서

한 끼 음식이나 술을 사 먹을 잔돈을 구걸하던 나

이제는 그런 절망조차 법에 위배되는 일이 되었지

지금까지 내가 분통을 터뜨린 이 모든 것은

우리는 이런 식으로 살 필요가 없다는 사실을 아는 정의로운 마음을
연료 삼아 폭발하는

내 분노의 맨살에 약간 긁힌 상처일 뿐이야

우리는 서로에게 무언가를 배우며

서로의 깊은 연관성을

서로의 커다란 차이점을 끌어안을 수 있어

고통 없이 살기 시작하게 된 것에

서로 경의를 표해주자

네가 나처럼 화가 나 있지 않다면

아마 우리는 서로 이야기하려고 애쓰지 말아야 할 거야

딴 사람들도 항상 말은 이렇게 해

나처럼 똑같이 느낀다고

그런데도 겁이 나거나

어떻게 해야 할 줄 모르거나

아니면 직장이나 애인을 잃을까봐

입 다무는 그들을 보면 분통이 터져

말할 수 있으면

화도 낼 수 있는 거야

말할 수 없으면 포크를 내려쳐

네가 화내고 있는 것을

내가 언급하지 않아 화가 난다면

서둘러 스스로 그걸 적어봐

너무 화를 내는 그런 야수는 없어

나는 분노의 정신을 정화시키는

이 거룩하고 신성한 마음으로부터 흥분해서

내 노란 목구멍으로 울고 또 우는

이 무관심의 탄광 바닥에 있는 카나리아야

—아요페미 팔로얀Ayofemi Faloyan에게

인간과 기술: 생명철학 서론

오슈발트 슈펭글러 Oswald Spengler

독일의 역사가, 문화철학자(1880~1936). 이 글의 출전은 『인간과 기술Man and Technics: A Contribution to a Philosophy of Life』(1931). 그는 이 책에서 손을 사용하는 인간의 행위를 자연에 대립하여 대상을 변형시키는 인위적 기술의 시작이라고 보았다. 또 제도, 문화, 국가를 정신화된 무기라고 정의하면서 인간사회의 의미와 가치를 기술적인 관점에서 평가했다. 대표 저작 『서구의 몰락』에서 그는 문명을 하나의 유기체로 설명하면서 발생, 성장, 노쇠, 사멸의 과정을 밟는다고 보고, 서구 문명사회는 몰락에 접어들었다고 예언했다.

상호 의존성이 점차 증대되는 가운데 자연으로부터 창조의 특권을 탈취해간 존재에 대한 자연의 조용하고도 은밀한 보복이 진행된다. 자연을 '파괴'하는 이 작은 창조자, 생명의 세계에서 이 혁명가는 자신의 피조물의 노예가 되었다. 인위적이고 개인적이며 각자 스스로 만들어낸 삶의 형태들의 총체인 문화는, 그냥 뒀으면 자유로웠을 영혼을 가두는 닫힌 새장이 되어버렸다. 다른 사람들을 길들여 착취하려는 이 포식동물은 스스로를 노예로 만들었다. 이런 사실을 가장 잘 보여주는 것이 인간의 '집'이다.

그리고 인구가 증가하자 개인은 의미 없는 존재로 사라지게 되었다. 왜냐하면 인구증가란 것은 인간의 진취적 기상이 빚어낸 가장 치명적인 결과 중 한 사건이기 때문이다. 고대에는 몇백 명의 무리가 배회하던 곳에 이제는 수십만 명의 사람들이 살고 있다. 인간이 없는 빈 공간이란 도무지 찾아보기 힘들다. 사람은 사람과 경계를 맞대고 있으며 경계—자기 힘의 한계를 의미하는—가 존재한다는 단순한 '사실' 자체가 증오, 공격, 파괴를 향한 오랜 본능을 불러일으킨다. 지적 경계를 포함한 모든 경계는 권력의지에 반하는 치명적 적인 것이다.

인간의 기술이 노동을 줄여준다는 것은 사실이 아니다. 왜냐하면 인간이 종의 생존 차원에서 획득한 기술과 달리, 인간의 개인적이고 변화 가능한 기술은 본질적으로 하나를 발견하면 또 다른 새로운 발견을 '필요'로 하고 새로운 발견이 계속될 수 있게 하며, 소망을 성취하면 또 다른 수많은 소망이 생기고, 자연에 승리하면 또다시 그런 승리를 맛보려는 특질을 갖고 있기 때문이다. 이런 야수의 영혼은 항상 굶주려 있고, 그의 의지는 결코 만족을 모른다. 이것은 이런 식의 삶에 수반되는 저주일 뿐만 아니라 그 운명에 내재된 위대함이기도 하다. 인간이 항상 굶주려 있고 만족을 모르는 존재라는 것은 인간이 안락함이나 행복 또는 즐거움을 가장 느끼지 못한다는 사실에서 가장 잘 드러난다. 그리고 그 어떤 발견자도 그 발견이 가져올 '실질적'인 결과를 정확히 예측하지 못했다. 지도자의 일이 유익하면 유익할수록 그 일을 수행할 인력의 필요성은 더 커진다. 그래서 사로잡은 포로를 죽이기보다는 육체의 힘을 착취하기 위해 그를 노예로 삼기 시작한다. 이것이 바로 가축의 노예화와 동일한 시기에 시작되었음이 분명한 인간 노예제의 기원이다.……

인간은 동물과 식물을 지배하고 자신의 시중을 들어줄 노예를 부리는 데 진력이 났고, 금속, 석재, 나무, 섬유 등 자연의 보물을 강탈하고, 자연의 물을 운하와 샘으로 관리하고, 배와 길과 다리와 터널과 댐으로 자연의 저항을 분쇄하는 일에 싫증이 났음에 틀림없다. 이제 인간은 단순히 자연에게서 물질을 강탈할 뿐만 아니라 '자연의 힘 그 자체를 노예화해 이용함으로써' 자신의 힘을 증폭시키려 했다. 이 터무니없는 전대미문의 생각은 파우스트적 문화만큼이나 오래된 것이다. 10세기에 이미 우리는 완전히 새로운 종류의 기술적 구상을 접하게 된다. 프랜시스 베이컨과 알베르투스 마그누스Albertus Magnus·는 이미 증기기관, 증기선, 비행기 등을 구상하고 있었다. 그리고 많은 수도사들이 골방에 처박혀 '영구적인 기관'의 연구에 몰두하고 있었다.……

불과 몇십 년 만에 대부분의 큰 숲들이 신문지로 변해 자취를 감췄고, 그로 인해 기후변화가 시작되어 전 인류의 토지 경제가 위협받게 되었다. 수많은 동물들이 아메리카 들소처럼 완전히 멸종되거나 거의 멸종 위기에 처했고, 북아메리카 인디언이나 오스트레일리아 원주민 같은 많은 인류 종족이 거의 사라질 지경에 이르렀다.

조직화의 압박 속에 모든 유기적인 것들이 죽어가고 있다. 인공세계가 자연세계에 스며들어 오염되고 있다. 문명 자체는 모든 것을 기계화하거나 그렇게 만들려는 하나의 기계가 되었다. 말을 보면 우리는 마력馬力만 생각하고, 폭포를 볼 때는 전력을 떠올리며, 풀을 뜯는 가축이 가득찬 시골을 볼 때 그것을 육류 공급원으로 어떻게 이용할지만 생각한다. 오염되지 않은 원시인들의 아름다운 옛 공예품을 보면서 그것을 현대적 기술로 대체하려고 한다. 우리의 기술적 사고는 유형이든 무형이든 구체적으로 실현되어야 한다. 기계에 만족감을 느끼는 것은 사유의 필연적인 결과이다. 결국 기계란 기계의 궁극적 이상인 '영구적인 기관'—정신적이고 지적으로 필요하긴 하지만 절실히 필요한 것은 아닌—과 마찬가지로 하나의 상징이다.

이 기계-기술은 파우스트적 문명과 더불어 종말을 맞이할 것이며, 언젠가는 부서진 조각만 남아 '잊혀질' 것이다. 우리 시대의 철도와 증기

선은 로마의 도로와 중국의 만리장성처럼 무용지물이 될 것이고, 우리의 대도시와 마천루는 바빌론이나 고대 이집트의 수도 멤피스처럼 폐허가 될 것이다. 기술의 역사는 필연적 종말로 빠르게 다가가고 있다. 모든 위대한 문화가 그랬던 것처럼, 기술의 역사도 내부로부터 붕괴될 것이다. 언제, 어떤 방식으로 그렇게 붕괴될지는 알 수 없다.

• 바바리아 태생의 성직자, 철학자, 자연과학자(1193/1206~1280). 아리스토텔레스의 철학을 기독교에 도입한 인물. 토마스 아퀴나스의 스승이기도 하다. 신학과 철학의 경계를 명백히 긋고 철학의 자율적 가치를 확립하고자 했다.

🐾 고귀한 선조들을 찾아서

존 **모호크** John Mohawk

학자이자 인권운동가(1945~2006). 아메리카 원주민으로 뉴욕대 인류학 교수를 지냈으며, 인디언 부족연합인 이로쿼이 동맹의 대변인이자 세계화에 맞서 전 세계 토착민들의 권리를 옹호한 행동가였다. 오늘날 캐나다에서 미국 오클라호마 주까지 흩어져 사는 세네카 부족연합 중 거북이 부족 출신. 세네카 부족연합의 역사와 문화, 아메리카 원주민의 경제 발전과 문화적 생존에 관한 전문가이다. 뉴욕 주립대학의 미국연구센터에서 원주민 문제 연구소장을 맡는 등 오랫동안 인디언의 권익과 교육 향상에 힘썼다.

상업적인 오락미디어에 묘사되는 석기시대인의 이미지는 우리 시대와 문화가 갖고 있는 생각과 욕망에 대해 많은 것을 알려준다. 최근 나온 대릴 한나 주연의 〈동굴 곰 부족Clan of the Cave Bear〉이라는 영화가 바로 이런 점을 보여주는 좋은 사례이다. 이 영화는 약 7만 년 전 인간의 생활을 보여준다. 대릴 한나가 연기하는 인물은 완전한 현대인, 즉 호모사피엔스였다고 한다. 영화에서 그녀는 아직 완전한 호모사피엔스가 되지 않은 사람들과 함께 산다. 우리는 그 사람들이 네안데르탈인이나 신네안데르탈인, 아니면 그런 수준의 어떤 인류로 볼 수 있을 것이다.

요점은 그들이 7만 년 전에 존재했던 인간이라는 것, 작가, 감독, 제작자, 분장사, 배우의 마음이 합쳐져 그려낸 인간이라는 것이다. 스크린 위에 펼쳐지는 영상은 현대인이 만든 허구적 창조물이다. 이 영상들은 초기 인류에 대해 우리가 접하는 실질적으로 유일한 영상이며, 현대사회를 살아가는 많은 사람들은 고대 인류를 대개 그런 이미지로 볼 가능성이 높다.

이런 영상들을 보면 수렵채집사회에는 대개 언어가 없다. 사람들은 쉰 목소리로 뭔가 중얼거리거나 애들 같은 몸동작으로 표현하는 원시언어를 말한다. 만일 그들이 조금이라도 복합적인 생각을 할 수 있었다면, 그런 생각을 그런 꼴사나운 행동으로 표현하지는 않았을 것이다. 솔직히 이들은 뇌에 큰 손상을 입은 사람으로 보인다. 사실, 뇌 손상이 이런 모습으로 나타날는지도 모르겠다. 그러나 기원전 7만 년의 삶과 뇌 손상은 아무 관련도 없다. 뇌 손상은 실로 우리 시대의 것이다. 위계질서에 입각해 사회화된 현대의 남자(여자)들은 고대인들을 지극히 초보적인 지성만을 갖고 보통 사리에 안 맞는 사고를 하는 짐승 같은 사람으로 표현해야 한다고 느낀다. 더욱이 이 영화와 그밖의 수많은 다른 영화에서 묘사된 것처럼, 초기 인류는 특히 남성과 여성의 역할에 관한 인식에 있어 사회적으로 바람직하지 못한 인간으로 표현되는 것이 보통이다. 은막 위에 펼쳐지는 이런 모습을 본 사람이라면 누구라도 그 모습에 매료되고 그 모습이 자아내는 감정에 휩싸이게 될 것이다. 이런 장면이 완전히 조작된 허구라는 사실임을 잊게 하는 것은 그리 어려운 일이 아니다. 아무 생각 없는 관객들이 돈을 지불하고 극장에 왔다는 사실을 잊을 수 있도록 쾌감을 주고, 영화 속 원시인 모습을 관객의 구미에 맞게 조작하는 일 또한 어려운 일이 아니다. 나는 〈동굴 곰 부족〉과 같은 작품들이 현대문화를 반영하고 있다는 사실을 말하고자 한다. 동굴인간 폄하는 어제오늘 일이 아니다. 인간의 문화가 현대문화에 앞선다는 정보만큼이나 오래된 것이다. 예전의 만화는 동굴인간을 몽둥이를 들고 알록달록한 동물가죽 옷을 걸친 채 여자 머리채를 잡고 동굴로 끌고 오는 모습으로 그렸다. 이런 그림은 이 작자들이 어떤 사람인지 설명해준다. 그리고 이런 이미지는 그후 보다 정교한 원시인에 대한 묘사의 기초가 되었다.

여기에서 사람들의 기대감을 형성함과 동시에 사람들의 실제 경험을 제한하는 문화의 보수성과 계급사회의 정보왜곡 기술을 잘 보여주는 현상이 전개된다. 현대사회는 때로 예술의 형태로, 때로 진지한 학문의 형태로 위장된 대중적인 거짓말로 가득 차 있다. 최근 1940년대 어느 흑인이 쓴, 폭력적인 한 흑인에 관한 소설 『토박이Native Son』가 영화화된 바 있다. 저자에겐 미안한 말이지만, 이 책은 세련된 중산층 백인 지식인들이 흑인의 본질에 대해 정확히 읽고 싶어 하는 내용을 담고 있다. 이 책은 그들의 성격에 맞아 떨어졌고, 그래서 그들은 이 책을 열렬히 환영했다. 나는 많은 아메리카 원주민 작가들이 인디언의 알코올 중독과 무력감에 관해 많은 책을 쓰는 이유, 그리고 그런 책들이 예술계에서 칭찬받고 상을 타는 이유가 여기 있다고 생각한다. 여기서 내가 주장하고자 하는 것은, 아메리카 인디언들이 겪고 있는 고통과 억압이 적다는 것이 아니라 평론가들에게 어두운 면이 있다는 것이다. 사람들이 영화 〈칼라 퍼플Color Purple〉을 아주 감상적으로 받아들이게 한 것이 바로 이 어두운 측면이다. 왜냐하면 유색인종 출신 작가가 그들 문화의 가장 끔찍한 모습을 폭로하는 것이 오히려 좋은 선택이었을 정도로 사람들은 이 영화를 통해 그럴 것이라고 믿고 있었던 그들―유색인종, 이 영화에서는 흑인 남성―의 진정한 모습을 재확인할 수 있었기 때문이다. 이런 식의 글쓰기로 인해 예술비평가들은 그 작품이 가진 감동과 인간성을 득의양양하게 칭찬할 수 있었던 것이다. 그러나 그런 소설과 영화 속에서 이른바 원시인들은 문제해결 능력을 갖고 있으며, 정서적으로 안정되어 있고, 호감이 가는 존재로는 거의 묘사되지 않고, 기껏해야 희생자로만 묘사되고 있다.

〈동굴 곰 부족〉의 원시인들은 매력이라고는 없다(너저분하다고 말할 수도 있다). 그들은 굼뜨고 불확실하게 움직인다. 그들은 비참하게 살아가는 수렵채집자다. 이런 영상에 담겨 있는 메시지는 강렬하다. 즉 이들은 열등한 존재라는 것이다. 여자 주인공 대릴 한나는 떠오르는 미래―보다 아름답고, 어쨌든 보다 '인간적'인―다. 그녀는 부족의 금기사항을 위반하는데, 어린이의 목숨을 구하기 위해 무기에 손을 대고 처벌을 받는다. 그 장면은 보기에 괴롭다.

구석기시대 인류에 대한 이런 묘사는 내가 보기에도 아주 공정하지 못하다. 거대한 동물을 사냥하던 인간들에게 잠시 경외감을 표하고 싶다. 나는 구석기시대를, 마치 영화 〈코난Connan the Barbarian〉에 나오는 근육질 전사 같은 사람들이 득실거린 것처럼 말하고 싶지는 않다. 그런 주장은 진실과는 거리가 멀다. 그러나 증거를 살펴보면 고대의 사냥꾼들은 뛰어난 장거리 육상선수였고, 큰 사냥감을 쫓고 덫을 놓는 데 능숙했으며, 독특한 문화를 발전시켜 아주 오랫동안 유지했음을 알 수 있다. 현대인들은 그렇게 오래 지속된 수렵채집시대에 큰 빚을 지고 있는데, 그중 중요한 것은 지구 대부분의 지역에서 거주할 수 있는 능력을 물려받은 것이다. 사실, 열대우림에서 북극에 이르는 지구의 모든 지역에 거주하기 시작한 최초의 인간은 수렵채집인들이었으며, 그들이 거주하지 않았던 곳에서 사람들이 거주에 성공한 사례는 지금까지 존재하지 않는다. 이만하면 (영화에서) 쿵쿵거리기만 하는 사람들에게 하는 칭찬치고는 그리 나쁘지 않다.

아주 솔직히 말해, 고대인에 관한 우리의 지식에는 많은 공백이 있다. 예컨대 우리는 그들이 복잡한 언어를 갖고 있었는지에 대해 모른다. 돌로 만든 물건들, 뼈 조각들, 동굴 벽화만 가지고는 그들이 어떤 말을 했는지 알 수 없다. 그들 역시 복잡한 언어를, 아마도 수백 개 정도의 복잡한 언어는 사용했을 것이다. 그들의 언어에서 나온 말 중 일부가 현대 영어에서 사용되고 있을 수도 있다. 불가능한 일이 아니다.

우리는 또 고대인들의 종교에 대해서도 별로 아는 바가 없다. 일반적으로 그들이 종교를 갖고 있었다고 보는 것 같다. 우리는 그들의 종교가 어떤 점에서는 삶에 대한 기대 또는 내세의식과 유사한 어떤 요소를 갖고 있었을 것으로 추정할 수 있다. 우리는 또 그들이 동물도 인간처럼 영혼을 갖고 있으며, 사냥에 성공하기 위해서는 일정한 방법으로 어떤 영혼들을 위로해야 한다고 믿었다고 생각할 수 있다.

비교적 최근까지 생존했던 석기시대인들을 통해 추정해보건대, 고대인들은 몽상가이고 공상가, 별을 보고 삶에 관한 질문을 던지며 시간을 보내는 존재였다고 할 수 있다. 또한 오스트레일리아 원주민 같은 현대의 원시부족을 통해 우리는 고대인들도 세계 안에서 자신이 해야 할 역할에 대해 당연히 많은 생각을 했다는 것을 알 수 있다.

많은 것을 알지 못한다 해도, 우리는 구석기시대 인류가 무엇보다도 재치 있고, 지적이며, 용감하고, 운동 능력과 예술적 감각을 함께 보유했다고 확신할 수 있다. 그런데 왜 오래전에 죽은 우리 조상들에 대한 지독한 편견이 아직도 존재하는 것일까? 왜 현대인들은 동시대의 다른 인종, 다른 종교, 다른 문화를 비인간적인 것으로 취급하고, 무시하며, 폄하하는 것처럼 고대인을 왜곡하는가? 구석기시대의 인류가 우리에게 무슨 위협이 되어서 그러는 것인가? 왜 50세대 이전에 존재했던 우리 조상들을 본질적으로 모두 바보였던 것처럼 묘사하는가?

이에 대한 대답은 현대사회가 스스로를 어떻게 보고 있는가에서 찾을 수 있다. 20세기 사회는 현재를 인류의 황금시대로, 미래를 미래의 황금시대로 보도록 사람들을 부추긴다. 우리는 세상이 점점 좋아진다고 믿도록 사회화되어 있다. 세상이 나빠지고 있다는 징후들에 대해서는 신경을 끄라고 한다. 제3세계의 인구 폭발, 미국에서 오염되지 않은 지하수가 사라지고 있는 것, 범세계적인 사막화, 오존층의 구멍 등에 대해서는 생각지 말라고 한다. 이런 모든 현상들은 현대의 세계 각국 지도자들이 추진하고 옹호했던 공공정책에 기인한다는 사실에 대해선 생각하려고도 하지 말라고 한다. 기득권 세력은 우리가 문명 진보라는 목표 달성에 목매기를 원하면서, 소설과 영화를 통해 문명 진보의 비전을 보여주기도 한다. 텔레비전 드라마 〈스타트랙Star Track〉의 커크 선장은 결코 허무맹랑한 바보가 아니다. 24세기의 네안데르탈인이라 할 드라마 속의 클링온족Klingons조차 바보가 아니다. 문명이 진보하면 누구나—미래의 원시인조차—더 이상 바보가 아니다. 세상은 그렇게 갈수록 좋아지고 있다는 것이다.

이런 주장에 반대하는 목소리는 거의 없다. 군중 속에서 "나는 그런 말을 믿지 않아"라고 외칠 강심장을 가진 사람도 거의 없다. 과거 속에서 고귀한 것을 찾아낼 수 있는 사람 역시 찾기 어렵다. 그런 일을 시도하려는 사람 역시 거의 없다.

나는 혼자서라도 그런 고대인들에게 경의를 표하고 싶다. 지금까지 지구에 생존했던 가장 큰 코끼리, 온몸이 털로 뒤덮인 매머드에게 고작 몽둥이와 돌을 들고 덤벼들었던 이 사람들은 실로 용감한 이들이었다고 나는 생각한다. 그리고 이런 사실을 말하며 살고 싶은 생각이 든다.

나는 종이와 스티로폼으로 포장된 으깬 고기—생존에 필요한 충분한 단백질을 섭취하지 못한, 그리고 농부들에게 필요한 땅, 재생 불능 수준으로 파헤쳐진 열대우림의 땅에서 사육되어, 말 그대로 버거킹 햄버거 재료로 으깨진 고기—를 주문하기보다 1천여 마리의 사나운 짐승을 추격해서 죽이는 것이 훨씬 고귀한 일이라고 생각한다. 나는 왜 고대인들이 동물을 죽이고는 그 동물의 영혼에 감사를 드렸는지, 왜 그들이 자신을 먹잇감인 동물들과 가까운 존재라고 생각했는지, 왜 컴퓨터와 거짓 통계 대신 꿈과 통찰력에 입각해 현실을 구축했는지 이해할 수 있다.

그러나 그들이 야수 같은 존재였고 멍청했다는 말은 믿을 수 없다. 물론 야수 같고 멍청했다는 말이 상대적인 말이긴 하지만, 고대인들이 그랬다고는 생각지 않는다. 현대까지 생존했던 원시인들의 경우도 외부사회가 침투해 그들을 철저히 파괴하기 전까지는 절대적인 의미에서 매우 분별력 있고 조리 있는 사람들이었다.

원시인들이 항상 혹평을 받는 것은 원시인이 지배권력을 위협하는 두 가지 의미를 갖고 있기 때문이다. 첫째, 원시인들은 과거의 존재인데, 지배권력은 고대의 과거를 긍정적으로 생각하는 것을 언제나 그리고 치명적으로 위험한 일로 본다. 그러나 나는 그 반대라고 말하고자 한다. 가죽옷을 걸친 폭주족처럼 행동하는 존재, 그와 반대로 명석하고 남을 배려하며 함께 나누는 완전히 인간적인 조상, 이 둘 가운데 우리 인류의 정체성을 찾아야 한다면, 어떤 존재가 더 건강한지에 대해선 거의 의문의 여지가 없다고 생각한다.

(현재까지 남아 있는) 인류의 조상이 미숙한 존재라는 생각 때문에 우리는 더 높은 차원의 존재가 되지 못하고 있다. 이로 말미암아 우리는 우리 조상들의 삶, 그들의 생각, 자손(우리들)을 퍼뜨리려는 욕망, 우리와 그들과의 관계에 대해 생각지 못한다. 조상들을 지적이고, 다재다능하며, 사려 깊고, 모든 긍정적인 면에서 인간적인 존재로 생각했다면, 우

리는 그들의 생각, 그들의 삶, 그리고 우리 시대에까지 이어져온 그들의 진화를 존경하게 되었을 것이고, 그들이 생각한 것처럼 생각할 수 있는 능력을 이어받았을 것이며, 그들이 품고 있던 책임감과 그들의 꿈을 공유할 수 있었을 것이다.

내 사춘기 시절 필독서였던 『파리 대왕Lord of the Flies』은 인류의 고상함에 대해 또 다른 메시지를 전해준다. 〈썬더돔Thunderdome〉 같은 영화의 메시지는 문명이 멸망한 미래는 쓰레기를 재활용해 살아가는 일종의 원시사회와 같다는 것이다. 재미있게도, 위험과 위기에 처했을 때 사람에게서 최상의—최악이 아니라—것이 발현되는 경우가 적지 않다. 과거는 야만적이었고 문명이 사라진 미래 역시 야만적이라는 생각은 현대 위계사회의 규칙과 지도가 없으면 인간성은 완전히 발휘될 수 없다는 (현대인의) 신화를 강화해준다.

생각건대, 첫 번째 메시지보다 더 파괴적인 두 번째 메시지는 원시인들이 하는 모든 일은 본질적으로 진부한 일이며, 쓸데없는 미신에 따른 짓이고, 아무런 의미도 없다는 것이다. 원시인들은 꿈과 꿈꾸는 것, 우주, 즉 인간과 동물의 상호관계 그리고 동물의 생각을 읽는 일에 많은 관심을 기울였다. 이처럼 원시인들은 매우 복잡한 무리였는데, 그 복잡성 속에는 현대사회가 받아들일 수 없는, 실로 위험한 총체적인 의식이 발현될 잠재력이 존재하고 있는 것이다.

현대사회가 총체적 의식의 발현을 용인할 수 없는 이유는 현대사회가 상당 부분 사람들이 독자적인 생각을 할 필요가 없다는 전제하에 유지되고 있기 때문이다. 원시인들이 모든 것에 대해 생각했고, 늑대의 영혼과 물의 영혼의 관계를 생각했다면, 현대인들은 사실상 그 어느 것에 대해서도 생각하지 않는다고 할 수 있다. 일반적인 현대인들은 삶의 위대한 신비를 밝히는 데 필요한 생각은 모두 다른 사람이 대신해준다고 믿도록 사회화되었다.

바로 이런 사회화가 문명이 저지른 최초의 범죄일 것이다. 문명은 전문가, 카스트제도, 계급제도를 창조함으로써, 전문가들이 신God에서 수리학hydrology에 이르는 모든 중요한 문제들을 생각하고 있으며 일반인은 이런 문제를 생각하지 않아도 된다고 믿도록 사회화했다. 문명 속에서 일반 개인의 역할은 세금을 내는 것이고, 생각하는 일은 지식인들에게 맡기는 것이다.

바로 이런 사회화 때문에 문명이 세계를 파괴하고 있다는 사실을 사람들은 믿어야 한다. 인간은 북반구의 거대한 숲 지대에 수천 년 동안 거주했다. 그러나 유럽이 북아메리카로 팽창해나간 지 불과 두 세기만에 그 거대한 숲들은 각종 실용적 목적으로 파괴되었다. 어떤 사람은 시장경제 때문에 이런 파괴가 자행되었다고 비난하지만, 시장 때문에 그렇게 완전한 파괴가 일어날 수는 없다. 한때 하늘을 까맣게 뒤덮었던 새떼 중 하나였던 나그네비둘기는 비둘기와 인간의 관계, 미래, 그리고 땅에 대해 생각할 필요를 느끼지 못하는 사람들에 의해 멸종되었다.

문명인들은, 생각은 다른 사람에게 맡기도록 사회화되었다. 실제로 '원시적'인 사람들과 접하게 되었을 때 서구인들은 모든 원시인들이 방대한 종류의 식물과 동물, 물, 심지어 화산에 대해서도 생각하도록 만드는 관습에 놀라지 않을 수 없었다. 사람들에게 하고 있는 일에 관해 생각하도록 사회화하는 문화를 이해할 수 없었던 서구인들은 그것을 보고 "미신이다!"라고 소리쳤다.

원시인들은 생각할 책임, 느낄 책임, 꿈꿀 책임감이 있다는 것을 알고 있었다. 생각하는 일을 하나의 인간적인 활동으로 장려하고 칭찬했던 문화를 발전시키지 못했다면, 우리 인류는 지금처럼 진화하지 못했을 것이다. 문화란 결국 학습된 행동이다. 문명은 사람들이 자신이 하는 일에 대해 생각하지 말 것을 지금까지 요구해왔다.

반문명 선언

인간과 지구생태의 공존을 위하여

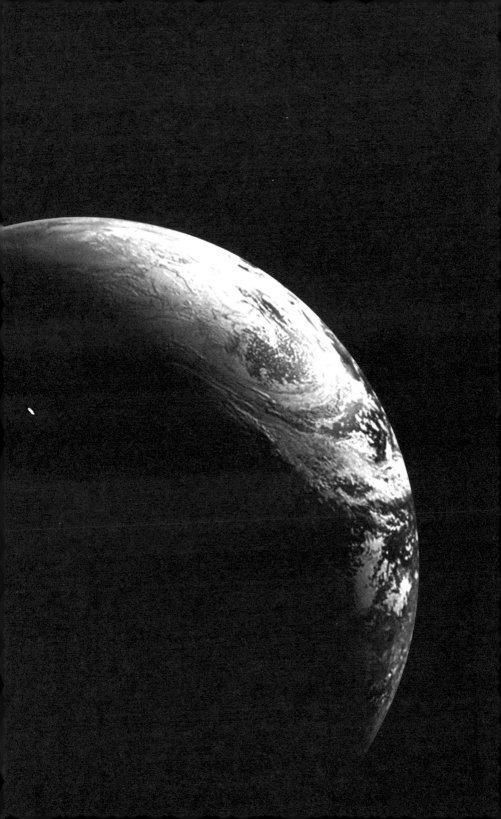

인간이 다시 동물이 된다면 그의 예술, 그의 사랑, 그의 놀이 또한 틀림없이 순수하게 '자연적'인 것이 될 것이다. 따라서 역사가 종언을 고한 후에 인간은 마치 새가 둥지를 짓고 거미가 거미줄을 짜듯 건물을 세우고 예술품을 만들 것이며, 개구리와 매미가 노래하듯 노래할 것이고, 어린 동물처럼 뛰어놀 것이며, 성년이 된 짐승처럼 사랑하게 될 것이다.

—— 알렉산더 코제브*

이제 우리는 문명 극복의 길을 모색하려는 여러 제안들, 그리고 문명에 대한 저항과 갱생의 원천 및 방법이 무엇인지 검토해볼 것이다. 해체주의자 자크 데리다는 문학적 요소를 '삭제under erasure'** 하는 전략을 사용하고 있는데, 이와 같은 방식으로 문명을 해체하기 위해서는 몇 가지 고려사항이 있다.

최근 줄리아 크리스테바Julia Kristeva***는 내러티브narrative 혹은 총체적 시각을 거부하는 포스트모더니즘을 다음과 같이 비판했다.

- Alexandre Kojève. 러시아 태생의 프랑스 철학자(1902~68). 마르크스의 유물론과 하이데거의 인간존재론을 결합한 '주인과 노예의 변증법' 개념에 입각한 헤겔 철학의 독특한 해석으로 유명하다.
- •• 데리다는 기존 철학의 언어사용 양식에 존재하는 문학적 요소가 해당 언어의 의미를 모호하게 한다고 보고 문학적 요소를 삭제할 것을 주장했다.
- ••• 불가리아 태생의 프랑스 문학비평가, 페미니스트, 심리분석가(1941~). 문화는 모성과 여성성을 배제한다고 파악하고, 사회 및 문화 비평에 심리분석 방법을 도입하고 있다.

심리분석은 문명의 종말이 아니라 내러티브의 종말에 관심을 갖는 문명의 이기(즉 포스트모더니즘)와는 성격상 맞지 않는다. 그럼에도 불구하고, 내러티브 종말론과 문명의 이기인 포스트모더니즘이 우리를 압박하기 시작했으며, 이로 인해 우리는 이 둘을 비판하고 거부하게 되었다.

포스트모더니즘이 직면한 막다른 골목에 대한 해답으로 심리분석을 택할 필요는 없다. 그렇지만 크리스테바의 결론은 무엇보다 문명의 종말을 말할(내러티브) 가능성이 사라졌다는 것을 인정하지 않는다는 점에서 매우 중요하다.

문명의 한계를 거부하는 또 하나의 필연적 흐름은 포스트모더니즘의 패배주의와 유사한, 보다 일반적인 또는 보다 전형적인 패배주의와 연관되어 있다. 1960년대 맹렬한 운동가였던 그레고리 캘버트Gregory Calvert*는 최근 발표한 저작에서 다음과 같이 말했다.

인류가 신석기세계의 '유기적' 혹은 '자연적' 사회로 돌아갈 수 있다고 보는 것, 또는 정치에 종말이 올 거라고 보는 것은 잘못된 생각(무정부주의적 유토피아주의의 약점)이다. 인류는 과거 신석기시대를 영원히 떠났으며, 인간의 삶은 결코 자연으로 돌아갈 수 없다.

여기서 캘버트가 말하고 있는 것은 분명 신석기시대가 아니라 구석기시대다. 왜냐하면 신석기시대에는 이미 문명이 시작되고 있었기 때문이

• (1937~2005). 아이오와 주립대 교수 역임. 1960년대에 반전, 민권운동에 투신했다. 1970년대에는 새로운 좌파교육 프로젝트를 추진했고 주 정부와 함께 약물중독 재활 프로그램을 설립하기도 했다.

다. 그러나 여기 5부에 수록된 저자들 사이에 어떤 합의가 있다면, 그것은 '자연으로의 복귀'가 불가능하다는 주장을 거부하고 있는 것이다. 캘버트의 경고는 "여기에 문명이 있으니 받아들여라"는 말을 달리 표현한 것에 다름 아니다.

영국의 마르크스주의 잡지 『지양Aufheben』은 1995년 여름호에서 다음과 같이 지적했다.

문명은 지금 공격받고 있다. '진보'를 자신의 강령에 포함시키려는 모든 사조에 대한 적대감으로 뭉친 새로운 비판적 조류가 최근에 등장했다.

앞으로 얼마나 많은 진보를 우리 인간과 지구가 참고 견뎌야 하느냐는 의문이 점점 더 거세게 제기되고 있다. 이런 비판은 문명의 기본적인 요소들과 역학에 도전하면서 지금과는 전혀 다른 현재와 미래를 요구하고 있다.

✎ 사회적, 생태학적 재앙을 어떻게 피할 것인가?

루돌프 바로 Rudolf Bahro

독일의 환경철학자, 사회운동가(1935~97). 독일 통일 후 사망할 때까지 훔볼트 대학에서 사회생태학을 강의했다. 이 글의 출전은 *Avoiding Social and Ecological Disaster: The Politics of World Transformation*(1994). 훔볼트 대학 재학 시절부터 동독 공산당원으로 활약했으나 당의 개혁을 주장해 서독으로 추방당하고, 녹색당을 창립하기도 했지만 산업사회의 모순을 발견하곤 탈당한다. 그는 산업사회가 치닫는 죽음의 삶과 단절하기 위해서는 인간이 자기 내면을 성찰하고 영성을 회복해야 한다고 역설했다.

멸종론이란 무엇인가?

통찰력 있는 영국의 역사학자 에드워드 톰슨Edward Palmer Thompson[•]은 1980년 핵 재무장 계획 반대운동의 기초를 제공하기 위해 문명의 마지막 단계로 멸종론exterminism에 관한 글을 썼다. 멸종론은 단순히 군사적 대량 살상이나 중성자탄에 의한 인류 멸종을 가리키는 말이 아니다. 물론 핵무기를 비롯한 군사적 측면이 제일 중요하지만 멸종론이란 '산업 문명 전체'를 지적하는 용어이다. 환경운동과 평화운동의 연합, 이른바 환경평화연합ecopax이 독일에서 처음 나타나게 된 계기는 핵무기가 아니라 이것보다 외견상 훨씬 덜 위험한 핵발전소였다는 사실을 상기해보면, 이 멸종론에 담긴 의미를 이해할 수 있다. 문명과 군비에 대한 다양한 저항운동 이면에는 인류 발전을 이끌고 있는 일련의 규칙 속에 죽음이 도사리고 있다는 무언의 인식이 자리 잡고 있다.

"점점 확정적 단계로 들어서는 멸종 과정" "인류의 마지막 기능 장애, 즉 완전한 자기파괴"에 관한 톰슨의 지적은 우리가 처한 상황을 총체적으로 잘 표현해주고 있다. 산업문명의 확산과 함께 비참한 운명에 처한 사람들 수는 믿을 수 없을 정도로 증가했다. 인류 역사 전체를 놓고 보아도 지금처럼 수많은 사람들이 굶주림과 질병에 시달리다가 때 이른 죽음을 맞이한 적은 없었다. 희생자의 절대적 숫자뿐만 아니라 인류 전체에서 차지하는 희생자의 비율도 증가하고 있다. 우리에게 생명을 부여한 생물권을 우리 자신이 파괴하고 있는 현실, 이것이 바로 군사기술의 진보와 경제발전의 필연적 결과이다.

마르크스적 용어로 멸종론을 표현하자면, 생산력과 파괴력 간의 관계가 뒤집혔다고 말할 수 있다. 총체적으로 문명을 보았던 사람들처럼 마르크스도 문명의 역사를 관통하는 피의 흔적을 보았고 "문명은 그 뒤에 사막을 남긴다"는 것을 알았다. 고대 메소포타미아에서는 땅이 염토鹽土가 되는 데 1,500년이 걸렸다. 이 과정은 매우 느리게 진행되었기 때문에 마지막 단계에서야 이 사실을 알 수 있었다. 인간이 자연으로부터 자원을 과도하게 빼내기 시작한 이후 항상 이런 파괴적 요소가 있었다. 오늘날 우리가 종말론적 관점에서 문명을 생각할 수밖에 없게 된 것은 단순한 문화비관론 때문이 아니라 이런 파괴적 요소가 날로 두드러지고 있기 때문이다.

단도직입적으로 내가 말하고자 하는 것은, 아우슈비츠와 히로시마의

• 영국의 역사가, 사회주의자(1924~93). 크리스토퍼 힐, 에릭 홉스봄 등과 함께 '공산당 역사가 그룹'을 만들고 역사학 저널 *Past and Present*를 창간했다. 대표작 『영국 노동계급의 형성The Making of English Working Class』에서 그는 노동계급을 자본주의 생산관계의 산물로 보는 마르크스적 관점을 탈피하여 계급은 구조와 주체 간의 상호작용에 의해 형성된다고 주장했다.

비극 속에 내재된 변태성과 극악무도함, 파괴에 대한 욕망 또는 인간과 동물 학대에 대한 욕망에 문제가 있는 것이 아니라, 양적 성장과 우리 문명이 그 정점에서 나아가는 방향에 문제가 있다는 것이다. 문명의 성공은, 한 지역을 황폐화시키고 다른 곳으로 날아가버리는 메뚜기 떼의 그것과 전혀 다르지 않다. 인간의 높은 의식수준은 이런 양상을 촉진시켜 왔지만 그 양상의 규모와 목표를 정하는 데는 아무런 역할도 하지 않았다. 일반적으로 자기멸종의 논리는 보이지 않게 작동한다. 그리고 그 논리가 사용하는 도구가 궁극적인 멸종의 원인은 아니다.

수세기 동안 대다수의 사람들은 이 문제를 의식하지 못했다. 『공산당 선언』에서 마르크스와 엥겔스는 그들이 원하는 계급 없는 사회에 이르는 과정에 자본주의가 담당했던 역할을 다음과 같이 평가했다.

부르주아는 세계시장을 이용해 모든 나라의 생산양식에 하나의 범세계적인 패턴을 부여했다. 반동주의자들에게는 매우 비통한 일이었지만 부르주아는 산업의 민족적 기반을 허물어뜨렸다. 예로부터 내려오던 민족적 산업이 파멸되었으며 나날이 파멸되고 있다. 민족적 산업은 새로운 산업에 의해 밀려났으며, 새로운 산업을 도입하는 일은 모든 문명국가에 사활이 걸린 문제가 되고 있다.

이 새로운 산업은 국내 자원을 이용하는 것이 아니라 국외 오지의 자원을 이용해 제품을 생산하며, 그렇게 해서 생산된 제품은 생산지뿐만 아니라 세계의 다른 모든 곳에서도 함께 소비된다. 과거에는 국내 생산만으로 수요가 충족되었지만, 이제 오지의 제품을 공급해야만 수요를 만족시킬 수 있게 되었다. 과거의 민족적이고 자립적이며 고립적이었던 산업활동이 세계화되었고,

모든 측면에서 국가 간 상호의존 관계가 형성되었다.

매우 편리해진 통신수단을 이용해 부르주아는 모든 국가, 심지어 가장 미개한 종족까지 문명으로 끌어들인다. 저렴한 상품 가격은 모든 성벽을 무너뜨리고 가장 완강한 야만인마저 항복하게 만드는 일종의 대구경 대포 역할을 한다.

오늘 우리가 보는 것처럼 이 글은 문명화된 노동자의 이익이란 관점에서 씌어진 것이며, 분명 사회-제국주의적social imperialistic인 글이다. 사회-제국주의는 오늘의 문명 속에서 프롤레타리아가 기업을 장악하는 것, 사회민주주의, 또는 노동조합, 그리고 이런 사회-제국주의적 강령의 정통 계승자들—이들은 사회-제국주의적 강령에 내포된 기본적인 문화적 논지를 꿋꿋하게 고수한 사람들이다—에 관심을 갖는다.

지글러Wolfram Ziegler는 인간이 생물권에 부과하고 있는 '부하 총량total load'을 측정하는 매우 탁월하고 단순한 척도를 개발했다. 그가 이런 척도를 개발한 이유는 인간이 '좋은 삶' 혹은 적절한 '생활수준'을 누리도록 하고 이런 삶에 기초해, 생태학적 대혼란으로 훨씬 강력한 위협을 받고 있는 풍요로운 대도시의 '사회적 평화'를 수호하기 위해서였다. 자연으로부터 기술적으로 추출한 에너지를 사용하는 것이 자연에 대한 인간의 가장 결정적인 공격수단이라는 것이 지글러 논지의 출발점이다. 자연의 오염과 파괴는 인간의 에너지 사용량, 에너지의 물질적 전환 과정과 결부되어 있다는 것이다.

이러한 논리에 따라 지글러는 각 지역에서 1평방킬로미터$^{km^2}$당 하루 동안 사용된 에너지의 양을 측정하고, 여기에 에너지의 물질전환량과 자연에 대한 충격을 수치화한 '손실 등가damage equivalent'를 곱했다. 이런 식으로 그는 인간이 생물권에 부과하고 있는 부하총량을 1일/1km²당 시간당 킬로와트ᴷᵂʰ로 계산해냈다. 이 수치는 단순 에너지 소비량보다 훨씬 크게 나오는데, 그것은 이 수치를 산출함에 있어 자연에 미치는 해로운 영향이 고려되었기 때문이다. 자연에 미치는 손상 요소를 고려하지 않고 실제 사용된 에너지 양 자체만 놓고 볼 경우, 오늘날 독일에서 우리는 1일/1km²당 40,000KWh 규모의 충격을 자연에 가하고 있다. 이것은 1백 년 전에 비해 열 배 정도 늘어난 수치다.

정확히 1백 년 전부터 생물 종이 사라지는 비율이 급속히 증가하기 시작했다. 그 결과 1980년대 중반에 이르러서는 하루에 한 생물 종이 사라졌으며, 이 비율로 보면 2000년엔 '시간당 한 생물 종이 멸종'하게 되는 것이다. 우리는 인간이라는 종만을 위해 이 지구를 독점하고 있다. 이일은 지표면을 독점하는 데서 시작되었다. 우리는 이 지표면의 면적을 줄이고 있을 뿐만 아니라 생태소ᵉᶜᵒᵗᵒᵖᵉ가 완전성을 유지할 수 없을 정도로 갈가리 찢어놓고 있다. 그리고 각 종의 개체 수가 한계점에 도달해 서로 삶의 공간을 공유할 수 없을 정도가 되었다.

지글러는 독일의 경우 인간의 총 몸무게는 1헥타르(10,000m²)당 평균 150kg인 반면, 조류를 포함한 다른 모든 동물은 1헥타르당 8~8.5kg이라고 계산했다. 이 수치에는 인간이 사육하는 가축은 제외했는데, 가축들을 포함하면 1헥타르당 300kg을 추가해야 한다. 이 동물은 스스로 존재하는 것이 아니라 우리 인간에게 속한 존재이기 때문에 당연히 인간의 몸무게를 계산하는 데 포함시켜야 한다. 여기에다 우리의 교통 시스템을 위한 기술구조물만 더 포함시켜도 1헥타르당 최소 2,000kg을 추가해야 한다. 물론 이 시스템에서 가장 큰 부분을 차지하는 것은 자동차이다.

비록 다른 종에게 더 이상 하등의 자연적 연대감을 느끼지 않는다 해도, 우리는 생물학적으로 존재하기 위해 다양한 식물과 동물 종에 의존하고 있다. '인간 위주'의 관점에서 우리에게 '유용한' 동식물만 골라내어 기술적으로 사육, 재배하는 문화는 우리가 가장 지속적으로 사용하는 자살 도구라 해도 좋다. 생물 종의 소멸은 모든 생물이 멸종되어 가고 있음을 보여주는 가장 기본적인 지표인데, 모든 생물의 멸종 속도를 더욱 가속시키고 있는 것은 다름 아닌 산업 시스템의 과대 성장이다.

지글러의 계산법에 따르면 인간이 최종적으로 생태학적 안정성을 유지할 수 있는 최소 한계치는 1일/1km²당 약 4,000KWh의 부하량이다. 이 수치는 약 1백 년 전 인간이 자연에 부과했던 부하량이다. 이때는 아직 생물 종의 소멸 비율이 증가하지 않았고, 그로부터 25년 후 최초의 자연보호 운동 조직이 출현했으므로 환경운동도 시작되기 전이었다.

따라서 우리가 에너지와 자원을 잡아먹는 유해한 최종 제품을 지금의 10분의 1로 줄여야 한다는 것은 더 이상 '민주적 결정의 문제'가 아니라 '필수불가결한 과제'다. 지글러는 과학적 방법으로 이런 계산을 했지만, 나는 전 인류가 지금 누리고 있는 수준의 삶을 계속 고집할 경우 벌어질 일에 대해 보다 직관적으로 성찰함으로써 우리가 필수적으로 줄여야 할 제품 소비량에 대해 지글러와 같은 수치를 추정한 바 있다.

사람들은 쇠락하는 문화의 수도사들(이 경우는 과학적 수도사들)이 제시하는 환경보호를 하나의 '해결책'으로 기대하지만, 그것은 실은 약한 건물에 한 층을 더 올리는 것처럼 자연에 대한 부하량만 늘릴 뿐이다. 지글러는 환경보호를 위해 사용하는 에너지와 자원이 환경보호를 통해 달성한 부하량의 감소효과를 상쇄해버리기 때문에 기술적인 환경보호만으로는 부하량을 축소할 수 없다는 사실을 설득력 있게 입증했다.

따라서 결론적으로, 보완 전략으로서의 환경보호는 경제적 경쟁을 더욱 촉진할 뿐이며, 이에 따라 투자와 소비 측면 모두에서 거대기계(국가, 전쟁, 공장)는 계속 커진다. 재니키Janicke가 캅Kapp의 연구를 바탕으로 수행한 연구에서 이것을 비용의 관점에서 입증했다. 환경보호는 산업 시스템에 '녹색'을 덧칠해 정당성을 부여하는 역할을 할 뿐이며, 그것도 아주 짧은 기간 동안만 그렇다는 것이다.

우리가 중요한 국면에서 환경을 보호한다고 해도, 인간이 자연질서에 가하는 스트레스의 총량은 중단 없이 증가한다. 신형 환경보호형 자동차가 구형 모델의 66퍼센트에 불과한 환경훼손 효과만 낸다고 해도, 신형 자동차 1백 대의 환경훼손 효과는 구형 자동차 50대의 환경훼손 효과보다 크다.

텔레비전이나 잡지에 등장하는 산업의 환경친화적 메시지는 치명적으로 잘못된 인상을 심어준다. 예를 들면, 산업국가에서 살 경우 우리는 음식물을 통해서만 약 1만 개의 화학성분을 접하며, 일상생활에서 매일 10만 개 정도의 화학성분과 접하게 된다. 문명화된 삶과 떼려야 뗄 수 없는 이런 문제를 광고는 교묘하게 은폐한다. 우리는 예전부터 많은 칭송을 받았던 유연한 인간 본성 덕분에 유연한 플라스틱에도 잘 적응할 수 있다. 그런 유연한 인간 본성이 문명을 이룬 것에 대해서도 감사해야 할 것이다! 활동하려는 우리의 욕망과 일에 대한 열정을 발휘함으로써 우리는 다 함께 우리가 본래 가지고 있던 자원을 파괴하고 있다. 이런 맥락에서 생태적 시장경제란 것은 인류의 자기멸종을 부추기는 또 다른 힘에 불과하다. 생태적 시장경제는 일시적으로는 생산 혹은 기술로 인해 발생하는 환경훼손의 수준을 낮추겠지만, 장기적이고 전반적으로 보면 환경훼손을 '증가'시킨다.

미래의 원시인 🦋

존 저잔 John Zerzan

1부의 글 「농업의 도입」을 쓴 필자. 이 글의 출전은 『미래의 원시인』(1994)이다.

현재 우리가 직면한 범지구적 위기의 대부분을 초래한 노동분업은 일상적인 일이 되었으며, 그 결과 우리로 하여금 이처럼 끔찍한 현재의 근원을 이해하지 못하게 만들고 있다. 인류학자 마리 포스터Mary Lecron Foster는 오늘날 인류학이 "심각하고도 치명적인 단편화의 위험"에 빠져 있다는 점을 시인하면서도 이를 인정하는 데 다소 인색했다. 섕스Shanks 와 틸리Tilly는 이와 관련해 "고고학의 핵심은 과거를 해석하는 것뿐만 아니라, 현재의 사회개조에 부합하도록 과거 해석 방법을 바꾸는 것"이라고 매우 통찰력 있고 도전적인 주장을 했다. 물론 사회과학은 이런 사회개조에 필요한 비전을 넓히고 심화하는 데 역행한다. 또한 인간의 기원과 발전에 관한 논의에서 인류학, 고고학, 고생물학, 민족학, 고식물학, 인종인류학 등 일련의 서로 분리된 학문들은 문명이 그 시초부터 내포하고 있던 악습, 즉 원시 인류를 편협한 관점에서 보고 왜곡하는 악습을 그대로 반영하고 있다.

그럼에도 불구하고, 적절한 방법론과 인식 그리고 그 한계를 극복하려는 의지를 갖고, 이들 학문이 남긴 문헌들에 접근하면 아주 유용한 도움을 얻을 수 있다. 사실 우리의 전통적 사고방식은 갈수록 많은 것을 원하는 사회의 요구에 굴복할 수 있고, 또 굴복하는 취약점을 갖고 있다. 그러나 현재 삶에서 불행을 느끼다 보면, 그런 불행한 삶을 정당화하는 공인된 거짓말들을 불신하게 되고, 그러면서 인간의 발전에 대한 보다 진정한 개념이 싹튼다. 오랫동안 기존 학문들은 현대사회에서 인간이 절제하고 복종하는 것은 '인간 본성'의 필연적인 귀결이라고 설명해왔다. 결국 생명의 위협, 잔인함 그리고 무지에 시달리던 문명 이전 시대의 인간에게 권위는 그런 우리를 야만성에서 구원해준 일종의 자비로운 선물이었다는 것이다. '원시인'과 '네안데르탈인'은 우리가 종교, 정부, 노동 없는 삶을 살았을 때 어떤 존재가 되었을지 알려주는 이미지로 여전히 제시되고 있다.

우리의 과거에 대한 이같은 이데올로기적 시각은 최근 10여 년 사이에 리처드 리나 마셜 살린스 같은 인류학자들의 저작을 통해 근본적으로 뒤집혔다. '정통 인류학'과 거의 정반대의 시각이 출현한 것인데, 이런 시각은 매우 중요한 함의를 갖고 있었다. 이런 시각으로 이제 우리는 가축 사육과 농업 이전의 삶이 실로 여유가 있었고, 자연과 친밀했으며, 감각적인 지혜가 있었고, 성적 평등과 건강함을 누렸음을 알게 되었다. 바로 이것이 성직자, 왕, 두목들에게 예속되기 전 수백만 년 동안 우리 인간이 갖고 있던 본성이었다.

소외 없는 세계가 어떤 세계인지 '밝혀내는' 일은 아마 불가능할 것이고, 또 바람직하지도 않을 것이다. 하지만 나는 오늘날의 세계가 가진 탈속성the unworld, 본래 세계에서 벗어난 것, 여기서는 인간 본성에서 벗어난 것과 그런 탈속성을 갖게 된 경위를 밝힐 수 있고 또 밝히려고 노력해야 한다고 생각한다. 우리는 상징문화와 노동 분업으로 인해 치명적으로 잘못된 길, 황홀과 이해와 총체성으로 충만한 세계에서 그것을 모두 잃어버린 세계로 들어섰다. 진보 독트린에선 이런 황홀과 이해, 총체성을 찾아볼 수가 없다. 날로 무의미해지는 사유와 경작의 논리는 모든 것을 통제하려는 가운데 자기 외의 모든 것은 몰락시키는 문명의 파괴성만을 드러내고 있다. 자연을 열등한 것으로 가정함으로써 지구의 모든 생명을 말살해버리는 문화체계가 이 세상을 지배하게 되었다.

포스트모더니즘은 권력관계가 없는 사회란 비현실적인 관념에 불과하다고 주장한다(푸코). 하지만 우리가 자연의 죽음을 인정하지 않고, 과거의 존재, 그리고 그 존재를 우리가 다시 회복할 수 있다는 것을 인정한다면, 이런 포스트모더니즘의 주장은 거짓에 불과하다. 턴불Turnbull은 마치 숲과 사랑을 나누듯 즐겁게 춤추는 콩고의 엠부티Mbuti족과 숲의 친밀한 유대관계에 대해 말한 바 있다. 관념이 아니라 실제로 존재하고 있으며 사라지지 않으려고 노력하는 평등한 사람들의 삶, 그것이 엠부티족의 삶이었다. 그런 삶의 한가운데서 엠부티족은 '숲과 함께' 춤추며 '달과 함께' 춤추고 있었다.

에코토피아 뉴스 🌿

윌리엄 모리스 William Morris

영국의 사회주의자, 유토피아 사상가(1834~96). 디자인, 건축, 시, 소설 등 다방면에 재능을 갖춘 예술가이기도 했다. 이 글의 출전은 *News From Nowhere*(1995). 1890년 사회주의자 동맹 기관지 *Commonweal*에 연재된 바 있는 유토피아 소설이다. 꿈속에서 미래사회를 여행하며 그곳 삶과 풍경을 당시 영국 사회와 대비해 그려나간다. 그가 본 미래사회는 자유로운 노동과 평등한 자치가 실현되는 사회주의 사회, 모든 사람들이 아름다운 자연 속에서 노동을 즐기는 인간공동체다. 아래 글은 책 중간과 끝 부분을 발췌한 것이다.

우리는 장미나무 사이로 나 있는 포장된 인도로 올라가 공장에서 막 나온 핀처럼 깨끗한, 아주 아름다운 작은 방으로 곧장 갔다. 방은 장식판과 조각으로 꾸며져 있었지만 정작 그 방의 최고 장식품은 윤이 나는 머리카락과 회색 눈을 가진 젊은 여자였다. 얼굴, 손, 아무것도 신지 않은 두 발은 햇볕에 갈색으로 그을려 보기에도 참 좋았다. 그녀는 가볍게 차려입고 있었지만 그리고 여기 사는 사람들은 내가 이곳에서 처음 만난 시골 주민들이긴 했지만, 그녀가 그렇게 입은 것은 가난해서가 아니라 그런 차림을 원했음이 틀림없다. 왜냐하면 그녀가 걸친 가운은 실크였고 매우 값비싸 보이는 팔찌를 차고 있었기 때문이었다. 그녀는 창가에 있는 양가죽에 누워 있다가 우리가 들어서자 벌떡 일어났다. 그러고는 할아버지를 따라 들어오는 손님들을 보고 박수를 치면서 좋아 소리쳤다. 우리를 방 한가운데로 맞아들인 뒤 무척 기뻐하며 우리 주위를 맴

돌며 춤을 췄다.

노인은 "허허! 기쁜 모양이구나, 엘런!" 하고 말했다.

소녀는 춤추며 그에게 다가가 두 팔로 감싸 안으며 대답했다. "그럼요. 할아버지도 기쁘면서."

"그럼, 그럼, 나도 그래." 노인이 말했다. "나도 정말 기쁘구나. 손님들은 이리 앉으시지요."

두 사람의 대화는 좀 이상하게 들렸다. 같이 간 내 친구들에겐 더 이상할 것 같았다. 그러나 딕은 소녀와 할아버지가 잠시 방을 나간 사이에 내게 슬며시 말했다. "저 할아버지는 불평쟁이에요. 아직도 그런 사람들이 좀 있죠. 한때는 꽤 골칫거리였다고 들었어요."

딕이 말하는 동안 노인이 다시 들어와 마치 우리의 관심을 끌려는 듯 한숨을 쉬면서 옆에 앉았다. 바로 그때 소녀가 먹을 것을 갖고 들어왔다. 우리는 배가 고팠을 뿐만 아니라 내 경우는 그림처럼 아름답게 움직이는 소녀의 모습을 보는 데 정신이 팔려서 시골 노인은 관심 밖이었다.

우리가 런던에서 먹고 마시던 것과는 좀 달랐지만 이곳의 먹을 것과 마실 것은 모두 매우 맛이 좋았다. 그런데 노인은 주 요리로 올라온 세 마리의 민물농어를 시큰둥한 눈길로 쳐다보면서 이렇게 말했다.

"흐흠, 농어라! 손님 여러분, 더 좋은 음식을 대접하지 못해서 죄송하구먼. 런던에서 올라온 큼지막한 연어를 대접할 수 있었던 때도 있었지. 하지만 이제 시간이 흘러 세상은 초라하고 보잘것없게 되었단 말이지."

"맞아요. 하지만 할아버지는 연어를 대접할 수 있었어요." 소녀는 깔깔거리면서 말했다. "손님들이 온다는 걸 미리 알았다면요."

"영감님, 연어를 가져오지 못한 건 저희 잘못입니다"라고 딕은 상냥하게 말했다. "하지만 세상이 형편없게 되었다고 해도 농어는 꼭 그렇지도 않네요. 검은 줄무늬와 붉은 지느러미가 선명한 가운데 저놈은 잔챙이 잡어들에게 족히 2파운드나 되는 무게로 위세 좀 잡았을 거예요. 그리고 연어라고 하셨는데, 여기 외국서 오신 친구 분에게 해머스미스에서는 엄청나게 많은 연어를 잡는다고 어제 아침 말씀드렸더니, 무척 놀라시더라고요. 저는 정말로 세상이 나빠져가고 있다는 말은 들어본 적이 없어요."

딕은 좀 불편해 보였다. 그러자 노인은 나를 돌아보며 매우 점잖게 말했다.

"바다 건너온 분을 뵙게 돼 기쁘구먼. 하지만 자네 나라 사람들이 전반적으로 우리보다 더 잘사는 건 아닌지 꼭 묻고 싶군. 자네들 말을 들으면 나는 그쪽 사람들이 더 생기 있고 활기차다는 생각이 드는데 말이야. 경쟁을 완전히 없애지 않았기 때문이겠지. 알다시피 나도 옛날에 나온 책깨나 읽었어. 그 책들이 지금 시대에 쓴 것보다 훨씬 생동감이 넘치지. 그 책들은 아주 건전한 무한 경쟁이라는 조건하에서 씌어진 것들이야. 이 나라 사람들이 역사기록에서 그런 사실을 알아내지 못한다면 옛날 책 그 자체를 통해서라도 그것을 알아야 하네. 그 책들 속엔 모험정신이 있고 악에서 선을 끌어내는 능력을 보여주고 있는데, 이 시대의 책엔 그런 것이 하나도 없어. 나는 우리 시대의 도덕주의자와 역사가들이, 그토록 훌륭한 상상력과 지성으로 가득 찬 책들을 탄생시켰던 과거 시대의 불행을 너무 터무니없이 과장하고 있다는 생각을 하지 않을 수 없다네."

클라라는 신나고 재미난 듯 들뜬 표정으로 노인의 말에 귀를 기울였다. 하지만 딕은 미간을 찌푸렸고 좀 전보다 훨씬 더 불편해 보였지만 아무 말도 하지 않았다. 노인은 자신의 화제에 열중하면서 점차 냉소적인 태도를 거두고, 매우 진지한 표정으로 말했다.

내가 노인의 말에 대답하기 위해 짜낸 생각을 말하려고 하는데 소녀가 불쑥 끼어들었다.

"책, 책! 만날 책이에요, 할아버지! 우리와 정말 관련된 것은 책이 아니라 결국 우리가 살고 있는 이 세상이라는 사실을 언제나 아시겠어요? 아무리 사랑해도 모자라는 세상, 우리도 그 일부분인 이 세상 말이에요. 보세요!" 그녀는 창문을 활짝 열고 달빛이 비치는 정원, 여름밤의 한줄기 바람이 스쳐 지나가던 정원의 검은 그림자 사이에서 반짝이는 하얀 빛을 우리에게 보여주었다. 그러곤 "보세요! 우리 시대의 책이란 바로 이런 것들이에요"라고 말하며 노인과 딕에게 다가가 두 사람 어깨에 손을 얹었다. "외국의 지식과 경험을 갖고 오신 손님(이렇게 말하는 그녀의 얼굴에 미소가 번졌다), 그리고 매일 불평하면서 좋았던 옛날로 다시 돌아가고 싶은 할아버지. 그렇지만 제가 아는 한은 이래요. 할아버지가 말하는 그 좋았던 옛날에는 할아버지처럼 악의 없고 게으른 분은 거의 굶어 죽거나, 아니면 군인이나 강도들에게 돈을 주고 사람들한테 식량과 옷과 집을 빼앗지 않으면 안 될 거예요. 그래요, 우리들의 책은 재미가 없어요. 만일 우리가 그 이상을 원한다면, 우리가 나라 도처에 세우고 있는 아름다운 건물…… 과거엔 이런 건물이 없었죠…… 그 건물에서 할 일을 찾아낼 수 있어요. 그런 일을 하면서 우리는 모든 능력을 발휘할 수 있고 자기 마음과 영혼을 표현할 수 있지 않겠어요?"

그녀는 잠시 말을 멈췄다. 나는 그녀를 바라보면서, 만일 그녀가 책이라면 가장 사랑스러운 그림을 가진 책일 거라는 생각을 떨칠 수 없었다. 우리에게 말할 때 아름답게 햇볕에 그을린 그녀의 볼은 붉게 달아올랐고, 밝게 빛나는 회색 눈동자는 우리 모두를 부드럽게 응시했다. 잠시 멈췄던 그녀는 다시 말하기 시작했다.

"지적인 사람들이 책 말고는 즐길 것이 없고, 책 속에 등장하는 타인의 삶을 통해 자기의 비참함을 잠시 잊어야 했던 시절에는 할아버지가 말씀하시는 책이 충분히 가치가 있었죠. 그 책들이 기발하고 생기 있고 재미있긴 하지만 솔직히 말해 좀 역겨워요. 어떤 책들은 역사책에서 말하는 '가난한 사람'들과 우리가 어렴풋이 알고 있는 그들의 비참한 삶에 대해 동정하는 척해요. 그러나 곧 그런 동정을 거두고, 끝에 가서는 다른 사람들이 여전히 고난을 겪는 가운데서도 축복의 섬에서 행복하게 살게 되는 남자와 여자 주인공만 남아요. 책 속에서 주인공들도 오래 고난을 겪는 장면이 나오지만, 그런 고난도 주인공의 말도 안 되는 감정과 열망 때문에 자기 스스로 자초하는 가짜 고난(대부분 가짜예요)에 불과해요. 그리고 나머지 내용은 다 똑같아요. 그러나 책에서 뭐라고 하던 간에 세상은 여전히 변함없이 돌아가요. 짐승과 마찬가지로 엑스트라로 등장하는 다른 사람들은 여전히 땅을 파고, 옷을 만들고, 빵을 굽고, 집을 짓고, 목공 일을 하죠."

"와!" 노인은 다시 무뚝뚝하고 뚱한 태도로 돌아가 말했다. "멋진 말이야! 자네들도 마음에 들 것 같은데?"

"예." 나는 강한 어조로 말했다.

"좋아요. 이제 명연설의 폭풍이 좀 가라앉았으니 제 질문에 대답해주시겠습니까? 물론 당신이 괜찮으시다면." 노인은 갑작스레 예의를 갖추어 물었다.

"무슨 질문이었죠?" 솔직히 말해 나는 엘런의 야릇하고 야성적인 아름다움에 사로잡혀 노인의 질문을 잊었었다.

노인은 "문답식 질문임을 양해해주게나. 우선…… 자네가 살았던 나라에는 옛날 식 생존경쟁이 있나?"

나는 "네, 우리 사회를 지배하는 원칙이 바로 그겁니다"라고 말하곤, 이 대답 때문에 또 한 차례 소란스러워지겠다고 생각했다.

"둘째." 노인이 물었다. "바로 그 경쟁 때문에 자네들은 전체적으로 더 자유롭고 더 활기차지 않은가? 그러니까 한마디로 더 행복하고 건강하지 않겠냐 이 말이야?"

나는 웃으면서 대답했다. "제가 사는 세상에 대해 조금이라도 아신다면 영감님은 아마 그렇게 말하지 않을 겁니다. 제가 살던 나라의 사람과 비교하면 여러분은 천국에 사는 것이나 마찬가지입니다."

"천국?" 노인이 다시 물었다. "자네는 천국을 좋아하나?"

"네." 나는 퉁명스럽게 들리지나 않을까 걱정하며 대답했다. 그의 생각에 반감을 갖기 시작했기 때문이다.

그러나 노인은 "글쎄, 나는 천국을 전혀 좋아하지 않아. 축축한 구름 위에 앉아서 찬송가나 부르기보다 인생에서 할 일이 많다고 생각하거든"라고 말했다.

나는 이 뜬금없는 말에 좀 화가 나서 말했다. "글쎄요, 간단하게 단도직입적으로 말씀드리면, 내가 살던 곳, 영감님께서 그렇게 칭송해 마지 않는 문학작품들을 만들어내게 한 경쟁이란 것이 아직도 세상을 지배하고 있는 그곳 사람들, 그들은 대부분 정말 불행합니다. 하지만 적어도 제가 보기에 이곳 사람들은 참으로 행복합니다."

"아, 기분 상하게 할 뜻은 없었네. 정말"이라고 말하면서도 노인은 말했다. "그런데, 한 가지 더 묻겠네. 정말로 이 나라가 좋단 말인가?"

그렇게도 고집을 부리면서 버티는 그를 보고 우리는 한바탕 웃었다. 노인까지도 슬쩍 웃음을 터뜨렸다. 그렇지만 그는 절대로 항복한 것이 아니었다. 그는 다시 끈질기게 말했다.

"내가 들은 바로는, 저기 저 사랑스러운 엘런 정도로 아름다운 여성이라면, 그 시절의 단어로 말하자면 숙녀라고 해야겠지. 그 시절의 숙녀라면 지금 엘런처럼 허름한 실크 옷을 입거나 햇볕에 얼굴이 그을리지는 않았겠지. 그렇지 않나?"

그러자 그때까지 묵묵히 있던 클라라가 갑자기 끼어들며 말했다. "글쎄요, 저는 어르신이 그런 문제들(숙녀가 허름한 옷을 입거나 얼굴이 그을리는 일)을 고치려고 했거나, 사람들이 고치기를 원한다고 생각하지 않아요. 엘렌은 이 아름다운 날씨에 잘 어울리는 멋진 드레스를 입고 있어요. 그렇지 않아요? 들에 나가 햇볕에 타는 것, 그게 뭐 어때요? 저는 여기보다 강 상류 쪽으로 조금 더 올라가 햇볕에 타보고 싶어요. 보세요. 이 창백하고 흰 피부를 좀 그을려야 하지 않겠어요?"

그녀는 팔뚝 위로 소매를 걷은 다음, 그녀 곁에 앉아 있는 엘런의 팔 옆에 놓았다. 솔직히 말하면, 도시에서 자란 우아한 숙녀 클라라가 이런 모습을 보이는 것은 내겐 재미있는 일이었다. 왜냐하면 그녀는 어디에서도 만나기 어려운 아름다운 용모와 깨끗한 피부를 가진 아가씨였기 때문이었다. 딕은 약간 부끄러워하면서 그녀의 아름다운 팔을 어루만지며 다시 소매를 내려주었다. 그의 손이 팔에 닿자 클라라는 얼굴이 붉어졌다. 노인은 웃으면서 말했다. "그래, 자네들은 정말 우리가 사는 모습을 좋아하는 모양이군."

엘런은 그녀의 새 친구에게 키스했고, 우리 모두는 잠시 묵묵히 앉아 있었다. 그때 갑자기 엘런이 새처럼 달콤한 노래를 불렀고, 그녀의 경이로운 맑은 목소리는 우리 모두를 사로잡았다. 늙은 불평쟁이조차 사랑스럽게 그녀를 바라보며 앉아 있었다. 다른 젊은이들도 돌아가며 노래를 불렀다. 노래가 끝나자 엘런은 옛날 전원시인이 꿈꾸던 이상향처럼 향기롭고 깨끗한 작은 오두막의 침실로 우리를 안내했다. 그날 저녁의 기쁨은 마지막 밤의 두려움—절반은 두려움이 뒤섞인 희망과 진부한 쾌락만 존재하는 과거의 비참한 세상에서 다시 눈을 뜨면 어떻게 될까 하는 두려움—을 말끔히 씻어주었다.

나는 그 친구들이 진짜로 존재한다고 생각했지만, 그들과는 아무런 관련 없는 듯한 느낌을 줄곧 받았다. 마치 그들이 나를 거절할 시간이 다가올 것 같은 느낌, 말하자면 엘런의 마지막 슬픈 모습이 내게 이렇게 말하는 것 같았다.

"아니요. 그렇게는 안 될 거예요. 당신은 우리와 함께할 수 없답니다. 당신은 과거의 불행한 시대에 살던 사람이기 때문에 우리가 누리는 행복조차 당신을 지치게 만들 겁니다. 다시 돌아가세요. 당신은 이제 우리를 보았죠. 당신이 살던 시대의 모든 격언에도 불구하고 앞으로 평온한 시대가 올 것이라는 사실을 알았죠. 그 시대가 오면 인간의 지배-복종 관계는 우정으로 바뀌겠죠. 그러나 그전에는 절대 불가능합니다. 다시 당신의 세계로 돌아가세요. 그러면 살아 있는 내내 당신은, 자신의 실제 삶을 돌보지 않으면서도 다른 사람들이 그들 의지와는 다른 삶을 살아가게 만드는 사람들, 죽음을 두려워하면서도 삶을 증오하는 사람들을 보게 될 거예요. 돌아가세요. 우리를 보셨으니까, 그리고 보다 좋은 세상을 만들려는 당신의 노력에 약간의 희망이 더해졌을 테니 더 행복한 사람이 되세요. 그렇게 살아가세요. 그리고 그 어떤 노력과 고통이 있더라도 매일 조금씩 우정과 평온과 행복의 새 시대를 건설하기 위해 노력하세요."

그렇다. 반드시 그렇게 할 것이다! 그리고 내가 본 것을 다른 사람도 볼 수 있다면, 그것은 꿈이 아니라 비전이 될 것이다.

� 야생으로의 혁명

피어럴 펀 Feral Faun

미국의 무정부주의자. 'Feral Faun'이란 이름은 '야생으로 돌아간 목신'이라는 뜻의 필명이다. 요즘에는 'Wolfi Landstreicher'라는 필명을 쓴다. 저널 『의도적 불복종*Willful Disobedience*』의 편집진으로 일했다. 이 글의 출전은 *Demolition Derby*(1988). 거대한 현대사회의 질서를 깨고 개인이 자기 삶의 주인으로 타인과 세상에 대해 주체로 설 수 있는 혁명을 공개적으로 선언하고 여기에 나섬으로써 인간 자유를 회복할 것을 주장하고 있다.

내가 아주 어렸을 때 삶은 강렬한 즐거움과 살아 숨쉬는 에너지로 가득 차서 내가 경험하는 모든 것을 완전하게 느낄 수 있도록 해줬다. 나는 이 놀랍고 쾌활한 삶의 중심이었으며, 나를 완성시키기 위해 나 자신의 생생한 경험 외에는 그 어느 것도 필요치 않았다.

　나는 강렬하게 느꼈고, 강렬하게 경험했으며, 내 삶은 열정과 즐거움으로 가득 찬 축제였다. 나의 좌절과 슬픔 역시 강렬했다. 나는 사람을 길들이는 사회의 한가운데에 태어난 자유롭고 야생적인 존재였다. 나 스스로 길들여지는 것을 피할 방법은 없었다. 문명은 본질상 야생적인 것을 용납하지 않을 것이다. 그러나 나는 삶에서 느낄 수 있는 그런 강렬한 체험을 결코 잊지 않았다. 내 몸에서 물결치던 생명의 에너지를 결코 잊지 않았다. 이 넘치는 생명력이 사라져가고 있다는 사실을 처음으로 알게 된 후 내 존재는 문명 속에서 생존해야 할 필요성과 사슬을 끊고 구속되지 않는 강렬한 삶을 경험하려는 욕구 사이에서 전쟁을 벌이게 되었다.

나는 이 활기찬 에너지를 다시 경험하고 싶다. 나는 억압되지 않은 욕망이라는 자유로운 야생성을 발견하고 축제와 같은 놀이를 통해 그것을 실현하고 싶다. 나는 내가 원하는, 길들여지지 않은 자유라는 격렬하고 열정적인 삶과 나 사이에 있는 모든 장벽을 무너뜨리고 싶다. 이 장벽들을 모두 합친 것이 문명이며, 우리가 야생세계에 직접 뛰어들어 그 삶을 경험하지 못하게 하는 그 모든 것이 바로 이 문명이다. 지배의 거미줄, 적절한 생산과 소비의 한계를 규정하면서 우리의 경험을 제약하는 매개의 거미줄이 우리 주변에서 성장했다.

사람을 길들이려는 권위는 여러 형태를 취하며, 그중 일부는 알아채기도 어렵다. 정부, 자본, 종교는 인식하기 쉬운 권위에 속한다. 그러나 기술, 노동, 개념적 한계를 가진 언어, 그리고 몸에 밴 예의범절과 교양, 이런 것들도 역시 사람을 길들이는 권위로, 야생적이고 활기차고 길들여지지 않은 동물인 우리를, 길들여지고 지루해하고 불행한 생산자나 소비자로 바꿔놓는다.

이 권위들은 우리 내부에서 교활하게 작동해 우리의 상상력을 제약하고, 우리의 욕망을 빼앗아가며, 우리의 생동감 넘치는 경험을 억누른다. 우리가 살고 있는 세계가 바로 이런 권위들이 창조한 세계, 문명화된 세계이다. 강렬한 즐거움과 야생의 모험으로 충만한 삶을 꿈꾸는 내 소망이 실현되려면, 세상이 근본적으로 변해야 한다. 펼쳐지는 야성 앞에 문명은 무너져야 하고, 야생의 자유가 뿜어내는 에너지 앞에서 권위는 무너져야 한다. 보다 나은 세상을 원한다면 혁명을 해야 한다.

그러나 문명을 무너뜨리고 길들여지지 않은 욕망이라는 활기찬 에너지를 회복하기 위한 혁명은 과거의 혁명과는 다르다. 지금까지의 모든 혁명은 권력의 장악, 행사, 재분배를 위한 것이었다. 이 혁명들은 인간을 길들이는 사회제도들을 근절하려고 하지 않았다. 기껏해야 그런 제도적 틀 내에서 권력관계를 없애려고 했을 뿐이다. 따라서 과거 혁명가들은 권력 중심부를 공격하면서 권력을 타도하려고만 했다.

권력에 초점을 두었기 때문에 그들은 우리의 모든 일상사에 존재하는 은밀한 지배의 힘을 보지 못했고, 따라서 기존 권력을 타도하는 데 성공을 거둔 후에는 또 다른 권력을 창조하고 말았다. 이런 선례를 피하기 위해 우리는 권력에 혁명의 초점을 둘 것이 아니라 야생으로 돌아가려는 우리의 욕망, 삶을 완전히 경험하고 강렬한 즐거움과 야성의 모험을 겪고 싶어 하는 우리의 욕망에 혁명의 초점을 두어야 한다. 우리가 이런 욕망을 실현하려고 시도하는 순간, 우리는 매일 매순간 우리가 직면하는 힘, 바로 그 지배의 힘과 대결하게 된다. 이 지배의 힘은 일거에 타도할 수 있는 하나의 중심을 갖고 있지 않다. 그것은 우리를 꼼짝 못하게 옭아맨 거미줄이다. 따라서 기존의 권력을 타도하려 하기보다 이미 붕괴하고 있는 문명이 보다 신속하게 붕괴하도록 지배의 기초를 허물고자 한다. 지배 기반이 무너지면 이와 함께 권력의 중심도 무너질 것이다. 과거 혁명가들은 눈에 보이는 확실한 권력의 영역을 탐험했지만, 나는 야생의 자유라는 규정되지 않고 규정할 수도 없는 곳을 탐험하고 모험하고자 한다. 요컨대 내가 원하는 세상을 창조할 수 있는 혁명은 야생으로 돌아가는 혁명이어야 한다.

야생의 혁명을 위한 강령이나 조직은 있을 수 없다. 왜냐하면 야생은 어떤 강령이나 조직에서 나타날 수 없기 때문이다. 야생은 우리의 본능과 욕망을 해방시키고 우리의 열정을 자발적으로 표출하는 데서 나타난다. 우리 모두는 길들이기 과정을 경험했고, 이 경험을 통해 문명 기반을 무너뜨리고 우리의 삶을 바꾸는 데 필요한 지식을 얻을 수 있었다. 그런데 우리 스스로 이런 경험을 신뢰하지 못했기 때문에 우리가 원하는 대로 자유롭고 적극적으로 반란을 일으키지 못한 것으로 보인다. 우리는 실패를 두려워하고, 우리 자신의 무지를 두려워한다. 그러나 이 불신과 두려움은 권위가 우리에게 주입한 것이고, 이 불신과 두려움 때문에 우리는 진정으로 성장하거나 배우지 못한다. 바로 이 불신과 두려움 때문에 우리는 우리를 장악할 준비가 되어 있는 모든 권위의 쉬운 먹잇감이 된다. '혁명' 강령을 수립하는 것은 할 일에 대해 명령을 받을 필요성을 높이는 것으로 결국 이런 공포와 불신에 놀아나는 일이다. 이런 강령에 기반을 둔다면 야생으로 돌아가려는 시도는 절대 성공할 수 없다. 진정으로 자유로워지기를 바란다면, 우리 자신의 느낌과 경험을 믿고 이에 따라 행동하는 법을 배워야 한다.

그래서 나는 아무런 강령도 제시하지 않는다. 다만 앞으로 추구해야 할 방법에 대해 몇 가지 생각을 나누고 싶다. 우리 모두는 문명에 길들어져 있기 때문에 혁명 과정의 일부는 자기변혁의 과정이기도 하다. 우리는 자신을 믿지 못하도록, 완전하게 느끼지 못하도록, 삶을 강렬하게 경험하지 못하도록 길들여져 왔다. 우리는 노동과 보수의 굴욕을 불가피한 것으로 받아들이도록, 사물을 용도의 시각에서 보도록, 생산을 통해 자신을 증명할 필요가 있다고 느끼도록 길들여져 왔다. 우리는 실망하게 될 것을 미리 예상하도록, 실망에 의문을 제기하지 말고 당연한 것으로 보도록 길들여져 왔다. 우리는 돌연 자유롭고 진정으로 살아 있는 존재가 되기보다 지루하게 전개되는 문명 속의 생존을 받아들이도록 길들여져 왔다. 우리는 이렇게 우리를 길들여온 상황을 무너뜨리는 방법,

길들여지는 것에서 자유로워질 수 있는 방법을 찾아야 한다. 그렇게 할 수 있다. 이런 상황에서 벗어나려고 노력해야 한다. 그래야 우리는 이런 상황에 더 이상 통제되지 않고, 우리가 문명을 무너뜨릴 때 아직 문명 속에 있는 우리가 생존을 위해 필요한 경우 그것을 이용할 수 있게 된다.

아주 전반적으로 우리는 우리가 무엇을 원하는지 알고 있다. 우리는 야생의 자유로운 존재들이 사는 세계에서 야생의 자유로운 존재로 살기를 원한다. 규칙을 지켜야 할 굴욕, 생존을 위해 우리 삶을 팔아야 할 굴욕, 우리에게 상품을 팔기 위해 우리의 박탈된 욕망을 추상화하고 이미지로 형상화하는 것을 지켜보는 굴욕은 우리를 분노하게 한다. 우리는 앞으로 얼마나 더 이 비참한 상황을 견뎌야 하는가? 우리는 이 세상을 우리의 욕망이 언제나 즉시 실현될 수 있는 세상으로 만들고 싶다. 우리의 삶을 다시 에로틱하게 만들고 싶다. 우리는 살아 있는 모든 것이 자원으로 간주되는 죽은 세상이 아니라, 자유로운 야성적인 연인들이 살아가는 그야말로 살아 있는 세상에서 살기를 원한다. 우리 자신을 억지로 문명으로부터 고립시키지 않고, 지금 현재 상황에서 어느 정도나 이런 꿈을 실현할 수 있을지 탐구해볼 필요가 있다. 이런 탐구를 통해 우리는 우리 삶을 지배하는 문명에 대해 보다 분명히 이해할 수 있을 것이다. 그리고 이런 이해를 통해 우리는 문명의 길들이기와 보다 격렬하게 싸울 수 있고, 그래서 우리가 야생적으로 살 수 있는 정도를 더욱 확대할 수 있을 것이다.

지금 당장, 가능한 한 야성적으로 살려고 시도함으로써 우리는 우리를 규정하는 사회적 조건을 무너뜨릴 수 있다. 이런 시도는 우리의 야성을 길들이려는 모든 것을 무너뜨리게 될 우리의 야성적인 장난기에 불을 지핌으로써 결국 문명을 무너뜨리고 서로 함께 살고 나누는 새로운 방식의 삶을 창조해낼 것이다. 이런 시도를 통해 우리는 문명의 지배가 가진 한계를 발견하고, 문명이 본질적으로 자유와 정반대라는 것을 알게 될 것이다. 우리는 전에 꿈도 꾸지 못했던 새로운 가능성, 즉 야성적인 자유가 거대하게 확대되는 광경을 보게 될 것이다. 지배사회의 근간을 무너뜨리고 그 본질을 드러내는 사보타지와 문명에 대한 희롱에서부터 야성의 확장, 축제, 흥청거리는 연회, 그리고 광범위한 공유에 이르는 모든 방법을 동원함으로써 우리는 놀라운 가능성을 이끌어낼 수 있다.

야생으로 돌아가는 혁명은 하나의 모험이다. 거침없는 야성적인 존재가 되기 위한 대담한 탐험이다. 그 어떤 지도에도 없는 미지의 영역으로 우리를 끌고 가는 혁명이다. 그곳을 열렬히 탐험해야만 우리는 그곳에 도달할 수 있다. 우리는 떨치고 일어나 우리의 야성을 파괴하는 모든 것을 파괴하고 우리의 본능과 욕망에 따라 행동해야 한다. 용기를 내어 우리 자신을, 우리의 경험을, 우리의 열정을 당당히 믿어야 한다. 그러면 우리 자신을 쇠사슬에 묶인 채 또는 우리에 갇힌 채 내버려두지 않을 것이고, 길들여지지 않을 것이다. 야생으로 돌아가려는 우리의 에너지는 문명을 끝내버리고 야생의 자유와 강렬한 즐거움이 충만한 삶을 창조할 것이다.

✄ 잘 먹자고 혁명하는 게 아냐!

작자 불명

이 글의 출전은 *News and Views from (the former) Sovietsky-Soyuz*(1995, 2월호) 중 'Don't Eat Your Revolution! Make It!'. 1995년 창간된 러시아의 무정부주의 잡지에 게재된 이 글은 독자투고로 보이는데, 1994년 11월 7일 러시아 10월혁명 기념 퍼레이드에서 있었던 작은 사건을 기록하고 있다.

11월 7일 모든 스탈린주의자들은 그때까지도 모스크바 '10월역 광장'
에 남아 있던 거대한 레닌 동상 아래로 모여들었다. 그러고는 '붉은 광
장'으로 향했다. 일부 트로츠키주의자들이 그 뒤를 따랐고, 심지어 '젊
은이들'이 자신과 함께한다는 망상에 빠져 있던 몇몇 무정부주의자들도
그 뒤를 따랐다. 빨간색과 검은색이 뒤섞인 무정부주의자들의 깃발, 그
리고 그들의 따분한 선언문은 당연히 10월혁명을 기리는 전통적인 이런
축하 방식을 망칠 수 없었지만, 아무도 예상치 못했던 곳에서 소란이 벌
어졌다. 길을 따라 내려가던 시위대는 길 옆에 서서 (빨간색 가짜 모피로
만든) '원시공산주의' 깃발을 들고 커다란 북을 거침없이 두들겨대며 뭐
라고 외쳐대는 소규모 혁명가 무리와 마주쳤다. 시위 군중이 이들 곁을
지나면서 도대체 무슨 말을 하고 싶은 거냐고 물어보자 분위기는 점점
더 긴장감을 띠게 되었다. '장님들'(북을 치고 떠들어대는 예술집단의 이름

이다)은 오늘 시위에 참석한 사람들은, 혁명과 아무 관계 없고, 그저 혁명으로 인해 생긴 성과를 '먹어치우고' 똥만 쌌으며, 할 수 있는 일이라곤 정부에 돈이나 더 달라고 요구하는 것뿐이라고 말했다. 이들의 포스터에는 "전 세계의 프롤레타리아여, 우리는 이미 충분히 먹었다"고 적혀 있었다. '장님들'은 정부에 더 많은 돈을 요구하는 대신 또 다른 혁명을 일으켜 진정한 공산주의, 즉 원시공산주의를 실현해야 한다고 주장했다. 물질적인 것에 그만 집착하고 주변의 사람들에게 관심을 돌려야 한다는 것이었다. 시위대가 지나가고 그들이 장님들에게 외친 고함소리 "저놈들은 유대인, 시온주의자! 이스라엘로 돌아가!"가 사라진 후, 이 '원시공산주의자'들은 집으로 향했다. 중간에 경찰이 그들의 정체를 묻기 위해 불러 세우는 일이 있었지만, 이 모든 것에도 불구하고 이날 사건은 평화적으로 끝났다.

𝄂 우리 머릿속에 박힌 기계

글렌 파톤 Glenn Parton

이 글의 출전은 『녹색 무정부주의자』(1997, 봄호) 중 'The Machine in Our Heads'이다. 필자는 자신을 비전문적인 정치철학자로 밝히며 활동하고 있다.

서론

전 세계 미시 및 거시 생태계의 악화와 파괴를 의미하는 환경위기로 지구상의 많은 종이 멸종되거나 멸종 위기에 처하면서 수많은 야생동식물이 하늘과 바다와 땅에서 자취를 감추고 있다. 경제적 이익 또는 다른 이유 때문에 앞장서서 환경파괴를 조장하는 사람들은 말할 것도 없고, 이런 일이 벌어지는 것을 방관하는 수동적인 사람들 역시 어리석은 길을 선택한 셈이다. 대부분의 사람들은 심각한 심리적인 문제에 사로잡혀 있기 때문에 이와 같은 지구의 재앙을 인식하지도, 이해하지도, 관심을 갖지도 않는다. 이러한 환경위기의 원인은 현대인의 심리적 위기에 그 뿌리를 두고 있다. 바로 이 때문에 생태-심리학 연구가 중요한 것이다. 요컨대, 우리는 현대인의 마음에 어떤 끔찍한 일이 벌어지고 있으며, 그 이유는 무엇이고, 그것을 어떻게 치유해야 하는지에 대해 보다 잘 이해해야 한다.

근원적 사유

우리가 오늘날 직면하고 있는 전 세계적 환경위기를 해결하기 위해서는 새로운 정보에 의존해서는 안 되며, 오히려 오랜 과거의 관념에 의존해야 한다. 친근한 결속력, 연대감, 공동체, 직접민주주의, 다양성, 자연과의 조화 같은 원시적, 또는 종족적 사고방식은 합리적이거나 건전한 모든 사회의 기본 틀, 혹은 기본 토대가 된다. 우리 조상들이 건네준 선물이라 할 이런 원시적 관념들은 오늘날에는 의식에서 배제되어 있다. 그래서 대부분의 현대인은 자연의 균형 속에서 삶을 영위한다는 우리 조상들의 기본 진리를 알지 못한다. 우리는 이 진리를 깨달아야 한다. 원시인의 마음에는 자명한 이 진리를 망각했기 때문에 우리는 끝없는 정치토론, 과학연구, 그리고 타협에만 몰두한다.

약 1만 년 전 문명이 시작되기 전 인류는 수십만 년 동안 부족사회에서 살았다. 그 기간 동안 부족사회는 부족의식─다양하고 건강한 지구에서 모든 생명체가 다 함께 잘 살기 위한 실질적인 아이디어나 원칙─을 발전시켰다. 그런데 토착부족을 차례차례 붕괴시킨 전 세계적인 문명의 침략 과정이 너무 빠르고 치명적이어서 우리는 그것을 가히 문명의 정신적 충격trauma이라고 부를 만하다. 부족민들은 문명의 학살에 대처하지도, 또 그것에 저항할 수도 없었기 때문에 부족의식은 땅 속에 묻혀 금단의 위험한 것으로 치부되었다. 문명에 정복당한 사람들은 죽음의 고통을 상기하며 옛날 식으로 생각하고 행동하는 것을 두려워하게 되었다. 결국, 문명의 기원에는 바로 이같은 커다란 공포가 자리 잡고 있는 것이다.

개체 발생은 계통 발생의 축소판이다. 즉, 개인의 발전은 종의 발전의 축소판이다. 어린 시절에 현대인은, 석기시대의 원시 생명체에서 책임감 있는 현대시민으로 변모하는 엄청난 여정을 거친다. 처음에 부모, 교사, 성직자(나중에는 경찰, 법률가, 두목 등)로 대표되는 문명의 압도적인 힘과 마주칠 때, 아이는 심리적으로 자신의 면 조상이 겪었던 것과 똑같은 상황—즉, 문명에 복종하든지, 아니면 죽어야 하는 상황—에 직면한다. 무기력한 아이는, 도덕문명과 문명교육을 강요하기 위해 부모와 다른 어른들이 사용하는 신체적 위해나 애정 거부의 위협에 일종의 정신적 충격을 받는다. 이로써 커가고 있는 작은 인격체는 자신의 부족 본성을 표현하지 않으려 한다. 성인 문명인으로 성장하는 밑바닥에는 바로 이같은 커다란 공포가 자리 잡고 있다.

아이가 문명에 대립되는 생각과 충동을 인식하면, 그 아이는 불안—위험을 알리는—을 경험한다. 어린이가 두려워하는 것은 문명에 대립되는 통찰력과 충동 그 자체가 아니라, 그런 통찰력과 충동에 대한 통제자의 적대적인 반응이다. 아이는 자기 생명을 통제하는 사람에게 벗어날 수 없기 때문에 위험한 생각과 감정으로부터 도망친다. 달리 말해, 아이는 자신의 원시 자아primitive self에 대한 억압을 내면에 제도화한다. 이로써 부족적 사고방식은 단절되고 사라지며 미래의 향배에 적절한 영향을 미치지 못한다.

문명으로 인한 정신적 충격, 혹은 피할 수 없는 공포로 인해 이성이 교란된다. 원초적 정신인 근원적인 사유가 침묵하기 때문에 자의식의 표상인 인간 정신의 내면 대화도 멈춘다. 현대인들에게는 더 이상 자신의 원초적 목소리가 들리지 않는다. 그리고 새로운 생각과 오래된 생각, 개인의 요구와 종족(그리고 종)의 요구가 서로 분리되면 근원적인 사유도 더 이상 존재하지 않는다. 이성의 차원에서는, 이성이 그 뿌리로부터 단절됨으로써 이성적 사유는 피상적인 것이 되고 진정한 삶의 가치가 무엇인지 알지 못하게 된다.

부족적 사고방식이 정신의 가장 오래되고 심층적인 부분에서 개인의식으로 전환되는 과정은 인간의 가장 자연스럽고 정상적인 정신 과정이다. 근원적 사유는 교육의 산물이 아니라 호모사피엔스인 우리에게 부여된 고유하고 타고난 권리다. 그런데 문명은 정신 충격적 사회화를 통해 원초적 정신이 발현될 수 없도록 함으로써 인간의 자유로운 정신 과정을 방해해왔다. 이런 상황에서, 시간에 의해 검증된 선사시대의 사고방식과 단절된 이성은 일차원적인 것이 되었고 현대생활의 문제를 풀 수 없게 되었다. 아무리 많은 새로운 정보도 선하고 우아한 삶의 토대가 되었던 부족의 지혜를 대체할 수 없다.

지금까지 내가 말한 것 중 진보 개념을 부정하는 내용은 하나도 없다. 그러나 내가 의미하는 진정한 진보란 오랜 세월을 거쳐 한 세대에서 다음 세대로 전해지면서 완벽하게 다듬어진 과거의 총체적인 사고에 비추어 새로운 사고를 받아들이거나 거부하는 사려 깊은 정신적 대화의 산물이라는 것이다. 요컨대, 진정한 진보란 가장 기본적인 진리를 토대로 이루어지는 것이다. 이것은 원시문화를 이상화하는 것이 아니라 원시문화의 군건하고 지적인 업적을 의식적으로 인정하는 것이다. 그러나 문명은 원시적이고 기본적인 진리를 거부했기 때문에 우리는 선하고 우아한 삶의 준거 틀을 잃었다. 현대세계에서 말하는 진보란 길 잃은 개인들이 벌이는 목적 없고 무분별한 광란에 다름 아니다. 길을 잃었으면 방향을 알던 곳으로 되돌아가 그곳에서 다시 출발해야 한다.

거짓 자아

우리는 우리의 압제자를 내면화해왔다. 이는 문명이 가한 정신적 충격에 대한 가장 일반적인 심리적 반응이었다. 저항할 수 없는 공포에 직면할 때 인간 정신은 분열되고 정신의 일부분은 압제자와 동일시된다. 이것은 압제자의 비위를 맞추려는 행위다. 이런 정신상태를 갖게 되는 것은 "이봐, 나는 너하고 비슷하잖아. 그러니 나한테 해코지하지 마"라고 말하려는 것이다. 문명화 과정 그리고 '압제자와의 동일시'로 알려진 이런 심리적 방어기제가 작동한 결과, 이제 우리 머릿속에는 내면의 목소리가 아니라 문명의 다양한 대표자들이 밖에서 하는 말소리가 들린다. 이러한 외적 자아 동일시alien ego-identification 때문에 우리는 더 이상 우리 자신의 부족적, 원초적 목소리를 듣지 못한다. 우리의 정신이 다시 근원적인 사유를 시작하려면 부족적 사고가 의식 속에 떠오르지 못하게 막는 이런 내적 권위를 부수고 그 저항을 극복해야 한다. 현대의 문제는 우리가 원초적인 목소리에 귀 기울이지 않는다는 것보다 원초적인 생각이 전혀 의식 속에 떠오르지 않는다는 데 있다. 그리고 그 원인은 원초적인 생각을 부정하고 억누르는 내적 저항 또는 자아의 외적 동일시 때문이다.

평생에 걸쳐 강화되는 이런 자아의 외적 동일시로 인해 문명의 규칙과 제도를 표현하고 실행하는 별개의 어떤 억제된 인격, 이른바 거짓 자아가 형성된다. 이 거짓 자아는 일반 대중의 얼어붙은 표정, 판에 박힌 제스처, 의미 없는 행동양식 등에서 찾아볼 수 있다. 이 거짓 자아가 일상생활의 많은 부분을 결정하기 때문에 우리 자신이 행동의 동인이 되는 경우는 거의 없다. 위험을 느끼거나 스트레스를 받을 때 우리는 거짓 자아에 빠진다. 또는 단순히 거짓 자아를 취하는 것이 갈등을 줄이기 때문에 거짓 자아에 빠지기도 한다. 이런 식으로 깊은 통찰 없이 자신의 사회적 역할을 수행함으로써 우리 자신도 스스로를 내적으로 억압한다.

정신적 충격을 가하지 않으면 본래 자연적이며 자연 속에서 성숙해가는 사람들이 문명의 관념들을 받아들이지 않을 것이기 때문에, 사람들을 문명화시키기 위해선 정신적인 충격이 필수적이다. 예컨대 위계질서, 사유재산, 국가와 같은 문명적인 관념들은 우리의 부족적 본성과 모순되기 때문에 강제로 인간의 정신에 주입시켜야 한다. 바로 이 때문에 우리의 정신이 파열되고 분열된다. 즉 마음의 한 부분이 침략자에게 굴복하는 것이다. 이런 이유로 거짓 자아는 결코 인간의 정신 속에 녹아들지 않고, 외부 침략자로서 정신을 점령함으로써 정상적이고 건강한 정신생활과 단절된 채 그 위에 군림한다.

원초적 자아

거짓 자아 아래 한 인격의 원초적 정체성이 살아남아 있다. 이 원초적 자아는 외부 인격, 거짓 자아보다 오래된 것일 뿐만 아니라 다른 것이기도 하다. 이 원초적 자아 혹은 원시적 자아는 인간 정신이 문명에 의한 정신적 충격으로 파열되기 전인 어린 시절에 존재하는 인격이고, 이런 인격은 한 사람의 인격적 정체성의 가장 핵심부에 여전히 존재하고 있다. 또 원초적 자아는 인간의 가장 깊고 오래된 심리 영역에 존재하며, 원시적 정신primitive mind이 개인적으로 분화된 것—즉, 원시적 정신이 최초로 사람들 속에서 인격적으로 구현된 것—이다. 이와 같은 원초적 자아로 인해 부족적 사고방식이 곧바로 개인의 의식과 행동으로 이어지는 원시의 지혜—즉, 내적 인식—가 발휘된다.

문명 속에서 이 원초적 자아는 현상을 유지하려는 거짓 자아와 반발하려는 부족적 자아가 벌이는 전쟁의 한복판에서 옴짝달싹 못하고 있다. 한 인간이 거짓 자아에 빠져들기를 거부하고 자신의 인격적 정체성을 유지하는 데 성공할 때조차도 거짓 자아가 목을 졸라 원초적 목소리가 들리지 않을 수 있다. 별개의 억제된 인격으로서 거짓 자아는 병약한 정신 속에서 항상 꿈틀대고 있는 자신의 의지—적어도 부족적 사고방식을 억누르려는 의지—를 실현한다. 부족적 사고방식은 문명을 위협하기 때문에, 문명에 대한 심각한 모든 도전을 차단하는 거짓 자아의 검열을 통과할 수 없다.

또한 현대세계에서 의식을 사회적으로 통제하고 조작하는 여러 방법 (예컨대, 광고)이 발전함에 따라 거짓 자아는 보다 자율적이고 확대되는 경향이 있다. 일단 정신이 붕괴되면, 문명의 냉혹한 힘이 후원하는 거짓 자아는 우리의 삶을 장악해버린다. 그러면 원초적 자아 혹은 본래의 자아는 자폐상태에 빠지거나, 사회적 현실에 대한 적극적인 개입을 포기한다. 그러나 최소한 이따금이라도 우리는 거짓 자아 밑에 있는 우리의 원초적 정체성을 인식한다. 그래서 우리는 어린 시절에 가장 효과적으로 구축되는 원초적 정신 작용에 대한 억압을 몰아낼 희망이 있다.

진정한 자아

인격 발전의 정상적인 심리적 기초인 동일시를 통해 사람의 원초적 정체성은 더욱 확대되어 진정한 자아가 된다. 이런 동일시 과정은 인격의 연속성이 단절될 때, 즉 정신이 둘로 나뉘어 거짓 자아라는 새로운 심리 구조가 등장할 경우에 병적인 것이 된다. 그런데 불행하게도, 바로 현대 문명인에 대한 강제교육 때문에 정신분열이 발생하고 있다. 반대로, 자연적이고 온전하게 인간 정신이 발전하면 인간 정신의 다양한 발전단계와 기능들 간에 어떠한 모순도 없다. 진정한 자아란 원초적 자아가 지속적으로 유지되어 정점에 이른 상태다. 원초적 자아가 부족적 자아에서 발전하는 것과 똑같이 진정한 자아는 원초적 자아에서 발전한다. 말하자면 심리의 실체는 부족적 자아와 원초적 자아로 구성되며, 이 두 자아 간 역동적 상호작용이 진정한 자아를 발전시킨다. 진정한 자아는 발전하고 진보하는 것이다. 그러나 정신적 충격을 통해 문명은 부족적 관념이 의식으로 발현되지 못하게— 원초적 자아를 없애지는 못했다— 했으며, 그럼으로써 인격이 보다 높고 보다 성숙한 차원으로 발전하지 못하게 만들었다. 우리가 다시 근원적 사고를 하고, 그럼으로써 진정한 자아를 실현하기 위해서는 정신 내적으로나 외적으로 문명을 거부해야 할 뿐만 아니라 궁극적으로 해체해야 한다.

메시지

현대의 비극은 '인간 욕구는 충족될 수 없다'는 사실을 계속 대중들에게 상기시켜야 한다는 데 있다. 이 진리는 외부에서 사람들에게 주입될 것이 아니라 그들 스스로 깨우쳐야 하는 것이다. 기실, 사람들은 문명에 의해 부과된 자신의 역할에 만족하지 못한다. 소수를 제외하고 사람들 대부분은 진정한 정체성이나 잠재력을 실현하지 못하고 있다고 느낄 뿐 아니라, 불행하게도 부족적 자아를 인식하지도 못하고 있다. 대중들이 일단 부족적 자아를 자각하게 되면, 그것은 오랫동안 개인의 마음속에서 잠들어 있을 수는 있지만, 어린 시절에 그랬던 것처럼 다시 완전히 잊혀지지는 않는다. 부족적 메시지는 사람들의 지적 각성을 자극하는 촉매제 역할을 할 뿐만 아니라 오랜 친구를 찾은 것 같은 느낌을 불러일으킨다.

비록 문명에 의한 심리적 억압 때문에 근원적 사유가 중단되었지만, 심리적으로 부족적 사고가 계속 의식 속으로 밀고 들어가려 하기 때문에 부족적 메시지는 개인을 움직이는 힘을 발휘한다. 정신은 늘 모든 생각을 하나의 이해할 수 있는 전체로 통합하려고 한다. 억압된 무의식은 항상 의식 속으로 침투하려고 한다. 한 개인이 부족적 메시지를 통해 외부로부터 부족적 자아에 대한 관념을 얻게 되면, 그 관념은 의식 깊숙이 뿌리 내린다. 부족적 메시지는 의식 속으로 파고들려고 하는 억압된 진실을 자극하고 일깨우기 때문에 인간 의식에 호소하고, 인간의 의식을 끌어안고, 진실의 종을 울린다. 이런 이유로 부족적 자아를 억압하는 문명의 승리는 결코 확고하지 않으며, 따라서 문명의 대변자들은 계속 거짓과 왜곡을 행할 수밖에 없다.

부족적 자아가 전하는 메시지에 한 사람이 귀를 기울이고 자각할 수 있느냐 하는 문제는 그의 개인적 삶에 영향을 미치는 심리적 상황에 달려 있다. 위기가 발생하면 사람들은 평상시 하지 않았던 생각을 하게 된다. 절망과 혼돈에 빠져 도움을 찾는 사람들은 부족적 자아란 관념을 지적으로 받아들일 수 있다. 그래야 자신의 인생사에 의미가 있기 때문이다. 그러나 이는 아직 부족적 관념을 자기 내면에서 깨달은 것은 아니다. 부족적 관념을 내면에서 깨닫기 위해서는 깊은 정신적 대화가 있어야 하는 법이다. 메시지를 통해 자기 내면에 있는 부족적 관념을 지적으로 인식하는 것은 온전한 사람이 되기 위한 첫 번째 전제조건이긴 하지만, 그것만으로는 충분하지 않고 자신의 원초적 목소리를 듣는 것도 아니다. 각 개인은 부족적 자아의 메시지나 이론을 스스로 확인하거나 입증해야 한다.

외부로 뻗어나가기

자신만의 원초적 목소리를 듣고 다시 근원적인 사유를 하기 위해서는 원초적 자아가 밖으로 뻗어나가야 한다. 이것은 사람들이 선하고 옳은 것이라고 인정하는 근본 원칙, 즉 부족적 이상에 따라 살기 위해 투쟁하는 것을 의미한다. 부족적 이상에 따라 사는 것은 전사戰士의 길을 가는 것이다. 왜냐하면 문명은 내적(가짜 자아)으로나 외적(법, 제도, 기술)으로 부족적 이상과 대립하기 때문이다. 내적으로나 외적으로 문명과 대적하기 위해서는 내적 결의와 용기가 필요하다. 창을 들거나 짐승가죽 옷을 걸치는 것이 현대의 부족적 전사가 할 일은 아니다. 현대의 부족적 전사가 할 일은 대면민주주의, 마시는 물로써의 강과 시냇물, 야생에 대한 존경 등과 같은 선사시대의 위대한 관념에 헌신하고 그것을 수호하는 것이다. 이런 관념들은 그 자체로 원초적 지식이기 때문에 그런 관념을 증명하기 위한 자료나 논쟁, 또는 의회나 회의 등을 필요로 하지 않는다. 전사는 흔들리지 않는 근본 진리를 토대로 서 있는 것이며, 문명의 사악한 거짓말—예컨대, 지구가 재산이라거나 각 개인이 자기이익을 극대화한 것이 공동선이라는 것 등—은 무지한 자들의 의미 없는 허튼소리로 사라져버린다.

문명의 상처를 치유하는 심리 과정은 원초적 자아를 강화할 뿐만 아니라 일상생활을 통해 원초적 자아가 문명의 전복으로 나서는 과정을 포함한다. 우리는 과거의 공포 때문에 근원적으로 혹은 비판적으로 생각하기를 두려워한다. 부족적 관념에 대해 생각지 않고 부족적 관념을 표출했을 때 당했던 고통(그리고 엄습하는 두려움)을 떠올리지 않는 것이 더 편안하다. 원초적 사유를 하면 죽음을 당하거나 크게 다칠 것이라는 어린 시절의 공포가 지금도 살아남아 있는 것이다.

아이는 불만스럽지만 어쩔 수 없이 사회 현실에 적응한다. 즉 문명의 위협에 어찌해볼 도리가 없기 때문에 스스로 부족적 자아를 억누른다. 그러나 성인은 아이처럼 무기력하지 않다. 더 이상은 문명과의 투쟁을 포기할 필요가 없는 것이다. 우리를 모욕하고 약화시키는 권위에 문제를 제기하고 거부할 수 있는 많은 기회가 일상생활 속에 존재한다. 이제 문제는 외부의 현실과 벌이는 이런저런 투쟁에서 우리가 승리할 것이냐 하는 것이 아니라, 문명에 맞서 부족적 관념에 충실하고 그것을 우리의 행동과 삶에 구현하는 것이다. 이렇게 함으로써 근본적인 인격의 변화가 서서히 진행된다.

전사의 길은 부족적 이상을 굳게 지켜나가는 길이다. 단련된 자아를 부족적 정신과 직접 그리고 공개적으로 소통시킴으로써 거짓 자아(그리고 그 처벌 메커니즘)를 해체하려는 치료의 목적을 갖고 나아가는 길이다.

원초적 자아를 강화시켜 거짓 자아로부터 벗어나는 개인의 여정만으로 문명을 전복할 수 없다. 그러나 그것은 문명 전복을 위한 환경 조성에 필요한 주관적 전제조건이다. 대중은 거짓 자아에 단단히 사로잡혀 있기 때문에 결코 혁명을 고려하지 않는다. 인간을 억압하고 길들이는 문명의 기제는 우리 머릿속에 있다. 따라서 우리는 그것을 먼저 전복해야 한다. 왜냐하면 해방의 심리적 토대가 제대로 마련되지 않으면, 반혁명 세력에 의해 (1만 년 동안) 잔혹하게 억눌려왔던 사람들이 반란을 일으킬 가능성은 거의 없기 때문이다. 우리들 중 충분히 많은 사람들이 자기회복이라는 내면의 어려운 작업을 마친 후―즉 우리가 충분히 제정신을 차린 후―에야 우리는 부족으로 뭉쳐 문명을 파괴할 수 있을 것이다.

교차로

문명 속에서 인간의 불행은 만연해 있고 지금도 계속 증가하고 있다. 사람들은 점점 더 공허하고, 불안하며, 우울하고, 분노한다. 모든 사람들이 이처럼 심각한 심리적 문제에 대해 해답을 찾고 있다. 한문에서 '위기'는 '위험'과 '기회'의 두 가지 의미를 내포하고 있다. 역사 속에 우리가 서 있는 곳은 바로 여기, 근본적으로 다른 두 개의 미래로 갈라지는 교차로이다. 한쪽 길에는 광기의 위험이 있지만, 다른 길에는 부족성을 회복할 기회가 있다.

광기로 가는 길

문명 속에서는 근본적이고 생기발랄한 욕구가 충족되지 않는다. 이것은 좌절을 만들어내고, 좌절은 다시 공격성을 강화한다. 문명이 새로운 기술을 통해 전 세계를 하나로 연결하며 '진보'할수록, 우리는 단순하고 기본적인 삶의 즐거움—햇볕 쬐기, 모닥불 주위에 둘러앉아 이야기 나누기, 산책하기, 머리 위의 푸른 하늘 즐기기와 같은—에서 더 멀어지고 그만큼 좌절과 공격성은 증대된다. 타인과 자연에 대한 사람들의 관심과 배려는 더욱더 축소되고, 내부에서 커져가는 좌절과 분노를 완화하기 위해 자신에 더욱 집중한다. 바로 이것이 현대세계 곳곳에서 이기심의 문화가 발견되는—이것이 정신이상으로 가는 첫 번째 단계다—이유다.

　지금 어렴풋이 등장한 정신이상의 두 번째 단계는 과대망상증이다. 과대망상증은 타인과 자연에 대한 사랑을 지속적으로 줄여 마침내 자신의 가치를 비정상적으로 과장하게 되는 심각한 병적 상태를 말한다. 과대망상에 빠진 사람은 (비정상적으로 팽창된 자기사랑 때문에) 도취감에 빠져 자신의 능력이 아주 뛰어나고 사물을 통제한다고 느끼지만, 실제로 그는 (타인과 자연에 대한 사랑을 너무 지나치게 상실했기 때문에) 더욱 고립되고 무력하며 사물을 통제하지 못한다. 필사적으로 더 많은 사랑을 받음으로써 평온을 얻으려는 이런 병적인 과대망상증은 내적 증오를 먹고 자라지만, 우리가 앓고 있는 정신병의 근본 원인—즉 원초적 욕구가 충족되지 않는 문제—을 결코 해결하지 못한다.

기본적 욕구를 알려주는 부족적 관념을 접하지 못하면, 사람들은 자신이 겪고 있는 좌절과 분노를 표출할 정확한 대상—요컨대, 문명—을 발견할 수 없게 된다. 그 결과 분노가 우리 몸과 마음속에 갇힌 채 정신적으로 누구도 견딜 수 없는 수준에까지 이르러 결국 광기가 되고 만다. 문명의 세 번째이자 마지막 단계인 광기, 이 정신이상은 원초적 자아가 자기 스스로 만들어낸 공포, 좌절, 적대감의 벽 안에서 고통받는 죄수가 될 때 발생한다. 이 단계에 이르면, 이제 어떤 합리적 메시지를 주어도 원초적 자아에 도달하고 원초적 자아를 자극하는 일이 극히 어려워진다.

정신 회복의 길

문명은 상호의존과 고립과 인위성의 사슬로 우리를 노예로 만들어왔다. 문명 속에서 우리가 겪었던 모든 고난은 여전히 우리 마음속에 남아—인간의 마음에서는 아무것도 사라지지 않기 때문에—이제는 분노가 되어가고 있다. 이 분노가 그 원인—즉, 문명—을 향해 표출되지 못하도록, 문명이 활용하는 메커니즘이 바로 우리 머릿속에 구축된 독재, 즉 거짓 자아다. 이 거짓 자아가 자책의 형태로 시민들에게 분노를 표출하게 만든다. 거짓 자아는 각 개인이 자신의 불행을 책임져야 한다고 주장한다. 거짓 자아는 우리를 벌주고 예속시키는 데 필요한 에너지를 우리 자신의 알 수 없는 좌절과 공격성에서 얻는다. 부족적 이상을 의식적으로 회복하지 않으면 즉, 문명을 평가하고 비판하며 문명에 대항하는 근본적인 진리를 굳게 고수하지 않으면, 사람은 거짓 자아에 의해 내면화되는 좌절과 공격성에 지배된다.

부족적 이상은 원초적 자아를 강화하고 거짓 자아를 물리치는 지휘봉이다. 때로는 언어로, 때로는 행동으로, 때로는 침묵으로 표현되는 부족적 이상을 고수함으로써 우리는 튼튼한 토대 위에 자존감을 세울 수 있다. 왜냐하면 우리는 소규모 인간집단과 광대한 자연 및 야생 공간에 강력한 정서적 유대를 느끼는 본질적으로 매우 독립적이고 이지적인 존재이기 때문이다.

자존감은 인간 본성을 자극하는 가장 중요한 요소이기 때문에 매우 중요하다. 현대세계 전부가 증오를 퍼부어도 한 개인이 굴하지 않고 문명에 도전할 수 있게 해주는 것이 바로 이 자존감이다. 한 개인이 근본적인 자존감을 갖게 되면, 그는 더 이상 문명의 노리개가 아니며, 문명이 가하는 모든 타격은 용감한 전사가 전투 중에 입은 상처밖에 되지 못한다. 문명은 이런 자존감에 대해 아무런 힘도 발휘하지 못한다. 왜냐하면 근본적 자존감을 회복한 사람은 문명의 법과 규범에 전혀 개의치 않기 때문이다. 이런 자존감을 회복하는 것이 온전한 정신을 회복하는 첫 단계이다.

자존감은 온전한 정신을 회복하기 위한 두 번째 단계인 진정한 자기사랑으로 이어진다. 왜냐하면 자기사랑(보다 포괄적으로 말해 행복)은 어린 시절에 그랬던 것처럼 자신만의 이상을 다시 회복하는 데 있기 때문이다. 이 자기사랑은 결국 밖으로 넘쳐흘러 타인과 자연에 대한 사랑이 된다. 지구에 존재하는 생명에 대한 배려는 사랑이 넘쳐흐른 결과, 혹은 니체의 말처럼 "유복한 자아…… 생명의 위대한 완전성, 왕성한 에너지와 충만감"의 결과다. 달리 말해, 지구상에 존재하는 모든 생명에 대한 배려는 원초적이고 건전한 나르시시즘이 외부로 온전히 확대된 것이다. 자기사랑에서 흘러나온 이 배려심이 없으면, 과학과 윤리학이 생물학적 다양성, 생태학적 통합, 진정한 야생의 보존을 아무리 설교한다 한들 헛된 것이 되고 만다.

과대망상적 혹은 병적 나르시시즘은 타인이나 자연에 대한 사랑이 전혀 없다. 왜냐하면 점점 더 많은 것을 요구하고 잔혹해지는 거짓 자아를 억누르기 위해서는 이용할 수 있는 것 이상의 심리적 에너지가 필요한 까닭에 자신 외의 것을 돌볼 여유가 없기 때문이다. 과대망상적 사랑에 있어, 타인과 자연에 대한 사랑을 거두고 자신만을 사랑하는 행위는 자신의 상처와 증오를 더욱 자극하는 현실에 대한 일종의 방어적 반응이다. 이로써 원초적 자아는 더욱 약해지고 거짓 자아는 더욱 강해진다. 왜냐하면 인간이 받은 커다란 심리적 상처는 문명의 정신적 충격이 가해지면서 더욱 곪아가기 때문이다.

부족적 이상에서 우리의 정체성을 찾는 것이 문명이 우리에게 입힌 커다란 나르시스적 상처를 치료하는 길이다. 또 부족적 이상에서 정체성을 찾는 것은 우리가 가진 상처의 근원에 파고들어 치료를 시작하는 것이기 때문에 문명 해체를 위협하는 것이다. 한 개인을 혁명가 혹은 급진적인 생태운동가로 만드는 정신 회복의 세 번째이자 마지막 단계는 한 개인이 열정적인 지적 실천을 통해 근본적 진리를 기억해내거나 직관적으로 인식할 때 나타난다. 근본적 진리를 인식하게 되면, 이제 그는 자신만의 원초적 목소리—다른 생명체를 돕고 지구를 보살피려는 멈출 수 없는 의식적 충동으로서 내면에서 솟아나는—를 듣게 된다.

결국, 온전한 정신을 회복하는 길은 부족적 자아를 인식하는 데서 시작된다. 한 사람이 부족적 이상에 헌신하면 자존감이 생기며, 자존감은 다시 자기사랑을 낳는다. 그리고 궁극적으로 이 자기사랑은 타인과 자연으로 흘러넘친다. 그리고 마침내, 그 사람은 건강하고 야생적인 자연 속에 소규모 촌락공동체를 재건하려는 대중운동에 서로 협력할 정도로 심리적으로 충분히 안정되고 강해진다.

결론

문명의 마지막 위기가 21세기에 찾아오면 현재의 문명 시스템은 계속 생존하기 위해 필요한 무슨 일이든 할 것이다. 그리고 거짓 자아에 지배되는 사람들은 무엇이든—국립공원, 야생보호구역, 그리고 (그 성과가 뭐든 간에) 야생 프로젝트를 이용하고 파괴하는 일을 포함해—그런 일을 지지할 것이다. 사람들이 분명하고 온전한 심리적 중심을 갖고 있지 못하면 모든 것은 위험에 처한다. 개인적으로 온전한 정신을 추구하는 것은 대부분의 사람들에게 가장 중요한 문제이며, 적어도 곧 중요한 문제가 될 것이다. 그리고 온전한 정신을 회복하기 위해서는, 현대사회의 고립된, 그리고 두려움에 가득 찬 모든 사람이 어떤 존재가 되기를 원하고, 또 어떤 존재가 되어야 하는지, 그 관념과 비전을 가져야만 한다. 이런 비전을 갖도록 하기 위해서는 사람들에게 부족적 이상을 제시하는 것이 최선의 방법이다. 그런 후, 현실을 실제로 변화시키는 데 앞서 자신을 해방시키는 힘든 심리적 노력을 하는 것은 각 개인의 과제다. 정신을 치유하는 이 개인적 과제는 오늘의 상황 속에서 반드시 실현될 수 있고, 또 실현되어야만 한다.

박쥐의 반란

아론 랍 Alon K. Rabb

이스라엘 출신 학자로 캘리포니아 주립대학(UC Davis)과 포틀랜드 주립대학에서 유대 문명에 관한 강의를 맡고 있다. 현재 미국에 살면서 자동차를 거부하고 자전거로 다니며, 강단에서 '자전거 사회학'이라는 강의를 하기도 한다. 이 글의 출전은 *The Bear Essential*(1995, 여름호)의 'Revolt of the Bats'.

온 세상에

전쟁을 선포한 침입자들이 점령한

북아메리카 거북섬에서

개미, 전복, 수달, 늑대, 엘크 사슴들이

들고 일어나기를!

그리고 로봇 같은 삶을

떨쳐버리기를.

— 게리 스나이더[*]

• Gary Snyder(1930~). 미국의 시인이자 환경운동가. 인간 소외, 문명의 파괴성, 자연의 황폐화를 다룬 시를 발표해 '심층생태학의 계관시인'이라고 불린다. 이 시가 수록된 시집 『거북섬』으로 퓰리처상을 받았다.

어머니 지구, 그리고 그녀의 동물들

동물들이 다시 싸우고 있다. 이빨과 발톱, 날개와 발을 무기 삼아 문명의 독재와 파괴에 맞서 전쟁을 벌이고 있다.

동물들의 투쟁에 공감하는 사람들은 농장과 모피 목장을 불태우고, 정육점을 부수며, 로데오와 서커스를 비롯해 동물을 노리개로 삼는 여러 '오락'을 중단시키려고 노력하고 있다. 그러나 동물 역시 스스로를 지키기 위해 행동에 나섰고, 자신의 해방을 위해 싸우고 있다.

이런 반란은 개별 동물들뿐만 아니라 전체 동물공동체 차원에서 다양한 형태로 전개되고 있다. 이들이 사용하는 가장 일반적인 반란 전술은 우리에서 탈출하는 것이다.

나는 여기서 다음 몇 가지 사례를 상기하고 우리를 탈출한 동물들에게 경의를 표하고자 한다. 1990년 6월 캔자스 시 동물원 철창에서 오랑우탄이 네 개의 커다란 볼트를 풀고 탈출에 성공했다. 1991년 12월에는 서아프리카에서 잡아와 발톱이 제거된 수달이 철창을 뚫고 포틀랜드의 동물 유치시설을 탈출하는 일이 발생했다. 1991년 12월에는 시애틀 과학박람회에서 악어가 높은 경사로를 기어 올라가 몇 시간 동안 사라졌던 일이 있었다. 1994년 6월에는 루이빌 시립 동물원에서 코끼리가 탈출했다. 1993년 9월에는 오리건 해양박물관에서 '코디'라는 이름의 바다 수달이 바닥에 떨어진 섬유유리 볼트로 수족관 유리창 한 장을 박살낸 적이 있었다. 또 교토대학교 영장류연구소에서는 '아이'와 '아키라'라는 침팬지 두 마리가 경비원에게 열쇠를 훔쳐 우리를 열고, 복도를 가로질러 '두두'라는 오랑우탄 친구의 우리까지 열고 자유를 찾아 도망치기도 했다.

1990년 4월에는 터키의 한 도살장으로 실려 가던 암소 한 마리가 트럭에서 탈출해 마침 지나가던 주지사가 탄 차를 덮쳐 그에게 부상을 입힌 일이 있었다. 이후 그 소의 운명에 대해서는 보도되지 않았지만, 사람들은 그 소가 언덕으로 무사히 달려가 자유를 찾았기를 희망했다. 1980년 오리건 주 살렘 마을 근처에서 '루퍼스'라는 이름의 황소가 도살장으로 실려 가던 중 트럭 문짝을 부수고 도망친 후 현상금 사냥꾼에게 잡혀 '주인'에게 보내지기 전까지 며칠간 자유롭게 포효하며 돌아다녔다. 1993년 6월 이집트 카이로에서는 소, 양 등을 잡아 제사 지내는 이슬람의 희생제 '이드 알아드하Eid-Al-Adha' 도중 황소 한 마리가 도살자가 꺼낸 칼을 눈치 채고 탈출했다. 이 황소는 이 도살자에게 덤벼들어 그가 사는 아파트 3층까지 쫓아가 가재도구를 부쉈고 도살자는 한참 동안 침대 속에 숨어 있어야 했다.

이 동물 중 일부는 다시 잡혀 본래 있던 감옥으로 돌아갔다. 그러나 근처 숲으로 가기 위해 포틀랜드 동물원과 오리건 과학산업박물관 사이의 도로를 건너던 모습이 마지막으로 목격된 수달은 진정한 영감을 주는 사례로, 이 수달이 보다 많은 동물들이 일으키는 과감한 반란의 선구자가 되기를 바란다.

때로는 야생에서 자유를 누리는 동물들이 탐욕과 이윤 추구에 저항하는 데 전략적으로 유리하기도 하다. 1991년 대머리 독수리는 20번 고속도로 옆에 둥지를 틂으로써 3백만 달러 규모의 중부 오리건 도로 확장계획을 저지했다. 자동차 광들을 좌절시킨 독수리를 보는 것은 아름다운 광경이다.

워싱턴 DC의 교통 신호등에 둥지를 틀고 있다가 인근 회사원들을 습격한 굴뚝새처럼 보다 과감한 전투를 수행하는 동물들도 있다. 어떤 새들은 군용 비행기 엔진을 향해 자살공격을 감행해 비행기를 망가뜨리기도 한다. 같은 동물에 대한 연대감을 보여주는 좋은 사례로는 노새 '루시'가 있다. 루시는 아이다호 주지사 세실 앤드루스가 사냥여행 중 총으로 쏴 죽인 엘크를 그의 등에 올려놓으려 하자 주지사를 발로 차버렸다. 이로 인해 주지사 앤드루스는 코가 부러졌고 살이 깊이 찢어졌다.

사냥용 산탄총을 쏴 사냥꾼 '장 기욤'을 살해한 벨기에의 스패니얼 개, 사냥꾼 '앨런 로우'를 상아로 들이받은 짐바브웨의 코끼리, 갓 태어난 자신의 송아지를 훔치려던 퀘벡의 농부 오리젠느 생트 빈느를 죽인 암소 등도 우리의 존경을 받아 마땅하다. 나는 동물을 학대하면 죽을 수도 있다는 식으로 말하기보다 설득과 교육을 선호하는 편이긴 하지만, 이런 사례들에는 영감을 불러일으키는 정의로움이 있다.

동물들이 함께 무리를 이루면 엄청난 힘을 발휘할 수 있다. 몇 년 전에는 둥근부리 갈매기들이 매사추세츠 주 스프링필드 교외의 황무지 한가운데에 새로 건설된 골프장과 골퍼들을 골프공으로 공습했다. 혼비백산한 골퍼들은 그들이 좋아하는 골프―물과 땅을 낭비하는 활동―를 몇 주 동안이나 할 수 없었고, 그제야 오랜 세월 동안 이 지역이 새들의 보금자리였다는 사실을 깨닫게 되었다.

1989년 여름에는 수천 마리의 멕시코 박쥐Mexican free-tailed bat*가 도시로 날아드는 바람에 텍사스 주 포트워스 시내가 마비되는 일이 있었다. 20세기 초반에도 박쥐들이 텍사스의 여러 마을을 쑥대밭으로 만든 적이 있었다. 오스틴 시에서는 박쥐가 법원과 주청사 건물로 들어와 재판 중인 법정을 날아다니며 재판을 중단시켰고, 아예 어둡고 시원한 건물에

---

* 미국 남부, 멕시코, 중앙아메리카 등에 서식한다. 텍사스 샌안토니오 부근에선 무려 2,500만 마리가 무리를 이루고 사는데, 하룻밤에 250톤의 벌레를 먹어치운다. 이들은 가끔 떼 지어 다니며 골칫거리를 만든다. 물론 사람의 입장에서만.

둥지를 틀기까지 했다.

포트워스에 나타난 박쥐들은 예전처럼 전화선을 갉아먹고 업무를 마비시켰다. 이 박쥐들은 '사무실'이라는 유리 및 철로 만든 묘비 안에 갇힌 사람들에게, 이 세계는 경영학에서 가르치는 그 무엇보다도 훨씬 복잡하고 경이롭다는 사실을 일깨워주었다. 하루가 지난 후, 박쥐들은 올 때처럼 어디론가 홀연히 사라져버렸다.

고대 신화에서 동물들은 특별한 경외의 대상이었다. 신비하게 사람들에게 영향을 미치고 특별한 품성을 구현하고 있는 동물들은 메신저로서, 영혼과 재능을 보유한 존재로서, 그리고 모든 경이롭고 마술적인 것들을 상징하는 존재로서 역할을 한다. 고대 신화에서 새, 물고기, 포유류들(그리고 반인반수의 변종들)은 갖가지 방식으로 표현되었는데, 이들의 공통점은 지략과 지혜 그리고 장난을 통해 적대적인 인간의 공격을 물리칠 능력이 있었다는 것이다. 거북섬 북서부 해안의 코요테와 까마귀, 호주 신화에 등장하는, 꿈의 시대의 킨 킹Keen Keeng, 로도스Rhodes 섬의 신성한 벌bee* 들은 자신과 다른 동물 그리고 지구의 생명을 지킨 많은 신비한 동물 중 일부에 불과하다.

문학이 발달하면서 인간의 교만과 탐욕에 맞서는 동물들의 이야기가 자연사自然史 문헌에 속속 등장했다. 로마인 플리니우스Gaius Plinius Secundus** 가 『박물지』에 기록한 영감으로 가득 찬 글들만 봐도 충분하다. 그는 서커스에서 다른 코끼리와 싸우기를 거부하고 사슬을 부수면서 사냥꾼들을 깔아뭉갠 코끼리들에게 경탄을 보냈다. 또 포획된 다른 동료들을 구출하기 위해 달려드는 돌고래에 관한 기록도 남겼으며, 인간에 저항하고 종종 승리를 거둔 야생마, 물새, 황소, 상어, 토끼 그리고 거대한 지네에 관한 기록도 남겼다. 아울러 그의 기록에는 서로 돕고 서로 사랑하고 서로 존경하는 동물과 깨인 사람 간의 결속을 보여주는 사례도 많다.

중세의 책 『동물에 대한 형사처벌On the Criminal Persecution of Animals』에는 인간세계를 파괴한 돼지, 소, 참새, 까마귀, 양, 노새, 말, 심지어 벌레들의 행위를 아주 자세히 기록하고 있다. 예배를 방해하고, 가장 엄숙한 순간에 종교 행렬을 가로막고, 음식물을 망쳐놓는 일은 비일비재했다. 자연의 신성함을 찬양하는 고대 전통은 이미 뿌리가 뽑혔고 그 자리를 반생명 세계관이 차지한 시대였기 때문에, 이런 만행을 저지른 동물들은 악마와 관련 있는 것으로 고발되었고, 종교 법정은 이 동물들에게 행동의 책임을 물었다. 이 '범죄자들'은 일반 법정에서 재판을 받았고, 유죄가 선고되어 엄벌을 받았다. 종교적 열정에서 이런 동물을 고발한 사람들은 두 발 달린 사람과 네 발 달린 동물이 서로 게릴라전을 벌이고 있다는 사실을 미처 알지 못했다. 동물들은 강, 계곡, 숲을 공격하는 인간들에 맞서 반역을 일으키고 있었다. 동물들은 자신을 통제하려고—실제로는 노예화와 환경 학살이지만 완곡하게 표현하여 '길들이기'인—나선 침략자들에 맞서고 있었던 것이다.

우리는 지금 합리성과 과학의 시대에 살고 있다. 이 시대는 환경운동에 호의적인 사람들조차 야생을, 이윤을 얻고 통제하며 조작해야 할 하

● 그리스 신화에 등장한다. 미래를 볼 수 있고 자연의 신호를 해석할 수 있으며 신성한 계시를 이해할 수 있는 세 요정으로, 이들은 그 능력을 아폴론에게 가르쳤다고 한다. 이들을 벌로 묘사한 작은 황금 장식들이 로도스 섬에서 발견되었기에 '로도스의 신성한 벌'이라고 부른다.

●● 로마시대의 군인, 정치가, 학자(23~79). 고대세계의 자연 지식을 백과사전식으로 집대성한 『박물지Historia Naturalis』 37권을 펴냈다. 천문, 지리, 인간, 동물, 식물, 광물, 의술 등의 항목을 상세하게 기술하여 중세시대까지 중요한 지적 권위를 가졌다.

나의 상품이라도 되는 양 "환경과 경제적 이익 간의 균형" 혹은 "야생동물 관리" 같은 진부한 말을 내뱉는 데 아무런 부끄러움도 느끼지 못하고 있다.

(저너머 자연에 그리고 우리의 영혼 속에 존재하는) 야생에 대한 파괴가 미친 듯한 속도로 진행되고 있다. 동물, 물고기, 새 그리고 그들의 인간 형제가 벌이는 정당방위와 저항이 늘어나기를 바라자. 그리고 인간의 압제가 사라지고 자유로운 생명체들의 공동체가 등장하여 이 신비로운 여정 안에서 서로 돕고, 고대에 누리던 아름다움과 우정의 유대를 다시 회복할 때까지, 그런 노력을 확대하고 더욱 강화하자.

미래에 대한 반역: 러다이트 운동의 교훈 🏃

커크패트릭 세일 Kirkpatrick Sale

미국의 저술가, 환경운동가(1937~). 환경문제, 러다이트, 분리주의 운동이 그의 관심사이다. 이 글의 출전은 *Rebels Against the Future*(1995). 그는 자신이 주도한 2004년, 2007년 북미 분리주의 회의North American Secessionist Convention에서 비능률, 타락, 군국주의, 억압으로 요약되는 대규모 중앙 집중 국가 대신 소규모 국가로 미국을 분할하여, 보다 자유로운 인간 삶을 위한 사회구조를 모색하자 는 주장을 펴서 당시 언론들로부터 큰 주목을 받았다. 그는 2020년에 이르면 범세계적 금융위기, 부 자 나라와 가난한 나라의 전쟁, 전 지구적 환경 재앙이라는 삼중고에 직면하게 될 거라고 경고했다.

오늘날 우리는 산업문명이라는 물 속에서 헤엄치고 있다. 대양의 물고기처럼 문명에 갇힌 우리는 그 대안이 무엇인지 상상할 수도, 혹은 대안이 존재할 수 있는지조차 인식하지 못하는 것 같다.

오늘날 우리가 현대 산업사회와 그 모방사회에서 전개해야 할 정치적 저항은—루이스 멈퍼드가 촉구한 개인적 참여 거부라는 '조용한 행동'을 넘어—산업주의 문화와 그 가정들을 더욱 분명히 드러내고, 산업사회의 기술이 초래하는 문제를 정치문제화하는 일이다. 현대문명에서 문화가 기술에 복종하는 현상을 묘사한 『테크노폴리Technopoly』의 저자이자 뉴욕 대학 커뮤니케이션학 교수인 닐 포스트맨Neil Postman의 말을 빌리면, 산업사회는 최근 수십 년간 "통제할 수 없을 정도로 성장한 기술"과 관련된 모든 이슈에 대해 "기술과 사람" 간에 "대토론을 벌일 필요가 있다". 이런 토론은 단기적, 장기적으로 우리의 기술이 초래하는 비용과 결과를 가능한 한 분명하고 완전하게 밝힘으로써 하이테크 기술이 제공하는 편의성, 안락함, 속도, 힘(멈퍼드가 말한 이른바 기술이 제공한 '뇌물')에 의해 지배되는 사람들까지도 앞으로 어떤 대가를 치러야 하며 누가 그 대가를 치르고 있는지, 이해하게 만들기 위한 것이다. 이 기계의 목적은 무엇인가? 이런 해결책이 필요할 정도로 심각해진 문제는 무엇인가? 이런 발명은 헨리 데이비드 소로가 말한 대로, 목적은 예전보다 조금도 개선되지 않았는데 그 수단만 개선한 것은 아닌가? 이 토론은 또한 새로운 기술의 주요 수혜자—주로 산업사회의 거대하고, 관료적이고, 복잡하고, 비밀스러운 조직들—가 누구이며, 그들이 그외 모든 사람들에게 매우 큰 영향을 미치는 기술적 선택을 할 때 택하는 모든 비민주적 행태를 공개하려는 것이다. 요컨대 새로운 기술로 인해 누가 승리자가 되고, 누가 패배자가 될 것인가? 새로운 기술은 권력을 집중시킬 것인가 아니면 분산할 것인가, 인간의 자긍심을 자극할 것인가 아니면 위축시킬 것인가? 전체 사회는 그리고 생물권은 이 기술이 초래할 결과를 감당할 수 있는가?

물론 궁극적으로 이 '대토론'은 산업사회 자체, 산업사회의 가치와 목적 그리고 지속가능성에 대한 보다 광범위한 문제들도 다뤄야 한다. 상상할 수 없을 정도로 자기만족적인 자유방임적 금권정치 세력과의 대결에서 러다이트Luddite 운동가들은 이런 토론을 성공시킬 수 없었다. 왜냐하면 자유방임적 금권정치 세력들이 토론을 진행하고 이슈를 선정하는 수단을 러다이트 운동가들보다 훨씬 많이 갖고 있었기 때문이다. 그렇다 해도—보다 강해지고 보다 득의만만해진 금권정치 세력이 지속적으로 반대한다 해도—오늘날 이런 토론을 하는 것은 그리 어려운 일이 아니다. 왜냐하면 (러다이트 운동이 있은 지) 두 세기가 지난 지금, 산업문명의 본질과 그 위험이 훨씬 더 명확해졌기 때문이다.

　적어도 현대 산업사회에서는 점점 더 많은 사람들이 몇 가지 명백한 사실들을 이해하기 시작했다. 이제 물고기들 중 일부가 자기가 사는 물을 보게 되었을 뿐만 아니라 그 물이 오염되었다는 사실을 깨닫게 된 것이다. 인간의 보다 나은 삶만을 위해 이용되고 생산되는 기계를 기반으로 수립된 산업주의는 생물권과 충돌하고 있다. 소수에게는 물질적 풍요를, 다수에게는 물질적 개선을 제공할 능력이 있음을 입증한 산업사회는, 그럼에도 불구하고 불평등, 불의, 불안정, 무례함과 같은 기술 진보와 더불어 감소되기는커녕 오히려 늘어나는 문제들로 가득 차 있다. 물질적 안락함과 힘 그리고 많은 문제점을 가진 생명 연장을 제외한 여타 모든 차원에서, 산업사회는 "자연에서 배우는 자세apprenticeship to nature"를 지녔던, 도덕적이며 대지를 존중하던 사회보다 우월하지 않다.

　이런 부족사회들에 대해 뭐라고 말하던 간에, 기록에 따르면 (어떤 곳에서는 아직도 존재하는) 이런 사회는 응집력이 대단하고 친분이 두터우며 조화와 안정을 이뤘으며, 범죄·탐욕·무질서·빈곤 등이 거의 없었고, 상대적으로 욕구가 적었고 적은 노역만으로 유지될 수 있었다. 사냥, 모임, 경작 등의 일에 일인당 하루 평균 네 시간만 종사했고, 나머지 시간은 노래와 춤, 의식과 섹스, 식사와 이야기와 게임에 몰두했다. 물론 그들에겐 스위치를 누르거나 열쇠를 돌리기만 해도 노예 5백 명의 힘을 발휘하는 기계는 없었다. 게다가 원자폭탄, 죽음의 수용소, 오염된 물, 교통 정체, 노천 광산, 조직범죄, 정신병원, 광고, 실업, 인종학살 같은 것도 없었다.

　'대토론'을 벌이면서, 모방할 수는 없다 해도 우리에게 교훈을 주는 사례로 부족사회를 제시하는 것은 낭만적인 '원시의 회복'을 추구하려는 것이 아니다. 그보다는 부족적 삶이, 자연에 기반하고 있기 때문에 진정으로 기본적인 인간의 요구와 부합한다는 것을 인정하고, 우리가 그런 삶을 훼손하고 기본적인 인간의 요구를 부정함으로써 우리가 해를 입고 왜곡되었다는 사실을 깨닫기 위한 것이다. 동시에 우리가 서둘러 산업 발전을 이루는 과정에 어떤 가치 있는 것들을 잃어버렸는지, 산업 발전을 통해 우리가 무엇을 얻었으며 무엇을 잃었는지 공개적으로 활발하게 따질 것을 제안하기 위한 것이기도 하다. 그리고 마지막으로, 부족사회를 하나의 모범사례로 제시하는 것은 일종의 생태사회, 고대의 애니미즘적 토착 전통에 뿌리를 둔 생태사회를 인간의 생존과 지상에서의 조화를 위한 필수불가결하고 실현가능한 목표로 설정해야 한다는 것을 주장하기 위한 것이다.

철학적으로 산업주의에 대한 저항은 도덕적 근거가 있고, 매우 논리적이며, 널리 공유되는 분석—아마도 어떤 이데올로기—의 일부로 주장되어야 한다.

러다이트 운동의 (처음에는 장점 중 하나일 수도 있었겠지만) 문제 중 하나는 추구하는 목표, 열망, 가능성이 일정한 형태와 확고한 의도도 없이 모호하다는 점이다. 물론 분노와 열정에 의해 촉발된 운동은 대개 그런 식으로 진행되며, 얼마 동안은 운동 그 자체만으로 힘과 추진력을 갖는다. 그러나 운동의 지속성이라는 측면에서 분노와 열정만으로 촉발된 운동은 불충분하다. 그런 운동은 억압과 시련과 같은 역경을 버텨낼 수 있는 헌신을 유지하지 못하며, 스파이와 프락치의 침투를 막는 연대감도 형성하지 못하고, 변화하는 환경과 적들의 움직임에 적응할 수 있는 전략과 전술을 고안해내지도 못하며, 적의 본질과 적절한 대안을 찾아내기 위한 분석도 하지 못하게 된다.

그렇다면 신러다이트 저항운동은 그것이 어떤 형태를 띠든 간에, 특히 한 국가적 또는 국제적 수준에서 그런 모든 어려움을 극복하기는 어려울 것 같다. 헌신과 연대감은 대부분 일상적인 대면 접촉이 이루어지고 같은 곳에 거주하기 때문에 동일한 목적을 공유하는 경우에 형성된다. 그러나 간헐적이고 순교적인 저항에 그치지 않고 보다 지속적이고 치열한 저항운동을 위해서는, 러다이트 운동으로부터 적어도 한 가지 교훈, 즉 현재 문제와 바람직한 미래에 대해 도덕적으로 명확하며 모두가 공감하는 분석을 제시하고, 그런 분석을 기초로 모두가 공감하는 전략을 고안해내는 것이 중요하다는 교훈을 얻어낼 수 있다.

내가 보기에 그런 분석에 필요한 모든 요소들은 여기저기 흩어져 있고 더 정교하게 다듬어질 필요가 있지만, 루이스 멈퍼드, 에른스트 슈마허, 웬들 베리Wendell Berry, 제리 맨더Jerry Mander 등의 저작과 첼리스 글렌다이닝의 선언문, 어스 퍼스트!Earth First!* 운동가, 생태지역학자, 심층생태주의자의 글, 아미시Amish** 와 이로쿼이 공동체의 교훈과 귀감이 되는 그들의 생활양식, 모든 곳에서 찾아볼 수 있는 부족사회의 유산과 부족 원로의 지혜, 진보와 기술을 반대하는 수많은 사람들의 삶과 글 속에 이런 요소가 존재한다. 이런 경험과 글들을 통해 그런 분석에 포함시켜야 할 몇 가지 핵심요소를 발견할 수 있는데, 그것은 다음과 같다.

● Earth First!(지구 먼저!)는 1979년 미국에서 조직된 급진적인 환경운동단체이다. 산업사회가 반지구, 반여성, 반자유에 기초하고 있기 때문에 인류는 자연의 본질에 기초한 새로운 생명 중심 패러다임을 전개해야 한다고 주장한다. 이들은 도로건설 반대 투쟁과 삼림벌채 기업에 대한 점거 등 생태계 파괴에 대해 행동으로 맞선다.

●● 펜실베이니아, 오하이오, 인디애나 등지에서 공동체 생활을 하고 있는 보수적 개신교인들. 이들은 자동차, 전기, 컴퓨터 등 문명의 이기를 받아들이지 않고 18세기 생활방식을 고수하며 살아간다.

산업주의Industrialism 서구문명의 가치와 기술을 압축하고 있는 정신. 지구상의 인간사회와 환경의 안정된 존속을 심각하게 위협하고 있다. 생명공동체와 그 안에 속한 인간공동체의 통합, 안정, 조화를 추구하는 유기적 정신을 존중하는 가치와 기술은 이 산업주의에 반대해야 한다.

인간중심주의Anthropocentrism 휴머니즘과 유일신 사상에서도 찾아볼 수 있는 문명의 지배 원칙. 생명중심주의Biocentrism 원칙, 그리고 인간과 살아 있는 모든 종 및 시스템 간의 정신적 일체화 원칙에 정면 배치되는 것이다.

세계화Globalism 그리고 세계화의 경제적, 군사적 표현은 문명을 이끌고 있는 지도 전략이다. 여러 생명 종이 긴밀하게 결합된 생태지역과 소규모 공동체를 중시하는 지역주의Localism 전략과 대립된다.

산업자본주의Industrial Capitalism 지구에 대한 착취와 훼손을 기반으로 하는 경제와 산업문명 세계의 생산과 분배 방식을 규정하는 기본 경제 시스템. 지구에 대한 헌신과 조화 그리고 이에 따른 보호, 안정, 자급, 협동의 원칙을 기반으로 하는 생태적이고 지속가능한 경제 운용방식과 정면 배치된다.

 이런 원칙들을 분석의 골격으로 삼고 출발하면, 문명에 대한 저항운동은 최소한 굳건하고 흔들림 없는 입장과 미래에 대한 명확하고 영감에 찬 비전을 갖게 될 것이다. 그렇지 못하더라도, 문명에 대한 저항운동은 캐나다 철학자 조지 그랜트George Grant가 제시한 과제 정도는 수행할 수 있을 것이다. 그랜트가 제시한 과제란 "불확실성을 극복하는 일에 오랫동안 헌신한 결과 서구사회를 장악한 어둠—과학적 정신과 이를 바탕으로 한 산업 건설의 승리를 의미—은 당연한 사실이 되었다. 이런 시대에 우리가 사상적으로 할 일은 그 어둠 속에서 빛을 밝히는 일"이다. 그리고 최선의 경우, 문명에 대한 저항운동은 단순히 어둠 속에서 빛을 밝히는 데서 더 나아가 대안으로서 여명을 밝힐 수도 있을 것이다.

비록 거대한 산업문명 체계가 그 장벽 내부에서 전개된 단호한 저항 때문에 직접 붕괴되지는 않는다 해도, 향후 수십 년 내에 어쩌면 그보다 빨리 문명 자신의 비대함과 불안정으로 인해 붕괴되고 말 것이다. 결국에는 이 무절제함과 부작용이 쌓여 수십 년 이내에, 아니 더 빨리 붕괴될 것으로 보인다. 그리고 그후 대안사회가 등장할 가능성이 마련될 수 있을 것이다.

이 거대한 체계를 파괴하는 두 가지 중요한 힘인 환경에 대한 과부하와 사회적 불안정은 모두 산업문명의 필수불가결하고 불가피한 산물이다. 어떤 의미에서 분명 이 둘은 모든 문명의 산물이라고도 볼 수 있다. 지난 5천 년의 역사기록을 보면, 앞서 존재했던 모든 문명은 어디서 얼마나 오래 번영했던지 간에 그것은 보통 토양 손실, 홍수, 기근으로 귀결되는 계속된 환경파괴, 그리고 으레 반란, 전쟁, 방종으로 귀결되는 모든 사회계층의 지속적인 팽창으로 사라졌다. 문명과 문명을 구현한 제국들도 많은 효용과 장점을 갖고―후대의 문명사가들이 그렇게 믿었겠지만―있었는지는 모른다. 그러나 환경에 대한 과부하와 사회적 불안정의 규모나 한계를 제대로 판단하지 못했고, 성장하고 팽창하는 가운데 대내외적으로 균형과 지속성을 유지하지 못했다. 산업문명은 양적 규모 면에서만 과거 문명보다 훨씬 크고 강력할 뿐 질적 속성은 과거 문명과 별반 다르지 않다. 따라서 산업문명도 결국 붕괴할 것이며, 붕괴의 규모와 정도는 (산업문명의 양적 크기에 걸맞게) 과거 문명보다 훨씬 거대하고 철저하며 훨씬 재앙적인 것이 될 것이다.

문명의 붕괴는 지구에 존재하는 생명, 적어도 인간 생명의 지속성을 위협할 정도로 심각한 환경 및 사회적 격변에 의해 초래될 가능성이 있다. 이 경우 충분한 수의 인간이 살아남을 수 있을 것인지, 지구는 흩어진 인간공동체가 잿더미에서 다시 재기할 수 있는 공간이 될 수 있을지 문제가 된다. 그러나 문명의 붕괴는 부패와 팽창에 의해 초래될 가능성이 더 크다. 요컨대, 민족국가 제도가 점차 와해되어 작동을 멈추고 거대기업은 해체되어 무용지물이 되는 동안, 소규모 생태지역과 응집력 있는 공동체들이 서서히 부활해 힘을 되찾고 자신들의 정치적, 경제적 운명을 통제하게 될 것이다. 두 경우 모두에 있어서, 문명 붕괴 후 살아남은 생존자들은, 자연세계의 종들과 자연체계를 정복, 지배, 통제하려 하기보다 자연을 이해하고 자연에 복종하며 자연을 사랑하고 그들의 영혼과 도구에 자연을 구현하려고 노력하면서, 자연과 조화를 이루며 사는 방법, 자신의 기술을 자연의 구속과 의무에 융합하는 방법과 그래야만 하는 이유를 가르쳐주는 일련의 전통적 지식과 인간 재생에 관한 비전을 가져야만 한다.

지금 과거로 무장된 신러다이트 운동가들에게 주어진 과제는 그런 전통적인 지식과 영감을 준비하고 보존하여 다가올 미래세대에게 물려주는 일이다.

행동은 말보다 강하다 ✕

데릭 젠슨 Derrick Jensen

미국의 저술가이자 환경운동가(1960~). 이 글의 출전은 저널 *Earth First!*(1998, 5-6월호)의 'Actions Speak Louder Than Words'. 그는 환경파괴를 비롯한 증오, 거짓, 폭력 등은 문명의 내재적 속성이며, 이를 깨뜨리고 조화로운 삶, 자연과의 연대를 회복하는 길은 오직 산업문명의 파괴에 있다고 주장한다. 문명은 절대로 자연세계의 파괴를 자발적으로 멈추지 않을 것이기 때문에, 이를 끝내기 위한 전략과 전술이 필요하다고 역설하며 미국 원주민을 비롯한 세계 여러 토착민들의 생활방식을 대안적 삶으로 제시한다. 그를 신러다이트 운동가로 분류하기도 하지만 본인은 무정부-원시주의라고 자처한다.

나는 매일 아침 일어날 때마다 댐에 대해 글을 써야 하는지, 아니면 댐을 폭파해야 하는지 스스로 물어본다. 그러고는 그게 옳은 일인지는 모르지만 계속 글을 써야 한다고 다짐한다. 나는 책도 쓰고 활동도 해왔지만, 여기 북서부*에서 연어를 죽이고 있는 것은 말이 부족해서도 아니요, 활동이 부족해서도 아니다. 바로 댐 때문이다.

연어에 대해 조금이라도 아는 사람들은 누구나 댐이 사라져야 한다는 것을 알고 있다. 반면 정치에 대해 조금이라도 아는 사람들은 누구나 댐이 사라지지 않으리란 것을 알고 있다. 과학자들은 연구하고, 정치가들과 사업가들은 거짓말을 늘어놓고 미루며, 관료들은 거짓 공청회를 개최하고, 운동가들은 편지와 보도자료를 써대지만, 그 사이에 연어들은

---

* 워싱턴, 오리건, 아이다호의 3개 주를 포괄하는 지역.

계속 죽어가고 있다.

정말 슬픈 일이지만, 무능하거나 주저하며 행동을 취하지 못하는 사람은 나 혼자만이 아니다. 예컨대, 1933년에서 1945년까지 독일의 히틀러에 대한 저항운동가들 역시 모두가 잘 알고 있는 무분별함을 드러낸다. 이들은 '품격 있는' 정부를 수립하려면 히틀러를 권좌에서 몰아내야 한다는 사실을 알고 있었음에도 불구하고, 그를 권력에서 끌어내리기보다 이론적인 이 품격 있는 정부에 관한 글을 쓰는 데 더 많은 시간을 낭비했다. 이런 무분별함은 용기 부족이 아니라 잘못된 도덕관념 때문에 비롯된 것이다. 예를 들면, 칼 괴르델러Karl Goerdeler*는 품격 있는 새 정부를 수립하는 일에 헌신했지만 히틀러의 암살에는 완고하게 반대했다. 둘이 얼굴을 맞대고 이야기만 하면 히틀러가 자신의 말을 들어줄 거라고 믿었기 때문이다.

우리 역시 이러한 무분별함에 시달리고 있다. 따라서 진정한 희망과 거짓 희망을 구분할 줄 알아야 한다. 진정한 가능성을 보지 못하게 만드는 거짓 희망을 제거해야 한다. 우리의 저항운동이 비어하우저Weyerhaeuser를 비롯한 다국적 목재회사의 삼림파괴 행위를 멈추게 할 수 있다고 믿을 사람이 있을까? "연어가 멸종해서 우리가 아무 탈 없이 잘 지내기를 바란다"는 보너빌 전력협회의 랜디 하디와 다를 바 없이 목재회사 경영자들이 자기 욕망을 충족시키는 일 말고 다른 고상한 일을 할 거라고 믿을 사람이 정말 있을까? 우리의 문명만큼이나 오래된 착취가 입법이나 사법적 수단에 의해 종식될 수 있을까? 또는 그런 착취를 고안해낸 정신자세를 절대적으로 거부하고 그것을 행동화하는 방법 말고 다른 수단으로 종식시킬 수 있을까? 우리가 정중하게 요구하거나 그들 사무실 앞에서 항의 표시로 팔짱만 끼고 있으면 세계를 파괴하고 있는 그들이 정녕 그들의 행위를 멈출까?

 정부의 목적이 시민의 삶을 파괴하려는 자들로부터 시민을 보호하는 거라고 믿는 사람이 극소수 있을 수 있다. 하지만 사실은 정반대다. 정치경제학자 애덤 스미스는 정부의 일차적 목적은 상처 입은 시민들의 분노로부터 경제인들을 보호하는 것이라고 정확하게 지적한 바 있다. 우리 문화가 창조한 제도들이 물을 오염시키고, 삼림을 벌채하고, 대안적 삶의 가능성을 제거하고, 학살을 자행하는 일 말고 다른 고상한 일을 할 거라고 기대하는 것은 참을 수 없을 정도로 순진한 생각이다.

 히틀러 제거 음모에 가담한 많은 독일인들은 그를 권좌에서 끌어내리는 데 망설였다. 이미 히틀러와 그의 정부에게 충성을 맹세했기 때문이었다. 공포보다는 양심의 가책으로 인해 망설였던 것이다. 많은 사람들이 어린 시절 충성을 맹세한 정부의 정통성에 대한 그릇된 믿음을 떨쳐버리지 못했고, 그 체제가 어떻게든 개혁될 수 있으리라 믿었기 때문에 선을 넘어 폭력저항을 하지 못했으며, 체제 개혁을 믿지 못했지만 대안을 찾을 수 없었기에 행동에 옮기지 못했던 것이다. 셰익스피어가 정확하게 지적했듯 "양심은 우리 모두를 겁쟁이로 만든다".

 미국 정부를 히틀러 정부와 비교하는 것은 사례를 지나치게 과장하는 것이라고 반박할 수도 있다. 그러나 언어와 스라소니, 그리고 우리 문화가 저지른 행동에 대해 그들의 생명을 대가로 지불하고 있는 페루나 인도네시아 이리안자야 등지의 사람들도 그런 반박에 동의할는지는 모르겠다.

 살아남기 위해 아무런 행동을 하지 않는 것 역시 문명의 살인 행위에 동참하는 것처럼 분명한 살인 행위라는 사실을 인식해야 한다. 헤르만

• 히틀러 정부 시절의 물가통제위원(1884~1945)으로 반히틀러 운동을 주도했다. 히틀러 암살계획에도 가담하지만 실패하고 1945년 2월 처형당했다.

헤세가 말했듯 "우리가 빈곤, 불행, 도덕적 타락에 눈을 감으면 살인을 저지르는 것이다. 우리가 사회적, 정치적, 교육적, 종교적 제도와 싸우는 대신, 더 편하다는 이유로 그것을 묵인하거나 용인하는 태도를 보이면 살인을 저지르는 것이다".

우리 시대의 핵심 문제 그리고 여러 면에서 유일한 문제는, 난폭한 파괴 행위에 대한 분별력 있고 적절하며 효과적인 대응책이 무엇이냐 하는 것이다. 파괴 행위를 늦추기 위해 노력하는 사람들은 이런 문제를 아주 자주 명확하게 묘사할 수 있다. 누군들 그러지 못하겠는가? 그런 문제들은 이해하기 어려운 문제도, 인식하기 힘든 문제도 아니다. 그러나 분명하게 해결하기가 쉽지 않은 이런 문제의 마련해야 하는, 감정적으로 힘든 과제에 맞닥뜨리게 되면 우리는 보통 용기와 상상력을 발휘하지 못한다. 간디는 히틀러에게 잔학 행위를 그만둘 것을 요청하는 편지를 썼지만 전혀 효과가 없다는 사실을 알고 당혹해했다. 나 역시 지역신문의 편집자에게 잘못된 사실을 지적하는 편지를 계속 쓰고 있지만 돌아오는 황당한 답변에 계속 놀랄 뿐이다.

목표가 분명한 암살계획이 우리의 모든 문제를 해결해줄 거라는 뜻은 아니다. 문제가 그렇게 간단히 해결된다면 아예 이 글을 쓰지도 않겠다. 예를 들어, 끊임없이 환경파괴를 저지르고 있다는 식으로 관대하게 묘사되는 노스웨스트의 두 상원의원 슬레이드 고튼 Slade Gorton, 아메리카 원주민에 대한 적대정책, 은 광산 개발 등을 추진했다.—옮긴이과 래리 크레이그 Larry Craig 두 명을 암살한다 해도 그들에게 편지를 보낼 때보다 파괴 속도가 별로 늦춰지지 않을 것이다. 그 둘만 환경파괴를 저지르는 유별난 존재가 아니다. 그들은 댐, 기업, 전기톱, 네이팜탄, 핵폭탄과 마찬가지로 환경파괴를 자행하는 단순한 수단에 불과하다. 누군가가 둘을 살해하면, 또 다른 사람들이 그 일을 할 것이다. 고튼과 크레이그의 비뚤어진 정신상태에서 시작된 특정 환경파괴 프로그램은 그들의 죽음과 함께 사라지겠지만, 우리 문화 속에 내재된 환경파괴의 충동은 중단 없이 작동하면서 새 곡괭이를 사는 것만큼이나 쉽게 새로운 사람을 찾아낼 것이다.

히틀러 역시 크레이그와 고튼처럼 합법적이고 '민주적'으로 선출되었다. 히틀러 역시 그를 지도자로 선출한 독일인의 마음을 사로잡고 그의 계획을 적극적으로 수행한 수백만 추종자들의 충성심을 붙들어두기에 충분할 정도로 훌륭하게 그의 문화파괴 충동을 밝혔다. 크레이그와 고튼, 조지 비어하우저, 그밖의 최고경영자들과 마찬가지로 히틀러 또한 혼자 행동한 것이 아니다. 따라서 나는 그들을 똑같다고 본다.

현재의 시스템은 과도한 환경파괴에 짓눌려 이미 붕괴하기 시작했으며, 바로 여기서 우리가 돕기 위해 나설 수 있다. 우리 문화의 불법적인 정치적, 경제적 지배조직에 대한 충성을 땅에 대한 충성으로 전환하는 과정에, 우리는 가능한 한 모든 수단을 동원해 지구의 모든 생명체를 보호하는 것을 목표로 해야 한다. 도심건물 해체요원처럼 우리 역시 생명피해를 가능한 한 줄이면서 우리 문화를 붕괴시켜야 하는 것이다.

토론을 한다는 것은 아직 갈 길이 멀다는 것을 의미한다. 즉, 우리가 폭력이 적절한가에 대해 토론하고 있다는 것은 아직 우리가 문제의 심각성을 충분히 인식하지 못하고 있다는 것을 의미한다. 토론이나 이론에 의해서가 아니라 우리의 육체와 땅이 직접 요구하는 행동이 있다. 벌집을 지키려고 독침을 쏘아대는 꿀벌, 새끼를 보호하기 위해 기차에 달려드는 어미 회색곰, "나를 강간한 사람들에게 물어볼 말이 있다. 왜 나를 죽이지 않았는가? 나를 살려둔 것은 실수였다. 나는 결코 입을 다물고 있지 않을 것이다…… 강간당했음에도 불구하고 나는 마비될 정도로 충격을 받진 않았다"라고 말한 사바티스타^{Zapatista*}의 대변인 세실리아 로드리게스, 석유회사 셸^{Shell}의 충동질로 나이지리아 정부에 의해 교수형을 당하며 "주여, 제 영혼을 거두어 가십시오. 그러나 투쟁은 계속될 것입니다!"라는 말을 남긴 오고니^{Ogoni}족 정치운동가 켄 사로-위아^{Ken Saro-Wiwa**}, 바르샤바 봉기 참가자들, 백인에 저항한 인디언 추장 크레이지 호스^{Crazy Horse}와 시팅 불^{Sitting Bull}과 제로니모^{Geronimo}, 고향으로 돌아가는 것을 막고 있는 콘크리트 댐을 부수기 위해 그들이 가진 유일한 수단인 자신의 몸을 콘크리트 댐에 부딪쳐대는 연어, 이들의 몸짓이 바로 그런 행동이다.

나는 폭력을 사용하는 것이 과연 올바른 것인지 묻는 것은 의미 없다고 본다. 대신, 여러분이 충분히 상실감을 느끼고 있는지 물어보아야 한다. 그러나 이 문제를 추상적 차원에서 토론하는 한, 우리는 앞으로도 많은 것을 잃게 된다. 문명의 때가 묻지 않은 자연공동체, 임금으로 팔려나가는 시간, 폭력으로 사라진 어린 시절, 당당한 여성의 능력처럼 우리가 매일 얼마나 많은 것들을 잃어버리고 있으며 그로 인해 얼마나 공허한지 느끼기 시작하면, 무엇을 해야 할지 정확히 알게 될 것이다.

• 멕시코와 과테말라 국경지대인 치하파스^{Chiapas} 정글을 근거지로 한 사회주의 혁명단체. 북미자유무역협정^{NAFTA}이 발효된 1994년 1월 "농민에게 토지를"이라는 반세계화 기치를 들고 도시들을 점거, 정부군과 정면 충돌하여 150여 명의 사상자를 냈다. 이들은 아직도 원주민 자치권을 요구하며 중앙정부와 대치하고 있다. 사바티스타란 이름은 멕시코의 혁명 지도자 '에밀리아노 사파타^{Emiliano Zapata}'에서 따온 것이다.

•• 나이지리아의 시인, 원주민 보호 운동가(1941~95). 부패한 독재정권과 이를 등에 업은 석유회사 셸이 니제르 델타 지역의 석유개발 이후 원주민들의 생계 터전을 파괴한 채 지역개발 약속을 지키지 않자 평화시위를 주도한다. 하지만 그는 재판도 없이 여덟 명의 시민운동가와 함께 교수형에 처해졌고 나이지리아는 극도의 혼란에 빠진다. 그의 처형으로 셸은 전 세계적인 항의에 직면하게 되었고, 이 사건은 기업의 사회적 책임을 묻는 대표적 사례로 기억되고 있다.

이 모든 것들을 부숴버리자 🗡

반권위주의자 모임

이글의 원제는 'We Have To Dismantle All This'. 1995년 오리건 주 유진 시에서 일어난 집회에 뿌려진 전단의 글이다.

우리는 인류 역사에서 유례를 찾을 수 없을 정도로 깊은 슬픔과 냉소, 리처드 로드리게스가 "인간 마음속의 커다란 눈물"이라고 표현한 현실 속에 살고 있다. 일상적 공포가 모든 신문의 지면을 채우며 증대되는 이 시대는 확산되는 환경의 종말을 동반하고 있다. 분열되고 기술에 눌린 이 사회에서 꾸려나가는 죽음 같은 삶의 변증법 속에서 소외와 보다 노골적인 환경오염이 사회의 지도원리 자리를 놓고 서로 다투고 있다. 문명 발생 이전에는 알려지지 않았던 암이 이제 점점 더 황폐해지고 말 그대로 매우 위험한 사회 속에 창궐하고 있는 듯하다.

모든 사람이 약물을 사용하게 될 날이 곧 반드시 올 것이다. 처방에 의한 약물 사용과 불법적인 약물 사용이 상대적으로 별 차이가 없어져 가고 있다. 주의력 결핍장애는 생명세계가 갈수록 축소되고 훼손된 결과 만연하게 된 불안과 두려움을 병으로 간주해 강압적으로 치료하려는 한 사례다. 지배질서는 이러한 사회적 현실을 부정하려고 분명 무슨 짓이든 할 것이다. 지배질서의 기술-심리 분석은 인간의 고통을 본질적으로 생물학적이며 원인상 유전적인 것으로 본다.

현대의 의약품으로 듣지 않는 새로운 질병들이 전 세계적으로 퍼져나가고 있고, 다른 한편 인간이 깊은 불행과 좌절을 느끼고 있다는 징후로 기독교, 유대교, 이슬람교의 근본주의가 부상하고 있다. 여기 오리건에서는 (아도르노가 '바보들을 위한 철학'이라고 말한) 뉴에이지 정신과 셀 수도 없이 다양한 갖가지 치료 요법들이 무의미한 착각 속에서 그 신선함을 잃어가고 있다. 문명의 틀은 그대로 놓아둔 채, 현재의 비정상적인 정신상태 안에서 우리가 온전한 존재가 되고, 각성하며, 치료될 수 있다고 주장하는 것은 오늘의 정신병을 당연한 것으로 인정하는 것이 되고 만다.

노숙자와 죄수들이 넘쳐나는 이 땅에 빈부격차가 뚜렷하게 확대되고 있다. 분노가 증가하고 있으며, 체제의 생존을 뒤흔들 거대한 거부의 움직임이 깨어나고 있다. 거짓 세계는 그에 합당한 지지만을 얻기 시작했다. 공공제도에 대한 불신이 거의 정점에 이른 것이다. 그러나 사회 풍경은 하나도 바뀐 것이 없고, 그 속에서 청소년들이 가장 크게 고통받고 있는 것 같다. 최근 15세에서 19세까지의 청소년 자살률이 1985~1991년의 통계보다 두 배로 증가했다는 공식 발표가 있었다. 십대의 자살은 이런 지옥 같은 곳에서 성인이 되는 것을 상상할 수 없는 사람의 수가 증가하고 있다는 사실을 보여주는 것이다.

현대사회에 압도적으로 침투한 문화는 실체 혹은 가능성이 박탈된 패스트푸드 문화다. 딕 헤브디지가 적절하게 파악한 것처럼 "포스트모던은 근대성을 견딜 수 있게 하는 희망과 꿈이 없는 근대다". 포스트모더니즘은 스스로를 다원주의적이고 관용적이며 비교조적이라고 선전한다. 그러나 사실 포스트모더니즘은 피상적이며, 진지하지 않고, 의도적으로 혼란스러우며, 파편화되어 있고, 미디어에 집착하며, 무식하고, 숙명론적이며, 무비판적이어서 무용지물이다. 또한 포스트모더니즘은 기원, 행위자, 역사 혹은 인과관계에 대해서도 관심이 없다. 포스트모더니즘은 중요한 질문은 하나도 하지 않고, 멍청하고 다 죽어가는 정신을 완벽하게 표현하면서, 우리에게 그런 정신을 불어넣으려 한다.

우리 포스트모던 시대의 핵심은 인간 의식을 마비시키는 매스미디어에 의해 서로 결합되는 소비자주의와 기술 속에 표현된다. 흥미롭고 단순한 영상과 글귀는 오늘날 전개되고 있는 지배의 공포 쇼가 바로 그런 재미있고 단순한 영상과 글귀와 함께 공존한다는 사실을 사람들이 깨닫지 못하게 한다. 끝없는 유희의 수단으로 사용되는 폭력 사례에서 볼 수 있듯이, 사회의 가장 큰 문제조차 대중들을 마취시키는 데 이용될 수 있다. 이로써 우리는, 지루함은 공포보다 훨씬 고통스러운 것이라고 주장하면서, 우리를 위협하는 공포를 즐기게 된다.

자연은 현대인의 존재가 얼마나 왜곡되었으며 무미건조하고 거짓된 것인가를 아프게 상기시켜 주는 역할을 한다. 자연세계의 죽음과 모든 생활영역에 대한 기술의 침투가 가속화되고 있다. 『와이어드Wired』[*], 『몬도 2000Mondo 2000』[**], 지피족Zippies[***], 사이버 만능, 가상현실, 인공지능 등에서 궁극적인 포스트모던 과학인 인공생명 연구에까지 이르렀다.

그러나 그러는 동안 우리의 '탈산업' 컴퓨터 시대는 그 어느 때보다 우리를 "기계의 부속물(19세기에 이미 등장했던 말이다)"로 만드는 결과를 가져왔다. 한편, 1994년 7월 발표된 법무성 통계에 의하면, 컴퓨터 감시

시스템이 운영되는 직장에서 연간 약 1백만 건의 폭력범죄가 발생하고 있으며, 살해된 상사의 수는 지난 10년간 두 배로 증가했다.

이런 끔찍한 제도는 오만하게도 그 제도의 희생자들이 여하튼, 만족한 채로 투표하고 쓰레기 재활용을 하며 미래에 대해 낙천적인 태도를 보일 것이라고 기대한다. 드보르Debord의 글을 빌리면 "방관자들은 아무것도 모르며 아무것도 받을 자격이 없는 존재로 간주될 뿐이다".

문명, 기술, 분열된 사회질서는 분리할 수 없는 전체의 한 부분들이다. 요컨대 질적 차이를 근본적으로 거부하는 죽음과 종말로 가는 여행의 동반자들이다. 우리가 추구해야 할 해법은 우리가 끝내야 할 문명을 강화시킬 뿐인, 양적인 기존의 임시방편 수단이 아니라 질적인 것이어야 한다.

- •『와이어드』는 캘리포니아에서 발행되었던(1984~98) 사이버문화 잡지이다. 가상현실이나 스마트 드러그smart drug 등 사이버펑크 테마를 주로 다뤄 사이버펑크 하위문화를 알리는 데 기여했다.

- ••『몬도 2000』은 1993년부터 샌프란시스코에서 발행된 온-오프라인 잡지이다. 인터넷, 휴대전화, 일본의 오타쿠족, 가상현실, 사이버 문화 등을 주로 다루는데, 자유 지상주의적이고 기술문명의 미래에 낙관적이다. 최근에는 주류 잡지의 매너리즘에 빠져 있다는 비판을 듣는다.

- •••지퍼족은 인도의 주간지 『아웃룩Outlook』에서 처음 사용된 용어. 도시에 거주하며 서구 문물을 자유롭게 받아들이는 인도의 젊은 세대를 지칭한다. '지퍼족'은 인도의 전통복장이 아니라 지퍼가 달린 서구식 바지를 입었다는 뜻. 이 용어가 2004년 뉴욕타임스 칼럼에 인용되면서 널리 퍼졌다. 지금은 영어를 자유롭게 구사하고 정보기술 능력을 갖춘 개발도상국의 젊은이들을 가리키는 말로 사용된다.

올빼미와 나비에게 말을 걸다 🦋

레임 디어 John Lame Deer, **리처드 얼도즈** Richard Erdoes

이 글의 출전은 『레임 디어: 통찰력의 구도자*Lame Deer: Seeker of Vision*』. 인권운동가 '레임 디어'의 이름 뜻은 '절름발이 사슴'이다. 레임 디어는 수우족의 주술사였지만, 백인사회에 나와서 로데오 경기의 광대, 죄수 등 사회 밑바닥을 전전했다. 리처드 얼도즈는 『타임』, 『라이프』지 등에서 일했던 디자이너이다. 얼도즈는 『라이프』지로부터 인디언 보호구역에 대한 사진 에세이집을 써보라는 제의를 받고 수우족 주술사 레임 디어를 만나 친구가 된다. 1967년 디어가 얼도즈에게 자신의 회고록을 써줄 것을 부탁했고 이것이 바로 1972년에 출간된 『레임 디어: 통찰력의 구도자』이다. 여러 나라 언어로 번역된 이 책은 아메리카 원주민의 역사와 비극, 백인들이 저지른 만행, 이로 인해 스스로 자멸하고 있는 백인들에 대한 경고와 희망의 메시지를 전하고 있다. 레임 디어는 1976년에 사망했고, 얼도즈는 아메리카 원주민을 위한 인권운동과 저술활동을 지속하여 1991년에는 미국도서협회로부터 상을 받기도 했다.

자, 모두 여기 앉자. 고속도로도 울타리도 보이지 않는 여기 탁 트인 초원에. 담요를 깔지 말고 그냥 앉아서 우리 몸으로 땅, 지구, 부드러운 관목을 직접 느껴보자고. 풀을 매트리스 삼아 누워 그 예리함과 부드러움을 느껴봐. 돌, 풀, 나무가 되어보는 거야. 동물이 되어 그들처럼 생각하고 느껴보라고.

공기에 귀 기울여봐. 듣고, 느끼고, 냄새 맡고, 느낄 수 있잖아! 워니야 와켄!woniya waken 그 숨결로 모든 것에 새 생명을 불어넣는 신성한 공기 말이야. 영혼, 생명, 호흡, 소생 그 모든 것을 의미하는 워니야, 워니야, 와켄. 함께 앉으면 만지지 않아도 거기 있는지 우리가 알고 있는 워니야. 자연에 대한 생각, 자연에 대한 이야기를 시작하는 좋은 방법이 바로 그거야. 자연에 대해 말하기보다 우리 친척에게 말을 걸듯 강, 호수, 바람에 말을 걸자고.

당신들 백인은, 우리가 자연의 한 부분이 되는 그 좋은 방법으로 자연을 경험하는 일을 어렵게 만들었어. 비록 여기 있어도 우리는 저 언덕 어디쯤에 미사일 격납고와 레이더 기지가 있는지 알고 있어. 이 증오의 기지를 짓겠다고 백인들은 늘 훼손되지 않고 아름다우며 경이적인 곳을 골라 땅을 파내지. 당신들은 그 땅을 겁탈하고 유린하면서 항상 "내게 줘, 내게 줘" 하지만 되돌려준 것은 하나도 없잖아. 당신들은 우리 파인 리지Pine Ridge 인디언보호구역에서 20만 에이커를 떼어내 폭격연습장으로 만들었지. 이 땅이 너무 아름답고 신기해서 이제 당신들 중 몇몇은 이곳을 국립공원으로 만들고 싶어 하더라고. 당신들이 우리에게 이 땅을 가져가서 한 일이라곤 망가뜨려놓은 것밖에 더 있어? 당신들이 '무생물'이라고 부르는 땅, 바위, 광물뿐 아니라 생생하게 살아 있는 생명체까지도 파괴했지. 심지어 우리들의 일부, 위대한 영혼의 일부인 동물들도 바꾸어놓았어. 얼마나 끔찍하게 바꿔놓았는지 이제 아무도 그게 뭔지 알아볼 수 없을 지경이야. 야생 들소에게는 정신적이고 신비한 힘이 있었지. 하지만 앵거스나 헤리퍼드 종의 소에게는 그런 힘이 없어.

　자연에서 뛰노는 영양에겐 힘이 있지만 염소나 양들, 당신이 도살할 때도 가만있는 놈들, 내버려두면 신문지를 뜯어먹는 그 놈들에겐 힘이 없어. 늑대에게는 위대한 힘이 있었지. 코요테도 그랬어. 그런데 당신들은 늑대를 이상한 괴물, 장난감 푸들, 페키니즈 개, 무릎에 올려놓을 정도로 작은 애완견으로 만들었더군. 그렇지만 인디언처럼 평생 변하지 않는 고양이에게는 그런 짓을 못할걸. 그래서 고양이를 거세하고, 발톱을 없애고, 그 비명소리에 방해받지 않고 실험할 수 있도록 성대까지 잘라냈더군.

　당신들은 자고새, 뇌조, 메추라기, 꿩 등을 닭으로 만들었더군. 날지 못하는 생명체, 서로 눈을 쪼지 못하도록 선글라스 같은 것을 씌워서 눈이 아니라 모이를 쪼는 서열만 있는 새, 닭 말이야. 가슴살만 얻으려고 닭을 사육하는 농장들도 봤어. 거기서는 닭을 낮은 닭장에 가둬 하루 종일 등을 구부리고 있게 하지. 그렇게 하면 가슴 근육이 커져. 그러고는 기분을 달래준답시고 녹음된 음악을 틀어주지. 그런데 말이야, 시끄러운 소음이 하나라도 생기면 닭들은 완전히 미쳐 날아다니다가 철망에 부딪혀 자살하더라고. 평생 허리를 굽히고 지내야 하는 새는 자연에 어긋나서 미치거나 아주 나쁜 성미를 가질 수밖에 없어. 그런 식으로 살아야 한다면 사람 역시 부자연스럽고 성품이 나빠져.

이봐 자네들 말이야, 사실은 스스로를 웃음거리로 만들고 있어. 당신들은 날개 달린, 네 발 달린 사촌들만 거세하고, 발톱을 뽑고, 기형으로 만든 게 아냐. 자신에게도 똑같은 일을 저질렀지. 당신들은 남자를 회사 이사회 의장으로, 사무 노동자로, 출근부에 도장 찍는 사람으로 바꾸어 놓았더군. 여자들은 아줌마로, 정말 무서운 생명체로 바뀌났지. 전에 그런 아줌마가 있는 백인 집에 초대받은 적이 있었거든.

"담뱃재 조심하세요. 담배 피우지 마세요, 커튼 더럽히지 마세요. 금붕어 어항 조심하세요, 잉꼬 새에 입김 내뿜지 마세요, 벽지에 머리 기대지 마세요, 머리에 기름기가 번들거릴지도 모르잖아요. 식탁에 술 쏟지 마세요. 마감이 기가 막히게 된 식탁이에요. 현관에서 신발을 털고 들어오셨어야지요. 마룻바닥에 칠을 막 끝냈거든요. 하지 마세요, 마세요, 마세요……." 사람 돌아버리겠더군. 우리는 본래 이런 것을 견디질 못해. 당신들은 스스로 만든 감옥에 살면서 그것을 '집', 사무실, 공장이라고 부른다며? 인디언보호구역에서 최근 유행하는 농담 하나 알려주지. 질문, "문화적 박탈이란 무엇인가?" 답, "컬러 TV가 있는 교외의 2층집에 사는 중상류층 백인아이가 되는 것".

가끔은 타르지로 지은 초라한 우리 판잣집이 당신들의 호화로운 집보다 더 훌륭하다는 생각이 들어. 날이 맑은 추운 밤에 진흙이나 눈을 헤치고 집 밖으로 1백 피트쯤 가서 소변을 봐. 그게 자연과의 작은 연결이야. 아니면 여름날 시골에서 자기 방문을 열어놓고 느긋하게 벌레 울음소리를 들으면서 얇은 나무판자 사이로 들어온 햇볕에 온몸을 따뜻하게 데우는 즐거움도 있잖아. 자네들은 이제 이런 즐거움을 더 이상 누릴 기회조차 없겠지만.

미국인들은 모든 것을 청결하게 하려고 해. 냄새 금지! 멋지고 자연 그대로인 남자와 여자 냄새도 절대 안 돼. 겨드랑이와 피부에서 나는 냄새도 없애버리잖아. 그런 냄새는 깨끗이 씻어 없애고, 인간 냄새가 아니라 1온스에 10달러나 되는 비싼 향, 비싸서 당연히 좋은 냄새라고 생각하는 향을 뿌리거나 바르더군. 겨드랑이 냄새, 입 냄새에는 "연인의 향수 스프레이"를. 나도 TV에서 봤어. 곧 당신들은 사람의 몸을 통하지 않고서도 아이를 낳을 거야.

내 생각에 백인들은 자신이 만든 세상이 너무 무서워서 보고, 느끼고, 냄새 맡고, 듣고 싶어 하지 않는 것 같아. 얼굴에 떨어지는 비와 눈을 느끼는 것, 얼음처럼 차가운 바람에 감각이 마비되었다가 모락모락 연기 나는 불 앞에서 몸을 녹이는 것, 뜨겁게 땀을 빼는 목욕탕에서 나와 차가운 냇물에 뛰어드는 것, 바로 이런 것들이 살아 있다는 느낌을 주는데, 당신들은 더 이상 그런 것들을 원하지 않아. 여름의 열기와 겨울의 냉기를 차단하는 상자 안에서 사는 것, 더 이상 냄새 나지 않는 몸으로 사는 것, 자연의 소리에 귀 기울이는 대신 전축에서 나오는 소음을 듣는 것, 자신은 더 이상 직접 경험하지 않으면서 TV에서 가짜 경험을 연기하는 배우를 보는 것, 아무 맛도 없는 음식을 먹는 것, 이런 것이 당신들 삶의 방식이잖아. 아주 좋지 않아.

당신들은 먹는 음식도 몸처럼 다루더군. 음식에서 자연적인 모든 것, 맛, 냄새, 거친 것을 모두 없애고 인공색소와 인공향료를 가미하지. 우리 같은 구식의 순수 인디언들이 이빨로 뜯어먹기 좋아하는 게 뭔지 알아? 생간과 콩팥이야. 옛날에는 말이야, 들소의 기다란 창자를 하나 놓고, 두 사람이 서로 양 끝을 물고 있다가, 누가 먼저 가운데 닿는지 빨리 뜯어먹기 시합을 하기도 했어. 먹으려면 이렇게 먹어야지. 들소 창자는 풀과 허브가 반쯤 소화되고 반쯤 발효된 상태니까 그것만 삼켜도 비타민이나 약이 필요 없어. 정제된 소금이나 설탕 말고 쓸개즙의 쓴맛을 써봐. 콩팥에 붙은 기름 좀 떼어내서 고기하고 딸기류하고 잘 빻아서 만든 음식이 와스나ᵂᵃˢⁿᵃ인데, 이거 한 덩어리만 먹어도 하루 종일 아무것도 안 먹어도 돼. 바로 그런 게 음식이고, 그걸 먹어야 힘이 나지. 오늘 자네가 나한테 준 분유, 말린 계란, 저온살균 버터, 다리 아니면 가슴밖에 없는 닭 같은 음식 말이야. 그건 음식이 아니야. 참, 닭이 가슴하고 다리만 있으면, 그게 어디 새야?

자네들은 새를 원치 않아. 자네들은 솔직히, 닭을 죽일 용기도 없어. 닭 머리를 자르고, 털을 뽑고, 창자를 발라내는 일 말야. 그런 짓을 더 이상 하고 싶지 않은 거야. 그러니까 잘 토막 내서 금방 먹을 수 있게 깔끔한 비닐로 싸놓았지. 그러면 냄새도 안 나고 미안한 마음도 안 들고 먹기에 좋겠지. 당신네들이 입는 밍크나 물개가죽 코트도 마찬가지야. 코트를 만들려고 그놈들이 흘린 피와 고통을 알고 싶어 하지 않잖아. 전쟁에 대한 생각도 그래. 구름 위에 높이 떠 있는 비행기에 앉아 단추만 누르면 폭탄이 떨어지고, 구름 아래는 절대 쳐다보지 않으면서 하는 당신들의 전쟁 말이야. 냄새도 없고, 죄의식도 없이 깔끔한 전쟁 아냐?

우리는 들소를 죽이면 무슨 짓을 하고 있는지 알고 있었어. 우리가 살 수 있도록 자기 살을 내어준 들소의 뼈에 경배의 기도를 올리고, 그들이 환생하기를 기도했으며, 우리 부족뿐만 아니라 우리의 형제인 들소의 삶을 위해 기도하면서, 들소의 영혼에 용서를 구했고, 우리가 왜 그랬는지 이해시키려고 했어. 자네들은 이런 것을 이해 못 할 거야. 그러니까 우리가 와시타Washita와 샌드 크리크Sand Creek*에서 학살당하고 운디드니Wounded**에서는 여자와 어린이까지 죽었겠지. 밀라이My Lai***에서는 베트남 사람들이 그렇게 죽었겠고.

* 콜로라도에서 벌어진 샤이엔 인디언 학살사건. 남북전쟁 중이던 1864년 5월, 인디언이 가축을 훔쳐간다고 불만스러워하던 백인 민병대가 샤이엔족의 캠프에 쳐들어간다. 이 때는 인디언들의 여름 사냥철이었기에 인디언들은 평화적 의도로 캠프에 왔음을 전하지만 백인은 인디언을 사살한다. 이 사건으로 큰 충돌을 빚자 샤이엔족 추장은 백인들과 평화협정을 맺는다. 하지만 1864년 11월 민병대와 기병대가 샌드 크리크로 다시 쳐들어와 샤이엔족의 노인, 여자, 어린아이 2백여 명을 무참히 학살한다. 와시타 학살은 이 사건의 연장으로, 1868년 11월 조지 커스터가 이끄는 기병대와 샤이엔족 추장 사이의 충돌로 인디언 3백여 명이 학살된 사건이다.

** 인디언 종교지도자 워보카는 '신령의 춤'이라는 일종의 종교운동을 일으키는데, 이 의식에 참여하면 죽은 인디언들이 되살아나고 백인들은 곧 멸망할 거라는 구원의 메시지였다. 이 춤은 급속도로 퍼져나갔고, 이를 우려한 미국 정부는 군대를 파견하는데, 이를 피해 이동하던 인디언들이 제7기병대와 맞닥뜨린다. 기병대는 운디드니 강가에서 350여 명의 인디언 중 3백여 명을 학살, 그중 2백여 명이 부녀자와 어린아이였다. 이 사건을 끝으로 인디언의 저항은 사실상 막을 내린다. 이 부대는 60년 뒤인 1950년 제7기병연대라는 이름으로 한국에 와 충북 노근리 민간인 학살을 자행한다.

*** 1968년 3월 발생한, 미군에 의한 베트남 민간인 학살사건. 윌리엄 켈리 중위를 중심으로 한 보병들이 밀라이 지역 민간인들을 구타, 고문, 강간한 후 살해했는데, 그 사망자 수가 무려 374명, 또는 5백명까지 추산된다. 부하를 잃은 원한, 전쟁공포증, 적개심, 인종차별, 상급부대의 과도한 작전지시가 복합적으로 얽혀 일어난 사건으로 뉴욕타임스에서 처음 폭로된 후 반전 여론에 불을 붙였다. 켈리 중위는 군사재판에서 사형을 언도받았지만 닉슨 대통령에 의해 감형되곤 곧 사면받았다.

우리에게는 말이야, 생명, 모든 생명이 신성해. 사우스다코타 주에는 유해동물 관리관이 있어. 그 사람들은 비행기 타고 하늘에서 코요테를 총으로 쏴 죽여. 그러고는 어디서 죽었는지 추적해서 확인하고 수첩에 기록해. 목축업자와 양 주인들이 그들에게 돈을 줘. 코요테는 대개 들쥐나 다람쥐 뭐 그런 것들을 먹어. 어쩌다 한번 길 잃은 새끼 양을 쫓아가지. 우리들에게는 개네들이 썩어서 고약한 냄새가 나는 것들을 먹어치우는 자연의 청소부야. 잘 살게 기회를 주면 좋은 애완동물이 될 수 있어. 그런데 개네들이 살아 있다고 해서 잔돈 몇 푼 손해 본다고 그렇게 공중에서 쏴 죽이는 거야. 여기 양이 들어오기 훨씬 전에 코요테가 살고 있었는데, 이제는 양에게 방해가 된다고 다 죽여. 개네들이 살아 있으면 돈을 못 번다는 거지. 자꾸 많은 동물들이 죽어나가. 위대한 정령이 여기에 보낸 동물들은 전부 사라져야 한다는 생각인가 봐. 사람이 만든 동물들만 여기 살도록 허락하는 거야. 그래 봤자 도살장에 끌려가기 전까지만 목숨을 부지하겠지. 백인들은 건방이 하늘을 찔러. 자기를 신보다, 자연보다 더 위대하게 여기면서 이렇게 말하더군. "이 동물은 돈이 되니까 살려두지." "이 동물은 안 돼. 돈을 못 버니까. 이 녀석이 차지하던 공간은 더 유용하게 쓸 수 있어. 코요테는 죽어야 좋은 코요테지." 우리 인디언들에게도 늘 그랬지만 백인들은 코요테한테도 정말 악독하게 굴더군.

자네들은 죽음을 사고팔면서 온 세상에 죽음을 퍼뜨리고 있어. 온갖 탈취제를 다 써도 당신들한테는 죽음의 냄새가 나. 하지만 당신들은 실제로 죽음의 실체를 두려워하더군. 마주하고 싶지 않은 거지. 당신들은 죽음도 위생적으로 처리하더군. 멍석에 말아 그 경외심을 유린하면서 말이야. 그렇지만 우리 인디언들은 죽음에 대해 많은 생각을 해. 나도 그래. 오늘은 죽기에 딱 알맞은 날이야. 너무 덥지도 너무 춥지도 않잖

아. 무언가 남겨 여운을 남기기에 좋은 날. 많은 친구를 둔 행복한 남자가 죽기에 좋은 날. 다른 날은 그렇게 좋지 않아. 이기적이고 외로운 남자들, 이 대지를 떠나기 싫어 고생하는 남자들에게나 맞는 날이지. 그렇지만 백인들에게는 모든 날이 다 죽기에 나쁜 날인가 봐. 내 생각에는 그래.

80년 전 우리 부족 사람들은 지쳐 나가떨어질 때까지 춤추고 노래하면서 황홀경에 빠지고 기절하고 환영을 보는 '신령의 춤Ghost Dance'을 추었어. 이렇게 춤을 추면 죽은 사람도, 들소도 다시 불러낼 수 있어. 한 예언자는, 신령의 춤이 힘을 발휘하면 대지는 백인들이 만든 모든 것, 울타리, 창녀가 우글거리는 광산촌, 공장, 악취나고 자연에서 멀어진 동물들로 가득 찬 농장, 철도, 전신주 등을 카펫처럼 둘둘 말아 올릴 것이라고 말하더군. 몽땅 말이야. 이렇게 둘둘 말려 올라간 백인들의 세상 밑에서 우리는 들소와 영양 떼가 뛰어놀고, 하늘에는 새 떼가 구름처럼 날아다니는, 본래 그 모습 그대로의 꽃피는 초원을 보게 될 거야. 그 초원은 모두의 것이고 모두가 즐기는 것이지.

아직은 그런 일이 벌어질 때가 아닌 것 같지만, 점점 다가오고 있어. 그런 느낌이 내 뼈를 따뜻하게 데워주거든. 신령의 춤을 춰서도 아니고, 세상이 둘둘 말려서도 아니야. 인디언들뿐 아니라 백인과 흑인들, 특히 젊은이들 사이에 새로우면서도 오래된 정신이 나타나고 있잖아. 빗방울이 모여 시내를 이루고, 작은 시내가 모여 개천이 되고, 여러 개천이 모여 큰 강이 돼서 댐을 무너뜨리는 것과 같아. 이렇게 책을 만들면서 이야기하는 우리도 그 빗방울의 일부야.

들어봐. 얼마 전에 내 마음속에서는 이런 게 보였어. 미래의 모습인데 말이야, 언젠가 전기가 꺼지는 거야. TV를 보고 달에 가는데 전기를 너무 많이 썼어. 자연이 전기를 끊는 날이 오고 있어. 경찰은 손전등이 없고, 냉장고 안의 맥주는 미지근해지고, 비행기는 하늘에서 떨어지고, 대통령도 전화로 누군가를 불러낼 수 없는 날이 오는 거야. 모든 전기를 끊어버리는 방법을 알고 있을 젊은이가 하나, 아니면 여러 명 나타날 거야. 전기가 사라지면 힘든 일이 벌어질 거야. 아이를 낳는 것만큼이나 힘든 일이지. 어둠 속에서는 강간이 일어나고, 주정뱅이들은 술 가게로 쳐들어가고, 정말 여기저기서 파괴 행위가 일어날 거야. 사람들은 지금 엄청 똑똑하고 영리하지만, 기계 없이 지내는 방법을 잊고 살았기 때문에 기계가 멈추면 속수무책이야. 세상이 그렇게 되면 새로운 불을 밝히는 '빛의 남자'가 올 거야. 20세기가 지나기 전에 이런 일이 일어날 거라고 봐. 큰 힘을 가진 이 사람은 좋은 일도 해. 백인들의 전기를 끊어버리면 모든 원자무기도 고철덩이가 되고, 전쟁도 끝나는 거야. 나도 이런 일들이 벌어지는 것을 보고 싶지만, 좀 겁도 나. 그러나 어떻든 앞으로 올 일은 오게 되어 있어.

✘ 무정부-미래주의자 선언

무정부─미래주의자 그룹 Group of Anarcho-Futurists

러시아혁명 당시 활동했던 무정부주의 단체. 이들은 혁명에 성공한 레닌 정부가 또 다른 독재권력에
불과하다며 비판했고 정부 탄압에 직면하자 우크라이나의 카르코프로 피신하여 활동했다. 당시 카르
코프에는 많은 무정부주의 단체들이 있었는데, 그중 가장 급진적인 단체로 알려져 있다. '파괴의 열정
은 창조의 열정'이라고 말한 바쿠닌을 신봉하며 '문명에 죽음을'이라는 구호 아래 모든 지배권력에의
저항을 부르짖었다. 보통 무정부주의자들은 교육과 학문의 힘을 신봉하지만, 이들은 그것이 과거의 낡
고 잘못된 교리의 반복에 불과하다며 철저한 파괴를 주장했다. 원시사회로의 회구를 꿈꾸는 이들의 부
르주아 비판 정신은 오늘날 급진적 환경주의와 연결되어 있다.

아아아, 하하, 호호!

거리로 뛰쳐나가자! 아직 싱싱하고 젊고 인간다움을 간직한 모든 사람
들이여, 거리로 뛰쳐나가자! 즐거움에 취한 광장에 웃음소리가 넘쳐난
다. 우울과 증오를 끌어안은 웃음과 사랑이 강렬하고 격정적인 야만적
욕정 속으로 밀고 들어왔다. 모순된 심리여 영원하여라! 흥분하는 열정
적인 정신들이 지적 혁명의 불타는 깃발을 올렸다. 틀에 박힌 삶을 영위
하는 자, 속물들, 통풍으로 고생하는 자들에게는 죽음을! 우레와 같은
소리로 복수심을 터뜨리자! 교회와 그놈들의 동지인 박물관을 부수자!
문명의 연약한 우상들을 박살내자! 거기, 사상思想의 석관을 조각한 타
락한 조각가여, 책의 공동묘지를 지키는 경비원들이여, 물러서라! 너희
들을 없애버리기 위해 우리가 왔다! 낡은 것들은 땅에 묻고, 창조적 천
재가 든 불카누스Vulcan, 불의 신의 횃불로 더러운 서고를 불태우리라. 전 세

계의 폐허가 남긴 잿더미를 지나, 거대한 그림들의 까맣게 타버린 캔버스를 지나, 다 타버린 두꺼운 고전을 지나, 우리 무정부-미래주의자는 나아간다! 우리의 땅을 뒤덮은 거대한 약탈의 흔적 위에 무정부의 깃발이 자랑스럽게 휘날릴 것이다! 글을 쓰는 것은 아무런 가치도 없다! 글을 거래하는 시장은 없다! 감옥도 없고, 주체적 창조성에 아무런 한계도 없다! 모든 것이 허용된다! 아무런 구속도 없다!

자연의 아이들은 태양의 정중한 황금빛 키스, 대지의 관능적이고 벌거벗은 풍요로움을 황홀하게 받아들인다. 검은 흙에서 탄생한 자연의 아이들은 욕망으로 끓어넘치는 벌거벗은 몸의 열정에 불을 붙인다. 자연의 아이들은 그 모든 것을 생명의 알을 잉태하고 낳는 컵에 밀어 넣는다! 수천 개의 팔과 다리가 숨 막힐 듯 지쳐버린 하나의 무리로 결합된다! 피부는 뜨겁고 만족할 줄 모르며 서로를 물어뜯는 애무로 붉게 달아오른다. 따뜻한 즙이 넘쳐나는 연인의 살 속으로 이빨은 증오와 함께 가라앉는다! 커다랗게 이글거리는 눈은 풍요롭고 열정적인 욕망의 춤을 좇는다. 모든 것이 신비롭고, 자유로우며, 원초적이다. 혼란-육체-생명-죽음-그 모든 것!

이런 것이 우리들 사랑의 시詩다. 우리는 사랑 속에서 강해지고, 죽지 않으며, 강렬한 존재가 된다! 북풍이 자연의 아이들의 머릿속에서 미친 듯 날뛴다. 무서운 것—우울의 흡혈귀—이 나타났다. 세계는 죽어가고 있다! 잡아! 죽여! 아냐, 기다려! 격하고 날카로운 울음이 하늘을 꿰뚫는다. 기다려! 우울함이여! 시커멓게 벌어진 고뇌의 궤양이 하늘의 창백하고 공포에 질린 얼굴을 덮는다. 대지는 그의 아이들의 강력하고 분노에 찬 주먹 아래 공포로 떤다! 오, 저주받은 것들, 지긋지긋한 것들! 그들은 대지의 살을 잡아 찢고 부드럽게 다듬은 다음 그들의 말라비틀어지고 굶주린 우울을 흘러나오는 대지의 피와 상처 속에 묻는다. 세상이 죽어가고 있다! 아! 아! 아! 수백만 개의 경종을 울려라. 아! 아! 아! 경종을 울리는 거대한 대포가 포효한다. 파괴! 혼돈! 우울함! 세상이 죽어가고 있다!

　이런 것이 우리의 우울함의 시이다. 우리는 어디에도 구속되지 않는다! 우리에겐 휴머니스트들의 울부짖는 싸구려 감상 따위 없다. 대신 우리는 사랑과 증오라는 모순의 철칙으로 주조한 형제애, 당당한 지성의 형제애를 사람들 사이에 창조할 것이다. 우리는 이러한 형제애가 감상적 수준의 우정으로 격하되지 않도록 아프리카에서 남북극에 이르기까지 모든 곳에서 단호한 의지로 우리의 자유로운 동맹을 보호할 것이다. 모든 것이 우리 것이다! 우리의 바깥에는 오로지 죽음만이 있을 뿐이다! 우리는 반역의 검은 깃발을 올리면서, 인간다움을 잃지 않은 살아 있는 모든 사람, 독기를 내뿜는 문명의 숨결에 마비되지 않은 모든 사람들을 부른다! 모두 거리로 뛰쳐나와라! 전진하고, 파괴하고, 죽여라! 죽음만이 다시 돌아오지 못한다! 낡은 것들을 전멸시켜라! 천둥, 번개, 자연의 힘, 이 모든 것이 우리 것이다! 전진하라!

　국제 지성 혁명 만세!

　무정부-미래주의자, 무정부-극단주의자, 신허무주의자의 전도가 양양하기를!

　세계 문명에는 죽음을!

여성과 자연 🐾

수잔 그리핀 Susan Griffin

미국의 시인, 페미니스트 작가, 극작가, 영화제작자(1943~). 그녀는 희극 「목소리들」로 에미상을 수상
했으며, 저서 『돌들의 합창』은 풀리처상과 미국 국내서적 비평가상 최종 후보에 오르기도 했다. 이 글
의 출전은 *Women and Nature: The Roaring Inside Her*(1978). 이 책은 페미니즘과 생태학
을 결합시키며 에코-페미니즘의 이론적 기반을 제공하였다. 그녀는 서구문명의 남성 중심 사상이 인
간과 자연의 소외를 불러왔다고 보고 페미니즘에 입각한 생태 회복을 주장한다.

남자는 여성이 자연과 대화한다고 말한다. 여자는 대지 밑에서 나오
는 목소리를 듣는다고 말한다. 바람은 여자의 귓속으로 불어 들어오고
나무는 그녀에게 속삭인다고 말한다. 죽은 사람이 여성의 입을 통해 노
래하고 어린아이의 울음소리가 그녀에게는 확연히 들린다고 말한다. 그
러나 남자는 그런 대화를 할 수 없다고 말한다. 남자는 이 세계의 일부
가 아니며, 이방인으로 이 세상에 존재한다고 말한다. 남자는 여성과 자
연으로부터 단절되어 따로 떨어져 있다.

세 마리 곰이 사는 집을 찾아간 골디락스*, 늑대와 대화를 나눴던 빨간
모자 소녀, 사자와 친구가 된 도로시**, 새와 이야기를 나눈 백설공주,

---

* 영국 전래동화 『곰 세 마리』에 나오는 개구쟁이 소녀. 곰 세 마리가 사는 오두막집에 몰래
  들어가 죽을 먹고 의자를 망가뜨리고 아기 곰의 침대에서 잠을 잔다.
** 『오즈의 마법사』에 등장하는 소녀.

쥐를 자기편으로 삼은 신데렐라, 반은 인간, 반은 물고기였던 인어공주, 두더지의 에스코트를 받은 엄지공주, 모두 하나같이 여자였다(장성한 남자가 곰들과 같이 앉아 담배를 피웠고 다람쥐가 길을 알려줘 집으로 돌아왔다는 나바호족의 '산의 노래' 이야기를 들으면 우리는 놀란다. 우리는 어린 소녀들만이 동물과 대화를 나눴다고 생각했던 것이다).

우리는 새의 알이다. 새의 알, 꽃, 나비, 토끼, 소, 양이다. 우리는 나비의 애벌레다. 우리는 담쟁이 잎이며 계란풀의 잔가지다. 우리는 여성이다. 바다 물결이 우리를 데려왔다. 우리는 가젤과 암사슴, 코끼리와 고래, 백합과 장미와 복숭아다. 우리는 공기, 우리는 불꽃, 우리는 굴과 진주, 우리는 소녀들이다. 우리는 여성이고 자연이다. 그리고 남자는 우리들이 나누는 이야기를 들을 수 없다고 말한다.

그러나 우리는 듣는다.

왜 문명인가? ✗

공식발표문 **23호** *Communique 23*

우리는 우리의 꿈이 비현실적이며, 우리의 요구는 불가능하고, '문명의 붕괴' 같은 웃기는 개념을 제안할 정도로 완전히 정신 나간 친구들이라는 말을 자주 듣는다. 따라서 우리는 이 간략한 성명서를 통해 우리가 오늘날 우리에게 강요된 것과 완전히 다른 현실을 주장하는 이유에 대해 다소나마 밝힐 수 있기를 희망한다. 우리는 인간 경험의 무한한 가능성이 전진하기도, 퇴보하기도 한다고 믿는다. 우리는 이 두 현실 간의 불일치를 없애기를 원한다. 우리가 추구하는 것은 '미래의 원시'다. 이것은 우리의 모든 조상들이 과거에 알고 있었고, 우리가 앞으로 알게 될 그런 현실, 즉 전-기술적pre-technological이고 탈-기술적인post-technological 현실, 전-산업적이며 탈-산업적인 현실, 전-식민주의적이며 탈-식민주의적인 현실, 전-자본주의적이고 탈-자본주의적인 현실, 전-농업적이며 탈-농업적인 현실, 전-문화적이고 탈-문화적인 현실을 말한다. 요컨대,

한때 그랬던 것처럼 우리는 다시 야성적인 존재가 되려고 하는 것이다.

우리는 지금 우리가 어디에 있으며, 어떻게 여기까지 왔고, 지금 어느 곳으로 가고 있으며, 그리고 아마도 가장 중요하게는 우리가 어디에서 왔는지, 근본적인 질문을 할 필요가 있다고 느낀다. 이에 대한 대답을 반박할 수 없는 증거나 유일한 해답, 또는 해방을 위한 처방으로 받아들여서는 안 된다. 대신 지배에 맞서 싸우거나 새로운 세계를 창조할 때 고려해야 할 사항으로 보아야 한다.

우리는 무정부 상태가 궁극적인 해방이고 우리 인간의 가장 자연적인 상태라고 믿는다. 문명 이전 인간은 무정부적이었고, 지금도 문명 밖(그리고 문명의 악영향을 받지 않은 곳)에서는 여전히 무정부적이다. 무정부적이라고 말하는 이유는 그외에 더 좋은 용어가 없기 때문이다. 인류 역사 대부분을 우리는 직접 얼굴을 맞대고 결정을 내리는 소규모 집단 속에서 살았다. 이곳에는 정부, 대표, 심지어 문화라고 부르는 추상적인 도덕체계도 없었다. 우리는 중간에 그 어떤 매개체도 없이, 직접적이고 본능적으로 의사소통하고, 인식하고, 생활했다. 우리는 무엇을 먹어야 하고, 무엇이 우리 몸을 치료하며, 어떻게 생존해야 하는지 알고 있었다. 우리는 우리를 둘러싼 세계의 한 부분이었다. 개인과 집단과 나머지 삶 사이에는 인위적인 아무런 분리도 없었다.

장구한 인류사에서 볼 때, 그리 오래지 않은 때에(1만 년에서 1만 2천 년 사이라고 말하는 사람들이 있다) 추측해볼 수는 있지만 결코 정확히는 알 수 없는 어떤 이유에서 몇몇 인간집단에 변화가 발생하기 시작했다. 이 사람들은 '생명의 근원'으로서 대지를 별로 신뢰하지 않고 자신과 대지를 구분하기 시작했다. 이런 분리가 문명의 토대다. 물론 문명이 매우 물리적인 모습으로 표출되기는 하지만 꼭 물리적인 것은 아니고, 오히려 정신자세, 정신적 태도, 패러다임적 요소가 더 많다. 문명은 대지와 그 거주자들에 대한 지배와 통제를 토대로 한다.

문명의 주요 통제 메커니즘은 길들이기다. 그것은 인간(대개 권력을 장악한, 혹은 장악하려고 하는 인간)의 이익을 위해 생명을 통제, 복종, 사육, 변형시키는 것을 말한다. 길들이기 과정은 인간을 유목생활에서 정착생활로 전환시키기 시작했고, 정착생활에서 힘의 정도와 차이가 발생했다. 이렇게 발생한 힘은 일시적이고 유기적인 토지 보유와는 매우 다른 동력으로 작용해 인간사회를 결정적으로 변화시켰으며, 후일 재산으로 불리게 된다. 길들이기는 인간이 동식물 위에 군림하고 지배하는 전체주의적인 관계를 만들어냈으며, 종국에는 사람과 사람 사이의 관계 역시 그렇게 되었다. 이런 정신적 태도는 인간을 포함한 다른 생명체들을 사육자 자신과 분리해서 바라보며, 여성 및 어린이의 예속과 노예제도를 합리화한다. 결국 길들이기란 길들여지지 않은 생명체를 식민화하는 힘이며, 결국엔 생명체의 유전자 구조를 포함해 모든 생명체를 궁극적으로 통제하려는 병적인 현대로 우리를 이끌고 왔다.

문명화 과정의 중요한 단계는 농업사회로의 이행이다. 농업은 길들여진 자연을 창조했고 '대지가 제공해줄 것'이라는 개념에서 '우리가 대지에서 생산할 것'이라는 개념으로 인식을 전환시켰다. 사육자들은 자연과 그 순환을 거스르기 시작했고, 여전히 자연과 함께 살고 있던 것들을 파괴하기 시작했다. 여기서 우리는 가부장제, 토지의 축적, 나아가 토지의 생산물을 독점하는 현상이 시작되는 것을 볼 수 있다. 이같이 토지와 잉여생산물의 소유라는 관념은 제도화된 위계질서와 조직화된 전쟁을 포함한, 전에 없던 힘의 역학을 발생시켰다. 그렇게 해서 우리는 결코 지속될 수 없는 재앙의 길을 따라 내려왔던 것이다.

이후 수천 년 동안 이 질병은 더욱 확산되어, 자신과 대립하는 모든 것들을 식민화하는 제국주의 정신이 마침내 지구의 대부분을 유린하게 되었다. 물론 이 과정에는 이런 만행이 선하고 정의롭다는 것을 '대중'과 '야만인'에게 확신시키려는 종교적, 이데올로기적 선동가들의 도움이 있었다. 식민주의자들의 이익을 위해 사람들은 서로 싸움을 벌였다. 식민주의자들의 말로 충분하지 않으면 칼을 들고 학살에 나서는 데 주저하지 않았다. 계급 분할이 더욱 고착됨에 따라, 세상은 가진 자와 가지지 못한 자(주는 자와 받는 자, 지배자와 피지배자), 두 부류만 남게 되었고, 이 둘 사이의 벽은 계속 높아갔다. 바로 이렇게 해서 우리는 세상은 원래 그런 것이라고 듣게 되었다. 그러나 대부분의 사람들은 여하튼 그것이 옳지 않다는 것을 알고 있고, 거기에 맞서 싸워왔던 사람들은 항상 존재했다.

여성에 대한 전쟁, 가난한 사람에 대한 전쟁, 땅에 두 발을 딛고 사는 토착민에 대한 전쟁, 야생에 대한 전쟁은 모두 서로 연결된 현상이다. 문명의 눈에서 보자면, 이 모든 것들은 상품이다. 즉, 자신의 권력과 통제를 위해 소유하고 착취하며 조작해야 할 물건인 것이다. 또한 이 모든 것들은 자원으로 간주된다. 그러다 권력 유지에 더 이상 이용할 가치가 없으면, 사회의 쓰레기 매립지로 폐기된다. 가부장제 이데올로기는 인간의 자기결정과 자립에 대한 통제, 본능과 무정부에 대한 이성의 지배, 자유와 야성에 대한 질서의 지배를 주장하는 이데올로기다. 가부장제는 생명을 찬양하는 것이 아니라 죽음을 강요하는 것이다. 이런 것들이 가부장제와 문명의 원동력이다. 그것은 수천 년 동안 인간의 생명을 삼키면서 제도적 수준에서 개인적 수준에 이르기까지 모든 수준에 걸쳐 인간의 경험을 형성해왔다.

시간이 지날수록 문명화 과정은 더욱 세련되고 효과적으로 되었다. 자본주의가 문명의 작동 양식과 지배의 정도와, 더 정복해야 할 것을 측정하는 계량기가 되었다. 지구 전체에 지도가 그어졌고 토지에는 담장이 둘러쳐졌다. 마침내 민족국가가 인간의 집단생활을 위한 사회적 기본 단위가 되었고, 당연히 권력자의 이익을 위해 수많은 사람들의 가치와 목표를 설정했다. 그런 후 국가는―요즘은 그보다는 조금 덜 강압적인 교회가―기존의 폭압 중 일부를(그렇다고 대부분은 아니다) 시민, 민주주의 같은 개념과 겉만 번드르르한 박애로 바꿔 선전하기 시작했다. 현대로 올수록 상황은 실로 더 악화되고 있었다.

문명의 발전 과정 전반에 걸쳐 기술의 역할은 계속 확대되었다. 기실 문명의 진보는 언제나 보다 복잡하고 효과적이며 혁신적인 기술의 발전과 직접 연계되어 있고 기술 발전에 의해 결정되었다. 문명이 기술을 촉진했는지, 아니면 그 반대인지 잘라 말하기는 어렵다. 문명과 마찬가지로 기술 역시 물리적 형태이기보다는 과정, 혹은 복잡한 시스템으로 볼 수 있다. 기술은 본질적으로 분업, 자원 추출, (기술을 가진) 권력에 의한 착취를 내포하고 있다. 기술과의 접촉, 기술의 결과, 그리고 기술은 언제나 소외되고 매개적이며 과부하가 걸린 현실이 된다. 기술은 절대 중립적이지 않다. 기술을 생산하고 통제하는 사람들은 언제나 가치와 목표를 기술 속에 둔다. 단순한 도구와 달리 기술은 보다 큰 관성이 있다. 이 기술 시스템은 항상 진보하며, 기술 시스템을 지원, 자극, 유지, 확대할 새로운 방법을 발명해낼 필요가 있다. 현대의 기술자본주의 구조의 핵심 부분은 산업주의, 즉 중앙 집중화된 권력, 그리고 인간과 자연에 대한 착취 위에 세워진 기계화된 생산체계다. 산업주의는 생명 축출, 강제노동, 문화 파괴, 동화, 생태계 파괴 없이는 존재할 수 없고, 세계무역을 필수 조건으로 한다. 산업주의는 생명을 규격화하여 모든 생명을 잠재적 자원으로 보면서 생명을 객체화하고 상품화한다. 기술과 산업주의는 궁극적인 생명 길들이기—즉, 문명의 마지막 단계—의 신생명 시대로 향하는 문을 열어놓았다.

이렇게 해서 우리는 종말론적 미래와 새로운 세계질서를 특징으로 하는 포스트모던, 신자유주의, 생명공학, 사이버 현실 속에 살고 있다. 이보다 훨씬 더 나빠질 수 있을까? 아니면 문명은 항상 이렇게 나빴던 것인가? 우리는 야생으로 돌아가는 것이 어떤 것인지 어렴풋이 느끼는 아주 짧은 순간들(폭동에 참여할 때, 기계 혹은 문명의 인프라를 파괴하기 위해 어둠 속을 잠입해 들어갈 때, 다른 생명 종과 연대할 때, 계곡에서 나체로 수영할 때, 야생 음식을 먹을 때)을 제외하면 완전히 길들어져 있다. 그들이 말하는 '지구촌'은 차라리 지구 놀이공원이나 지구 동물원에 훨씬 가깝다. 우리 모두가 동물원 같은 문명 속에 있고, 또 문명이 우리 모두의 안에 존재하기 때문에 우리가 단순히 이것을 배척할 수 있는 것도 아니다. 또한 우리는 그저 철창을 탈출할 수도 없다(물론 여기서 시작하지 않으면 속수무책이지만). 그저 배척하고 탈출하기보다 우리는 이 지긋지긋한 곳 전부를 부숴야 한다. 그래서 동물원 관리자와 동물원을 운영해 이득을 얻는 자들이 당황해하는 꼬락서니를 보고 즐기고, 우리의 본능을 되찾아 다시 야생적인 존재가 되어야 한다. 우리는 문명을 개혁하거나, 푸르게 만들거나, 보다 공정하게 만들 수 없다. 문명은 깊은 내부로부터 썩어 있다. 우리는 우리 자신을 구원하기 위해 더 이상 이데올로기나 도덕, 혹은 근본주의, 더 좋은 조직 따위에 의존해서는 안 된다. 우리 스스로 구원해야 한다. 우리 자신의 욕망에 따라 살아야 한다. 우리 자신, 우리가 관심을 갖는 것, 그리고 그외 모든 생명과 결합해야 한다. 우리는 이 현실에서 빠져나와야 하고, 그것을 무너뜨려야 한다.

우리는 행동이 필요하다.

한마디로 문명은 생명과 전쟁을 벌이고 있다.

우리는 우리의 생명을 위해 싸우고 있으며, 문명에 대해 전쟁을 선포한다!